汉语第二语言习得：调查、分析与解释

彭家法　编著

合肥工業大學出版社

图书在版编目(CIP)数据

汉语第二语言习得:调查、分析与解释/彭家法编著．—合肥:合肥工业大学出版社,2022.8

ISBN 978-7-5650-5978-0

Ⅰ.①汉…　Ⅱ.①彭…　Ⅲ.①汉语—对外汉语教学—教材　Ⅳ.①H195.4

中国版本图书馆 CIP 数据核字(2022)第 129216 号

汉语第二语言习得:调查、分析与解释

彭家法　编著　　　　责任编辑　王钱超

出　版	合肥工业大学出版社	版　次	2022 年 8 月第 1 版
地　址	合肥市屯溪路 193 号	印　次	2022 年 8 月第 1 次印刷
邮　编	230009	开　本	710 毫米×1010 毫米　1/16
电　话	人文社科出版中心:0551-62903205	印　张	23.25
	营销与储运管理中心:0551-62903198	字　数	417 千字
网　址	www.hfutpress.com.cn	印　刷	安徽昶颉包装印务有限责任公司
E-mail	hfutpress@163.com	发　行	全国新华书店

ISBN 978-7-5650-5978-0　　　　定价:68.00 元

如果有影响阅读的印装质量问题,请与出版社营销与储运管理中心联系调换。

目　录

调查方法篇

分析方法篇

解释方法篇

1 绪　论

第二语言习得研究是应用语言学的重要研究领域之一，它对于探索人类语言的本质、提高第二语言学习以及教学水平具有重要的理论意义和应用价值。汉语第二语言习得既有第二语言习得共同特点，又具有自身独特之处。本书侧重于介绍汉语第二语言习得的具体研究方法，包括调查方法、分析方法和解释方法，以期为汉语第二语言习得研究提供一些实践指导。

1.1 汉语第二语言习得相关的基本概念

1.1.1 第一语言和第二语言

第一语言（First language，Ll）是指学习者从小首先接触和掌握的语言。本族语（Native language）和母语（Mother tongue）多数情况下是幼儿时期首先习得的语言，因此是第一语言。例如，我们土生土长在汉语语境中，我们的第一语言是汉语。如果我们土生土长在英语语境中，我们的第一语言则是英语。

第二语言（Second language，L2）指的是学习者在习得母语之后再学习的另一种语言，是相对于第一语言而言的。

1.1.2 习得与学习

“习得”（Acquisition）与“学习”（Learning）的含义有交叉重叠之处。学习专指成人有指导的、有意识的二语学习，习得专指儿童在自然环境下无意识的母语习得。Corder（1981）建议区分学习和习得。Krashen（1981）认为，习得的知识与学得的知识是相互独立的两种知识。学得的知识无法转换成习得的知识，即所谓的“无接口观点”（Non-interface position）[①]。他指出，学习是一种“有意识的”（Conscious）行为，而习得则是“潜意识的”（Subconscious），是“捡到”（Pick up）的。学习是了解有关语言规则的知识，这些知识仅能帮助学习者检查自己话语的对错；而习得是在交际条件下自然地掌握。习得主要是儿童获得一语的方式，而成人通过学习掌握二语。因此，简要概括起来，二者有以下 4 个方面的不同：学习指的是成人，习得指的是儿童；学习是有指导的，习得则是自然环境下发生的；学习是有意识的，习得是潜意识的；学习用于二语，习得用于母语。严格按此区别，“成人第二语言习得”的术语就存在矛盾，应该表达为“成人第二语言学习”。

目前，学界的共识是成人二语习得既包含有意识的过程，也包含无意识的过程，因此“学习”“习得”常常不加区分，交互使用。汉语中本没有“习得”一词，因此刚引进这一概念时也曾使用过“第二语言获得”“语言获得”“母语获得”等术语。不过后来为了准确表达“acquisition”的特定含义，就新造了“习得”一词，既包括“习而得之”的意思，突出学习的过程，也隐含“习焉不察”（潜意识学习）的意思，现已被广泛接受。本书使用“习得”这一术语作为学科名称。

1.1.3 第二语言习得和汉语第二语言习得

“第二语言习得”（Second Language Acquisition，SLA）简称为“二语习得”（L2 acquisition）。一般来说，二语习得是指学习者学习本族语后学习另外一种语言的过程，有时是指学习第三种或第四种语言。例如，我们的第一语言是汉语，那么我们学习英语的过程，就称为第二语言习得。

“汉语第二语言习得”指的是学习者掌握了本族语之后学习汉语的过程。例如，一个英国留学生在掌握了本族语之后，开始学习汉语，那么这个学习汉语的过程就称为汉语第二语言习得。

第二语言习得有可能发生在自然的语言环境中，比如母语为汉语的英语学习者在英国学英语；也有可能发生在正规课堂环境中，比如我们在中国的课堂里学英语。第二语言和“外语”（Foreign language）不完全相同。外语是从国家角度界定的，第一语言和第二语言则是从个人角度按习得语言时间的先后顺序界定的。

---

① “无接口观点”存在较大的争议，一些学者提出了“有接口”的观点，如 Ellis（1994）认为该观点忽略了教师反馈对学习者语法学习的重要性等。

目标语（Target language），也称目的语，指的是学习者正在学习的语言。母语为汉语的中国学生学习德语，则德语是他的目标语；母语为俄语的学生学习汉语，则汉语是他的目标语。

1.2 汉语第二语言习得相关研究的历史回顾

二语习得研究始于20世纪60年代末70年代初，之后迅猛发展，诸多学者对此进行研究，也相应地建立了不少理论框架。二语习得研究的发展历程大致如下：

1.2.1 对比分析法

“对比分析法”（Contrastive analysis）出现于20世纪50年代末，其奠基人是美国语言学家Robert Lado。对比分析的初衷是试图以行为主义心理学和结构主义语言学作为理论支撑，来解决第二语言学习与教学中的问题。行为主义心理学认为，任何一种学习都是需要经过反复训练，并达到熟练的程度。语言学习同样也是一种“刺激-反应”的过程，第二语言学习也要经过一个反复训练的过程。比如说，学习者发出一句问候语，如果得到听话人的理解并做出回应，说话人的话语就会加强，就会逐步习得这句话；反之，就无法习得，学习者将做出新的尝试。将这种方法应用到教学中，教学方法就是老师要求学生模仿和重复句型，从而形成一种习惯或者条件反射。

对比分析法通过强调两种语言之间的对比，试图发现母语和目标语之间的相同点和不同点。对比分析法认为，语言之间的不同点是学生最难掌握的部分，而与其母语相同的地方是很容易被掌握的。两种语言的共通处会起正迁移作用，差异才会造成负迁移。也就是说，如果两种语言系统中的差异越大，即各自的语言形式和程式跟对方的差异在质和量上均互不相容，那么语言学习过程中的困难也就越大，会形成潜在的干扰。事实上，学习者的母语与二语学习之间确实有联系，但是后来也有研究者发现，并不是所有的错误都是如对比分析假说所预测的那样。现实中，二语学习者犯的不少错误似乎与他们的母语无关，不同的母语学习者也经常犯同样的错误。

尽管对比分析法在20世纪60年代曾经盛极一时，但是到了70年代初，对比分析法却遭到了激烈的批评。原因在于，对比分析法在理论上和教学实践中都存在一些问题。在理论上，人们开始怀疑对比分析的预测能力是否准确，考虑到将两种语言进行对比是一项非常庞大的工程，所以两种语言对比是否存在可行性？此外，二语习得涉及学习主体和客体的方方面面，对比分析却仅仅局限于语言系统内的对比，忽略了学习者这一主体以及学习过程等方面问题。总之，对比分析法存在的弱点，就是试图用简单的语言学的方法去解决复杂的心理学的问题。

1.2.2 偏误分析和中介语

人们注意到，通过对比分析做出的预测在实践中似乎无效，语言之间的差异并不一定是学生学习中最困难的。同时，母语跟目的语之间的共同点也不一定是学习上的容易之处。大量习得研究证明，学生所犯的大多数错误无法追溯到母语。那么，学习者的偏误跟什么有关，什么原因造成这些错误呢？于是，一种以分析学习者二语偏误为主要研究对象的研究方法便应运而生，这就是偏误分析。

Corder（1981）开始注重学习者的错误，研究表明，大多数英语学习者所犯的错误并不是来自他们的母语。因此，他提出学习者使用的第二语言本身也应该被视为一个独立的语言系统，而不是存在各种错误的语言，因为“错误”是相对于标准的目的语来说的。错误可以分为偏误和失误，前者是有规律的，后者是疲劳等其他原因导致的。

二语习得研究者将学习者的各种错误分类，并跟孩子学习母语时的情况做比较。在儿童语言研究中，儿童的语言被视为研究的对象，而不是成人语言的模仿形式。不可否认的是，第一语言确实在影响第二语言，但不能以此作为出发点来预测第二语言误差。

Selinker（1972）提出学习者的语言，或者说“中介语”的观点。中介语指的是在第二语言习得过程中，学习者通过一定的学习策略，在目的语输入的基础上所形成的一种既不同于其第一语言也不同于目的语，随着学习的进展向目的语逐渐过渡的动态的语言系统。中介语包含两个基本意思：通过学习产生的语言本身就是一个系统；它是一个动态的系统，随时间不断变化。中介语研究使得第二语言习得研究向前迈进了一大步，它要研究的是学习者的语言系统，而不仅仅是有错误的那部分。

可以说，二语习得中的偏误有些来自母语的干扰，通过对这些错误进行分析，教师可以提高教学效率。研究学习者的中介语，不仅是为了发现新的教学方式，而且有利于进一步研究人们学习第二语言的一般规律。

因此，20 世纪 70 年代和 80 年代的多数研究仍以实际需求为目的，希望解决教学中的实际问题，多数带有经验特征。

1.2.3 语素习得研究

20 世纪 70 年代，Dulay 和 Burt 等人（1974）关于二语习得的研究成果最为显著。他们对语素习得进行了研究。该研究认为，在英语二语习得中，对某些语言结构的习得遵循某种带有普遍性的“自然顺序”（Natural order）。他们通过调查来观察儿童对某些英语语素的习得情况。这些语素包括：英语复数的-s，进行时的-ing，系动词 be，助动词 be，冠词 the/a，动词过去时的不规则形式，动词现在时第三人称单数-s，所有格 's。研究结果表明，习得者在习得以上这些英语语素时，都显示出一种共同的顺序。之后，Krashen 等人也进行了多项类似的实验，并扩大了研究范围，结果都不同程度地验证了这种语素习得的顺序。DeKeyser 认为，感知显著度、语义复杂度、形态-音系规律、句法类别和频率 5 大因素的综合作用造成了语素习得顺序。他们认为，由于二语习得中存在着某种共同的习得顺序，学习第二语言的人所产生的语言应该作为一种独立的中介语来研究，而不应该从第一语言和第二语言之间关系的角度来研究。

但是，因为这类研究只孤立地看待语素，而忽视了语法的特性，所以 20 世纪 80 年代以后，人们便开始逐渐失去了对它们的青睐，而将语素习得的研究作为习得语法结构的一部分来对待。同时不少学者也不断提出异议，如果在习得英语语素中确实存在着不受母语影响的共同习得顺序，这并不意味着在学习较为复杂的语言结构中，也会有不受母语影响的共同顺序。仅仅对语素习得的排列顺序进行描述是远远不够的，还应该进一步说明为什么有这种顺序，即对二语习得的这种现象进行科学的解释。

1.2.4 Krashen 的监控模型

20 世纪 70 年代末开始，Krashen（1981，1982）发表了一系列二语习得研究的文章和专著，其中提出了他的“监察模式”假说。此后，假说经过不断改进和扩展，在 20 世纪 80 年代初，形成了以 5 个基本假设为基础的一般理论。这 5 个假说是“习得”与“学习”假说、监控假说、自然顺序假说、输入假说、情感过滤假说。这 5 个假说中，输入假说是其理论的核心，其余的 4 个假说都是对输入假说的展开和补充。

第一，“习得”与“学习”假说。Krashen 声称，“习得”与“学习”是两个独立的过程。“习得”指的是在自然交际环境中使用语言，它是一种潜意识的语言发展过程；而“学习”则是第二语言学习者有意识地学习语言规则的过程。“习得”主要发生在以传递信息为主要目的的语言自然交际环境中，参与者关注的是“意义”，而不是“语言形式”。与此相反，“学习”主要发生在课堂上，其关注对象是语言形式和语法规则，发现错误和纠正错误往往是学习过程中的重点。

第二，监控假说。监控假说指出，通过学习获得的语言知识在头脑中起监控语言的作用。监控就是指说话者对自己所说的语言进行检查和控制，也就是说，用所学的有意识的语言规则、知识等对所说的语言进行质量检查。这种检查可以在话说出之前，也可以在话说出的同时或者之后（也就是我们常见的自我改正）。一个人使用监控的程度取决于多种因素，这包括他在用语言做什么事情：如果是在做语法填空练习，那么监控的使用程度是会很高的；而在聊天时，监控的使用程度就会相对低一些。一个人的性格以及所受的时间限制也会影响监控的使用。然而监控假说也受到了批评，因为它无法通过实证研究得到验证。

第三，自然顺序假说。毫无疑问，自然顺序假说是得到实证证据支持的。学习者习得语言的规则有一定的顺序，一些规则的习得早于另外一些规则。然而，Krashen 并没有对自然顺序形成的原因进行深入的讨论。他也认为自然顺序并不一定是一种严格的线性顺序，并提出在自然顺序的基础上同时会存在一些语言发展的分支。

第四，输入假说。Krashen 认为，输入假说的观点是他的理论核心。该假说后来也被称为“理解假说”。他指出，人类要想获得语言，只能通过一种方式，即对信息的理解，通过吸收可理解的输入信息来获取语言知识。只要学习者听到有意义的语言信息并设法对其进行理解，就会产生语言习得的效果。如果语言信息并没有什么意义与内容，或者由于某些心理障碍，有意义的语言信息无法进入学习者的头脑，那么就不会产生任何语言习得效果。Krashen 认为，“听”这一活动对语言习得至关重要。他主张输入的语言信息既不能过难，也不能过易。他用“i+1”的公式来代表他的主张，“i”是指学习者目前所处的语言水平，“i+1”是学习者下一步应达到的水平。为了使学习者有所进步，向他输入的语言信息只能略微超出他目前所处的水平。

第五，情感过滤假说。Krashen 断言，在人类头脑中会出现语言的堵塞现象，使学习者常常无法理解所接收的语言输入信息。他称这种堵塞为“情感过滤”。当一个学习者没有学习的动力或积极性、没有信心、非常焦虑、精神和身体状况等不佳的时候，都会启动情感过滤，使语言信息无法通过，达不到获得语言知识的效果。如果情感过滤关闭，学习者就能够充分利用所输入的语言信息。Krashen 推测，在人体发育的青春期前后，情感过滤的作用力会有巨大的增长，成年人会有更多的情感变化和自我意识。在第二语言习得中，这也是成年人与儿童的重要区别之一。

虽然研究人员和教师认为情感因素在二语习得中扮演着重要的角色，但是 Krashen 的情感过滤假说仍然是模糊的理论。比如：如果青少年缺乏自尊、自觉，也许就会有一个“高”的过滤，那么，他们就学不好语言了吗？相反，那些性格外向、对自己充满自信的人（即有一个“低”的过滤）就能够学好语言吗？显然不是。所有这些问题都需要证据和进一步的研究。

语言习得装置（Language Acquisition Device，LAD）在 Krashen 的理论中占有重要的地位。Krashen 认为，该装置是由人类头脑中学习自然语言的各种能力组成的。在学习第一语言时，人们可以对其进行充分利用，而在第二语言习得中，语言习得装置的作用取决于情感对语言信息过滤的程度和输入语言信息的可理解性。当输入的语言信息被吸收至语言习得装置，语言习得装置就可以对这些信息进行处理。在这个基础上，学习者构成自己为第二语言准备的一套语法。Krashen 认为，第一语言对第二语言的影响并不是一种必然的现象，在第二语言习得中出现第一语言转移的现象是由于学习者缺乏足够的第二语言知识来表达思想的结果。由于用来表达思想的语言和所要表达的思想之间存在着差距，因此第二语言学习者常常不得不借助于第一语言。出现第一语言转移的原因往往正是由于在某些课堂练习活动中，或者在某些场合，第二语言学习者被迫过早地使用第二语言来表达他们的思想。Krashen 还认为，在第二语言习得初期总是有一段“无语期”，在“无语期”内，学习者保持静默状态，极少用所学语言讲话。他们只是通过听和读来理解向他们输入的语言信息，用这种办法来不断增强自己的语言能力。

Krashen 的思想对许多研究影响深远，大大推进了人们对二语习得的了解。例如，Krashen 主张，向学习者输入的语言必须是能够被其理解的语言，不能太难也不应过易。他的这一观点的正确性是不言而喻的——无法理解的语言信息，当然是无助于语言学习的。

Krashen 对“学习”和“习得”的区分，实际上反映了他认为人类头脑有不同分工的主张。通过学习而获得的语言知识和通过习得所获得的语言知识在人类头脑中起着不同的作用。这一主张支持了目前较为流行的一种观点，即人类大脑的各个不同部分是有不同分工的，有的负责数字，有的负责推理，有的负责语言等。但是，把通过学习获得的语言知识和通过习得获得的语言知识看成是毫无联系的两种知识是难以找到事实根据的。到目前为止，还没有任何人通过实验证明，语言习得与语言学习是截然分开的。

1.2.5 普遍语法理论

由于对第二语言习得的一般性描述已不再是研究的最终目标，人们便开始朝向解释性研究发展。越来越多的人开始对所谓的“语言习得装置”的内容发生兴趣。20 世纪 80 年代，语言学理论和第一语言习得理论出现了一些重大突破，这对第二语言习得研究产生了巨大影响。同时，认知科学也开始渗透到第二语言习得的研究中。

20 世纪 80 年代，Chomsky（1981）普遍语法理论在第二语言习得领域产生了深远影响。人们除了对 Chomsky 理论的主导思想表现出很大兴趣以外，同时也对他提出的一些具体的理论提出了挑战，并对其进行了修改和完善。概括地说，普遍语法理论不仅仅是一个语法理论，同时也是一个语言习得理论。普遍语法理论认为，世界上所有的语言都有着某些共同的语言原则（Principles），而这些共同的语言原则同时也是婴儿在开始学习第一语言之前所处的“最初语言状态”，这些原则是天生的，是人的头脑中固有的。除了这些恒定不变的语言原则以外，成人的语言状态称为“稳定语言状态”，其中包含一些语言参数（Parameters），而这些参数的值一般是处于待定状态的。大多数参数像开关一样只有两个值（Value），个别的有两个以上的值。各种语言之间核心部分的变化主要体现在参数值的变化上。头脑中语言参数的值是人们通过对语言的接触来确定的。一个成年人的母语语言知识包括各种语言共有的语言原则以及各种语言不同的参数值。

普遍语法理论认为人类头脑中有天生的语言知识，理由如下：

虽然每种语言的语法都是一套复杂的规则体系，但是每一个正常儿童最终都能掌握。儿童最终掌握的这套复杂的语法体系并非都是从他所接触的语言材料中得来的。比如人们经常会发现，孩子会说出一些别人没教过的话。比如“一生一世”“不离不弃”中“一”“不”的变调，不可能是父母教会的，这被称为“语言刺激贫乏性”。

一些语言实验证明，虽然儿童在学习第一语言时会犯语言错误，但是这些错误都是普遍语法所允许的，只不过这些错误不符合所学语言的参数罢了。

几乎所有的成年人就其母语来讲都具备基本相同的语言能力。几乎所有正常的儿童都能在非常接近的时间内掌握其第一语言。

自 20 世纪 80 年代中期以来，普遍语法理论对第二语言习得研究起了很大的推动作用。研究者以普遍语法理论为基础，对第二语言习得进行研究，已成为第二语言习得研究的一个重要发展趋势。人们用普遍语法理论来解释第二语言习得过程中出现的一些问题，并围绕着二语习得中的很多问题进行了研究和探讨，也取得了显著的成果。

1.2.6 汉语第二语言习得研究的发展历程

汉语第二语言习得指的是外国人习得汉语，对它的研究最早始于 20 世纪 80 年代，一般认为以鲁健骥（1984）发表的文章为开端。可见，与国际二语习得研究相比，汉语第二语言习得研究起步较晚，在国内还属于一个非常年轻的学科。几十年来，我国的学者不断地致力于对外国人学汉语易产生的偏误、学习过程及相关理论等问题的研究，并在《世界汉语教学》《语言文字应用》《语言教学与研究》《汉语学习》等权威期刊上发表了大量有价值的文章。

施家炜（2006）对汉语第二语言习得研究开展 20 年的汉语习得的研究状况做了综述，介绍了一批具有代表性的研究成果。徐婷婷等人（2018）对 2007 年至 2016 年这 10 年间汉语二语习得研究文献作了考察，分析了相关研究趋势。

目前，关于汉语第二语言习得的研究出现了很多可喜的变化。比如说研究的领域和角度越来越多，汉语第二语言习得研究已广泛涉及语言学、心理学、社会学、认知科学、教育学等多个学科和多个视角；研究的内容也越来越多元，从早前的探讨语言迁移现象，到后来的学习者的个体差异，再到现在的社会文化因素等；在研究的方法上，实证性的调查研究在第二语言习得研究中的地位越来越重要，质化分析与量化分析相结合是二语习得研究方法的主流；国内的语言学家也不断关注语言学理论的发展，如引进并研究形式语言学（包括生成语法学、形式语义学等）的相关理论，并运用研究成果，展开以生成语法为基础的汉语二语习得分析，取得了丰富的研究成果。

1.3 汉语第二语言习得研究的特点和方法

1.3.1 汉语第二语言习得研究的特点

李柏令（2013）指出，二语习得研究具有 3 个特点：研究领域的跨学科性、研究对象的多样性以及研究方法的实证性。相比较而言，汉语二语习得研究除了具有这 3 个特点之外，其研究内容还具有 2 个特点：一是注重引进与创新，二是语言系统内不同子系统的研究比例差异较大。

第一，汉语二语习得研究注重引进与创新。与世界范围内其他一些语言的第二语言教学相比，汉语第二语言教学起步较晚，早期文章大多为经验分享以及国外理论介绍。因此，国外许多不同时期的第二语言习得理论几乎同时涌入汉语第二语言教学界。比如说，“对比分析理论”“偏误分析”“中介语理论”等都在20世纪80年代初同时“挤进”汉语第二语言习得的研究中。

但是事实证明，有些理论存在一些问题。比如说，20世纪七八十年代，英语第二语言习得研究发现，母语不同的人在学习英语语素（Morpheme）时往往有着共同的习得顺序，该顺序与母语习得时的顺序一致。这项成果暗示人们，母语对第二语言学习并不造成影响。但是，有调查发现其实并不是这样，如施家炜（1998）指出，“是”字句是汉语中最容易习得的句式之一，该调查的语料来自不同母语的学习者，因此可以从这项调查推出一个结论：不同母语的人学习“是”字句同样容易。然而，朱志平（2001）在对欧美学生与日本学生的习得对比研究中发现，欧美学生“是”字句应用率为93%，出错率为19%；同一水平的日本学生“是”字句应用率为50%，出错率为60%。这说明同一水平的日本学生对“是”字句的习得迟于欧美学生。也就是说，“是”字句对日本学生来说没有欧美学生那么容易。这两项研究结果的差异表明，“习得顺序理论”在不同领域的应用还有待进一步验证。因此，汉语第二语言习得在引进外来理论的同时，必须避免盲目套用的问题。

由此可见，处理好引进与创新的关系，是汉语二语习得研究取得重大发展的必要前提。

第二，汉语二语习得研究中语言系统内不同子系统的研究比例差异较大。跟印欧语言的二语习得研究相比，汉语本身就存在许多不同，比如说语音中有声调、语法中语素重要、词汇中复合词比较多等方面，这也就决定了汉语二语习得研究内容具有其他语言二语习得所不具有的特点。

施家炜（2006）指出，在国内二语习得研究中，语法发展过程研究成果最丰富；汉字和词汇的习得研究较晚，空白点很多；而语音的习得研究虽然成果较多，但只是停留在对比分析和偏误分析阶段，需向纵深发展。不过，随着时间的推移，研究情况开始有了改变。徐婷婷等人（2018）指出，2007年至2016年这10年间虽然对各要素的研究仍存在着较大的差异，但相较于前20年，语法、汉字、词汇和语音的发展过程研究也逐渐呈现出了均衡的发展态势。

1.3.2 汉语第二语言习得研究的研究方法

第二语言习得研究方法有不同分类。Seliger等（1989）明确地将研究分为4类：质化研究、描述性研究、多变量和相关研究、实验研究。Mackey（2005）则认为第二语言习得研究方法可以分为质化和量化研究两大类。

徐婷婷等人（2018）认为，汉语二语习得研究方法也可以分为量化和质化两大类，但是在不同的领域、不同的课题中使用的研究方法各不相同。如对语音、词汇、语法、汉字的习得研究多采用实验法、语料统计法；对语用特征的研究大多采用质化分析；对学习者外部因素和学习者本身的研究，大都以问卷调查、访谈等方式进行分析研究；对学习者内部机制的研究主要是在心理语言学的范式下采用实验研究的方法。

关于量化和质化方法，我们可以从下面表述中看到二者的特点与区别：

首先，量化的研究工作是演绎性的（Deductive），因为它开始于一种理论或者一种假说，即“理论先行”，然后使用数据来检验它。而质化的研究工作是归纳性的（Inductive），因为它先通过观察来收集材料，即“材料先行”，然后提出一种理论来解释这些数据。

其次，在量化的研究工作中，研究者是“强加于人”的，他要进行干预以控制研究中的变量。而质化的研究者并不尝试像一个实验者那样实行控制，而是反过来，观察自然发生的行为。

再次，进行量化的研究者预选了要在研究中测试的变量。与此相反，质化的研究者事先并没有确定哪些变量是重要的，而是反过来，试图尽可能全面地描述正在被观察的对象。在这个意义上，量化的研究工作对终点结论感兴趣。例如，证明一个具体的项目是否显得比另一个更有效。而质化的研究工作的兴趣在于过程本身，换句话说，在于课堂上实际发生了什么。

最后，量化的研究工作的结果被假定是可类推于更大人群的，而质化的研究工作的结果不能（常常是不需要）类推。

本书中介绍的汉语二语习得研究方法，主要分为 3 个部分：调查方法、分析方法和解释方法。调查方法的内容主要有语料库调查法、问卷调查法、访谈调查法和个案跟踪法，前两种是量化法，后两种是质化法。分析方法的内容主要有 t 检验、方差分析、卡方检验和相关分析，主要是量化的统计方法。解释方法的内容主要有生成句法和形式语义等方法，主要是形式语言学的方法。

1.4 形式语言学视角的汉语第二语言习得研究概述

1.4.1 形式语言学视角汉语第二语言习得研究的发展历程

自鲁健骥（1984）发表《中介语理论与外国人学习汉语的语音偏误分析》

以来，汉语第二语言习得研究在中国已开展了近40年。近年来，汉语第二语言习得的研究已十分深入，学者们研究的角度也日渐多元化。王建勤（2019）梳理了20世纪80年代以来基于语言学、心理语言学、社会语言学、社会文化学、语言类型学、第二语言教学法以及认知科学等不同理论视角进行的汉语第二语言习得研究的成果，但对形式语言学视角（包括生成语法学和形式语义学等）的汉语二语习得的研究重视不足。

20世纪80年代，Chomsky普遍语法理论在语言学界引起了很大的轰动。虽然Chomsky并没有直接提出该理论与第二语言习得之间的关系，但毫无疑问，普遍语法理论不仅仅是一个语法理论，同时也是一个语言习得理论，它对当时的行为主义语言观提出了挑战，解释了行为主义无法解释的问题，为第二语言习得的研究开辟了一条全新的道路。普遍语法理论引入国内后，一大批学者对其进行研究，这对汉语第二语言习得研究的发展产生了重大影响。

目前，基于形式语言学的汉语二语习得研究，按照研究的内容划分，则可分为两个方面：一是对汉语句法结构的二语习得研究，二是对汉语词类的二语习得研究。

句法结构习得研究方面，值得注意的文献有：常辉（2011）通过翻译任务考察了母语为英语的汉语学习者对汉语“致使”结构的习得，并研究了母语在其中的作用，对影响该习得的因素进行了分析。郑丽娜（2013）基于“HSK动态作文语料库”，考察了英语背景学习者对汉语不及物动词带宾语结构的习得情况，并根据研究结果对“接口假说”提出疑义。袁博平（2017）则以英语母语者学习汉语态度疑问句为例，考察计算复杂性与第一语言迁移的关系。

词类习得研究方面，值得注意的文献有：王文斌、徐睿（2005）采用Chomsky的“最简方案”理论，在充实Larson所提出的VP壳理论的基础上，解释使役心理动词结构的生成过程，并探视英汉使役心理动词结构的个性以及在句法深层结构中的共性。赵杨（2009）通过研究母语为日语的学习者对汉语心理动词的习得情况，考察题元层级在中介语中的作用。袁博平（2012）通过对说英语的人和说日语的人学习掌握汉语wh不定代词的研究，尝试解释绝大多数的成人最终都无法完全成功地掌握一门外语的原因。赵静等人（2015）采用看图写句子任务和限时合乎语法性判断任务，考察以英语为母语的学习者对汉语心理动词的中介语表征和加工效率。

近年来，语言类型学、语法化学说和认知语言学在国内得到了极大的发展，但从整个世界来看，形式语言学（包括生成句法学和形式语义学等）仍是当代语言学主流。因此，本书主要介绍形式语言学对汉语第二语言习得现象的解释，以期为读者深入进行汉语第二语言习得打下扎实的基础。

1.4.2 本书的特点及学习方法

本书通过对第二语言习得发展过程的把握，紧跟目前学术界研究的发展趋势，将国内出版的关于第二语言习得的相关书籍按照内容划分为两大类：一是从课堂教学实践出发，介绍第二语言习得的相关知识，帮助对外汉语教学方向的读者掌握教学知识和技巧，偏重于实践性和实用性，如孟国（2010）、袁芳远（2016）等；二是理论知识的研究和探讨，主要针对相关专业的研究人员和学者，如刘玉屏（2010）、王建勤（2019）等。本书与这些书籍既有相同点也有不同点：相同点在于都是希望能更好地向读者介绍相关的二语习得知识；不同点则是强化形式语言学基础，并且注重介绍调查、分析和解释的实际研究方法。

本书在国内外第二语言习得相关研究成果的基础上，较为全面、系统地从生成语法的角度来进一步探讨第二语言习得的调查方法、分析方法和解释方法，具有以下几个特点：

一是以形式语言学为基础。第二语言习得研究起源于 20 世纪 60 年代末 70 年代初，以语言理论为解释基础。形式语言学是当代世界语言学的主流学派。因此，本书对二语习得的形式语言学基础做了介绍，介绍了生成句法学和形式语义学等方面的主要内容，便于学习者运用相关的理论知识去解释二语习得的各种现象。

二是重视汉语第二语言习得研究方法的介绍。汉语第二语言习得的目标不仅是对理论进行介绍，还要讨论如何进行相关问题的研究。本书特别重视汉语二语习得的材料调查和统计分析方法的介绍。本书对语料调查、问卷调查、访谈调查、个案跟踪等具体研究方法进行介绍。以往的教科书习惯于将理论知识与操作步骤分开讲述，这样一来，教学过程中就需要用到两本书甚至几本书，但不同的书交叉着看，效果并不好。本书将理论知识与实践步骤结合起来，在多个章节后面都配备了相应的 SPSS 相关操作步骤，有利于读者一边学一边做，巩固所学知识。

三是注重相关理论在汉语第二语言习得中的运用。本书以形式语言学为基础，介绍该学科的发展史及其重要的理论观点，但又不仅仅是介绍理论，而是以该理论为指导，去解决汉语第二语言习得研究过程中出现的问题。因此，本书的每一章都先介绍相关理论或方法，然后将这些理论或方法应用到汉语中来，看看是否同样适用；同时介绍当前汉语在这些方面的研究成果以及研究不足和未来研究方向，为读者以后进行研究提供相应的基础。

关于本书的学习方法，需要注意以下几个方面：首先要对整本书有个大体的把握，也就是前面所提到的本书的 3 个特点。先了解本书的主要特点，读者才能更好地使用本书。

其次，认真阅读本书推荐的阅读资源。随着科技的发展，人们再也不必为找不到相关的或感兴趣的文献而发愁，但是网上的资源众多，很多书籍的质量良莠不齐，一本本地去甄别会耗费读者大量的时间。因此，本书在每章之后都会提供推荐阅读的参考文献，供读者自学。值得注意的是，这些参考文献都是相关领域的权威作品，非常值得阅读！

最后，认真完成课后练习。考虑到本书的受众绝大多数是汉语国际教育专业的本科生和研究生，因此本书特意设计了课后练习，这些练习主要包括每一章节的重难点知识，以及值得思考的问题。读者在学习完相关知识后再完成这些练习，既有助于巩固所学知识，也有助于对所学知识有更为深入的理解。这样才有可能将这些知识应用到汉语第二语言习得的研究实践之中。

推荐阅读

袁博平，《第二语言习得研究的回顾与展望》，1995 年

练　习

1. 第二语言习得研究的研究方法有哪些？
2. 什么叫“中介语”？
3. 质化和量化的区别是什么？
4. 简述 Chomsky 的普遍语法理论关于儿童语言习得的基本观点。

调查方法篇

2　汉语第二语言习得研究中的语料库调查

2.1　引言

语料库调查是汉语二语习得研究中常用的一种研究方法。

国外的语料库建设起步早，研究成熟。国内的语料库建设虽然起步晚，但是发展迅速，并在汉语二语习得领域得到了广泛的应用。本章将详细介绍语料库调查在汉语二语习得研究中的应用。

2.2　语料库概述

2.2.1　语料库及其类型

"语料库"（Corpus）一词来源于拉丁语，是指大量文本的集合。李文中（1999）将其定义为："是应用计算机技术对海量自然语言材料进行处理（包括预处理、语法自动附码、自动句法分析、语义分析等）、存储，以供自动检索、索引以及统计分析的大型资料库。"一般来说，语料库的规模越大（即语料库中的数据储存越多），就越能代表现实世界中实际使用的语言。因此，建立大规模的语料库，能为语言学领域的研究提供坚实的基础。

语料库的种类也有很多，根据不同的标准可以将语料库分为不同的种类。根据语料的载体，可以将语料库分为书面语语料库、口语语料库和多模态语料库。书面语语料库指的是所收集的语料全部是书面语言的文本语料库。口语语料库指的是所收集的语料是来自口头语言的语料库，这些口语语料在录入语料库之前都进行了转写，即将口头表达变成文字记录。多模态语料库指的是将不同类型的语料，如书面语、口语、音频记录的语言、视频记录的语言都汇集在一起的语料库。根据语料的适用性，可以将语料库分为专业语料库和通用语料库。专业语料库指的是文本来自某一专业领域或特定适用范围的语料库。而通用语料库指的是由通用文本组成的语料库，即语料不是来自特定领域。根据语料的语种，可以将语料库分为单语语料库、双语语料库和多语语料库。单语、双语和多语指的就是分别收入了一种语言、两种语言和多种语言的语料库。根据语料对应方式，可以将语料库分为平行语料库、可比语料库。平行语料库指的是由原创文本和其对应的翻译文本构成的语料库。可比语料库指的是两种或多种语料，其文本涉及统一主题，但并不互为翻译，只是相似文本的集合。

2.2.2 语料库的发展

2.2.2.1 国外语料库发展历程

早在20世纪30年代，国外就开始建设语料库，最初是由手工完成。60年代后，随着第一个计算机语料库——美国“布朗语料库”（Brown Corpus）的建成，语料库进入了电子时代。80年代后，语料库发展进入一个新阶段，其规模相较于前一阶段的百万字规模，已经可以达到千万字、上亿字以上，这一时期典型的语料库有COBUILD英语语料库，它是迄今为止最大的平衡语料库之一①，所含语料超过4亿词。90年代以来，依托计算机技术的应用，语料库发展进入第三阶段，其规模、加工技术都取得了巨大进步，语种上也从单语种发展为多语种，并朝着特大型语料库和动态监控语料库方向继续发展。目前，典型语料库代表有宾州树库（Penn TreeBank）、欧洲语言资源学会（European Language Resources Association，ELRA）等。

2.2.2.2 国内语料库发展历程

我国语料库研究始于20世纪70年代末。进入90年代，随着计算机技术的发展，现代汉语语料库的建设与发展更加迅速，陆续出现了清华大学现代汉语语料库、国家语委现代汉语语料库、北京语言大学的当代北京口语语料库等大型汉语语料库，并且在1995年，北京语言大学研发了我国第一个汉语中介语语料库——汉语中介语语料库系统，开创了汉语中介语语料库建设与研究的先河。

进入21世纪以来，我国现代汉语和汉语中介语语料库建设跨入了繁荣发

① 平衡语料库指的是在语料采集时按照平衡性原则进行随机抽样，使语料的类别分布比例和时间分布比例相对均匀，能够充分反映和记录语言的实际使用情况的语料库。

展的重要时期，新的语料库规模在不断扩大，语种也从单语种扩展到多语种，语料加工也更加精细，出现了如北京大学CCL语料库、北京语言大学现代汉语语料库（BCC语料库）、北京语言大学HSK动态作文语料库、暨南大学中介语语料库、全球汉语中介语语料库（QQK语料库）等现代汉语和汉语中介语语料库，这些语料库目前也是汉语二语习得研究广泛使用到的语料库。部分语料库的具体情况将在后面章节详细介绍。

2.2.3 语料库的应用领域

目前，语料库的应用范围非常广泛，主要可以应用于计算语言学领域、语言学研究、语言教学领域。

2.2.3.1 计算语言学

计算语言学主要涉及机器翻译和语音识别/合成领域。

机器翻译就是用计算机把一种语言翻译成另一种语言的一门学科。第4代机器翻译系统正是基于语料库的核心技术，进入了一个新的发展空间。大家熟悉的语音识别/合成系统也需要语料库的支持，需事先输入相关的语音、词汇库等。

2.2.3.2 语言学研究

以往许多有关句法、语义的研究还停留在人们对语言的直观感觉上，但语言学具有跨学科性质，应该尽量运用科学的研究方法。语料库的出现为研究者提供了语言使用者/学习者丰富多样的语言行为数据，为语言学的研究提供了便利，并且也能检验一些语言理论的正确性。同时，平行语料库、多语语料库也为对比语言学、语言类型学研究提供了充足语料。到目前为止，有不少语言学家利用语料库对语言进行了本体研究，比如Mindt（1995）基于语料库编写了《英语动词的实证语法：情态动词》（*An Empirical Grammar of the English Verb*：*Modal Verb*）一书。我国学者也有基于语料库进行本体研究的，比如赵金铭等人（2008）合著的《基于中介语语料库的汉语句法研究》等。

此外，语料库的建设和发展也有助于我们进行语言对比研究。比如，孙翠兰（2014）就基于汉英双语语料库对比研究汉英中动结构的差异。

词典编纂也是语言研究的重要组成部分。在词典编纂中，语料库也越来越多地发挥着作用。第一个将语料库用于编写词典和语法书的是哈珀·柯林斯出版社。朗文出版公司也通过查询英国国家语料库和朗文语料库，编写出最新版的朗文当代英语词典。语料库也可以用于汉语词汇划分。在语料库中能根据词频统计，划分出高频词汇、常用词汇等，既可以用于词典编纂，也能应用于对外汉语教学。

2.2.3.3　语言教学

语料库目前已经被广泛地应用到语言教学领域。不仅仅是母语教学，在对外汉语教学上，越来越多的教学材料编写需要依托语料库。比如我们在前文中提到的词汇划分，如何教留学生汉语词汇，先教哪些词，后教哪些词，光凭基本词汇的判断标准很难进行确定。但语料库就能帮我们统计出汉语高频使用的词汇，从而为语言的词汇教学提供参考。此外，在涉及语素的多义教学时，应先教留学生哪几个义项也不是依靠我们的直觉，而是应该通过语料库检索出该语素搭配产出的复合词，使用频率较高的复合词便是我们要先进行语言教学的语素义项。不仅如此，一些常用句式等也可以通过语料库检索出来，从而帮助我们列出等级大纲，促进语言教学。

总的来说，虽然语料库发展历史不长，但是到目前为止，国内外的语料库建设都已经达到非常高的水平，特别是我国的语料库建设，虽然起步晚，但是发展迅速。在二语习得研究中，语料库发挥着重要的作用，接下来我们将介绍汉语二语习得重要语料库。

2.3　汉语第二语言习得重要语料库介绍

本节主要介绍汉语二语习得中常用的两类语料库：现代汉语语料库和汉语中介语语料库。现代汉语语料库有北大 CCL 语料库、北语 BCC 语料库；汉语中介语语料库有 HSK 动态作文语料库（2.0 版）和全球汉语中介语（QQK）语料库。这些语料库面向社会免费开放。

2.3.1　现代汉语语料库

2.3.1.1　北京大学 CCL 语料库

北京大学 CCL 语料库是由北京大学中国语言学研究中心于 2004 年建成的大规模中文语料库，也是我们做汉语本体研究和汉语二语习得研究时常用的汉语语料库。

CCL 语料库规模庞大，收录现代汉语语料 12 亿字节、古代汉语语料 4 亿字节以及汉英对齐双语语料约 0.716 亿字节。其中现代汉语语料大部分来源于权威报刊，其余分别来自文学、翻译作品等，还有少部分是口语；古代汉语语料是依据所在朝代分类的；汉英对齐双语语料以书面语为主，分为应用文、文学和新闻 3 类文体。

CCL 语料库提供的是生语料，即未对语料进行加工处理，因此在检索语料时只能以汉字、字母、标点等为检索单位，并且下载的语料也需要自己加工处理。

CCL 语料库提供的汉语语料检索方式主要是普通查询、批量查询和模式查询 3 种方式。普通查询是需要输入查询表达式使用的。查询表达式由关键字、数字、分隔符、操作符、基本项、过滤项、简单项、复杂项、子句等多项组成，具体的组合规则在网站“使用说明”中会有解释。批量查询是用户可以把符合格式规范的多个查询表达式写在一个文本文件中，每个查询表达式占一行，然后将该文件上传到 CCL 语料库检索系统，进行批量查询。系统默认允许的最大查询个数为 30 个查询表达式。模式查询是用户可以指定特定的模式，从而检索跟该模式匹配的例句，例如“X 来 Y 去”将会匹配包含“颠来倒去”等的例句，“X 来 X 去”将匹配包含“跑来跑去”等的例句。此外，该系统也支持限定范围查询，选择的范围可以具体到若干篇特定的文本。

该语料库查询结果以原始语料文件（纯文本格式）中的一个自然文本行为单位输出显示，用户可以指定查询结果的显示长度。同时该语料库提供语料下载服务，一次可下载 500 条。

2.3.1.2　BCC 语料库

BCC 语料库，全称为“北京语言大学语料库中心”（BLCU Corpus Center，简称 BCC）在线语料库，是由北京语言大学荀恩东教授主持开发的现代汉语语料库，于 2014 年建成上线。该语料库是以汉语为主，兼有其他语种的在线语料库，也是我们做汉语本体和汉语二语习得研究常用的语料库。

首先，该语料库汉语语料规模达到 150 亿字，包括报刊、文学、微博、科技、综合和古汉语等多领域语料，可以全面反映当今社会语言生活。

BCC 语料库提供熟语料，即对语料都进行了加工标注，包括分词处理、词性标注和短语结构树。因此，该语料库支持多种形式的检索。

该语料库在语料检索的输入框上方提供了汉语的不同语域，包括多领域、文学、报刊、对话、篇章检索和古汉语。现代汉语语料主要来源于报刊、文学作品、微博等。如果想要做更细化语域的查询，可以选择“自定义”，通过点击语料库的组成窗口选择子语料库，或者通过搜索定位子语料库。当用户选择一个子语料库时，页面会给出该子语料库的语料规模，后续检索也会限定在该子语料库中进行。历时检索一栏以可视化的方式给出检索式历年的出现频次和频率，显示为柱状图、折线图以及直接的数据视图。这是 CCL 语料库没有的功能。

其次，该语料库检索设计方便清晰。在搜集语料时，除了可以在语料检索的输入框中输入一般的字符串进行检索外，BCC 语料库还设计了一种简单的查询语言，即 BCC 检索式。BCC 检索式由字、词和语法标记等单元组成，既可以是字串、词串、词性的组合，也支持通配符和离合查询。这些检索式按照特定的输入方式，可以用来搜索复杂的结构，比如限定的词语搭配（“讨论 n”即表示“讨论”后邻名词性的词语）、特殊句型（“被 n v 一下”即“被”后邻名词、动词和“一下”的句型）、特定的构式（“v 不到”，即动词后邻“不到”的构式）等。关于检索式的输入方式可以参考 BCC 语料库网站中的“帮助”的检索示例。

最后，在检索结果页面，该语料库还会提供统计、下载、筛选、高级功能选项。统计会显示符合检索式的语言片段出现的频次，这也是 CCL 语料库不具备的功能。高级功能选项是用来设置检索结果的显示形式，控制上下文字数。筛选就是对检索结果进一步剔除，保留符合要求的检索式的语例。登录用户每次可以下载 10000 条语料。

CCL 和 BCC 语料库都是面向汉语本体和对外汉语教学研究的大规模语料库，我们在做汉语二语习得研究时可以相互补充使用。

2.3.2 汉语中介语语料库

2.3.2.1 HSK 动态作文语料库（2.0 版）

北京语言大学 HSK 动态作文语料库是研究汉语第二语言习得常用的书面语中介语语料库。HSK 动态作文语料库分为新旧两个版本。旧版本（1.0 版）于 2006 年底问世，是在北京语言大学崔希亮教授的主持下建成的。它以母语为非汉语的外国人参加高等汉语水平考试（HSK）中作文考试的答卷内容为语料，语料收集的时间范围是 1992—2005 年。HSK 动态作文语料库 1.0 版收入语料 10740 篇，约 400 万字。2008 年 7 月，经修改补充，语料库 1.1 版的语料总数达到 11569 篇，共计 424 万字。由于旧版本存在着一些使用和系统运作上的问题，2018 年，北京语言大学在张宝林教授的主持下重新开发了语料库软件，即为现在使用的 HSK 动态作文语料库（2.0 版）。2.0 版较 1.0 版系统更加稳定，检索功能也更加智能化，并且语料可以实现自动下载（上限 500 条），也增加了用户对语料的修改功能。

HSK 动态作文语料库（2.0 版）使用的仍然是 1.1 版语料，没有进行扩充。该库保留了旧版对语料的标注，从字、词、句、篇和标点符号等角度对所有收录的作文语料进行了全面标注。语料库语料的呈现形式分别有句子形式和全篇形式。全篇形式有两种版本：一种是经过人工标注后的中介语偏误语料，即标注语料；一种是考生原始作文的电子扫描语料，即原始语料，以图片形式呈现。以句子形式呈现的语料也会有语料标注。语料标注的解读在语料库“帮助”一栏中有详细介绍，这里不再赘述。此外，语料库也会提供与每条语料相关的若干条语料产出者的信息，包括国籍、性别、HSK 考试时间、作文题目、HSK 考试每个科目的成绩及总成绩、等级证书等，这些相关信息都可以作为语料的检索条件使用，并且能够根据使用者的需要随着例句一起输出。同时，这些信息对于我们研究汉语第二语言习得也具有重要的参考意义。

2.0 版语料库的检索方式有字符串一般检索、高级检索、句篇检索。关于这 3 个语料检索功能的详细使用方法可以参考语料库中“帮助”一栏，这里就不再展开。但在新版的高级检索下可以进行特定条件检索和词组搭配检索。特定条件检索包括句式、半固定搭配、复句等的检索，例如可以检索“是……的”句型、“因为……所以”句型等。词语搭配检索可以反映输入的一个词的前边或后边搭配情况，从而集中反映其用法。语料库中还有方便用户参考的语料统计信息，并提供了“分词工具”，可以实现分词和词性标注功能。

2.3.2.2 全球汉语中介语语料库

全球汉语中介语语料库又称“QQK 语料库”，是近几年新建成的通用型汉语中介语语料库。该语料库是教育部哲学社会科学研究重大课题攻关项目“全球汉语中介语语料库建设和研究”的核心内容，由北京语言大学崔希亮教授主持，国内外众多高等院校及其他教学单位的教师、学者共同参与建设的语料库检索系统。该语料库集笔语语料库、口语语料库和多模态语料库于一体，设计规模达 5000 万字，其中含熟语料 2000 万字。截至 2020 年 5 月 23 日，QQK 语料库的实际总规模已经达到 1.07 亿字，其中熟语料有 7771 万字。该语料库书面语语料来源丰富，有些是留学生的考试答卷，有些是平时作文作业。与 HSK 动态作文语料库不同的是，该语料库所有语料均以句子形式出现，不呈现全篇语料。语料标注内容包括汉字、词汇、短语和句子成分、语篇、语体、辞格、标点符号、口语语料库和视频语料的语音标注、视频语料的体态语标注等多个层面。QQK 语料库查询系统同 HSK 动态作文语料库一样，会在每条语料的后面列出语料背景信息和学习者背景信息，且比 HSK 动态作文语料库提供的信息更加丰富，比如增加了语料产出的地点（考试/课下）、现有文化程度等，结合这些更具体的信息，可以使我们汉语二语习得的偏误分析研究获得更客观、更有说服力的结论。

至于检索方式，该语料库有字符串一般检索、分类标注检索、离合词检索、特定条件检索、词语搭配检索、按词性检索、对比检索和按句末标点检索、两个来源对比检索、单来源对比检索等多种方式，能够进行更为详细精准的检索。每种检索的具体操作可以参阅语料库提供的使用说明，这里不再赘述。同样，大部分检索也都设置了检索条件，可选取语料限定条件（如作者国籍、语料标题、文体、现有文化程度、HSK 等级等），使检索目标更有针对性。

语料库中还有方便用户参考的语料统计信息以及分词工具。该语料库还采取分版标注的方式，将语料标注纳入一个开放的模式，用户可以根据研究需要增加新的标注内容，例如语义标注、语用标注等。该语料库的语料也是自动下载的，上限为 500 条。

全球汉语中介语语料库建成时间不长，根据用户使用情况的反馈，该语料库目前也在不断更新优化中，假以时日将会成为我国最大最好的通用型汉语中介语语料库。

上述 4 个语料库是我们做汉语二语习得研究时常用的语料库，每个语料库都有自己的适用范围，可以相互补充使用。

2.4 汉语第二语言习得语料收集方法

汉语第二语言习得语料收集的方法主要有两种：一种是利用语料库进行语句搜索提取，另一种是从文学作品、报刊、留学生书面作业、测试卷等资料中进行语料的手动提取。

汉语二语习得的语料主要包括汉语语料和汉语中介语语料。我国大型语料库的建立为汉语二语习得研究提供了一个简单方便的收集语料的手段，即采用语料库语句搜索提取的方式收集语料。

不过现有两类语料库虽然规模宏大，却并不能涵盖我们自然产出的所有语料。当语料库检索不到我们所需要的语料、语料例句较少或者语料不够精准时，我们应运用篇章手动提取的办法，从文学作品、报刊、留学生书面作业、测试卷等资料中手动提取语料。

2.4.1 语句搜索提取

学会从语料库中搜索提取语料，是我们做汉语二语习得研究的基础。

在语句搜索提取时会出现两种情况。一种是搜索对象是固定的、明确的，这时不需要在检索前先筛选，可以直接检索。比如陈建萍（2018）研究的“走＋N”类词语，作者在 BCC 语料库进行例句检索时，就可以直接在输入框中输入“走 n”检索。还有一种是在检索前需要先进行筛选工作，再进行检索的。比如盛林（2012）研究汉语二语学习者对语体色彩存在差异的同义词选择出现的偏误，在这种情况下，所需的词语语料是无法在 HSK 动态作文语料库中直接检索的，因为我们不知道要检索哪些词。作者就从《新汉语水平考试大纲》（2009 年）中选取了 130 个语体色彩较明显的词语，分别到 HSK 动态作文语料库中检索例句，进行偏误分析。这种情况多出现于对词汇的检索，需要我们在语料库检索前从有关书籍中筛选出合适的检索对象。

一般来说，语料库搜集语句的具体步骤都不会在论文中展现，只需要简单说明语料来源即可。这里举一篇检索 HSK 动态作文语料库的论文简单说明一下，实际的语料检索步骤仍需要大家结合前文中的语料库介绍和各语料库的检索说明进行操作。

余敏（2012）曾对韩国留学生的汉语复句习得做过研究。作者是用 HSK 动态作文语料库搜索韩国留学生有关作文语句的。因为是 2012 年的论文，HSK 动态作文语料库还没有更新为现在使用的 2.0 版，所以作者的检索方式较为复杂。在“字符串”和“词语”中，根据语料库检索式的说明，作者用“词 1＋＜30＋词 2”“字符串”检索格式。例如，要检索“因为……所以……”的复句句式，那么要输入“因为＋＜30＋所以”，其中“＜30”的意思是检索“词 1”后面 30 个字以内出现“词 2”的句子，当然这个数字可以任意选择，以留学生作文水平为准。在现在的 HSK 动态作文语料库（2.0 版）中，检索式要更为简单一些，可以选择“高级检索”下的“特定条件检索”，特定条件检索页面下面有一行输入文本框，分别有标签“首”、“前词”、数量、“后词”、“尾”。我们想要检索复句“因为……所以……”只需要在“前词”填上“因为”，后词填上“所以”即可，中间的“数量”可以任意选择数字填写。在特定条件检索页面限定“国别”为韩国进行检索。

当然，在检索出语料结果后，我们也要对语料进行筛选，选择正确的、符合我们要求的例句。首先，在搜集语料时，经常会遇到形式一致但用法和意义毫不相干的词句。比如“把手”一词，我们需要名词的表示“拉手；器物上手拿的地方”，但我们在用 BCC 语料库“报刊”检索时，时常会出现用成“把”字句的例句，例如“把手‘伸’向一些亟待重组甚至是濒临破产的企业（《人民日报》）”，这与我们的需求不符合，就应该注意甄别删去。此外，还要注意将句子和语段结合，这一筛选方法适用于习得的偏误研究。张宝林（2011）就曾举“把”字句泛化的例子来说明。检索显示的例句是“我进了公司的那个时候，许多烟民把烟抽在自己的椅子上”，看起来“把”字句的错误是由于后面动词使用错误导致的，但从表达的原句语段来看，是“我进了公司的那个时候许多烟民把烟抽在自己的椅子上，可过二三年公司造了一个抽烟房，让烟到这个空间去抽烟了”，由此可见，这应该是“把”字句的泛化偏误，应该表达为“坐在椅子上抽烟”。最后，我们选取语例时，一般选用中国文学作品中的语例，这样比较有说服力。尽量不要使用外国文学作品的例子，因为外国文学的中文翻译作品有时并不通顺，也并非自然产出的语例。

关于语句的筛选说明，大多数论文很少会有详细介绍。王佳、陈月红（2019）在调查英语、韩语母语者习得汉语否定标记（“不”和“没”）情况时，简单介绍了他们所用语句的筛选情况。首先，他们通过关键词检索在汉语中介语语料库中提取了含有“不”和“没”的句子，然后对语料进行人工筛选，剔除含有“不”或“没”的连词和短语，比如“不仅”“不但”“不计其数”等，剩下的语句再按照相应的要求进行分类、统计分析。这就排除了字词表面一致，但实际上并非所需用法的语句。

2.4.2 篇章手动提取

汉语二语习得语料收集的第二个方法是篇章手动提取。当语料库检索不到我们所需要的语料、语料例句较少或者语料不够精准时，可以从文学作品、报刊、留学生书面作业、测试卷等资料中手动提取出符合要求的例句。

易红（2014）在研究汉英存在句对比及习得时，就考察了“有”字存在句中的“有”在上古汉语中的含义。由于语料库古汉语收集语料有限，因此作者采用的是篇章手动提取的方法，从《论语》《诗经》《史记》3 部古代作品中手动提取合适的“有”字句语料，并对语料进行了分类，最终归纳出“有”字在上古汉语中的 4 种语义。

在做语言对比研究时，我们常常也会选取手动提取语料的方式。我们选择原版（目的语/学习者母语）和译版（母语译目的语/目的语译母语）两本书籍，提取相对应的例句进行对比分析，从而发现两种语言使用的差异。李春享（2009）在研究韩国留学生汉语趋向补语的习得时，其汉韩语言对比分析的语料就来源于中韩对译的书籍，如《骆驼祥子》中文原版及韩译版、中译韩版《回声》及韩文原版。

汉语中介语语料除了从语料库中通过语句搜索提取外，也可以采取篇章手动提取的方式。金道荣（2010）研究阿尔泰语法背景下的汉语“把”字句偏误时，从汉语史的角度，以元杂剧为语料来源，研究了元代“蒙汉语”中“把”字句的偏误。

此外，做偏误研究时，要想研究回避偏误（该用而没用）就必须用到手动提取的方法。这时可以通过语言测试、留学生书面作业提取留学生回避偏误的语料。比如王晓燕（2015）对中亚留学生汉语动量词习得偏误情况做了研究，从中亚学生书面作业和测试卷中提取了相关语料，其中就可以筛选出回避偏误的语料，这是语料库检索不出来的。

关于语料收集，还有一些需要我们注意的：语例也可以自创，但是要保证正确性；外文语例绝对不允许自创，也不要用翻译软件翻译，极容易出现错误。外文语料也要用上述的两种方法提取，并注明来源。

语料收集完后要注意对语料进行处理，也就是将语料归纳分类，说明具体情况。语料的归纳分类能够帮助我们找到其中的共性与个性。无论是历时还是共时层面研究，都需要注意对语体、语域、时间的分类，以便考察语言点及其关系。例如陈建萍（2018）研究现代汉语非常规结构的“走＋N”时，分别从历时和共时层面给出现的“走＋N”归纳分类。历时层面搜索了 CCL 古代汉语（书面语）语域，发现古代汉语里“走＋N”是常规结构；共时层面搜索了 BCC 报刊（书面语）语域，根据语义类别将现代汉语中非常规结构的“走＋N”分成 3 类结构，通过历时和共时的研究，挖掘其从常规结构向非常规结构演变的机制。由此可见，这样的归纳分类不仅有助于我们发现所研究的语言现象的规律，也能保证研究结论的准确性。留学生的中介语语料同样也可以进行用例的归纳和分类，我们将在之后提到。

总的来说，收集、提取语料的方法有两种：一种是从语料库中直接搜索语料提取，另一种是从篇章中手动提取语料。值得注意的是，我们不仅仅是提取和汉语有关的例子，更重要的是提取语料，因为它们是我们做习得研究的基础。我们必须掌握收集、筛选语料的方法，否则我们很难做出准确的习得情况分析。

2.5 利用语料库作汉语第二语言习得偏误分析

20 世纪 60 年代末到 70 年代初，人们将二语习得研究的重点从对比分析转向偏误分析。80 年代汉语二语习得研究在我国开展起来后，在早期的偏误分析研究中，因为大规模的汉语中介语语料库尚未建成，人们搜集的语料十分有限，所以研究成果存在着一定的问题。张宝林（2011）就指出，早期的汉语二语习得偏误分析研究存在着两个问题：一个是考察范围小，结论普遍性不强，对习得情况认识不清；另一个是缺乏实证研究。

习得研究非常重视语料的充分和典型性，孙德坤（1993）指出：“语料是描写中介语的基础，如果语料不完整、不系统或不准确，那么在此基础上描写的中介语就不可靠。”语料库所提供的量化分析研究方法能够为我们的偏误分析，特别是为归纳偏误类型、探索偏误原因提供具体的数据支持。

2.5.1 偏误类型

二语学习者在学习汉语过程中出现的偏误，往往呈现出一定的规律性，我们经常会关注出现偏误的形式，进而归纳为多种偏误类型。不同学者已经从不同角度归纳出了不同的偏误类型。Corder（1974）从学习者语言系统角度将其分成“系统前偏误”“系统偏误”和“系统后偏误”；也有学者从类别的角度将其分为表达偏误和理解偏误。

鲁健骥（1994）根据偏误的形式特征，将语法层面的偏误类型归纳为遗漏、误加、误代、错序。“遗漏”，也可以叫“回避”，指的是学习者在言语表达的过程中，遗漏了某个或某几个成分导致的偏误。而“误加”是指某些成分的隐现是有条件的，学习者不了解这些条件仍然使用某些成分的偏误现象。“误代”指的是学习者在两个或几个意义和形式相近、用法不同，或形式相近、用法不同等原因下造成的张冠李戴现象。“错序”指的是语序偏误。鲁健骥列举了两类错序，分别是单个成分的错序（如“*九月去年”）和成分组合的错序（如“*一个我朋友”）。

早期偏误分析的研究语料主要来源于研究者个人的观察收集和规模不大的汉语中介语语料库，这就导致收集到的语料十分有限，因此研究者无法进行具有普遍意义的量化分析，所归纳出的偏误类型也就没有普遍性。比如在讨论“把”字句习得出现的偏误类型时，熊文新（1996）从144万字的“汉语中介语语料库系统”中收集到了留学生汉语中介语语料1321条，通过量化分析指出，“把”字句普遍出现的偏误类型是回避（即该用而未用）。刘宏帆（2005）通过中山大学中介语语料库（不超过75万字），对留学生“把”字句进行了穷尽性提取，共得到146句，其中111句为正确用例，35句为偏误用例，而泛化（不能用却用了）是最主要的偏误类型，占偏误句的54.29%。张宝林（2010）对早期这种“把”字句偏误分析的结果曾质疑：回避与泛化究竟哪种偏误是主要的？既然有回避的类型，为什么还会出现泛化？这些矛盾结论的出现是因为研究者考察的样本太小，收集的语料太少。对此，张宝林（2011）指出，“在大规模真实语料基础上所进行的定量统计分析具有最大限度的客观性和普遍性”，可见早期的一些研究成果不具备客观、普遍的参考价值。而大规模汉语中介语语料库（如HSK动态作文语料库）的建立能为偏误分析提供大量语料，这无疑会使研究结论更可靠。

基于语料库，我们可以有针对性地检索某一语法项目的正确和偏误用例，限制检索条件（学习者母语、水平等级等），统计出正确和偏误的用例数量，再从偏误的语句中归纳出具有普遍性的偏误类型。

张宝林（2010）基于 HSK 动态作文语料库对留学生“把”字句习得情况做了考察。依据该语料库，张宝林共检索到“把”字句 3682 个，其中正确句 3221 个，偏误句 461 个，占“把”字句总数的 12.52%。在 461 个偏误句中归纳出 3 种偏误类型，分别是回避、泛化和其他类型。回避共 165 句，占偏误总数的 35.79%；泛化共 161 句，占偏误总数的 34.92%。还有部分是其他类型。作者重点讨论了回避和泛化，并依据具体使用情况，再细分类。

2.5.2 偏误原因

语言习得过程中偏误出现的原因是多样的。鲁健骥（1994）认为，汉语二语习得的偏误原因有母语干扰、过度泛化、文化影响、学习策略、教学失误。刘珣（2000）指出，偏误原因主要有母语负迁移、目的语知识负迁移（过度概括/过度泛化）、文化因素负迁移、学习策略和交际策略的影响、学习环境的影响 5 种。两种分类基本相同，只是术语略有差异，我们采用刘珣的术语。

母语负迁移：学习者在不熟悉目的语规则的情况下，只能依赖母语知识，因而同一母语背景的学习者往往出现同类性质的偏误。比如对比汉英心理动词“失望”和“disappoint”，汉语如果想要用这个词表达致使义，需要加上“使”“让”等轻动词体现，如“这个结果使我很失望”。英语的致使义则是词汇本身带有的，所以不需要汉语这样的轻动词，英语可以直接写成“The result disappointed me”。因此，英语为母语的留学生就容易受到母语负迁移的影响，造出“这个结果失望我”的句子。

目的语知识负迁移：学习者把他所学到的有限的、不充分的目的语知识，用类推的办法不适当地套用在目的语新的语言现象上，因而造成了偏误，也称为过度概括（Over-generalization）或过度泛化。这类偏误一般在其母语中找不到根源，而且不同母语背景的学习者常常出现同样的偏误。比如汉语有行为动词的重叠，英语中没有。在学习了汉语这一新的语法规则后，有的留学生不恰当地使用该规则，造成了偏误，如“*她正在看看书”。表示进行态的动词不能重叠，这里是动词重叠的泛化。

文化因素负迁移：有的偏误不完全是语言本身的问题，而是由于文化差异造成语言形式上的偏误，或是语言使用上的偏误。究其原因，不外乎是受本国文化的影响，或是由于未能正确理解目的语文化所造成的。外国人名字前面是名，后面是姓，和中国的相反。那么受到文化因素的负迁移影响，比如有中国人名字叫李华，留学生若不清楚这一文化现象的，会按照本民族文化的习惯称呼他为“华先生”而不是“李先生”。

学习策略和交际策略的影响：学习者作为语言学习和语言交际的主体，不论是在学习语言的过程中或是在运用语言的过程中，都以积极主动的参与态度为克服困难、达到有效学习和顺利交际的目的而采取各种计划和措施，这分别表现为学习策略和交际策略。刘珣（2000）将学习策略分为认知学习策略和元认知策略两大类。其中，认知学习策略是直接影响到第二语言学习的一般性策略，可以概括为“求解”“推理”“实践”“记忆”和“监控”，而“推理”过程中可能会采取导致偏误的迁移、过度泛化和简化等具体策略。迁移、过度泛化和前面提到的母语负迁移、目的语知识负迁移是一样的，而简化的策略则是指学习者故意减少他们认为目的语冗余的部分，或者将带状语、定语、成分复杂的句子分成几个简单的句子。比如“她不高兴地走了”，留学生会表达成“她不高兴，她走了”。元认知策略可以概括为“计划”“监控”“评估”和“调节”。造成偏误的交际策略有很多，主要有“回避”和“语言转换”。“回避”策略指的是在学习者对某一语法项目使用表达没有把握时，会采取沉默或者代替的办法表达。比如汉语动结式“他走到自己筋疲力尽”，留学生会采取回避的策略表达成“他走了很长时间，所以很累”。“语言转换”策略指的是当学习者觉得自己无法用目的语说清楚时，会借助第一语言，在表达中掺杂第一语言，造成偏误。

学习环境的影响：教师不够严密的解释和引导甚至不正确的示范、教材的科学性不强或编排不当、课堂训练的偏差等都会对学习者形成不利的学习环境因素，从而造成偏误。比如王晓燕（2015）研究中亚学生汉语动量词习得偏误时，指出教材编写不当的影响。被调查的留学生所使用的教材中对动量词的注释太简单，导致学习者课后需要通过查词典才能初步了解，因此引发了偏误。

张宝林（2011）指出，在分析偏误原因时，我们应该把语料中的语言表现同学习者、语料背景信息结合，详细分析造成偏误的原因，揭示出偏误产生的具体过程，而不是直接套用上述的结论。有关学习者的背景信息和语料背景信息在 HSK 动态作文语料库和 QQK 语料库中都有提供，结合这些信息分析语料，会使研究结果更加客观准确。例如周岚钊（2009）基于 HSK 动态作文语料库对留学生双宾结构的偏误进行研究，其中作者根据考生获得的 HSK 证书级别的情况分析各类偏误，发现学习者水平因素对偏误率的影响：水平越高，偏误越少；水平越低，偏误越多。

此外，偏误原因的研究要具体深入，给出分析的过程，说明是如何影响而产生偏误的。余敏（2012）研究韩国留学生现代汉语复句习得偏误原因时就是运用数据统计、汉韩语对照的方法从母语负迁移、目的语知识负迁移的角度出发，进行详细分析。韩国学生在习得汉语复句“一边……一边”时总是出现复句的泛化，主要泛化为“一面……一面”和“一方面……另一方面”等。作者从 HSK 动态作文语料库中统计了非韩国学生使用“一边……一边”句式的数量为 365 条，总篇数为 11569 篇，使用频率为 0.03155 条/篇。韩国留学生使用该句式的频率为 0.0366 条/篇。学生的使用频率差别不大。作者又考察了以英语为母语的 4 个国家以及越南、俄罗斯、泰国等国留学生作文 429 篇，分别统计了该句式的使用频次，总共 26 条，正确率为 100%，而韩国学生使用该句式的正确率仅为 62.22%。也就是说，这种偏误不能从目的语知识负迁移的角度来分析。作者又对比了汉韩两种语言复句的表达，从关联词词义和语法意义的角度分析汉韩语间的差异，得出韩国留学生偏误产生的原因是母语负迁移的结论。

偏误分析是汉语二语习得的一个重要理论，归纳偏误类型和判断偏误原因都离不开对大量语料进行量化分析。语料库调查的方法能够为我们的偏误研究提供大量真实自然的语料，从而保证结论具有客观性和说服力。

2.6 汉语第二语言习得正确用例分析和习得顺序研究

自鲁健骥（1984）引入“偏误”概念以来，关于汉语二语习得偏误分析研究的文献也越来越多，并取得了很多研究成果，直至今天仍然是研究的热点。然而我们发现，许多学者在做偏误分析时往往只关注偏误的用例，没有考察正确的用例，这就不能掌握留学生汉语二语习得的真实情况。本节我们将介绍与习得相关的正确用例分析和习得顺序研究，主要包括为什么要作正确用例分析、用例类型、习得顺序、习得顺序研究方法、习得顺序原因解释等。

2.6.1 为什么要作正确用例分析

许多研究者的偏误分析只关注到了学习者的错误用例，没有关注到其正确的用例，因而带有片面性。刘珣（2000）指出，“偏误分析的最大弱点在于只研究中介语的偏误部分”，是“横切面式的静态分析”。只研究偏误就不能了解学习者已掌握的知识，正如刘珣（2000）所说的，“这就割裂了中介语体系，看不到中介语的全貌及其动态的发展轨迹”。此外，张宝林（2010）指出，只关注错误用例容易夸大偏误的严重程度，会让研究者形成不全面的认识，对学习者习得情况并不十分清楚。同时，我们认为这也会使学习者产生畏难情绪，不利于教学。例如“把”字句一直被认为是留学生学习汉语的一个语法难点，但刘颂浩（2003）认为“把”字句的难度被夸大了。“把”字句的习得情况究竟如何呢？这是不是留学生习得汉语中的语法难点呢？张宝林（2010）检索出HSK动态作文语料库约400万字的语料，统计出“把”字句的偏误率为12.52%，正确率则达到87.48%，且使用率达到0.092%，同其他句式使用情况和中国人该句式使用情况相比，使用率也并不低。因此，我们可以看出，“把”字句的难度并非如学界之前讨论的那么大，大部分学习者是能够掌握的，且经常使用。

2.6.2 用例类型

在研究汉语二语习得时，我们也要注意根据语料对留学生习得某一语法项目时产生的用例进行归纳分类。比如王建勤（1997）对以英语为母语的汉语学习者“没”和“不”否定结构的习得情况进行了研究。他通过汉语中介语语料库收集整理了914条相关语料，根据学习者的用例，将“不”归纳成10类结构，“没”归纳成4类结构，从而展开习得顺序的研究。用例分类不仅有助于我们进行汉语的本体研究，也有利于发现留学生习得该语言点的习得顺序。

这里以量词研究为例进行说明。汉语的量词比较独特，同印欧语系比较，汉语是强制性量词语言；同汉藏语系的其他语言比较，汉语量词的数量更多，使用规则也更复杂。因此，一些学者研究了留学生习得汉语量词的情况。刘桦（2013）调查了以英语为母语的汉语留学生习得名量词的情况。根据语料收集和调查问卷的结果，留学生名量词的用例分为几种类型：（1）个体量词使用频率高，尤其是“个”的“数＋量＋名”结构使用最广泛；（2）度量词“米”的“数＋量＋名”结构使用率高于“元”“公斤”；（3）集合量词使用频率低；（4）不定量词“些”的“数＋量＋名”结构使用率高于“点”的“数＋量＋名”结构。此外，王敏媛（2007）、张广勇（2019）也都选用不同的调查方法和不同母语背景的学生进行了名量词的习得研究。由于样本数量不同且母语背景不同，每个人的研究结论有所差异。由此可见，关于量词的习得情况依然有很大研究空间，感兴趣的同学可以尝试进一步研究。

2.6.3 习得顺序

第二语言习得顺序研究产生于20世纪70年代。Dulay&Burt（1973）最先开始第二语言习得顺序的研究。

习得顺序包括两个含义：一个是指不同语言规则的习得顺序，另一个是指目的语特定规则的发展顺序。前者是指学习者习得语言总是先习得某些规则然后再习得另一些规则，即学习者习得语言规则是遵循一个固定顺序的，比如英语学习者习得名词复数的形式早于助动词。施家炜（1998）发表了与汉语不同语言规则的习得顺序有关的研究报告。她对外国留学生 22 类句式（12 类肯定句和 10 类问句）习得顺序进行了统计分析，结果显示留学生 22 类句式的习得确实表现出来一定的顺序。后者则指学习者习得一个特定的语言规则也遵循固定的顺序，比如英语学习者在习得英语否定结构时，会经历 3 个阶段：句外否定阶段（no look my card）、否定词内移阶段（I no can swim）、否定词与能愿动词混合阶段（I can't play this one）。类似的汉语的目的语特定规则的发展顺序也有研究。比如王建勤（1997）发现以英语为母语的汉语学习者习得“不”和“没”否定结构要经历 4 个阶段，分别是“不”的单一否定期（即“不”占据主导地位）、“不”“没”混合使用期、以“没”泛化为主的偏执期和“不”“没”分化、整合期（掌握“不”“没”的用法）。

目前，习得顺序研究也是我国二语习得研究的热点。研究习得顺序不仅可以展示留学生习得汉语的过程，还能为教材编写提供巨大帮助。有了习得顺序的研究成果，教材就能按照学习者语言发展的自然顺序编写知识点，这样肯定会大大提高学习者的学习效率。当然，习得顺序的研究离不开数据的统计和量化分析，下面介绍几种常用的研究方法。

2.6.4 习得顺序研究方法

二语习得顺序研究通常是先收集足量的语料，然后选取合适的研究方法对数据量化、排序，最后揭示特定语法项目的习得顺序和习得难度。

根据张利蕊（2018）的统计，习得顺序常用的研究方法有正确率排序法、正确使用相对频率法、使用频率排序法、使用频次排序法、阶段计分法、习得区间法、蕴含量表法、Q-SCORE 算法等。这些研究方法各有优劣，研究者在研究习得顺序时需要根据实际情况，选择一种或多种研究方法解决问题。这里主要介绍正确使用相对频率法、正确率排序法、蕴含量表法，这几种方法是论文中广泛使用的，当然具体选择哪一种/几种方法需要根据语料情况来确定。

2.6.4.1 正确使用相对频率法、正确率排序法

这两种方法既可单独使用，又常常相互配合使用。

施家炜（1998）首次引入正确使用相对频率法。该方法适用于解决语料

分布不均且有些句式样本容量小、无法进行等量随机抽样的情况。该算法建立在这样一个假设上：在语料库出现的语料中，句式的正确使用频次或正确使用相对频率越高，就越容易，习得也就越早。其计算公式为：正确使用相对频率=某一句式在某一层级正确使用频次÷在该层级中出现的各句式的频次之和。不过该方法也有缺点，肖奚强、黄自然（2008）指出该方法不能很好地反映句式正确率的高低。句式的使用频次往往会影响正确使用频次。使用量大的句式，其正确使用频次往往会高于那些使用频次小的句式，即便是该句式正确率不高。

正确率排序和正确使用相对频率不同。正确率=某一句式在某一层级正确使用频次÷该句式在该层级使用总频次，该方法可以反映正确率，弥补正确使用相对频率的不足，但无法排除学习者使用学习策略对语料和结果分析的影响。

宋扬（2014）考察韩国留学生关联副词“也”的句式习得顺序时，采用了这两种方法共同推导习得顺序。他将关联副词“也”分为相关的 8 种句式（简称 A—H 式），8 种句式的使用频次之和是 847 次，且 8 种句式语料使用频次分布不均，有些句式如 G、H 式使用频次仅为个位数，样本容量极小，因此可以选择正确使用相对频率法；为了避免句式使用频次对正确率造成的影响，他也选用了正确率排序法。以 A 式，即表示行为类同的 S1+（也）+V1 和 S2+（也）+V1 形式为例：A 式的正确使用频次是 307 次，A 式的使用频次是 462 次，因此正确使用相对频率=307÷847=0.362，正确率=307÷462=0.665。其他句式以此类推，最后排序形成如下习得顺序。

各句式按正确使用相对频率降序排列为：句式 A>句式 F>句式 C>句式 B>句式 D>句式 E>句式 H>句式 G

各句式按正确率降序排列为：句式 H>句式 C>句式 A>句式 F>句式 B>句式 D>句式 E>句式 G

宋扬（2014）认为，这两种研究方法得出的习得顺序除了 H 式相差较大外，其他顺序大体一致，H 式可能是由于使用量过低而导致的统计差距大。此外，我们也可以用统计学相关知识，即 spearman 等级相关系数及显著性检验去验证不同的研究方法得出的习得顺序是否一致。施家炜（1998）就采用了这个方法进行检验，感兴趣的同学可以去阅读相关论文。

2.6.4.2 蕴含量表法

目前，越来越多的习得顺序研究也引入了蕴含量表研究方法。国外在 20 世纪 70 年代就开始用蕴含量表法研究二语习得顺序，而我国在 20 世纪 90 年代末引入了蕴含量表法，施家炜（1998）用该方法对外国留学生 22 类汉语单句句式的习得顺序做了研究。蕴含量表法既可以寻找语法结构的习得进程，又可以显示不同学习者群体的类型或特征。该方法是建立在各类句式在每一层级的正确使用频率上的。正确使用频率＝某一句式在某一层级正确使用频次÷该句式在同一层级上出现的频次。计算出正确使用频率后，以0.80为标准分界线，转换成二分变量（0，1）：正确使用频率≥0.80，记为1，表示该句式在该层级已经被习得；其值<0.80，记作0，表示该句式在该层级未被习得。有的句式在有的等级未出现，无法计算正确使用频率，这些“缺损语料”也记作0。最后根据二分变量排列出蕴含量表矩阵，观察出习得顺序。关于蕴含量表矩阵建立的具体方法、有效度的算法可以参考吴继峰、王亚琼（2014）以及张利蕊（2018）的研究成果。蕴含量表法的优势在于能够较为准确地反映出特定语法项目的习得顺序，因为它能够减少个体差异对习得顺序的影响，分析不同阶段和不同个体（或群体）之间的差异性是否显著。此外，当收集的样本数量足够多时，其研究结果可以代表所考察的群体的特征。当然，蕴含量表法也存在着问题，比如效度易受习得中一些复杂因素的影响、二分变量的标准分界线到底该如何定义等，这些都是我们在使用中需要注意的问题。

2.6.5 习得顺序原因解释

留学生汉语习得的顺序易受许多方面的影响。施家炜（1998）提出，习得顺序主要受认知难易程度，语言输入的时间、数量与频率，语言结构在L2（Second language）中的使用频率与广度，语言标记和语言教学的影响。

施家炜认为习得顺序与认知难易程度有关，即先习得的句式在认知上一般也是容易的句式，认知难度大的句式一般后习得。李燕洲（2008）指出，越南留学生在习得汉语介词时，因为认知难度的差异，时处格介词（“在”）的习得要早于根由格（“按”）。注意，认知难易程度并不是简单的语法结构的难易程度和复杂程度。学习者最先掌握的往往并非最简单的，结构的难易程度和复杂程度只是显性的影响因素。事实上，认知的难易程度在一定程度上还受学习者的学习风格与策略、学习者的母语等因素影响，比如“回避”策略、母语负迁移等。

施家炜（1998）认为，一个认知难度相对较大的句式很可能因其输入的时间、数量与频率比另一相对容易的句式更早、更大、更高而更早习得。但也并非绝对如此，认知难度过高，超出学习者发展水平的句式是无法通过强化输入更早习得的。因此，习得顺序虽然在很大程度上是认知难易程度与语言输入的时间、数量与频率共同作用的结果，但前者占优势地位。

语言结构在L2中的使用频率与广度的影响，是指越能满足学习者交际需要的语言结构，在学习者的L2系统中使用频率越高，运用范围越广，习得也越早、越快。

语言标记的影响指的是语言结构有无标记会对习得顺序产生一定的影响。留学生会先习得形式简单且基本、使用频率高、语义是几种意思中和的无标记语言。施家炜（1998）指出，“是”字句中“S＋是＋N（词组）”较容易习得，而像“……的＋是＋N/V/小句”形式复杂，使用频率低，意思并非中和，则习得困难。同样，L2和母语相比，如果母语是无标记的，而L2是有标记的，那会增加习得难度；相反，母语是有标记的，L2是无标记的，会更利于L2学习者的习得。

语言教学的引导、解说、操练以及对语言结构的处理、教法，在一定程度上也会影响二语习得的进程。语言教学虽然无法改变认知难度，但是可以调节学习者的心理，促使他们心理上做好“准备”。它也可以调节语言输入的时间、数量与频率，从而影响习得顺序。

当然，习得顺序的影响因素绝不止上面提到的这些，彭家法（2009）认为，语言间的差异也是影响L2习得顺序的非常重要的因素，比如汉语带“得”补语和英语相关结构有差异，所以留学生很难习得。

总之，在研究影响习得顺序的因素时，需要结合具体情况分析，切忌生硬套入上述结论。

二语习得研究离不开对正确用例的分析，这种分析不仅可以提供学习者完整的习得情况，还能展示他们习得的过程，从而能进一步促进汉语二语教学。

2.7 汉语第二语言习得语料分析评价：优势和缺陷

本章我们主要介绍了汉语二语习得研究中的语料库调查法。语料库可以帮助我们检索收集到足够多的语料，保证了量化分析后结论的准确性和客观性。当然，每种方法有优点就会有缺点，本节我们将总结语料库调查法在汉语二语习得研究中的优势和缺陷。

语料库调查法优势很突出：第一，其为我们收集语料提供了一个便利的手段；第二，其提供的大规模的真实的语料能够保证研究结果的客观性、稳定性和普遍性。此外，中介语语料库提供了语料产出的背景信息，更方便我们进行偏误分析；庞大的语料数据有助于我们了解学习者对于某个语法点的掌握情况。总的来说，语料库调查法极大地促进了我国二语习得研究的发展。

当然，语料库调查法目前也存在一些缺陷。语料库中可以收集和分析的语料都是学习者曾经产出的语料，但面对有些难以掌握的语法项目时，学习者往往会采用回避策略，避免产出此类句子，这样我们就无法捕捉到学习者的习得情况，计算出的结论与实际习得情况也会产生显著的差异。同样，我们在研究“回避”偏误时，也是无法从语料库中检索提取语料的。在这种情况下，就需要我们借助其他的研究方法。

推荐阅读

1. 刘珣，《对外汉语教育学引论》，2000 年
2. 赵金铭，《对外汉语教学概论》，2004 年
3. 施家炜，《外国留学生 22 类现代汉语句式的习得顺序研究》，1998 年
4. 王建勤，《“不”和“没”否定结构的习得过程》，1997 年

练　习

1. 语料收集的方法有哪些，有什么注意事项？
2. 可以通过偏误率计算习得顺序吗？如果不可以，要用什么方法计算？
3. 偏误分析为什么还要研究正确用例？
4. 语料库调查法在什么情况下不适用？

3　汉语第二语言习得研究中的问卷调查

3.1　引言

问卷调查法是社会科学研究方法中最常使用的一种方法，也是我们研究汉语二语习得时经常使用到的方法。当留学生针对某一语言点采取回避的策略时，问卷调查就能弥补语料库调查的不足，收集到研究人员想要的语料，从而全面揭示所研究的语法项目的习得情况。本章将介绍问卷调查法在汉语二语习得研究中的应用。

3.2　问卷调查概述

关于问卷的概念，不同学者有不同的定义，以毛文伟（2011）和郑晶晶（2014）的研究为基础，我们认为二语习得中的问卷（Questionnaire）是指研究者为了验证二语习得先行研究的理论预测而设计的由一系列问题和答案组成的结构化书面材料。二语习得中的问卷调查就是指通过制定详细周密的问卷，要求调查对象据此进行回答以收集资料和量化数据，归纳调查对象二语使用情况和二语习得内在规律的方法。

问卷调查法最初是由英国的高尔顿创立的。1882年，他在英国伦敦设立人类学测试实验室，将需要调查的问题设计成问卷的形式寄发出去，收集资料。自此，问卷就成了社会科学研究领域常用的一种研究工具，也成为二语习得量化研究常用的研究工具。

国外二语习得研究起步早，量化研究方法在20世纪80年代就进入了成熟期；我国二语习得实证研究方法到20世纪90年代末才普及起来，代表性的研究有温晓虹（1995）、钱旭菁（1997）、施家炜（1998）等。问卷调查法是二语习得的重要研究方法。

3.3 汉语第二语言习得问卷设计

问卷的设计是整个问卷调查法最重要的一步。在设计问卷时，研究人员需要考虑以下几点：(1) 确定总体研究目的；(2) 确定调查对象；(3) 问卷内容及页面布局；(4) 问卷预测试；(5) 问卷预测。

3.3.1 确定总体研究目的

在设计一份问卷前，最重要的是要明确问卷设计的目的。这个总体研究目的不必写在问卷中，但在文中我们需要明确写出。基于总体研究目的，我们还要进一步明确具体要研究、讨论的要点，并列出来。比如杨朦萌（2018）采用问卷调查的方法收集不同水平汉语二语学习者词汇习得的方式，在习得调查研究一章开头就说明了研究目的是调查不同水平汉语二语学习者的词汇习得方式。明确研究目的后，在目的基础上又列出了需要解决的要点：(1) 汉语二语学习者的词汇习得方式是怎样的，是以直接学习方式为主，还是以附带习得方式为主？(2) 不同 HSK 水平学习者之间的词汇直接学习方式有没有显著性差异？(3) 不同 HSK 水平学习者之间的词汇附带习得方式有没有显著性差异？(4) 性别差异、汉字背景差异对汉语二语学习者的词汇习得方式是否有显著性影响。

3.3.2 确定调查对象

在编写问卷前，首先要根据我们前面的本体研究或者其他方式（比如语料库）收集到的习得情况来充分考虑问卷的调查对象，比如年龄、性别、职业、国籍、汉语水平等都有什么要求，这样才能在题目难度设置、措辞上有针对性。比如郑紫帆（2017）调查俄语母语者对汉语并列连词习得情况，她确定的调查对象是初中级汉语水平的俄语母语留学生，因为这一阶段的留学生已经掌握了基础词汇和基本语法，能够交流和表示自己的意见，并且中级水平留学生掌握了比较多的句式，但发言时会受母语影响，因而在学习和使用汉语并列连词过程中经常出现偏误。依据确定对象，她的留学生问卷题目词汇难度和题目难度就要围绕初中级阶段留学生水平而设置。一般来说，我们在设计留学生问卷题目时最好用三级或三级以下的词汇，那是基础水平，可以保证留学生能看懂。此外，出现超纲的词汇也需要给出被调查者对应的母语注释。

其次，还要考虑调查对象样本量选取的问题。设想采用哪种抽样方法进行调查，问卷设计才能保证公平性。江新（1999）指出，有概率取样和非概率取样两种选取调查对象方法。概率取样包括简单随机抽样和分层随机抽样。简单随机抽样就是每个个体被选中的概率相等，这是最简单的概率取样方式。分层随机抽样就是将总体分成几个层次或小组，然后从每个小组中随机取样。这是我们做汉语二语习得问卷调查常用的取样方法。比如我们研究留学生汉语名量词习得情况，就可以从留学生汉语水平初级、中级和高级 3 个班中分别抽取一定的人数分成 3 组进行调查。还有一种方法是先招募一定人数的被调查者，然后根据语言测试再进行分组，这时候一般不需要再从分出的组别中抽样。非概率取样指的是研究者选择一个方便的、易于获得的样本，比如研究教学模式以某个班的人作为样本等。

3.3.3 问卷内容及页面布局

问卷内容是问卷设计的核心，关系到问卷调查的成败与否，相应的题目布局对被调查者也会产生影响，进而影响统计结果。在设计问卷内容的过程中，需要考虑以下几点：问卷的长度和布局、问卷的组成部分、问卷的主要类型、问题及答案的编写、问题的排列。

3.3.3.1 问卷的长度和布局

设计问卷时，要考虑问卷的长度是否合适。如果问卷较短，题目过少，那么我们就不能深入考察所研究的问题，也无法得到准确答案。如果问卷较长，题目太多，则会令被调查者产生厌烦情绪，影响调查过程和结果。问卷题目最好在 20 个左右，完成问卷的时间最好控制在 30 分钟左右。

问卷的布局也是研究者需要考虑的。首先，如果问卷是需要多页面的，可以选择双面打印，装订在一起，这样会使问卷看起来比较短，减轻被调查者的心理负担。其次，选择合适的字体字号，中文选择宋体，外文和数字选择 Times New Roman 字体，字号为小四，从而降低卷面观感上的密集度。如果问卷有不同的部分，每部分的序号要在该部分中重新开始。不同的功能区可以用不同的字体形式加以区分。比如指示语部分可以用黑体或者加粗标示，问题题目也可以加粗以区别选项答案。

3.3.3.2 问卷的组成部分

一份合格的二语习得研究问卷应该包含标题、指示语、填写者基本情况、问题及答案选项、附加信息 5 个部分。

标题一般要简洁清楚，可以写成“研究主题＋调查问卷”的结构。比如王晓燕（2015）针对中亚留学生汉语动量词习得情况进行问卷调查时，其问卷的标题就是“中亚留学生汉语动量词习得调查问卷”。

指示语一般包括问卷说明和答题示例两项内容，其中问卷说明是必不可少的。问卷说明一般要说明研究的目的和重要性，并表达感谢。比如我们想要调查留学生汉语反身代词的习得情况，我们就可以写成：“亲爱的同学，您好！这是一份关于汉语反身代词的问卷调查，感谢您在百忙之中抽时间完成这份问卷，这将对我们的研究有巨大帮助！”答题示例就是向填写者说明题目回答的方式。比如像等级量表的形式，考虑到可能有的填写者是第一次接触，并不明白如何操作，就需要我们的答题示例。周华玲（2020）对留学生汉语动词 AABB 式重叠习得情况进行调查时，采用了等级量表法做句子可接受判断，她就在问卷中给出了等级量表的答题示例。

二语习得问卷需要对问卷填写者基本情况有一定的了解，比如性别、年龄、职业、国籍、汉语水平等。填写者基本情况放在问卷说明下面，答题示例放上面或下面可根据情况选择。

问题及答案选项是整个问卷的主体部分，对调查结果成功与否起着至关重要的作用。关于问题和答案如何编写，我们将在后面详细说明。

附加信息通常包括研究者的联系方式以及问卷如何回收。但是像我们平时在校园里做二语习得问卷调查时，一般是采取现场回收的方式，则不需要添加附加信息。如果要涉及邮寄回收方式，则需要注明地址、联系人等信息。

3.3.3.3 问卷的主要类型

问卷总共有两种基本类型，开放式和封闭式。开放式指的是允许被调查者用自己的话来回答问题；封闭式则会给被调查者提供答案，被调查者只能在这些答案中做出选择。二语习得中，我们常常将这两种类型结合起来使用，从而获得更准确的结论。

汉语二语习得开放式问卷中的题型是诱导产出类。诱导产出类包括填空、完成句子、翻译句子、造句、简答等具体题型，我们将在 3.4 节详细介绍。

封闭式问卷中的题型是真值判断类。真值判断类具体包括判断题、选择题和等级量表等具体题型。其中，选择题又可以分为单项选择题和多项选择题。单项选择就是从 3 到 5 个备选答案中选择一个答案的形式；多项选择就是备选答案中有一个以上的正确答案，被调查者可以选择两个及两个以上答案的形式。刘珣（2000）和赵金铭（2004）将语言测试中的选择题都称为多项选择题。刘珣（2000）认为，多项选择题就是从 4 个备选答案中选择一个答案的形式；赵金铭（2004）认为，多项选择题就是上述（单项选择题和多项选择）的两种形式。虽然也有人采用他们的概念设置选择题形式，但是我们还是以一般的理解为准，即选择题应分为单项选择和多项选择题。真值判断类的具体题型我们也将在3.4节详细介绍。

3.3.3.4 问题和答案的编写

问题和答案的编写一直都是二语习得问卷设计的重难点。不合适的问题和答案将会影响到问卷的效度和信度。

编写题目时首先要清楚你的研究目的。在本节开头就说明了在问卷编写前一定要明确你的研究目的，并细化为具体的需要解决问题的要点。要点的确定是以汉语本体的特点和分类研究为基础的，同时这也是题目编写的基础。比如王燕晶（2013）考察泰国留学生对汉语动量词习得情况时，总结了汉语动量词的语法特征、在句子中的位置特点、与数词搭配的特点，并将动量词划分成专用动量词、借用动量词两大类，其中每大类又根据不同语义特征划分成几小类。所以，其问卷设计考察的要点就是考察两类动量词习得情况、习得难度、留学生能否掌握与数词正确的搭配以及正确语序。

其次，问卷中各小题的编写需要紧密结合总体研究目的、考察要点。问卷设计者要知道每一小题设计的目的是什么，正确答案是什么，预期留学生的回答是什么和这样回答的原因。比如陈楚芬（2005）考察泰国留学生汉语“了”的习得情况。根据前期的本体研究，“了”在语法、语义和语用3方面都各有特点和适用条件，比如汉语中有些句式常用“了”，有些句式必带“了”，例如“前面来了一辆车”就是必带“了”，但是对应的泰语句式里不存在表示“了”的泰语词，因此学习者可能就不会把“了”翻译出来，或者换成别的汉语助词表示。泰国留学生能否克服这类语法差异，习得汉语“了”的特定用法呢？针对这一要点，她设计了一道单选题来考察留学生能否习得这类特殊句式带不带“了”的用法。题目例子是“椅子上________一个人。”A. 坐了、B. 坐着、C. A和B都对。正确答案是C。作者预测留学生选B，因为泰语和汉语的这些特殊句式并不相同，比如“处所名词+动词+了+施事者”这一用法，泰语学生可能并不熟悉，因此也没有很好习得。最后的结果显示，留学生95%选择了A，5%选择了C，说明留学生关于带“了”的这一特殊句式确实没有掌握。题目的编写还要注意避免断定性、引导性的提问。比如杨延宁（2014）举了一个例子：“汉语拼音比注音符号更适于初学者使用，表现在哪几个方面？”这样的问题就带有断定性和引导性，已经先入为主地认为汉语拼音更适合初学者使用，这在提问中是不允许的。此外，题目也应尽量避免相同知识点的反复考察，这样会降低填写者的耐心。如果确实有必要，则应该将同类型的问题放在一起，让填写者能够一目了然，这样他们的配合度也会高一点。前后问题的编写要有逻辑性，不能天马行空，仿佛不是一个研究主题。

问题的措辞也值得我们注意。问题应该用通俗易懂的语言表达，尤其是针对留学生的问卷，更应该简洁明了，避免歧义。我们前面也提到过，留学生问卷要控制好词汇等级并对超纲词进行母语标注。问题中不能涉及复杂的、留学生或非本专业的汉语母语者都不了解的语法知识点。比如某同学在对留学生现代汉语双宾句的疑问变换习得进行研究时，直接问题目中的“受影响者”是谁？这就不合适。因为留学生包括非语言学专业的汉语母语者并不理解“受影响者”的概念，这个问卷是无法进行的。

答案编写同样也需要注意几点。首先，通常的单选题一定要保证备选答案中有唯一一个正确的答案或者最佳答案，不要出现模棱两可的选择；其次，编写备选答案的干扰项也应该紧密结合研究目的，并根据前期研究的情况（比如语料研究），揣测被调查者可能会出现的错误，编写出迷惑选项，而不是随意拼凑。再次，答案选项中也尽量避免任何可能的暗示。如果题目的答案选项形式都是相同的，那么就不要随意调动答案选项的顺序，以免给被调查者造成心理暗示，认为被调动的选项是正确答案。比如陈楚芬（2005）用单项选择题考察留学生汉语“了”的习得情况，每道题选项都是由“V＋了”“V/V＋着”和“前两项都可以”构成，这种情况下就不要随意更改这 3 个备选答案的顺序。最后，备选答案最好是同一范畴的，比如考察介词的选择，答案中就不要出现名词的备选答案。

3.3.3.5 问题的排列

问题编写完成后，就要注意问题的排列。首先，将主题相同或相近的问题排放在一起，这样前后就有逻辑性。其次，如果是一份混合问卷，那么开放题要放在封闭题后面，因为开放题的时间无法保证，并且放在开头也不利于填写者思考。最后，题目应该按照由易到难的顺序排列。

3.3.4 问卷预测试

一份问卷初稿拟定完成后，需要进行预测试。所谓预测试，就是在问卷正式投入之前，先找一些与研究对象水平相当的人来做，这样可以收集到问卷题目质量的信息，有针对性地修改，为真正的问卷实施做准备。我们通常会找两至三名汉语母语者和留学生一起做问卷，看看有没有问题；如果有问题，也可以询问他们提出问题的原因是什么，以方便后续对题目进行修改。

3.3.5 问卷预测

问卷修改制定好后，要结合汉外语言差异和前期其他方式调查的语料或成果，对习得情况进行整体预测。比如陈昌旭（2018）考察泰国留学生对汉语易混淆重叠式副词（“常常”“缓缓”“暗暗”等）的习得情况，根据对汉语易混淆重叠式副词及其泰语中的对应词的对比分析后得出的句法语义特征编写了问卷，并围绕研究要点，对易混淆重叠式副词的难度等级进行了预测。比如汉语中“常常”，其中一个语义项“表示动作、行为经常发生”，对应泰语 3 个语言项，习得难度较大。不管是小题的预测还是问卷总体结果的预测，它们都是非常有必要的，都有助于我们更深一步地分析偏误，找出原因。特别是和预测不相符合的结果，这就意味着留学生习得中出现了值得注意的问题，需要我们对本体和对外汉语教学进行进一步的研究；也有可能是问卷设计中出现了问题，没有测出来想要的结果，需要换一个研究方法再测试。比如刘铧（2013）对英语母语者汉语名量词习得情况进行研究，其中考察名量词“条”的习得情况时，给出的题目是“一条（　）”，选项有：A. 牛仔裤、B. 河、C. 香烟、D. 新闻。作者预测初级水平学生会选择 A 和 B，但是测试结果表明，初级水平学生有 60％选择了 C，比例远高于高级水平学生。为了验证初级水平学生是否真的掌握“条”的集合量词用法，作者又采用了访谈进行调查。结果表明，初级水平学生选择这个答案是因为将“根”误用为“条”，并不明白“条”的集合量词用法，因此是另一种偏误，即泛化。预测可以帮助我们了解到隐藏更深的习得情况。

3.4 汉语第二语言习得问卷题型

在汉语二语习得问卷调查中，最常使用的是真值判断和诱导产出两种题型。真值判断包括判断题、选择题和等级量表，诱导产出包括填空、完成句子、翻译句子、造句和简答。

3.4.1 真值判断

3.4.1.1 判断题

判断题就是对题目的正确性做出“正确”或“错误”的判断，这在汉语二语习得问卷中经常用到，操作简单方便，也便于统计量化。比如陈晨（2010）对留学生汉语中表示时体的助词“着、了、过”习得情况进行研究，在问卷中选择了判断正误的方法对留学生习得情况做了测试。例如：“A. 每天晚上我吃了饭就去阅览室。B. 每天晚上我吃饭就去阅览室。”留学生对这一组题目分别进行正误判断。

3.4.1.2　选择题

我们在上文中提到了，一般汉语二语习得问卷中选择题能够考察到留学生想要回避的语法点，信度和效度都很大，并且量化方便，短时间内能搜集到大量的信息。其中单项选择题使用比较广泛，相较于多项选择题，统计分析更加方便。王晓燕（2015）对中亚留学生汉语动量词习得情况进行了研究，问卷中就采用了多选的题型，每题让留学生从 4 个备选答案中选择正确的答案来考察留学生的习得情况。例如："我在北京吃过三________烤鸭。A. 遍、B. 趟、C. 次、D. 下"。

多项选择使用不多，像王敏媛（2007）考察留学生习得汉语名量词"一量多名""一名多量"等现象采用了这一形式。例如"一把________ A. 刀、B. 雨伞、C. 花生、D. 火"，4 个选项都是正确答案。

还有一种题型是选择题和填空题相结合的例子。开放式题型中的填空不给答案，如果无法控制好语境或者没有考虑到答案的唯一性，就会造成许多可填写的答案，影响量化结果。于是人们将单选与填空结合起来，在空缺位置给出了备选答案供填写者选择，这样既能测试出语言能力，又可以保持客观性。比如王晓燕（2015）对中亚留学生动量词习得情况采用的问卷调查中就有结合单项选择的填空题。她给出了 12 个备选项，分别是"A. 枪、B. 脚、C. 笔、D. 拳、E. 刀、F. 口、G. 步、H. 圈、I. 声、J. 巴掌、K. 头、L. 眼"，在备选答案下方分别给了 12 个题目，例如"他用铅笔在纸上画了一________"，空缺了量词的位置，要求留学生自主选择填写。

3.4.1.3　等级量表

等级量表是近些年来被广泛使用的题型，一般用来调查可接受性、性质、主观态度等方面的内容。等级量表的备选答案是由对特定对象不同等级的描述构成的，换句话说，就是被调查者通过选择答案来表明自己在多大程度上同意或者不同意这些问题表述。Likert 量表是使用最广泛的量表。最初 Likert 量表由强烈反对、反对、既不反对也不同意、同意、强烈同意 5 个备选答案构成。随着该方法的广泛应用，备选答案数目也有了变化，从 3 个到 7 个都有，我们可以根据需要自行选择。Likert 量表可以量化调查结果，它可以给选项答案赋值，比如强烈反对＝－2，反对＝－1，既不反对也不同意＝0，以此类推。在汉语二语习得研究中，如果要考察某一特定语法项目的习得情况，我们可以用 Likert 量表对语法项目进行可接受性测试。比如袁博平（2017）调查英语母语者汉语态度疑问句习得情况时，用 5 个备选答案的 Likert 量表，让被调查者对与汉语态度疑问相关的测试句进行可接受性判断。5 个备选答案分别是完全不接受、可能不接受、我不确定、可能接受和完全接受。赋值分别为−2，−1，0，+1，+2。为了问卷卷面的简单大方，我们可以在指示语中说明分值分别对应什么接受度后，直接用分值作为答案选项，呈现在卷面上供被调查者选择。

3.4.2 诱导产出

3.4.2.1 填空

填空题型可以分成两类：一类是不给备选答案的填空题，一类是给关键词提示的填空题。不给备选答案的填空题，目的是在语境得到控制的情况下诱导填写者自主产出与需要研究的语言点相关的内容，以检测习得情况。比如陈妹新（2016）考察泰国留学生汉语形状量词习得情况，问卷就采用了诱导产出的填空题型，并且没有给出备选答案。比如题目："为了这次面试，他特意去高档西装店选了一________领带。"有的研究人员采用图片的方式进行诱导填空。比如王敏媛（2007）考察留学生名量词习得时，就给出图片，并将描述的句子中量词位置空缺出来，让被调查者根据图片内容填写相应量词。但是，这类不给备选答案或者只通过图片诱导的填空题如果没有清楚设置成答案唯一性的语境，会给评判带来麻烦。考虑到这一问题，除了上面说的将选择题和填空题结合外，还可以采用关键词提示和填空题相结合的方法，空缺位置会予以关键词的提示，让填写者改写。陈晨（2010）对留学生汉语中表示时体的助词"着、了、过"习得情况进行研究，问卷采用了结合关键词填空的方式进行考察，在空缺位置后面给出了应使用的动词，但是需要填写者自己根据语境选择带上或不带时态助词"着、了、过"等。例如："我（知道）________茅台酒什么味道，我没有来中国前就________（喝）。"这里最后一个空缺，留学生就需要根据汉语表过去时态的助词，在"喝"后面合理加上"过"。

3.4.2.2 完成句子

该题型具体可以表现为两种类型：一是根据前句或后句补充完整句子。例如张利蕊（2019）用问卷对留学生汉语有标复句习得情况进行调查时，采用了完成句子这个题型。她给出了前句或者后句，填写者根据前句或后句内容进行补充。例如："我虽然之前学习过汉语，____________________。"二是用所给的词组成句子。邹丽华（2008）研究留学生汉语复合趋向补语引申用法习得情况，问卷中完成句子一题就提供了打乱顺序的词语，要求填写者按照汉语的语序重新组合词语，完成句子。例如题目是："a. 起　b. 唱　c. 她们　d. 来　e. 歌　f. 高兴地"，被调查者就要写出正确的组合语序，即"她们高兴地唱起歌来。"

3.4.2.3　翻译句子

翻译句子有两种形式：一种是给出目的语，写出对应的母语；一种是给出母语，写出对应的目的语。钱旭菁（2002）用了类似的题型对以日语为母语的汉语学习留学生进行了词汇量的测试，给出汉语的词汇，让留学生写出对应的母语词汇。比如她在测试中给出了汉语词汇“苹果”，让留学生用日语进行翻译。如果翻译正确，说明留学生已经掌握这个词语；如果翻译错误，说明留学生尚未完全掌握该词语。不少留学生将“苹果”这个词语翻译成了“甜瓜”“西瓜”（日语的汉语对应词），这说明留学生对词语的意义有一定了解，但尚未完全掌握。黄明媚（2016）考察泰国留学生汉语特殊句式习得情况时，问卷也用到了翻译题型，要求用目的语（汉语）去翻译母语（泰语）句子。翻译题型对留学生来说有一定难度，同时对于出卷者来说也有一定的语言水平要求，出卷者要掌握被调查者的母语。

3.4.2.4　造句

造句主要是通过看图写话、给关键词、给出语境等方法诱导填写者造出想要的句子。比如黄自然（2008）考察留学生汉语存在句习得情况，其中就采取了关键词提示的方法诱导学生产出存在句，他给出了与教室相关的词汇，让学生描述自己的教室。不过造句法在问卷中很少使用，目前越来越多的研究人员在实验法里会使用这一诱导手段。感兴趣的同学可以看看赵静（2015）等作者的论文。

3.4.2.5　简答

简答题在二语习得中可以用来收集与教材、学习方式等有关的信息，还可以和阅读理解进行搭配，考察留学生某一方面习得情况。杨朦萌（2018）研究二语学习者词汇附带习得情况，将阅读理解和简答题结合，问卷给出一段阅读材料，要求留学生根据材料内容，写出短文大意。不过在一般的语法项目研究中，问卷很少会用到简答题，因为答案不方便量化处理。

总的来说，在上述两类题型中，真值判断是问卷调查中最受欢迎的题型，其收集和量化都非常方便。

3.5　汉语第二语言习得问卷实施

问卷调查的实施指的是问卷的发放和回收，中间有许多细节需要注意。

问卷实施的方式主要有 3 种：信件寄送、现场实施和在线完成。

信件寄送主要是通过邮局寄送和回收问卷。这种方式的优点是可以在地域广泛的范围里展开大规模调查；缺点是发放问卷较麻烦，并且回收率比较低，信件常常石沉大海；反馈的质量堪忧，研究人员无法对填写者的填写过程进行控制，很多填写者敷衍了事。

现场实施是很多高校研究人员采用的方式。这种问卷一般针对的研究对象就是在校的老师和学生，将调查对象集中到一起，限时完成问卷。这种方式的优点是发放简单，并且回收率高，一般可以达到100%；研究人员能和被调查者接触，能对填写过程进行控制，问卷反馈率也较高。缺点是首先参与者不能一批有很多，否则没有足够的场地和人手进行问卷调查；其次，虽然研究人员和被调查者能够接触，但也不能保证问卷完成度的高质量，因为还是会有人糊弄了事。

在线问卷方式虽然出现的时间不长，但近几年也受到研究人员的青睐，被频繁使用。研究人员直接将问卷通过网络发送到被调查者电脑或手机上，被调查者就能直接在线填写。在线问卷可以分成两类：一类是电子邮件；另一类是直接访问有关网页，例如问卷星等平台。这种方式的优点：一是问卷发放简单，填写方便，调查者和被调查者双方都能节省时间；二是不需要付邮寄费或者打印问卷，节省经费；三是可以克服地域限制的问题，展开大规模调查。缺点是回收率可能不高，反馈质量可能也不太高。

总的来说，目前汉语二语习得问卷调查采用的主要还是现场实施的方式，调查者多为在校的学生和老师。因此，采用现场实施的方式比较方便，并且结果也较为可靠。当然，在线问卷也正逐步依靠其优势，成为研究人员的另一种选择。

发放问卷时，我们除了要注意调查对象、样本选取是否满足要求、实施方式是否合适外，也要适当关注被调查者的态度，如果态度积极且愿意合作，那么他们在填写问卷时往往仔细认真，填写的问卷有效性就高；还要注意填写问卷的地方环境如何，如果环境有很多干扰因素，那么也会影响到问卷的完成质量。在回收方面，要注意保证问卷的回收率，但是回收率也要建立在问卷完成质量的基础上。我们可以在问卷调查实施过程中进行访谈，询问调查对象选择这个答案的原因，借此来提高问卷的完成质量。

3.6 汉语第二语言习得问卷调查结果的筛选

问卷回收后，需要对问卷填写情况进行筛选，剔除无效问卷。关于有效问卷和无效问卷的判定，主要可以看这几个方面的内容：首先是对象标准，如果不符合研究对象设定的标准，则属于无效问卷。其次是填写时间，要关注被调查者的填写时间，如果在规定时间内填写完成，但是被调查者只用了一半或者一半时间都没到就完成了问卷，说明他没有思考，随意填写。最后是看问卷答案填写情况。比如问卷漏填的选项过多，一般以漏答总题数的 2/3 为准，即视为无效问卷。选项选择都是一样的或者所勾选的选项有规律性，这样的问卷也是无效问卷。没有按照题目要求作答，比如填空题只能用提示所给的词语作答，被调查者却用了非提示所给的词语作答，这样的问卷也属于无效问卷。

筛选出了有效问卷后，就要对问卷数据进行量化统计。我们通常根据研究目的，选择合适的统计方法，采用 spss 软件分析。具体的统计方法和 spss 软件操作我们在前面的章节中已经介绍了，大家可以结合使用。结合量化后的数据，我们和研究目的进行对照，可以推知留学生的习得情况是怎样的，进而探寻影响习得的原因。

3.7 汉语第二语言习得问卷调查评价

本章我们主要介绍了汉语二语习得中问卷调查法的应用。问卷调查法有优有劣，下面我们将介绍其优势和缺陷，以供大家在选择研究方法时参考。

问卷调查法的优势很明显：首先省时、省力。相比于个案和访谈，问卷可以在较短的时间内收集到群体的信息，节省时间。如果问卷设计得合理，后期量化也比较方便，不用像语料库一样要收集、筛选、量化、归纳众多语料。问卷能根据有限却极具针对性的题目，深入考察留学生某一语言项目的习得情况及影响因素，涉及的量化数据比语料库调查要少得多。其次，问卷调查法可以收集到留学生“回避”偏误或者采取“回避”策略而没有产出的语料。这是语料库调查法不能解决的问题。

问卷调查也有缺点：首先是问卷题目设计难度较大。在汉语二语习得研究中，想要得到可靠的结果，问题的设计非常重要。如果问题设计不好，那么这份问卷就没有科研价值，所以问卷调查前期的工作非常烦琐耗时。其次，因为研究人员无法干预被调查者的填写过程，所以被调查者的自主性比较大，这种情况下会出现无效问卷，或者问卷填写的质量不高，从而影响结果。再次，问卷很容易让被调查者猜出研究的目的，这会导致被调查者有意识给出研究者想要的答案，影响问卷结果的真实性。最后，问卷调查的结果取决于问卷测试的题目，问卷只能就语法项目某一点进行深入考察，却无法考察到该语言项目整个中介语面貌，而这是语料库调查法可以解决的问题。

总的来说，汉语二语习得研究中常用的量化研究方法就是语料库调查法和问卷调查法，像自然科学一样注重用数字描述结果。但是我们也不能过分依赖统计数据，也需要运用质化的方法进行调查。

推荐阅读

1. 刘珣，《对外汉语教育学引论》，2000 年
2. 赵金铭，《对外汉语教学概论》，2004 年
3. 杨延宁，《应用语言学研究的质性研究方法》，2014 年

练　习

1. 问卷研究法适用于什么情况？
2. 问卷题目该如何设计？
3. 汉语二语习得中常用的题型有哪些？
4. 问卷的发放和回收要注意什么？

4 汉语第二语言习得研究中的质化研究法

4.1 汉语第二语言习得研究中的质化研究法概述

4.1.1 什么是质化研究法

质化（Qualitative）研究是相对于量化（Quantitative）研究而言的，是社会科学中新的研究方法之一，它与量化研究一起共同构成了社会科学研究方法的体系基础。

所谓“质化研究”，又称质性研究，是指研究者置身于某研究情景中，运用观察、访谈、个案跟踪和文献调查等方法去接近、体验和理解被研究者，并力求从当事人的角度去解释他们的行动及其内在机制的研究。质化研究是产生描述性资料的研究，描述人们在自然现场的行为和语言。因此，质化研究是以文字而非数字的形式呈现的。

质化研究起源于人类学。最早将质化研究方法应用于社会研究的是以社会学家乔治·赫伯特·米德（George Herbert Mead）为代表的芝加哥学派，他们运用参与观察和深度访谈等方法对当时的社会现象进行了研究，其中也涉及一些与教育有关的课题。20 世纪 70 年代，越来越泛滥的量化研究引起了部分西方研究者的反思。于是，他们重新审视社会科学研究中运用量化研究方法的局限性，重新认识质化研究的重要性。由此，质化研究方法逐渐为越来越多的研究者所采用。

随着中国综合国力的增强，“汉语热”的浪潮席卷全球，众多学者随之展开了一系列有关对外汉语教学方面的研究工作。在研究方法的选择上，质化研究凭借其自身的诸多优势，在以汉语为第二语言的习得研究中获得了新的生命力。

4.1.2 质化研究与量化研究的比较

从方法运用的角度来看，质化与量化并非互相排斥，两者既具有相似性，也具有各自的个性化特征。针对质化与量化研究法的不同，我们以孙三军、周晓岩（2011）《语言研究：方法与工具》第一章为基础，具体比较见表 4 - 1 所列。

表 4 - 1 质化与量化研究法的对比

	量化研究	质化研究
研究目的	验证假说	发现新问题，提出假说
预设	现实是稳定的	现实是动态的、不断变化的
研究视角	宏观，整体	微观，局部
研究问题	事先确定	在过程中产生
结果呈现手段	数字，计算，统计分析	语言文字，图像，描述分析
抽样方法	随机抽样，样本较大	目的性抽样，样本较小
资料收集的方法	封闭式问卷，统计表，实验，结构性观察	开放式访谈，参与观察，实物分析
分析方法	推断等演绎法，量化分析，收集资料之后	归纳法，文字描述，贯穿全过程
信度	可以重复	不能重复

总而言之，教育研究从一般方法论的角度来分类，可分为质化研究和量化研究两大类型。通过对这两种研究方法在概念、研究目的、研究视角、资料收集和分析方法以及结果的呈现手段等方面进行比较，我们发现由于各个研究方法都存在自身的优缺点，因此在具体的教育现象、教育问题研究中，必须对二者进行有效的结合。

在汉语第二语言习得研究的过程中，我们之所以在此提倡研究者应注重对质化研究法的使用，主要原因在于：研究者通过问卷调查等量化研究法，可以提出汉语第二语言习得研究领域值得深入研究的问题。众所周知，作为任务驱动型的研究，研究者精心设计问卷调查的最终目的，还是期望透过问卷调查结果所呈现出来的表层问题，提出最适合解决该问题的策略。任何表层问题的呈现，其形成过程都有着深层的本质原因。然而对这类本质原因的探究，我们利用问卷调查结果难以全面深刻地呈现出来。因此，研究者需要借助访谈调查法、个案跟踪法等质化研究方法，针对这些表层问题，深入探究其形成的内在心理机制，以便更好地解决该问题。

4.1.3 质化研究法的常见类型

在汉语第二语言习得研究的过程中，质化研究法中最为常用的有访谈调查法、个案跟踪法、民族志研究、混合研究等。下面，我们将为大家简要介绍这4种质化研究法。

访谈调查法（Interview）又称晤谈法，它是研究者访问被调查者并且与其进行交谈和询问的一种方法。作为一种研究性的交谈活动，研究者访谈的目的是从被调查者那里收集第一手资料。访谈调查法运用面广，能够简单而高效地收集多方面的工作分析资料，尤其是在研究比较复杂的问题时需要向不同类型的人了解不同类型的材料，因而深受人们的青睐，在汉语作为第二语言教学与习得领域中受到广泛使用。例如，张蔚、徐子亮（2016）等人的研究文献中，研究者针对所提出的研究问题，运用访谈调查法获取了重要的质化研究资料。

个案跟踪法历史悠久。大名鼎鼎的达尔文物种起源研究和弗洛伊德的精神分析其实都在使用个案跟踪的方法进行研究。就语言研究领域而言，很多已经被大家广泛认可的理论，其实都源自20世纪七八十年代进行的一系列个案跟踪。例如，著名语言学家韩礼德曾经以自己的儿子Nigel为观察对象，进行了为期3年的语言习得研究（Halliday，1975）。其后不久，韩礼德开始建构系统功能语言学的理论体系。其中的很多基本概念和理论框架，都同此个案跟踪中的发现有着密切的关系。而后，个案跟踪法在汉语作为第二语言教学与习得研究的过程中，也获得了广泛的关注，并成为此研究领域最重要、最常用的研究方法之一。

“民族志”这个词是从英文单词ethnography直译过来的，该类型起源于人类学领域，在20世纪上半叶由包括马林诺夫斯基（Malinowski）在内的西方人类学家所开创。在当时，这种研究方法主要用来观察和描述西方社会所不熟悉的文化群体。这一方法很快就在社会学、教育学甚至商业领域得到了广泛的应用。在语言学领域，民族志研究模式的应用并不是非常普遍，却可以提供很多独特的研究成果。例如，李茨婷、张明明（2019）运用民族志观察、民族志访谈对来华外籍教师汉语语用的自主性与社会文化的适应展开相关研究。如果语言学领域的研究人员试图对自己尚不熟悉但具有明显文化特征的群体或环境进行深入探索时，民族志研究就是最合适的研究手段。目前，在汉语第二语言习得的研究领域，研究者较少使用此方法进行调查研究。

混合研究模式指的是将量化和质化研究方法混合在一起的模式。由于其广泛的适用性，该模式的使用范围日益扩大。很多无法用质化或量化研究方法单独解决的问题，都可以通过混合研究模式来获得解决。目前，在汉语第二语言习得的研究领域，混合研究的手段使用最为广泛，研究者大多先通过量化研究法提出研究问题，再运用质化研究法对该研究问题产生的深层原因进行了解与揭示，以期提出有针对性的解决措施，促进语言的教学与习得。例如，鄢秀、王培光（2001），吴继峰（2016）等混合研究的文献资料。

除此之外，还有焦点小组、行动研究、扎根理论等质化研究法，它们在汉语第二语言习得研究中的应用较少。由于研究方法众多，研究者在针对某一现象展开调查与研究前，务必要根据研究对象的特点，选择最为合适的研究方法，以此帮助研究者较为全面而又深刻地开展相关研究。

根据知网相关文献检索的结果，我们发现访谈调查法与个案跟踪法在汉语第二语言习得研究中的运用最为广泛。值得注意的是，作为质化研究中的方法，访谈调查法和个案跟踪法除了具有质化研究法的共性外，还具有它们不同的个性特征。其中，两者最显著的差异表现在两个方面：第一，访谈调查法的实施过程主要表现为横向的调查与记录，即随着短暂的访谈调查的结束，此研究过程也随之结束，因此该研究调查的过程不具有时间上的延展性；而个案跟踪法的实施过程主要表现为纵深的调查与记录，即研究者对研究对象的调查过程有一个持续性的动态轨迹，持续时间由几周到几个月，甚至若干年不等。第二，与访谈调查法不同，个案跟踪法不强调研究对象之间的差异对比，而是希望在较为完整的情景脉络中，充分掌握研究对象之间的共性特征。以下两节，我们将着重为大家介绍访谈调查法和个案跟踪法在汉语第二语言习得中的运用。

4.2 访谈调查法

4.2.1 什么是访谈调查法

访谈调查法运用面广，能够简单而高效地收集多方面的工作分析资料，尤其是在研究比较复杂的问题时需要向不同类型的人了解不同类型的材料，因而深受人们的青睐。

访谈与日常生活中的谈话不一样。访谈是一种有特定目的和一定规则的研究性交谈，交谈双方的地位存在很大区别。访谈塑造的是一种人为的、特定的谈话环境，因此在访谈中，研究者必须控制访谈的内容、风格以及信息的类型和容量。而日常生活中的谈话是一种目的性较弱、形式松散、随意的谈话方式，随时随地都可以发生。

访谈与新闻采访也不一样。前者是一种研究性谈话，是为了发现并研究问题；而后者则并不是以研究问题为目的，只是为了掌握具有新闻价值的事件。

在汉语第二语言习得的研究过程中，质化研究中的访谈调查法常常与量化研究中问卷调查法相比较。在对比中我们发现，访谈调查法更适合于深入发掘研究现象背后隐藏的成因。在访谈调查展开的过程中，研究者通过面对面等方式直接地与访谈对象深入交流。此时，研究者再根据访谈对象的表情、语言等，可以灵活地调整访谈问题，从而进一步地从访谈对象那里获得更多的细节，以便获得丰富的研究资料，帮助研究者深入了解问题、解决问题。正如杨延宁（2014）所说的：访谈"是唯一一种需要研究者和受访者共同建构的资料收集方法。这种优势是其他资料收集方式无法比拟的"。也正是由于这一特征，访谈调查法在质化研究中备受青睐。

在汉语第二语言习得研究的过程中，研究者为了最大限度地彰显访谈调查法的上述特征，大多会采用混合研究的手段展开调查与分析，具体的研究步骤如下：研究者先根据量化研究中问卷调查法的结果发现问题，以此提出调查研究的核心与关键；再经过质化研究的访谈调查法，以期探究出调查研究问题之所以产生的深刻原因；最后据此提出相应的解决问题的策略。如三井明子（2019）对日本留学生自主学习能力进行调查与分析时，访谈调查实施的步骤与上述内容一致。

4.2.2 访谈调查法的发展

现代访谈调查法最早由 Charles Booth 于 19 世纪末在调查伦敦劳工生活状态时开始使用，直到 20 世纪初，这种资料收集的手段才大行其道。当时社会学研究的芝加哥学派将访谈、观察和文档整理作为资料收集的 3 大手段，访谈调查法的重要性由此可见一斑。

第二次世界大战结束后，整个学术界转向以量化为主的研究方式。由此，作为质化研究手段之一的访谈调查法逐渐被淡忘。

20 世纪 80 年代后，访谈调查法在整个社会思潮转变的大环境下，重新开始受到重视。在应用语言学领域，访谈调查法已经成为一种标准的资料收集方式。这主要是因为访谈在所有资料收集方式中最开放、最具灵活度，受访者在回答问题的过程中有最大的发挥空间。应用语言学领域的绝大多数研究问题都可以通过访谈调查法获得一定程度的解答。可以说，访谈调查法是一种历史悠久且使用广泛的资料收集方法。

访谈调查法作为质化研究的方法之一，在汉语第二语言习得的领域里，最早见于20世纪90年代末的相关文献资料中。

20世纪90年代末，访谈调查法开始在汉语第二语言习得研究领域中使用，如申小龙（1997）针对日本青年展开有关“汉语热”现象的访谈过程中，在文献标题中体现研究使用的是访谈调查法，遗憾的是，文献正文并未展现有关访谈研究法的实施方面的具体内容；赵立江（1997）对中高级汉语视听说课有关问题进行调查分析的过程中，为了弥补课堂观察法的不足而采用“内省法”作为补充，试图通过内省法中的面谈等方法，进一步了解学生的想法和感受。由此可知，研究者赵立江彼时所谓的内省法，实际上就与此时我们熟悉的访谈调查法相差无几。刘颂浩（1999）针对留学生汉语语用使用情况进行调查与研究时，在研究方法中正式提及访谈调查法。此外，研究者还在文献中对如何在二语习得中运用访谈调查法研究进行了详细说明，并据此提出有关留学生汉语语用习得情况的相关启示。

2000年以后，在汉语第二语言习得的领域里，诸多的研究者发现在调查研究过程中仅采用定量研究法，即主要依靠问卷调查法甚至仅仅使用问卷调查法进行研究时，存在较多弊端。如郭风岚、松原恭子（2000）采用问卷调查方式对部分日本留学生在跨文化交际中使用汉语部分称谓所出现的问题进行了调查，研究者认为，文章虽然是基于实际观察进行的，但仍属静态研究。因此，研究者提出，如果今后有机会进行实际跟踪，从研究对象真实的交际环境中获取语料，这将会更好地补充其研究的内容及结果，使研究结果更具有说服力。再如王爱平（2002）对东南亚华裔学生语言与文化背景进行调查研究方法述论时提到，研究者应做到“定性研究和定量研究相结合的原则……坚持将两者结合起来的原则”。

因此，上述的研究成果为后来的研究者在研究方法上的选择起到了一定的启示性作用。目前，在汉语第二语言习得的领域里，访谈调查法运用十分广泛。根据研究者是否仅采用访谈调查法，或既采用访谈调查法又采用问卷调查法进行调查研究，我们可以将研究者调查研究的路径分为两种类型：

在汉语第二语言习得领域的研究中，研究者运用访谈调查法与问卷调查法相结合开展调查研究的有：鄢秀、王培光（2001）在研究第二语言课堂焦虑对香港学生普通话学习的影响时，为了对学生的普通话学习以及焦虑状况作进一步的了解，研究者还进行了小组访谈研究，以期通过访谈调查法进一步探究研究对象交际难点背后的原因；吴继峰（2016）基于问卷与访谈调查法，考察了80名对外汉语教师对二语习得和语言教学关系的看法，以期发现二语习得与语言教学之间的关系等。

在汉语二语习得领域的研究中，研究者仅仅运用访谈调查法开展调查研究的有：张蔚、徐子亮（2016）以教龄在1年以内的对外汉语新任教师为对象，旨在考察导致其教学焦虑的影响因素，该研究以一对一访谈为主要手段，获取对外汉语新任教师对自身教学焦虑认识的质性资料；李茨婷、张明明（2019）在层级视域下对来华外籍教师汉语语用自主性与社会文化适应进行研究时，研究方法上也只采用半结构化访谈、民族志访谈等质化研究手段。

访谈调查法作为质化研究的主要手段之一，在汉语第二语言习得的领域里运用得愈加频繁，其所涉及的研究领域也愈加多样：

首先，众多研究者运用访谈调查法，对汉语作为第二语言教学与习得领域中的主体，即学生因素进行考察。如林佳心（2016）、沈兴涛（2019）等对汉语第二语言习得过程中学生的习得策略、习得规律的分析研究。

其次，众多研究者运用访谈调查法，对汉语作为第二语言教学与习得领域中的语言学习环境等因素进行考察。如郭睿（2014）对汉语教师的职业倦怠现状的研究与分析；费南多·罗塞尔-艾格拉、阚茜（2015）借用访谈调查法等手段，对汉字教学移动应用程序的设计与用户进行评估等。

4.2.3 访谈调查法的实施

关于访谈调查法的实施过程，张英阵著作（2000）第三至第七章为我们概括了质化研究法一般的研究调查过程，但并未针对访谈调查法的实施过程进行详尽介绍；杨延宁著作（2014）第四章为我们介绍了访谈调查法开展的两个阶段：一是访谈调查法的准备阶段，二是访谈调查法的实施阶段，但未明确列出具体步骤。综合比较后，本书中以江芳、王国英著作（2009）第六章的内容为基础，结合汉语第二语言习得的相关文献，阐述访谈调查法的实施过程。在访谈调查实施的过程中，研究者是采用结构化访谈调查法还是半结构化访谈调查法，需要根据实际情况审慎裁决。然而，无论研究者采用哪种访谈方法，正式实施访谈调查时都需要实施以下几个重要步骤。

（一）访谈之前的周密设计。访谈设计的第一步就是明确访谈研究的目的，并将其进一步具体化，即确定访谈研究的各种具体变量。相关变量包括以下几个方面：

（1）明确访谈问题。详细地说明研究的目的之后，研究者就需要考虑访谈问题的具体形式并拟定出访谈问题。在访谈设计中，访谈问题的形式主要有两种：一是封闭式问题（又称限定性问题），二是开放式问题（又称非限定性问题）。在访谈设计时究竟应采用哪种问题形式，这要视访谈研究的具体目的、访谈对象的具体情况、访谈者的有关知识经验而定。例如，李云霞（2017）是以限定性的访谈问题展开的调查研究，文章末尾有详细的访谈附录的列举；王帅、田雪萍（2021）采用半结构化访谈的方法，在具体的研究调查的过程中，研究者需要根据研究对象的特点进行有针对性的访谈问题的设计。

（2）确定访谈对象。访谈设计的另一项重要工作是确定适当的受访者。一般来说，如果是个别访谈调查，在选择访谈对象时，应尽可能选择典型对象，或对研究课题有较多了解的对象，以便通过访谈获得较多的信息。如果是集体访谈调查，就要在考虑所选择的访谈对象既要有代表性、又较熟悉情况的基础上，还要考虑访谈对象之间的关系，应使参加者在学历、经验等方面尽可能相似，让他们相互之间感到具有平等的地位，防止其中有个别权威出现，影响他们畅所欲言。另外，在集体访谈调查时，被调查者的人数也应适当控制，一般以 6～12 人为宜，访谈对象过多不利于访谈过程的控制与实施，过少则不能使该访谈结果具有普遍性和代表性。例如，郭睿（2014）将访谈对象控制在 12 人；王帅、田雪萍（2021）将访谈对象控制在 7 人。

（3）约定访谈时间和地点。研究者在开始访谈之前，要事先与被访者约定时间和地点等事宜，且尽量根据被访者方便与否来决定。研究者应就访谈的次数和时间的长短与被访者协商。一般来讲，每次访谈的时间应该在一小时左右，不要时间过长，否则会使对方感到疲劳、反感与不愉快，进而影响访谈质量。访谈的地点应以有利于受访者准确回答问题和畅所欲言为原则，尽量选择单独与其见面，并且在安静不被外人打扰的环境中进行。一般说来，有关教育工作的问题，以在工作地点访谈为宜；有关家庭教育方面的问题，则以在家里访谈为好。例如，李云霞（2017）将访谈时间控制在半小时左右，并在文章中明确表明，如果访谈对象愿意且访谈过程轻松的情况下，可以适当延长访谈时间。

（4）设计访谈提纲。访谈提纲不同于访谈问题，后者是研究者针对研究现象提前拟定的问题，以便透过问题的答案发掘其背后蕴藏的深刻原因；前者是研究者在正式进行访谈前，根据访谈对象和访谈内容具体的情况提前预设访谈过程，包括访谈开始前如何开启话题，访谈时问题与问题之间如何过渡，访谈结束时的结束语如何表达等。在访谈开始之前，研究者一般都需事先设计访谈提纲，尽管这个提纲很粗略，但是它会在访谈过程中起到重要的提醒作用，以免研究者遗漏有关的信息。例如，李云霞（2017）明确表明访谈提纲只是一个大概的内容，在访谈过程中会根据访谈对象的具体回答进行灵活调整。

（二）访谈之初的适当接洽。正式访谈的第一步是接近访谈对象。访谈的质量很大程度上取决于研究者与被研究者的关系，良好关系的建立又与双方达到的共识息息相关。这一阶段的任务是与受访者建立信赖、真诚、合作的关系，使他们积极支持与参与研究工作。一般来说，访谈者在接近受访者时，首先要进行自我介绍，而后说明来访目的意义、内容、完成访谈所需要的时间以及将其选为受访者的原因等，以获得受访者的支持，必要时还要向受访者做出保密的承诺。如果遇到被拒绝的情况，我们要弄清原因并有针对性地做出努力，来取得对方的配合，不能轻易放弃。例如，西香织（2017）在正式进行访谈前，为了缓解访谈对象紧张的气氛，先花费 3 到 5 分钟让受访者进行自我介绍等环节，体现的正是访谈之初的接洽环节。

（三）访谈之中的有效沟通。访谈的成功与否与访谈的技巧有着很大的关系。人人都希望成为一名好的访谈者，从这个意义上来讲，访谈技巧的学习显得尤为必要。

（1）访谈中的提问。提问在访谈中的地位不可小视。访谈者在被受访谈对象接纳后，即开始进行交谈，通过提问向对方了解有关情况。提问的方式有很多种，然而它有很多制约性因素，如问题的性质、访谈双方的性格、年龄、性别、民族、职业、学历、社会地位、访谈的具体情境等。研究者要因地制宜，采取最合适的方式提问。值得注意的是，研究者在实施访谈时应根据具体情境，做到提问自然流畅、前后呼应。例如，李云霞（2017）在对教师进行访谈时，受访者谈及：“他们做什么都是积极主动的”时，研究者自然地进一步提问：“这种主动性表现在哪里”。

（2）访谈中的追问。追问是指研究者就受访者前面所说的内容做进一步的询问。追问可以采取正面的方式，即正面指出回答不真实、不具体、不准确，请对方补充回答。例如：“你是依据什么得出这个结论的”或“你是听谁说的”。追问也可以采用侧面的方式，即换一个角度追问相同的问题。例如，李云霞（2017）在对教师进行访谈时，适时地追问道：“这些英语老师是指……”“你觉得你和这些老师有哪些不同”。

（3）访谈中的倾听。在访谈中，“听”与“问”是相对的，其中，听决定了问的方向和内容。访谈双方只有先认真听取对方的话语，才能知道接下来如何说，由此推进访谈中问答过程。从这个意义上来讲，学会倾听在访谈调查法实施的过程中显得尤为重要。值得注意的是，在访谈调查法实施过程中，研究者要学会有感情地听或“共情地听”，避免无感情地听。此外，在倾听过程中，研究者还要注意两条基本原则，即不要轻易打断受访者的谈话，同时要容忍沉默。李云霞（2017）的访谈转录显示，访谈者问的内容很少而受访者答的内容很多，这从侧面印证了访谈者善于倾听的重要性。

（4）访谈中的记录。在访谈调查过程中一般都需要做记录，而且尽量当场做记录。在记录的方法和内容上，结构式访谈要求访谈者按照规定的记录方式，把受访者的回答记录在事先设计好的表格、问卷、卡片上。例如，李云霞（2017）在访谈研究过程中采用 COLT 量表作为记录工具。非结构式访谈的记录比较困难，可以采取两人访谈的方式，一人专门访谈，一人专门记录；也可以在征得受访者同意的基础上，用录音设备进行记录。记录内容要尽可能详细，不仅要记录言语信息，而且还应记录非言语信息。比如，有的访谈对象可能很不善于表达，访谈者能从其手势、声调上理解其意，就应当在准确记录回答的词语之外，写下其他情况和自己的理解。当然，有些访谈并不需要把受访者的回答全部记下来，而只需记要点、特点、疑点、易忘点。例如，西香织（2017）在访谈调查的过程中，通过符号快速地记录下受访者回答时的语调特征，以便通过回声语调情况全面展现日本学生当时的会话情况。

（5）访谈中的回应。回应指的是在访谈过程中，研究者对受访者的言行做出的言语和非言语反应。研究者的回应对受访者的谈话风格和内容有直接的影响。回应的方式多种多样，一般有对受访者话语的认可、重复、重组、总结和鼓励等几种方式。此外，在回应过程中，研究者要注意回应的时机，视当时的具体情况而定，做到回应自然、流畅。例如，李云霞（2017）在访谈过程中回应道：“对，这个我注意到了……”“真挺好，我看下课的时候你们班的学生还围着你说这说那的”。

（6）非言语行为的运用。言语是访谈的主要工具，言语表达是访谈者与受访者建立关系、交流信息、沟通情感的基本手段。然而，在访谈过程中，我们也不能忽视受访者的表情、动作等非言语信息的作用。访谈者一方面要善于运用非言语行为向受访者传递信息，促进交流；另一方面，访谈者也要善于观察和理解受访者的非言语行为，借此反馈信息，准确把握信息，控制访谈进程。例如，李云霞（2017）在附录部分专门设置了一个“录音转写系统”，里面记录了受访者的停顿长短、语速快慢等情况，由此表示研究者对非言语行为的重视。

（四）结束访谈。结束访谈是访谈活动的最后一个环节，做好访谈结束环节的工作需要注意以下几个方面：

首先，注意控制访谈时间，争取在预定的时间内结束访谈。其次，注意把握好结束谈话的时机。如果访谈已临近结束受访者仍然很有谈话的兴趣，此时，访谈者可以抓住受访者转换话题时产生的谈话间歇，自然地结束访谈。如果双方都感到非常疲乏和厌倦，这时应尽快提前结束谈话，访谈任务尚未完成时，可约定再次访谈的时间。最后，不能忘记对受访者表示感谢。结束访谈时向对方表示感谢，这既是科研道德基本的要求，又能为以后的访谈研究奠定基础。

4.2.4 访谈调查法的优缺点

事物都具有两面性，访谈调查法也不例外。质化研究中运用最为广泛的访谈调查法，和量化研究中的问卷调查法相比，它的主要优缺点如下：

4.2.4.1 访谈调查法的优点

首先，通过访谈调查法，我们可以获得更为丰富的质性研究资料，有利于发掘研究问题背后隐藏的深层成因，不同于采用问卷调查法的主要目的是发现问题或验证假设；其次，访谈调查法的适用情况比问卷调查法更广泛，后者在填写问卷调查表时受文化水平和汉语表达能力的限制较大，而访谈调查法的形式简单易行，适用于一切具有思维能力和简单汉语口头表达能力的被访问者，尤其适合文化水平和汉语表达能力较低的对象，如初级汉语学习者、文盲或儿童等；最后，使用访谈调查法的成功率会普遍高于问卷调查法，由于访谈是口头的交谈，因此拒绝回答者较少，回答率较高，而问卷调查法实施过程中出现随意填写甚至拒绝填写等情况则无法避免，继而对问卷结果的分析产生负面影响。

4.2.4.2 访谈调查法的缺点

凡事都有利弊，和问卷调查法相比，访谈调查法的不足主要表现在以下几个方面：首先，访谈调查法实施的过程消耗大，研究者需要投入较多的人力、物力、时间等，因此难以大规模地进行访谈，不适合大样本的调查研究；其次，访谈过程顺利与否及访谈结果是否具有代表性，也受到访谈者的访谈技巧、主观偏见等因素的影响；最后，访谈调查法匿名性差，可能会使受访者产生顾虑，由此对一些敏感问题、尖锐问题往往采取回避或不作真实回答的态度，从而影响访谈的真实性。

4.3 个案跟踪法

4.3.1 什么是个案跟踪法

要讨论个案跟踪法，我们首先应了解什么是“个案”。正如杨延宁（2014）所说的：“科学研究中的个案，必须是一个界定清楚的对象，而非过程。这个对象可以是一个个体，也可以是一个群体，比如一个家庭或社会团体。有时甚至可以是一个机构，比如学校和医院。”因此，个案跟踪可以定义为使用任何适当的方法对个案展开的细节性研究。在汉语第二语言习得的研究领域，个案跟踪法是指以一个特殊的个体（教师或学生）典型的汉语习得事件或团体为研究对象，通过搜集、整理、分析与该研究对象有关的一切资料，来探究某种特殊情况形成发展的原因，揭示其发展变化的规律，并采取有针对性的措施，以促进该研究进程的科学的方法。

个案跟踪法作为质化研究常用方法之一，除了具有质化研究法的共同特征外，还具有其个性特征。杨延宁（2014）认为，个案跟踪的个性特征可以简单概括为整体性、独特性和启发性。首先，整体性指的是个案跟踪强调将研究对象作为一个整体进行多方面的描述。与访谈调查法不同，个案跟踪不强调案例和现象之间的相互比较，而是希望在较为完整的情景脉络中，充分掌握研究现象本身的特征。其次，独特性是个案跟踪模式最突出的特点。个案跟踪主张每个研究对象都是一个独特个体，都有其独特性质。最后是启发性，很多个案跟踪的成果激发了新的研究思路，引发了更大规模的研究，甚至建构起了新的理论。

因此，研究者在进行个案分析时，首先会分析一个特定对象某方面的语言表现；继而总结出此研究对象的习得特点和所存在的习得问题；最后，希望“以点带面”地把这种带有规律性的研究结果推广至其他汉语学习的对象。例如，宋彩云（2020）通过对韩国一名留学生历时10个月作文语料的收集与整理，发现研究对象连词“也”“而且”使用频率及偏误率都很高，由此有针对性地展开偏误原因的分析，并提出相应的教育启示，以期帮助其他汉语非母语者正确地习得汉语中的连词。

4.3.2 个案跟踪法的发展

在汉语第二语言习得领域里，个案跟踪作为质化研究的方法之一，最早可见的资料是孙德坤（1993）关于汉语学习者习得虚词“了”的个案跟踪报告。其中，研究对象是两名母语为英语的学习者L和W，研究者对他们做了4个月的跟踪调查，记录他们对不同意义的“了”的习得过程。此时的案例研究主要关注学习者，开始注意并试图探索学习者的语言习得的过程、习得的顺序，以及个体因素对语言习得的影响等。例如，温晓虹、张九武（1992）等。这一阶段的个案跟踪法主要表现为研究对象较为单一，材料搜集的方法较为随意，研究者普遍还未意识到个案跟踪作为一种质化研究方法所具有的独特性。

2000 年以后，以“个案跟踪”为主题的汉语第二语言习得领域的研究成果开始大量出现，和前 10 年相比，此时的个案跟踪法在主题范围等方面有了较大的拓展，主要涉及汉语二语习得以下两个方面：

（1）注重对汉语二语习得过程中多重个案的跟踪研究。20 世纪 90 年代，个案跟踪法在汉语第二语言习得领域的研究主要表现为对单一个案的研究，即研究对象是具有某种特质的单个的人。进入 21 世纪以后，研究者开始注重对汉语二语习得过程中多重个案的跟踪研究。这一阶段的个案跟踪法在研究对象的选择上主要表现为：一方面，研究者延续了上一阶段的特点，继续对单一个案进行研究，例如施家炜（2002）、宋彩云（2020）等人均是对单一个案的跟踪研究；另一方面，研究者也开始注重对多重个案的跟踪研究，例如高洁（2009）的研究对象是 2 人、李莎（2015）的研究对象是 4 人、郭玉秀（2020）的研究对象是 6 人。

（2）丰富了对汉语二语习得过程的个案跟踪。此前，研究者在汉语第二语言习得领域的研究，主要是对母语非汉语的学习者如何进行单个虚词的习得进行跟踪研究，例如孙德坤（1993）是针对汉语学习者如何习得虚词“了”字，开始历时 4 个月的跟踪研究。2000 年以后，研究者在对母语非汉语的学习者进行跟踪研究时，除了虚词的研究外，涵盖了更多的词汇、语法现象。例如施家炜（2002）针对一名韩国留学生展开历时 7 个月的汉语句式习得特点的跟踪调查研究；高洁（2009）针对两名越南籍汉语初级水平的留学生语法偏误的习得展开个案调查研究；李莎（2015）主要是基于动态系统的理论，对留学生汉语定语习得的特点进行个案跟踪的调查研究；宋彩云（2020）以韩国的一名留学生为研究对象，针对留学生“也”“而且”等连词习得的动态轨迹展开调查研究。

4.3.3　个案跟踪法的实施

关于个案跟踪法的实施过程，张英阵在其著作（2000）第三章谈及单一个案研究的实施步骤：问题的陈述、资料汇集、资料分析与解释和撰写论文。遗憾的是，作者并未对所提出的个案研究的实施步骤进行详尽介绍。杨延宁在其著作（2014）第三章介绍了个案跟踪法开展的 6 个阶段：研究方向的选择、研究问题的设定、个案的选择、研究资料的获取、研究资料分析及研究报告的撰写，但叙述不够清晰简洁。综合比较后，本书以江芳、王国英著作（2009）第九章的内容为基础，结合汉语第二语言习得的相关文献，阐述个案跟踪法的实施过程中的几个重要步骤：

（一）确定研究对象。有效地选择研究对象十分重要，这关系到所得出的结论是否有价值。研究者应根据个案跟踪的目的和内容，确定在某一方面具有典型特征的人或事作为研究对象。例如，孙德坤（1993）对外国学生习得汉字“了”进行研究时，以两名均来自北京语言学院来华留学生从零起点开始学习汉语的研究对象，展开历时 4 个月的跟踪调查；宋彩云（2020）在对留学生连词习得的过程进行研究时，以中级班中口语和综合课考试成绩均名列前茅的一名韩国留学生为研究对象，展开历时 10 个月的跟踪调查。

（二）搜集研究资料。全面搜集研究资料是个案跟踪有效性的重要保证。一般来说，资料搜集工作主要包括以下几个方面：

(1) 资料的来源。资料的来源大致有 3 种：第一种为个案本身的资料，第二种为学校记录，第三种为家庭和社会背景。从事上述资料的搜集，可采用多种不同的方式来进行，如调查表，面对面访谈，研究对象的自传、周记、日记等。例如，孙德坤（1993）研究调查的资料主要是通过每 2 周 1 次的历时 1 小时的谈话所得语料来展开；施家炜（2002）通过跟踪录音和日记法展开对韩国留学生的调查研究；宋彩云（2020）研究调查的资料主要来自调查对象 10 个月以来的写作材料来展开。

(2) 资料的录入。在有些研究情境下，使用录音、录像等电子设备可能会影响研究的真实性与自然性，这时迅速、准确的现场记录或事后的回忆记录便是重要的记录方式。除此之外，录音、录像等现代化设备的应用使资料的记录工作更为省时、简便而又准确，因此备受研究者的青睐。例如，孙德坤（1993）在进行个案跟踪时，利用录音设备记录与调查对象的谈话内容，而后将此录音内容整理成文字资料。

(3) 资料的整理。上述这些方式记录的原始资料通常需要经过整理才能用于分析和解释。由于个案跟踪往往会收集到大量信息，因此原始资料的整理是一项比较费时、费力的工作。例如，施家炜（2002）按照日期将所获得的跟踪录音和日记等资料整理成 14 个阶段，一共获得 5050 条个案研究的总语料用于调查研究。

（三）分析研究资料。分析资料的过程，是挖掘事件、行为、现象等所包含的意义，揭示其间的联系，发现其中规律的过程。对个案跟踪而言，资料的分析从资料收集的那一刻就开始了，从观察个案时获得最初的印象，直到最后将各种印象整合在一起并得出结论。在这一过程中，研究者需要进行详尽的观察、深入的思考、不断的反思和质疑。例如，施家炜（2002）借助 MLU（The Mean Length of Utterance）计算方法对跟踪调查时所获得的资料进行分析研究。

（四）形成研究成果。个案跟踪成果可以以论文或研究报告类的写作方式呈现，虽然没有统一的格式，但有一些基本的要求，即个案跟踪的内容结构应包括案例的记述、分析和评议 3 部分：第一，案例事件记述部分，包括时间、地点、人物、事件发生过程、结果等的详细记述；第二，案例理论分析部分，包括案例分析目的、教育理论依据、教育意义等；第三，案例评议部分，包括案例自评或专家点评、改进意见等。值得注意的是，案例写作的重点在于对该个案的深入分析。这要求我们研究者必须深入挖掘出案例本身所蕴含的教育意义或启示。例如，宋彩云（2020）首先对韩国的一名留学生展开历时 10 个月的连词习得过程的跟踪调查，总结出该研究对象“连词使用情况调查表”；其次，研究者对该研究对象“也”“而且”的使用情况进行深入分析，得出该调查对象连词使用的偏误成因；最后，所得出的偏误成因对留学生如何更好地习得汉语的连词具有重要的启发意义。

4.3.4 个案跟踪法的优缺点

个案跟踪法在教育研究领域得到广泛运用，是一种极具价值的质化研究方法。但同其他任何一种研究方法一样，个案跟踪既有优点，也有缺点。

4.3.4.1 个案跟踪法的优点

作为质化研究法中的一种，个案跟踪法的优点主要有以下几个方面：首先，个案跟踪是揭示个别差异的有效研究方法。通过个案跟踪，研究者可以获得个体心理特征、发展状况的全貌，并能由此分析其背后产生的原因等，这是群体水平的研究类型或方法难以实现的。例如，高洁（2009）通过对初级水平越南留学生汉语习得语法偏误的案例分析，从中获得对越南留学生汉语语法习得的一般性认识。其次，个案跟踪作为质化研究的手段之一，能为量化研究的结果提供可靠的依据。因为个案跟踪作为小样本的研究方法，可以与量化研究的大样本容量所获得的结果相互印证，从而有利于深化研究者对该研究问题的认识。例如，吴勇毅（2008）在文章“结语”部分所说的，个案跟踪法可以与大样本的定量研究相互印证，以便在普遍性和特殊性两个方面加深研究者对研究对象的认识。

4.3.4.2 个案跟踪法的缺点

个案跟踪法对于汉语第二语言领域的研究极具价值，但利弊相随，个案跟踪本身也存在一些有待深入探讨的问题，主要表现为以下几个方面：首先是关于研究对象的典型性问题。个案跟踪是以个体为中心的，既然研究对象是特定的，并不存在抽样问题，那么此研究对象是否具有典型性和代表性就有待考究。例如，施家炜（2002）在对韩国留学生汉语句式习得情况进行研究时，研究资料均来自对一名韩国留学生持续半年多的跟踪记录，但并未对该研究对象的典型性做任何说明。其次是关于资料的准确性问题。个案跟踪采用多种方法，通过多种渠道来收集数据、资料。从不同的方面和渠道获得的资料的准确性是不同的，因此，在进行信息的整合时就必须对资料的可靠性、准确性进行分析。最后是关于数据的统计分析问题。目前教育研究中使用的统计分析方法大多是在总体与抽样、正态分布等假设基础上发展起来的，这些方法对于个案跟踪不尽适用，因此很多研究者还在不断尝试一些适用于个案跟踪的新的统计分析方法。尽管已经出现了一些特定的统计分析方法，但仍远远不能满足个案跟踪的要求。这也是个案跟踪方法继续发展的一个努力方向。例如，施家炜（2002）在处理韩国留学生个案跟踪所获得的资料时，借用 MLU 研究法进行，在汉语第二语言习得领域也算是一种全新的尝试。

综上所述，访谈调查法和个案跟踪法作为质化研究中的两种重要研究手段，在诸多学者的研究调查中起到了重要作用，尤其对汉语第二语言习得研究领域意义重大。值得注意的是，今后我们在对汉语第二语言习得的相关领域进行研究时，应注意采用多样化的研究手段，将质化研究与量化研究相结合，从而为我们的研究成果提供坚实的理论支撑和事实依据，由此才能最大限度地利用合适的研究手段为我们的调查研究添砖加瓦。

推荐阅读

杨延宁，《应用语言学研究的质性研究方法》，2014 年

练　习

1. 根据自己的学术背景，尝试运用访谈调查法，对你校外国留学生线上学习方式的利弊进行调查研究，整理出该访谈结果并提出教学启示。

2. 根据自己的学术背景，尝试运用个案跟踪法，对你校在校留学生展开历时 1 个学期的写作水平的调查研究，整理出该个案跟踪的结果并提出教学启示。

分析方法篇

5 汉语第二语言习得研究的统计学基础

5.1 汉语第二语言习得研究为什么需要统计学

本节讨论汉语第二语言习得研究需要学习统计学的原因。汉语第二语言习得研究领域中，很多研究数据需要用统计学来进行处理。统计学包含两个主要方面：一个是“描述性统计学”（Descriptive statistics），用以归纳复杂的数据，即把数据表达为某些具有代表性的统计量（如平均值、标准差等）；另一个是“推论性统计学”（Inferential statistics），从“样本”（Sample）中得到的统计量可用来推知“总体”（Population）的情况，这样就便于语言学家从研究中得到一些规律性的东西。

我们可以用一个例子来说明描述性统计学的应用：设想一个语音学家对某种语言辅音的清浊对立方式感兴趣，研究的第一步就是测量词首辅音的“浊音起始时间”（VOT，即 Voice Onset Time）。浊音不同于噪音。浊音是发音时声带震动的音，相对的是清音；噪音是声带无规则振动产生的音，相对的是乐音。所有的元音都是浊音，清声母［P］的 VOT 长而浊声母［b］的 VOT 短。语音学家找了 20 个人，让他们发出 10 个以/f/开头的拼音音节，并重复 10 次。可以想象，人与人之间，或同一个人在重复读同一个音时，发音长度都是有差异的，所以，必须进行如下统计：不同的人 VOT 平均是多少，有多大的差异；同一个人对不同音节 VOT 平均长度是多少，有多大的差异。

推论性统计学常常用来比较两组或多组数据间有没有显著差异，即它们平均数间的差异是由随机因素引起的，还是由实验条件因素引起的，也就是说，“从样本推出全体”，它们之间是否有真正的差异。例如，音节开头的/f/和/v/：［v］是唇齿、浊、擦音，如苏州方言“饭”的声母。但普通话中无此音，“新闻”的“闻”有人不读为 w，而读为［v］。开头的拼音音节中，/f/的 VOT 和/v/的 VOT 是否有显著的差异。儿童在语音习得过程中，常常混淆清浊擦音的发音。所以，研究这个语音问题还是有意义的。

基于上述讨论，我们可以得出汉语第二语言习得研究学习统计学的必要性：第一，能够对使用统计技术的文献进行评价，不但能看懂这些文章，而且能对方法的科学性做出评价；第二，能够设计自己的研究方案，使汉语第二语言习得研究更具科学性，本书所介绍的统计分析技术可帮助读者实现这个目的。

5.2 统计中的基本概念

5.2.1 中位数

“中位数”（Median）又称中数，是样本数据由低到高按顺序排列后的中间数值。如果一组从小到大排序的数据由 5 个数值组成，那么中位数就是第 3 位。比如：1，3，5，6，8 的中位数是 5。如果一组数值的个数是偶数，我们在其中找不到一个数值正好把一组数据平均分成两半。在这种情况下，一般取中间一对数值的平均值作为中位数。譬如，在 2，3，4，8，10，11，13，15，18，26 构成的一组数据中，中间的一对数值是 10 和 11，中位数便是（10＋11）/2＝10.5。

5.2.2 平均数

平均数（Mean）又称均值或均数，是一组数据中各个数值相加的总和除以数值的个数得到的结果。上例中，数据的平均数为（2＋3＋4＋8＋10＋11＋13＋15＋18＋26）/10＝11。从该例中可以看出，中位数和平均数虽然都表示一组数据的集中趋势（Central tendency），但是其数值未必相同，它们之间还是有区别的。当一组数值对称分布时，中位数和平均数相等。譬如，3，5，7，9，11 的中位数和平均数都是 7。3 和 11、5 和 9 离这个中间值 7 分别是等距的。但是当一组数据不是对称分布时，中位数和平均数就不相等。譬如，1，5，7，10，202 的中位数仍然是 7，但是平均数则为（1＋5＋7＋10＋202）/5＝45。这说明平均值易受极端值（Extreme value）的影响。这组数据的极端值 202，对均值有重要影响。

据此可以发现，在表示数据的典型值方面，中位数是一个具有稳健性（Robust）的指标，不会受到数据极端值的影响。因此，当一组数据中包含一个或多个与主体相差甚大的观测值时，最好对之单独处理，在计算平均值时先将之排除在外。

当说到一般的、而不是特定的一组数据时，我们就用字母和下标来表示这组数据中的每个数。例如，X_{26} 只表示在某组数据中的第 26 个值；下标并不代表该数值在所有数值中的排列顺序；比如，X_1 并不一定比 X_{100} 大（或小），它只表示某串数值里的第 1 个数，X_{100} 只表示第 100 个数。

在同一上下文中谈到几组不同组数据时，应该用不同的字母。比方说，用 X_1，X_2，…，X_{28} 和 Y_1，Y_2，…，Y_{28} 表示两组数据，每组各有 28 个数值。推而广之，我们用 X_1，X_2，…，X_n 来表示一组数据，其数值个数(n)不定，并且用 X_i 表示该组数据中的一个非特指的数值。

数组 X_1，X_2…，X_n 的算术平均数通常记作 $\overline{X}$，且定义为：

$$\begin{aligned}\overline{X} &= (\text{数值之和}) \div (\text{数值个数}) \\ &= (X_1 + X_2 + \cdots + X_n) \div n \\ &= \frac{1}{n}\sum X_i\end{aligned}$$

在这个公式中，符号 $\sum$ 意思是“将下标 i 取不同值时的所有 X 加起来”。

在统计分析中，平均数最为常用，在计算标准差和方差等统计量时都要用到它。

5.2.3 众数

测量集中趋势的方法中，除了中位数和平均数之外，还有“众数”(Mode)。众数是一组数据中出现频数最高的数值。譬如，在 3，5，7，7，9，11 数据集合中，7 出现两次，其他数值出现一次，因此 7 是众数。当然，众数不一定是唯一值，可以是两个或两个以上。譬如，在 3，5，7，7，9，11，11 数据集合中，7 和 11 都是众数。

5.2.4 变异性或离散性

我们介绍了作为度量的平均数和中位数，对于比较几组数据是很有用的。如果计算两组得分的平均数（或中位数），比如说，发现两者相差很大，就肯定能得到有意思的发现。设想这么一个例子，甲班男生的身高平均数为 178 厘米，中位数为 180 厘米；女生的身高平均数为 162 厘米，中位数为 161 厘米。那么，显然我们可以得出结论：甲班男生的身高比女生高。此外，即便两个平均数相似或者两个中位数相似，也不足以证明两组分数的图形或结构相似。考虑下面这个极端的例子：设想在某一汉语测试中，一组 100 个被试得分完全相同，都是 50 道考题对了 35 题；另一组也是 100 个被试，其中 50 人是 50 道题都对，另外 50 人是对了 20 题。这两组分数的均值都是 35/50。然而，第一组每一个人的水平都相同，第二组则分为两个小组，一个小组得分非常高，另一个小组得分较低。当然，像这种极端的情形是很少见的，但是通过这个例子可以看出，为了对两组数据进行有意义的比较，需要有一种度量来描述这两次测试的差异。因此，通常需要度量一组分数均匀性的程度，即“变异性”（Variability）或“离散性”（Dispersion）。

5.2.5 方差和标准差

数据的“集中趋势”和“变异性”是数据分析中相互联系的两个方面。中位数、平均数和众数测量一组数据的集中趋势，而“方差”（Variance，简称 V，可用 $s2$ 或 $S2$ 表示）和“标准差”（标准偏差，Standard deviation，简称 s 或 S）则衡量一组数据的变异性或离散性。

设想我们有一组数据 X_1，X_2，…，X_n 及其算术平均数 $\overline{X}$，每个值跟均值的差可计算为：$d_1=X_1-\overline{X}$，$d_2=X_2-\overline{X}$，等等。似乎可以说这些差的平均值能在一定程度上反映出全部数值接近均值的程度。在表 5－1 里，我们对一篇短文中每句话的词数进行了这种计算。注意这些差（第 2 列）有的是负数，有的是正数，并且相加后互相抵消，结果为 0。为了不使每一组数据的计算结果都是 0，计算完每一个差 d_1 之后，我们求它的平方，得到关于均值的平方差 $d_1{}^2$（第 3 列）。然后将这些平方差相加（$\sum d_1{}^2=332.96$）。最后用 $n-1$（数值个数减 1）去除这个总数。这种计算得出的结果就是方差（V）：

$$V=\frac{1}{n-1}\sum d_1{}^2$$

如果除数就是样本容量 n，结果就是平方差的算术平均数。$n-1$ 称为“自由度”（Degree of freedom），知道 5 个数总和是 25，知道其中 4 个数，第 5 个数必定知道了。当然，如果 n 相当大，那么用 n 还是用 $n-1$ 作除数，结果几乎没有什么差别。

表 5－1　一篇短文每句词数的方差计算

每句词数	$d_1=(X_1-\overline{X})$	$d_1{}^2$
3	−6.75	45.56
7	−2.75	7.56
4	−5.75	33.06

（续表）

每句词数	$d_1=(X_1-\overline{X})$	$d_1{}^2$
9	−0.75	0.56
12	2.25	5.06
2	−7.75	60.06
14	4.25	18.06
14	4.25	18.06
6	−3.75	14.06
9	−0.75	0.56
11	1.25	1.56
17	7.25	52.56
18	8.25	68.06
12	2.25	5.06
10	0.25	0.06
8	−1.75	3.06

$$\sum X=156,\ \overline{X}=9.75,\ \sum d_1=0,\ \sum d_1{}^2=332.96$$

$$V=\frac{332.96}{n-1}=\frac{332.96}{15}\approx 22.20$$

方差的一个不便之处是其度量单位。在表 5－1 中我们计算出短文中每句词数的方差。每一个 X_i 代表一个词数，因此 $\overline{x}$ 表示每个句子的平均词数。但是 $d_1{}^2$ 的单位是“词数的平方”，这难以理解。这就需要引入“标准差”的概念，方差的平方根叫作标准差，用 s 表示，单位仍然是词数。标准差有许多其他有用的特性，是计算变异性的常用度量。顺便说明，$s=\sqrt{V}$，$s^2=V$，因此方差又常常用 s^2 表示。标准差是最重要的统计度量之一。它用来表示一组数据中每个值跟均值 $\overline{x}$ 的差。

5.2.6 测试成绩标准化

标准差的一种主要应用是标准化处理，对于任何一组有序排列的数值型数据都可进行标准化。在语言研究中，标准化的重要作用之一就是便于比较测试成绩，下面举例说明如何使用这种方法。

假定A和B两人分别参加汉语能力测试，各得41分和53分。也许有人会不假思索地说，B的成绩比A高。可是，对他们的测试方法是不一样的，人们会就两次测试的可比性提出疑问。如果第一组平均分为44，第二组平均分为49，我们马上就会发现，在一组测试中，A的分数低于平均分，而在另一组中，B的分数高于平均分。因此似乎有明显的理由说B的成绩比A高。但情况并非总是这样简单。

我们仍然假定在各自的测试中A和B分别得41分和53分，并且假定两种测试的平均分分别为49和58。现在，两个人的分数都低于平均分。A的分数比平均分低8分，B的分数只比平均分低5分。这是不是意味着B的分数相对高一些呢？不一定。这要看两次测试成绩是如何“散布”的，有这样的可能：B的53分是他那次测试的最低分，而与A同时参加测试的人中有40%的人成绩低于A。这样，B可能是能力最低的，A却居中。只要看看测试成绩的标准差和均值，就能进行恰当的比较。例如，假定标准差分别为8分和5分。那么，A的41分与他所在组的平均分的距离恰好与标准差相等（49－8＝41）。B也是这样，B的53分与他所在组的平均分的距离恰好与标准差相等（58－5＝53）。可以说A、B分数都比各自的平均分低一个标准差，如果考虑两次测试成绩不同的分散度，似乎可以说在某种程度上，相对于同时参加测试的其他人来说，A和B得分相同。

假如以上两次测试的均值、标准差完全相等，那么，其中一组中的任何一个成绩都能直接跟另外一组中的相同成绩比较。当然，这种情形是很少见的。标准化测试分数就是均值、标准差完全相等的分数，便于比较不同测试中的分数。为了说明标准化的过程，假定在某次测试中，一组被试的分数是X_1，X_2，…，平均分、标准差分别为$\bar{x}$和s。首先，从每一个分数X_1减去平均分，就得到一个新的分数Y_1：

$$Y_1 = X_1 - \bar{x}$$

然后用s去除每一个Y_1，得到另一个新的分数Z_1：

$$Z_1 = Y_1 \div s$$

表5-2就是用这种方法来处理一组假想的分数。第1列是原来的分数，均值$\bar{X} = 53$，标准差$s_x = 15.12$。第2列是每个分数减去均值后得到的新值Y，新值的均值为0，但其标准差为$S_Y = 15.12$，跟s_x相等。最后，第2列中的每个值都除以15.12，得到一个标准化值。第3列有5个值，其均值为0，标准差为1。

表 5-2 一组假想数据的标准化过程示例

X（减 $\overline{X}$）	Y（除以 s_x）	Z
73	20	1.32
42	−11	−0.73
36	−17	−1.12
51	−2	−0.13
63	10	0.66
$\overline{X}=53$	$\overline{Y}=0$	$\overline{Z}=0$
$s_X=15.12$	$s_Y=s_X=15.12$	$s_Z=1$

经过以上两个步骤，我们把平均分为 $\overline{X}$ 且标准差为 s 的一组分数 X_1，X_2，…，变成了均值为 0 且标准差为 1 的另外一组分数 Z_1，Z_2，…。新的分数是标准化的 Z 分数，其标准化的过程用简单公式表示如下：

$$Z=(X-\overline{X})/s$$

设想对某学校所有留学生先后组织两次汉语能力考试，目的都是考察同一项语言能力。第一次考试平均分和标准差分别为 92 和 14，第二次分别为 143 和 21。学生 A 参加了第一次考试，分数是 121 分，由于某种原因而未能参加第二次考试。学生 B 错过了第一次考试，他参加第二次考试的分数为 177 分。如果想比较这两个学生的成绩，就可以将分数标准化。学生 A 的标准化分数为：

$$Z_A=(121-92)\div 14=2.07$$

学生 B 的标准化分数为：

$$Z_B=(177-143)\div 21=1.62$$

既然 Z_A 大于 Z_B，我们可以说，在标准化刻度上，学生 A 的分数高于学生 B。由此可见，标准化值在统计学理论中发挥着重要的作用。

5.3 概率

5.3.1 概率的概念

“概率”（Probability），即事件发生的可能性的大小，是统计学的基础。

样本特征和总体结构之间的联系是通过概率这一概念建立起来的，我们用一个简单的非语言学例子来解释概率这一概念，等把概念讲清楚之后再回到汉语第二语言习得的例子。

假设有一个盒子，里面有 10 张形状相同的塑料圆卡，3 个是红的，其余是白的。这些圆卡分别标有 1 至 10 这 10 个数字，红卡标为 1，2，3。游戏过程是，摇一下盒子，然后从中任意取出一个圆卡，并记下这个圆卡的号码和颜色。把它放回盒子，再从头开始，如此循环。那么，您认为上面写着数字 4 的那张卡被抽出的比例会有多大？3 次中有一次，5 次中有一次，还是 10 次中有一次？

我们肯定都认为最后一种比例最合情理。圆卡总数为 10，每一张卡被抽出的可能性是一样的。既然 10 张卡标有彼此不同的数字，那我们可以期望，在大量反复的抽取（试验）之后，每一个数字被取出的次数将会大致为总次数的十分之一。因此可以说，上面写着数字 4 的那张卡在任何情况下被抽出的概率为十分之一，记作：

P（圆卡数字为 4）＝1/10＝0.1

我们可能要问另外一个问题："在所有情形下，红卡被抽出的概率会有多大？"既然 10 张卡中有 3 个是红色的，就是说盒子中的圆卡十分之三是红的，于是：

P（红卡）＝3/10＝0.3

类似地，我们可以考虑其他情况的概率，比如：

(i) 既然其中有 5 个偶数，那么抽出偶数数字圆卡的概率为：P（偶数卡）＝5/10＝0.5

(ii) 既然有两张卡数字为奇数且颜色为红色（1 和 3），那么抽出的圆卡数字为奇数且颜色为红色的概率为：P（红色奇数卡）＝2/10＝0.2

在一系列试验得出的相对频率跟您因了解盒子内容而具有的先验期望值之间存在着一种关系，做这个游戏有助于加深我们对这种关系的理解。您可以重复做 100 次，然后看抽出红卡的比例是多少。最好是一群人同时做这个游戏，然后比较结果，尽管抽出红卡的比例可能不等，但从总体上来看，红卡被抽出的平均比例会非常接近我们的期望值，即 0.3。

应该清楚的是，在这里红卡的实际个数并不重要。这个游戏的关键是要看某一颜色的圆卡所占的比例有多高。比如，如果盒子中有 10000 个圆卡，其中 3000 个是红的，那么，P（红卡）＝0.3 仍然成立，这一点有实际意义。设想一个村子有10000个居民，其中30%为男性，而我们并不知道这一比例。我们可以按上面讲的方法去做，只不过这次的对象是人。我们不断地随机抽取其中的一个居民，记录其性别。重复这一过程达 n 次后，计算这 n 个人当中男性所占的比例，就可以获得关于男性在总体中的比例的一个估计，或者叫作期望相对频率。如果我们选取400人作为抽样，预期30%就是120个人。

应该指出的是，实践中我们往往并不是按照游戏中那种做法去抽样，并不是记录了每一张圆卡（或每一个人）的类型之后又放回盒子（或村子）里去。通常的做法是，同时取出一组圆卡（或人）作为样本，然后记录下这个样本中每个个体的类型。这和每次抽取一个圆卡（或人）但在抽取下一个之前不再把这一个放回去是不完全等价的，但是假如抽样量很小（比如低于总量的10%），那么抽样过程中是否返回对结果影响不大。

5.3.2 条件概率

我们知道，每一个随机试验都是在一定的条件下进行的，而这里要讨论的条件概率，则是当试验结果的部分信息已知（即在原随机试验的条件下，再加上一些附加信息）。例如当某一事件B已经发生时，求事件A发生的概率，称这种概率为事件B发生条件下事件A发生的“条件概率”（Conditional probability），记为P（A | B）。由于增加了新的条件（附加信息），一般来说，P（A | B）≠P（A）。

我们来看下面一个例子：100名学生中，有80个及格，20个不及格；学生中女生占比70%。用A表示“及格人数”，B表示“女生人数”，求“及格的概率”P（A）及“及格且女生的概率”P（A | B）。

$$P(A)=\frac{80}{100}=\frac{4}{5}=0.8$$

$$\begin{aligned}P(A|B)&=P(\text{A和B同时发生})\\&=(\text{女生且及格人数/及格人数})\times P(A)\\&=0.7\times0.8=0.56\end{aligned}$$

5.3.3 随机变化模型：正态分布

“正态分布”（Normal distribution）是统计学中使用最广泛的分布模型。大量的统计检验都是以正态分布为基础的。分布模型指的是随机变量的分布情况。“随机变量”这个术语一般用来指在重复度量中产生的、无法控制的变量。例如上文所列的VOT（浊音起始时间）值是各不相同的，是按一种不可知或不可预测的模式来变化的。要定义随机性并不容易，它的根本性质就是缺乏可预测性。如果我们考察在特定环境中儿童发/d/音的实例，没有办法精确预测下一个VOT实例是什么样的。从这个意义上来说，VOT的变异是随机的。

随机变化有多种形式。总体的直方图可以是对称的，大多数值接近均值；或者是向右边偏斜的，大多数值很小，但有不少的数值聚集于高于均值的某个值；相反，还有可能是向左边偏斜的；直方图可以是U形的或双峰的，大多数值可以比均值大，或者比均值小，但很少有接近均值的。如此多样的变化，但最正常的情况是下面的图5-1显示的对称分布。能否为这种对称分布建立一个概括的、有用的随机变化模型呢？

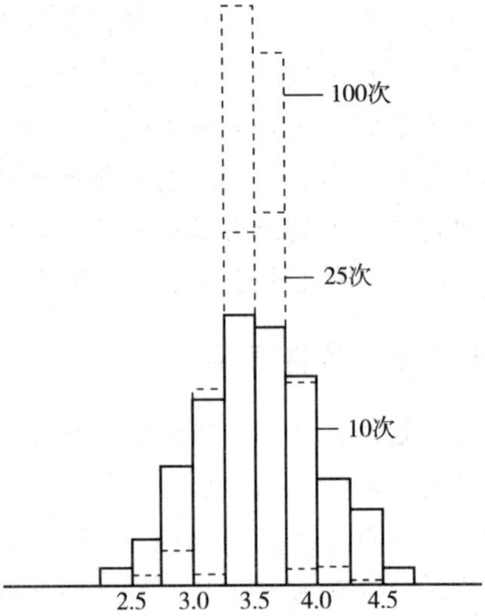

图5-1　骰子掷次不同时均值的直方图

在图5-1中，我们已经加上了不同次数（10次、25次、100次）掷骰子（上面的数字是1～6）实验的直方图。当增加每个试验的抛掷次数并计算其均值时，这些分数的直方图变得更尖，更像钟形。事实上，即使单个分数的直方图曾经是偏斜的、U形图或者别的什么形状，大样本的均值的直方图仍是对称的和呈钟形的。大样本均值的直方图总是相同的。这个直方图是大约两个世纪以前由Gauss发现的（如图5-2所示），到现在还常常被叫作Gauss曲线。19世纪，Gauss曲线被广泛应用于分析统计数据，其应用方式将在下面文字中介绍。Gauss曲线又叫作正态曲线或正态分布，以后我们就用这个术语。正态分布曲线图取决于平均数和标准差。平均数决定图形中点的位置，标准差决定图形的高度和宽度。标准差较大时，正态分布曲线低而宽；标准差较小时，正态分布曲线高而窄。正态分布时的平均值和标准差各不相同，但是“标准正态分布”的平均值为0，标准差为1。

如果从任一总体中重复地取出容量为n（n值很大）的一些样本，把这些样本的均值绘制在直方图上，就可以发现以下3点：（1）直方图是对称的；

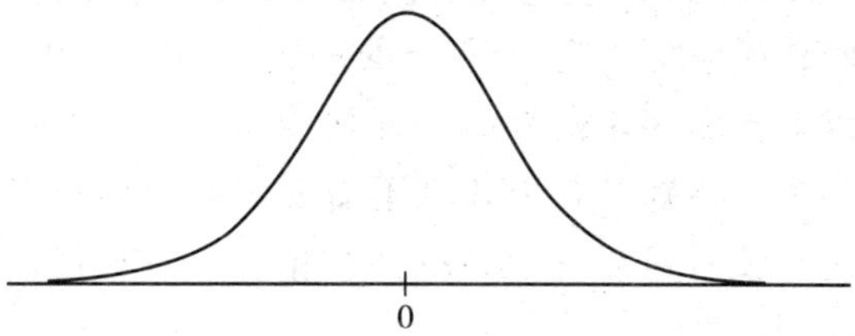

图 5-2　正态曲线（Gauss 曲线）

（2）这些样本均值的均值非常接近原始总体的均值；（3）这些样本均值的标准差非常接近于原始总体的标准差 σ 除以样本容量 n 的平方根：$\sigma/\sqrt{n}$①。这就是“中心极限定理”。

更进一步，如果样本容量 n 足够大，那么不管样本是从什么样的总体抽取出来的，容量为 n 的这些样本的均值的直方图总是可以非常近似地用某个数学公式来描述：（1）直方图中点的位置取决于原始总体的均值 μ；（2）尖锐或平缓的程度取决于原始总体的标准差 σ。σ 越大，直方图伸展越宽；σ 越小，中心位置的尖峰越高。

正态分布可以帮助我们解决许多问题。然而，在此之前，我们必须学会使用正态分布表。

5.3.4　使用正态分布表

前一节说过，正态分布是一个很好的描述样本均值的统计表现的模型，在以后几章中，我们还将在这个意义上使用正态分布。例如植物的大小，大致是由光照、水分、营养、空间以及遗传构造等因素决定的。事实上，一些在相似条件下生长的同种系植物，其形体大小的分布可以很好地用正态分布来建立模型，就是说，某种植物大小如果画成直方图就会具有“正态”特征。在生物学方面有很多这样的情况。同样的情形在教育学或心理学测试的分数中也经常碰到，当然可以按照这样一种方式来组织测试：测试分数总体的直方图跟正态分布的直方图非常类似。

我们设想的是汉语“学能测试”，是用来预测汉语学习能力的，所有被试的成绩分布可以非常近似地模型化为一个正态分布，均值为 50 分，标准差为

① 掷骰子实验中每个分数由一次掷骰子数字构成，标准差为 1.71；每个分数由 10 次掷骰子数字构成，标准差为 $1.71/\sqrt{10}$（0.54）；每个分数由 100 次掷骰子数字构成，标准差为 $1.71/\sqrt{100}$（0.17）；以此类推。参见伍兹，等（2000：84—88）。

10分。假定我们知道低于35就意味着被试几乎不可能学好密集的汉语课程，我们想估计一下所有成绩将会低于35分的被试所占的比例，这很简单，有正态分布表就行。以下楷体字段落介绍怎样构造这些表，这将有助于解释为什么这样来使用这些表，特别是，为什么不需要不同的列表来处理均值和标准差的各种组合情况。读者可以先跳过这些段落，只看如何使用这些表，以后再回过头来阅读。

正态分布可以有任何均值和标准差，因此无法列出各种可能的正态分布表，可能性太多了。所幸的是，正态模型有一个特别的、非常有用的性质：任何正态分布的观察值都可以用前面说明的标准化过程转化成标准正态分布的观察值。标准化变量的总体均值总是0，标准差总是1，让我们看看为什么会是这样：

假定变量X来自均值为μ、标准差为σ的总体。首先用下面的规则把X改成新变量Y：

$$Y=X-\mu$$

当总体的所有元素都减去一个常量时，均值也减去一个相同的值。因此新变量的均值等于X的均值减去μ，即：

$$Y\text{ 的均值}=X\text{ 的均值}-\mu=\mu-\mu=0$$

但是，Y的标准差与X的标准差完全相等，X的每个值减去同一个数，不同的新值Y之间的变异关系还保持不变。也就是说，总体的所有元素减去一个常量并不影响标准差的值。为完成标准化过程，我们还要将标准差变成1，为此，我们可以用所有的Y值除以Y（和X）的标准差σ。如果写$Z=Y/\sigma$，那么下列式子也成立：

$$Z\text{ 的均值}=\frac{Y\text{ 的均值}}{\sigma}=\frac{0}{\sigma}=0$$

而且：

$$Z\text{ 的标准差}=\frac{Y\text{ 的标准差}}{\sigma}=\frac{\sigma}{\sigma}=1$$

通过上述两步，我们已经把总体均值是μ，标准差是σ的变量X改变成均值是0，标准差是1的变量Z。注意这两步是：对每个X值减去X值的总体均值μ，然后除以总体标准差σ，用下面这个公式可以完整地说明整个规则：

$$Z=\frac{X-\mu}{\sigma}$$

Z 称作标准分。如果 X 是“正态分布”，那么 Z 是“标准正态分布”，可以利用它把任何正态分布的随机变量问题转化成等价的、标准正态变量的问题，然后利用一个变量列表来回答这个问题，不必为每一种不同的正态分布建立不同的列表。

我们想知道那些成绩预计会低于 35 分的被试所占的比例，换个说法，如果随机选择被试，并得到其分数 X，想知道不等式 $X<35$ 成立的可能性有多大。要解答这个问题，必须先做转换，把它变成一个等价的、相应的标准分数的问题。(正如在楷体段落中所说的，因为我们将要使用的是标准正态分布表。)步骤如下：

$X<35$ 等价于 $X-50<35-50$（减去均值）

等价于 $X-50<-15$

等价于 $(X-50)/10<(-15)/10$（除以标准差）

等价于 $(X-50)/10<-1.5$

上面做了什么呢？通过减去总体均值，除以标准差，我们改变了 X。我们得出标准正态变量 Z。因此：

$$X<35 \text{ 等价于 } Z<(35-50)/10$$

即 $Z<-1.5$

换言之，如果一个被试的测试成绩低于 35 分，那么他的标准化测试分数就低于 -1.5（注意这个负号特别重要）。

附录“正态分布表”给出了 $Z<-1.5$ 的概率，注意，这个表有若干列，每两列一组，每组的左列是 Z 值，右列是在标准正态直方图中位于 Z 值左边的面积。表头的说明和示意图有助于理解。

在这个例子中，我们看到 $P=0.0668$，因此可以说，大约有 7%（即 6.68%）的分数将会低于 35 分。因为我们是用正态分布来描述测试成绩总体的分布，并且两者的均值相等、标准差也相等，所以这个答案的精度取决于事实上两个总体有多么接近。如果测试成绩的总体不能模型化为正态分布，使用标准分数就不合适了，因为这时 Z 不具有标准正态分布。

5.4 样本估计

5.4.1 置信区间

由样本估计总体的参数可以用“点估计”（Point estimate）。我们可以用样本平均数或方差等估计总体的平均数或方差。虽然点估计量是相应总体参数的可能值的一个指标，但它本身的用处是有限的，它的值依赖于单个样本的特征：从同一总体中选取一个新样本，这个新样本又会有不同的值。因此最好是提供这样一种估计：它能明确地考虑抽样的可变性，并且说出总体值可能落在哪个范围之内。这就需要“置信区间”（Confidence interval）这个概念。置信区间是某个统计量可能落入的取值范围。

假定有一个样本，是由某个儿童发/f/的 100 个 VOT 值构成的，我们计算出样本均值是 $\overline{X}=14.88$ 毫秒，标准差是 $s=5.00$ 毫秒。再进一步假定该儿童所能发出的/f/的 VOT 总体均值是 μ，总体标准差是 σ（注意样本和总体的均值和标准差用不同的希腊字母表示），当然我们并不知道这些值是多少。在前面，我们看到：对于相当大的样本容量 n，所有样本均值构成一个正态分布总体，$\overline{X}$ 则是来自该总体的一个随机观察。该总体的均值也是 μ，但样本均值的标准差是 $\sigma/\sqrt{n}$，由正态分布的特点可以推知，其均值 $\overline{X}$ 落在某个区间之内。如果标准差 σ 很小，或者 n 非常大，或同时满足这两个条件，这个区间就会比较窄，$\overline{X}$ 通常就会相当接近于总体均值 μ（一次抽 10 个，一次抽 100，一次抽 1000，后者的 $\overline{X}$ 比前者的 $\overline{X}$ 更接近 μ）。现在我们所要做的就是，计算出样本容量 n 为 100，标准差 s 为 5，样本均值 14.88 在 95%正确情况下总体均值可能的区间是多少。您可以跳过下面印成楷体字的推论过程，在理解实际结果后再回到这里来读。

首先计算样本均值 $\overline{X}$ 的标准差：

$$s_{\bar{x}}=\sigma/\sqrt{n}=\frac{5}{\sqrt{100}}=\frac{5}{10}=0.5$$

通过与 2.3.4 相同的推理，可通过下面的公式计算标准分：

$$\frac{\overline{X}-\mu}{0.5}=Z$$

查看“标准正态分布表（B)”，得：

$$P\ (-1.96<Z<1.96)\ =95\%$$

亦即，$P\ (-1.96<\frac{\overline{X}-\mu}{0.5}<1.96)\ =0.95$

但不等式$\frac{\overline{X}-\mu}{0.5}<1.96$ 可写为 $\overline{X}-\mu<\ (1.96\times0.5)$

类似地，不等式$-1.96<\frac{\overline{X}-\mu}{0.5}$可写为 $\mu<\overline{X}+\ (1.96\times0.5)$

因此，式子 $P\ (-1.96<Z<1.96)\ =0.95$

可写为 $P\ \{\ (\overline{X}-1.96\times0.5)\ <\mu<\ (\overline{X}+1.96\times0.5)\}\ =0.95$

最后一行公式的意思是：如果随机地从一个标准差 $\sigma=5$ 的总体中重复抽取容量为 100 的样本，那么对于这些样本中的 95%的样本而言，这个不等式是成立的。换句话说，μ 值有 95%的机会落在区间 $\overline{X}\pm$（1.96×0.5）中，这个区间称为 μ 值的 95%置信区间。

本例中 0.5 只是样本 $\overline{X}$ 的标准差 s，一般来说，μ 的标准差的值为 $\sigma/\sqrt{n}$。所以，我们可以说 $\bar{x}\pm1.96$（$\sigma/\sqrt{n}$）是总体均值 μ 的 95%置信区间。这个区间是从这个特定样本推导出来的，如果愿意，您可以这样来解释：您有 95%的把握说，μ 落在这个区间内。在大样本中，可以用样本标准差 s 来代替总体标准差 σ，而区间 $\overline{X}\pm1.96$（$s/\sqrt{n}$）就是 μ 的 95%置信区间。

在儿童 VOT 例子中，我们有 $\bar{x}=14.88$，区间是 14.88±（1.96×0.5）。因此我们有 95%的把握说：在这个儿童的所有言语中，/f/的 VOT 的均值落在区间（13.90，15.86）毫秒之中。

下面看一个区间估计的例子。从全国的一次汉语水平考试（HSK）试卷中，随机抽取 64 份，其平均成绩是 180 分，标准差是 12 分。试估计全国本次汉语水平考试平均成绩 95%的置信区间。

依题意可知，$\bar{x}=180$，$s=12$，且样本容量（$n=64$）较大（以样本容量 30 为参照），我们可以用样本标准差 s 代替总体标准差 σ。根据公式求得平均数的标准差：

$$s/\sqrt{64}=12/\sqrt{64}=12/8=1.5$$

由于该题中的样本容量较大，我们可以认为样本数据符合正态分布通过标准分 Z 求得总体平均数 μ。$Z=\ (180-\mu)/1.5$。我们又知道，在 95%的置信区间内，得到的标准分应位于 -1.96 和 $+1.96$ 之间。因此，$-1.96\leqslant$

$(180-\mu)/1.5\leqslant+1.96$。通过计算求得：$177.06\leqslant\mu\leqslant182.94$。因此，全国的本次汉语水平考试平均成绩 95%的置信区间是（177.06，182.94）。我们有 95%的把握说，全国本次汉语水平考试平均成绩在 177.06 分和 182.94 分之间。

5.4.2 基于小样本的置信区间

接下来我们要处理的问题是基于小样本（$n<30$）的总体值估计。有学者做了一个研究，抽取了一小组儿童（3 到 6 岁），这些儿童存在一定程度的语言障碍。这些儿童在听力和智力方面都正常，具有理解力，没有接受过言语治疗。他们为每个儿童收集了正常条件下会话的 200 个话语，并经过语法和词汇分析。这项研究的目的是想初步确定哪些语法和词汇范畴能把正常儿童和有语言障碍儿童区别开来。这项研究用了很多范畴来测试正常儿童和有语言障碍儿童。此处只考察被试话语中“助动词＋动词”序列这种动词扩展的出现次数，表 5－3 列出的是有语言障碍儿童的具体数据。这里假定样本均值是 0.254，它与相应的总体均值有多么接近呢？小样本容量对于我们建立置信区间又有什么影响呢？

表 5－3　8 个儿童的动词扩展分数

儿童 1	0.235
儿童 2	0.270
儿童 3	0.265
儿童 4	0.300
儿童 5	0.320
儿童 6	0.275
儿童 7	0.105
儿童 8	0.260

因为样本容量小，所以不能使用中心极限定理，也不能假定样本方差非常接近总体方差（未知）。只有当我们能够毫不犹豫地假定总体分布能够模型化为正态分布，即假定目标总体中所有儿童的动词扩展分数的直方图接近于正态分布的直方图时，我们才能做后续分析。以下步骤的合法性取决于这个假定。所幸的是，很多研究表明，在条件不完全满足时，这个程序仍有较强的稳定性。尽管如此，我们还是应该牢记：如果原始总体的分布最终确定为非正态的，就不能使用这里介绍的方法。

小样本置信区间的计算方法，其实跟大样本基本相同。不同之处在于，对于较小的样本来说，$(\overline{X}-\mu)/(s/\sqrt{n})$ 这个量也不同于标准正态分布，因为即使假定其总体是正态分布，s 在小样本中也不是对于 σ 的一个足够精确的估计量。这意味着不能根据前面所用的推论来建立一个置信区间。所幸的是，如果单个值 X 服从正态分布，那么 $(\overline{x}-\mu)/(s/\sqrt{n})$ 的分布就是已知的，称为 t 分布。像正态分布一样，t 分布也有对称的直方图，但较为平缓一些。对非常大的样本而言，t 分布实际上跟标准正态分布（中间大，两头小）没有区别。但是，比起标准正态分布来，小样本的 t 分布的方差要大一些。

为计算 95％置信区间，要利用公式 $\overline{X}\pm t*s/\sqrt{n}$，其中 t 是从 t 分布表（见本节附录）取出的适合 5％的值。随着样本容量不同，t 值也不一样，这个表左侧一列是“自由度”，依次填有 1、2、3 等。重要的是，应该在这个表的这一列中选择一个正确的切入点，即选择正确的自由度。合适的数值是 $n-1$（比样本观察值个数少 1）。可以看出，这样一来就考虑了样本容量的因素。既然本例中有 8 个观察值，那么 t 值所依据的自由度就是 7，从这个切入点开始沿着这一行向右移动，找到标有“5％”的那列数值。这个数值（2.36）就是自由度为 7 时的 5％的 t 值，可以用于公式 $\overline{X}\pm t*s/\sqrt{n}$ 中。

因此，95％置信区间是：

$$0.254\pm\left(\frac{0.0653}{\sqrt{8}}\times2.36\right)=0.254\pm0.054$$

即从 0.200 到 0.308。我们有 95％的把握说，包含这 8 个被试的那个总体的动词扩展分数的真正均值落在 0.196 到 0.312 之间。注意，如果错误地用标准止态分布表来构造置信区间，计算出来的 95％置信区间是（0.206，0.302），区间变小了，从而夸大了估计的准确性。样本越小，就会夸大得越严重。

本章我们主要讨论了以下 3 大点内容，分别是：

1. 介绍并解释了各种统计量或度量，这些度量可以把几组数据概括为少数几个数值。

（1）中位数和均值（或算术平均数）一组数据的“典型值”的度量。

（2）讨论了均值和中位数的特征，在有一两个极端值存在的情况下，中位数比均值更有稳定性。

（3）介绍了变异性（分散度）的几种度量：方差、标准差。

（4）解释了标准化分数这一概念，它是比较不同考生在不同考试中的成绩的合适工具。

2. 介绍了概率的概念，并从理论和实践两方面解释了求得概率的方法，介绍了在另一事件 Y 已经出现时，某事件 X 的条件概率。

3. 讨论了正态分布的概念。

（1）介绍了样本取值的抽样分布：对任何均值为 μ、标准差为 σ 的随机变量 x，由容量为 n 的样本计算出来的变量 $\overline{X}$，也有同样的均值 μ，但标准差较小，为 $\sigma/\sqrt{n}$。而且，如果 n 大，那么 $\overline{X}$ 就具有正态分布。

（2）说明如何使用正态分布表来解答关于任何正态分布变量的问题。

本章附录

附录：标准正态分布表（A）

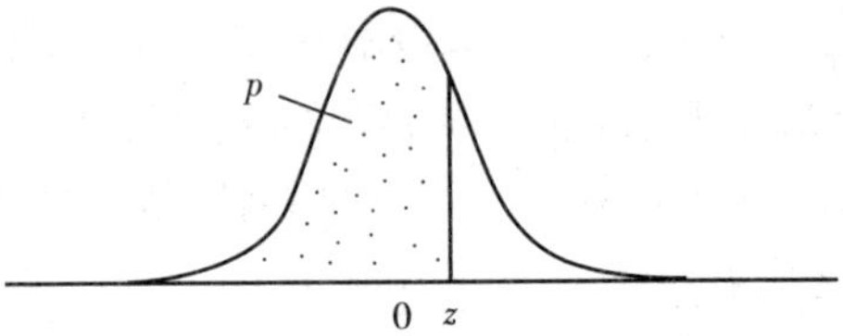

下面所列的是均值为 0、标准差为 1 的正态分布。对于每一个标准化的正态偏差 Z 值，给出了小于 Z 时的分布比例 p。当一个正态分布的均值为 μ、方差为 σ^2 时，欲求小于某个特定值 X 的分布比例，可以先用式子 $Z=(X-\mu)/\sigma$ 求出 Z，然后读取与 Z 的这个值相对应的比例。

−4.00	0.00003	−1.50	0.0668	0.00	0.5000	1.55	0.9394
−3.50	0.00023	−1.45	0.0735	0.05	0.5199	1.60	0.9452
−3.00	0.0013	−1.40	0.0808	0.10	0.5398	1.65	0.9505
−2.95	0.0016	−1.35	0.0885	0.15	0.5596	1.70	0.9554
−2.90	0.0019	−1.30	0.0968	0.20	0.5793	1.75	0.9599
−2.85	0.0022	−1.25	0.1056	0.25	0.5987	1.80	0.9641
−2.80	0.0026	−1.20	0.1151	0.30	0.6179	1.85	0.9678
−2.75	0.0030	−1.15	0.1251	0.35	0.6368	1.90	0.9713
−2.70	0.0035	−1.10	0.1357	0.40	0.6554	1.95	0.9744
−2.65	0.0040	−1.05	0.1469	0.45	0.6736	2.00	0.9772

（续表）

−2.60	0.0047	−1.00	0.1587	0.50	0.6915	2.05	0.9798
−2.55	0.0054	−0.95	0.1711	0.55	0.7088	2.10	0.9821
−2.50	0.0062	−0.90	0.1841	0.60	0.7257	2.15	0.9842
−2.45	0.0071	−0.85	0.1977	0.65	0.7422	2.20	0.9861
−2.40	0.0082	−0.80	0.2119	0.70	0.7580	2.25	0.9878
−2.35	0.0094	−0.75	0.2266	0.75	0.7734	2.30	0.9893
−2.30	0.0107	−0.70	0.2420	0.80	0.7881	2.35	0.9906
−2.25	0.0122	−0.65	0.2578	0.85	0.8023	2.40	0.9918
−2.20	0.0139	−0.60	0.2743	0.90	0.8159	2.45	0.9929
−2.15	0.0158	−0.55	0.2912	0.95	0.8289	2.50	0.9938
−2.10	0.0179	−0.50	0.3085	1.00	0.8413	2.55	0.9946
−2.05	0.0202	−0.45	0.3264	1.05	0.8531	2.60	0.9953
−2.00	0.0228	−0.40	0.3446	1.10	0.8643	2.65	0.9960
−1.95	0.0256	−0.35	0.3632	1.15	0.8749	2.70	0.9965
−1.90	0.0287	−0.30	0.3821	1.20	0.8849	2.75	0.9970
−1.85	0.0322	−0.25	0.4013	1.25	0.8944	2.80	0.9974
−1.80	0.0359	−0.20	0.4207	1.30	0.9032	2.85	0.9978
−1.75	0.0401	−0.15	0.4404	1.35	0.9115	2.90	0.9981
−1.70	0.0446	−0.10	0.4602	1.40	0.9192	2.95	0.9984
−1.65	0.0495	−0.05	0.4801	1.45	0.9265	3.00	0.9987
−1.60	0.0548	0.00	0.5000	1.50	0.9332	3.50	0.99977
−1.55	0.0606					4.00	0.99997

标准正态分布表（B）

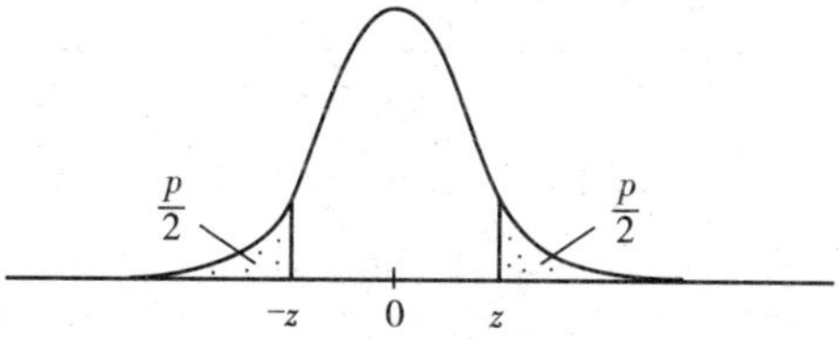

本表给出了 Z 的一些值，p 表示小于 $-Z$ 或大于 Z 时标准正态分布的百分比。

p	z
90	0.1257
80	0.2533
70	0.3853
60	0.5244
50	0.6745
40	0.8416
30	1.0364
20	1.2816
10	1.6449
5	1.9600
2	2.3263
1	2.5758
0.2	3.0902
0.1	3.2905

附录：t 分布表

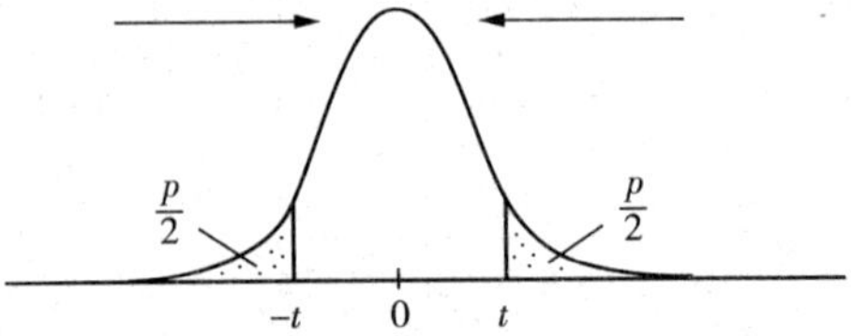

本表列出了各种自由度下的 t 值、p 表示小于 $-t$ 和大于 t 时学生氏分布的百分比。

	$p=$							
自由度	50	20	10	5	2	1	0.2	0.1
1	1.00	3.08	6.31	12.70	31.80	63.70	318	637
2	0.82	1.89	2.92	4.30	6.96	9.92	22.30	31.60
3	0.76	1.64	2.35	3.18	4.54	5.84	10.20	12.90

（续表）

$p=$								
4	0.74	1.53	2.13	2.78	3.75	4.60	7.17	8.61
5	0.73	1.48	2.02	2.57	3.36	4.03	5.89	6.87
6	0.72	1.44	1.94	2.45	3.14	3.71	5.21	5.96
7	0.71	1.42	1.89	2.36	3.00	3.50	4.90	5.41
8	0.71	1.40	1.86	2.31	2.90	3.36	4.50	5.04
9	0.70	1.38	1.83	2.26	2.82	3.25	4.30	4.78
10	0.70	1.37	1.81	2.23	2.76	3.17	4.14	4.59
12	0.70	1.36	1.78	2.18	2.68	3.05	3.93	4.32
15	0.69	1.34	1.75	2.13	2.60	2.95	3.73	4.07
20	0.69	1.32	1.72	2.09	2.53	2.85	3.55	3.85
24	0.68	1.32	1.71	2.06	2.49	2.80	3.47	3.75
30	0.68	1.31	1.70	2.04	2.46	2.75	3.39	3.65
40	0.68	1.30	1.68	2.02	2.42	2.70	3.31	3.55
60	0.68	1.30	1.67	2.00	2.39	2.66	3.23	3.46
∞	0.67	1.28	1.64	1.96	2.33	2.58	3.09	3.29

推荐阅读

1. A. 伍兹，等，《语言研究中的统计方法》，2000 年

2. 鲍贵，《二语习得研究中的常用统计方法》，2011 年

练　习

1. 假定下面这个频率表记录的是 165 个人汉语测试情况。请画一个相应的直方图（注意组距不等）。

成绩组距	50—79	80—89	90—94	95—99	100—104	105—109	110—119	120—139
5 分的倍数	6	2	1	1	1	1	2	3
人数	16	20	19	26	28	22	23	11

2. 下表是18个婴儿说的100个话语片段长度的频率表。请计算出该表中数据的均值、中位数和众数。描述这些数据的集中趋势的最合适的度量是什么？

话语长度	话语数
1	5
2	18
3	17
4	22
5	14
6	11
7	7
8	6
9	0

3. 计算第2题表中平均话语长度的均值和标准差。

4. 一所开设汉语课程的学校，根据零起点学生的学能测试成绩对他们进行分班。一些学生考A卷，平均分为120，标准差为12；另外一些学生考B卷，平均分为100，标准差为15。（两项数据均来源于大规模测试，两组学生有可比性）

学生	测试A	测试B
P	132	
Q	124	
R		122
S	81	
T		75
U		91

（1）计算这些学生的标准化分数，按降序排列。

（2）学校根据A卷的成绩将学生分成C，D，E，F共4个班：140分以上的在C班；高于或等于120分但低于140分的在D班；高于或等于105分但低于120分的在E班；其他学生在F班。那么，您会把学生R，T，U分在哪些班？

5. 根据下面的表绘制直方图，并估计：P（$Y>23$）；P（$50\leqslant Y<60$）；P（$14\leqslant Y<92$）；P（$91\leqslant Y<96$）

时间 Y（以秒计）大于或等于	小于	这一范围内时间所占的比例
0	20	0.035
20	30	0.031
30	40	0.061
40	50	0.154
50	55	0.202
55	60	0.230
60	70	0.161
70	80	0.071
80	100	0.055

6. 假定儿童发/d/音时 VOT 的具体数值是：17.05，11.70，18.09，15.78，13.94，14.52，16.74，16.16，但是实际均值是 14.25。

（1）计算/d/的 VOT 的残差。

（2）计算/d/的 VOT 的标准差。

（3）计算（1）计算出来的 VOT 残差的标准差，讨论（2）（3）所得的结果。

（4）每个 VOT 除以（2）计算出来的标准差。

（5）计算（4）中所得的修正值的标准差，讨论所得的结果。

7. 测试分数 Y，符合正态分布，均值是 120，标准差是 20，计算以下（1—6）的概率和（7）这个分数：

（1）P（$Y<100$）；（2）P（$Y>140$）；（3）P（$Y<130$）；（4）P（$Y>105$）；（5）P（$100<Y<130$）；（6）P（$135<Y<150$）；（7）有一个分数超过了总体的 95%，求这个分数。

8.（1）用第 2 题中的数据计算母亲对子女的话语长度均值的 95%置信区间。

（2）计算 99%置信区间，并比较（1）（2）差异的意义。

9. 从一所规模很大的大学中随机选择 10 个大学生参加汉语能力测试，他们的分数是：62，39，48，72，81，51，54，59，67，44。计算当该校所有学生参加测试时将会获得多少平均分的 95%置信区间。

6 t检验

6.1 关于总体值的假设检验

6.1.1 假设检验和t检验

一个理论假设是否正确，需要用统计的方法对测试的“总体”（Population）作出检验，称为“假设检验”（Hypothesis testing）。假设检验中一种较为常用的方法为“t检验”（t test）。

t检验基于t统计量，是一种平均数比较分析，适用于容量比较小的样本（例如 n 小于30）。t检验是在两个样本平均数的基础上，检验相应的总体平均数之间的差异是否有显著意义，即是否存在真正的差异。伍兹（2000）、李绍山（2001）等人对t检验的相关理论进行了详细介绍，鲍贵（2011）介绍了t检验的相关SPSS操作。

t检验适用条件包括以下几个方面：（1）已知一个总体均数；（2）可得到一个样本均数及该样本标准差；（3）样本来自正态或近似正态的总体。

在很多情况下，总体分布是未知的，研究者收集的数据通常只是来自总体的样本。研究者可以用样本代替总体来对一个假设作检验。只有当研究者已经知道要检验的样本来自正态分布的总体（即样本也服从正态分布）时，才能够省去对样本的正态性检验这一环节。否则，最好对样本（尤其对小样本）进行正态性检验。t检验是用t分布理论来推论差异发生的概率，从而比较两个平均数的差异是否显著。

关于正态分布检验已在前面章节中作了详细讲解。如果样本数据呈非正态分布，可以增加样本容量，让数据转换为正态分布，一般样本容量足够大的数据都会呈现出正态分布。当然，如果不能确定数据是否呈现正态分布，则需要使用“非参数检验”（Non-parametric test）的方法。

t检验包括3种类型：“单一样本t检验”（One-sample t test）、“独立样本t检验”（Independent-samples t test）和“配对样本t检验”（Paired-samples t test），

下面我们分节讲解。

6.1.2 单一样本t检验

单一样本t检验用于检验某个分布的平均数是否与某个设定的值有显著的差异。换句话说，单一样本t检验是检验某样本平均数$\overline{X}$与一个总体平均数μ之间是否存在显著性差异的检验，即检验样本是否来自这个总体。一般假设两者没有差异，即零假设H_0；没有差异的假设不成立，则称为备择假设H_1。

例1：根据一项研究，美国6～7岁儿童的平均词汇量为24000个单词。假定对英国140个儿童作同样的一次试验，发现他们的平均词汇量是24800个单词，标准差是4200个单词，那么，英国儿童的总体平均词汇量和美国的是否相同（即是否有显著差别）?

零假设：英国儿童平均词汇量也是24000。H_0：$\mu=24000$

在零假设成立的条件下，从英国儿童总体中抽出无数个样本量为$n=140$的样本，这些样本的平均数$\overline{X}$（有无数个）构成正态分布，平均数$\overline{X}$的平均数等于总体平均数μ，平均数$\overline{X}$的标准差等于$\sigma/\sqrt{n}$，那么可以作出检验统计量：

$$Z=\frac{|\overline{X}-\mu|}{\sigma/\sqrt{n}}$$

在这个公式里面，Z的绝对值足够大，则必须拒绝零假设，接受备择假设。备择假设H_1有三种情况：(1)(2)是两种差异方向的情况；如果不预测差异的方向时，我们就可以用双侧检验，如备择假设(3)。

备择假设H_1：

(1) 英国儿童的平均词汇量低于同龄美国儿童。H_1：$\mu<24000$

(2) 英国儿童的平均词汇量高于同龄美国儿童。H_1：$\mu>24000$

(3) 检查英、美两国儿童的平均词汇量是否有差异，对差异的方向性（即高于或低于）没有预先假定。H_1：$\mu\neq24000$

如何计算Z的绝对值：

假设：$\mu=24000$包括在置信区间内。可以转换为数学等式：

$$\overline{X}-Z\frac{s}{\sqrt{n}}<\mu<\overline{X}+Z\frac{s}{\sqrt{n}}$$

$$\overline{X}-Z\frac{s}{\sqrt{n}}<\mu$$

$$\overline{X}<\mu+Z\frac{s}{\sqrt{n}}$$

$$\overline{X}-\mu<Z\frac{s}{\sqrt{n}}$$

$$\frac{\overline{X}-\mu}{s/\sqrt{n}}<Z$$

同理可得：

$$\mu<\overline{X}+Z\frac{s}{\sqrt{n}}\frac{\mu-\overline{X}}{s/\sqrt{n}}<Z$$

综上，我们可以得到：

$$Z>\frac{|\overline{X}-\mu|}{\sigma/\sqrt{n}}$$

当 Z 满足该等式的时候，H_0 在一定的置信区间内成立。

Z 的数值服从标准正态分布。根据标准正态分布的性质，其绝对值小于或等于 1.96 的概率是 0.05。现在由"标准正态分布表（B）"可知，为构造 95%的置信区间需要 $Z=1.96$；若构造 99%的置信区间，则需要 $Z=2.58$。根据公式计算得到的结果是 2.25。2.25 大于 95%对应的 Z 值 1.96，所以在 5%显著水平上拒绝零假设 $\mu=24000$；2.25 小于 99%对应的 Z 值 2.58，所以在 1%显著水平上支持零假设 $\mu=24000$，即英国儿童的总体平均词汇量和美国儿童的总体平均词汇量没有显著差别。样本容量大于 30 时，我们采用这种 Z 检验方法。

在样本量 n 较小的情况下，样本容量小于 30 时，我们使用 t 检验，计算统计量

$$t：t=\frac{\overline{X}-\mu}{s/\sqrt{n}}$$

由于统计量 t 服从 t 分布，t 分布曲线比 Z 分布曲线平坦，且与 n 有关，所以需要查 t 分布表。对比 t 分布表和正态分布表（Z 分布表），可知 t"临界值"（Critical value）比 Z 临界值大。如果用上式算出的 t 绝对值超过临界值，可否定零假设；否则维持零假设。这种检验法叫单一样本 t 检验法。

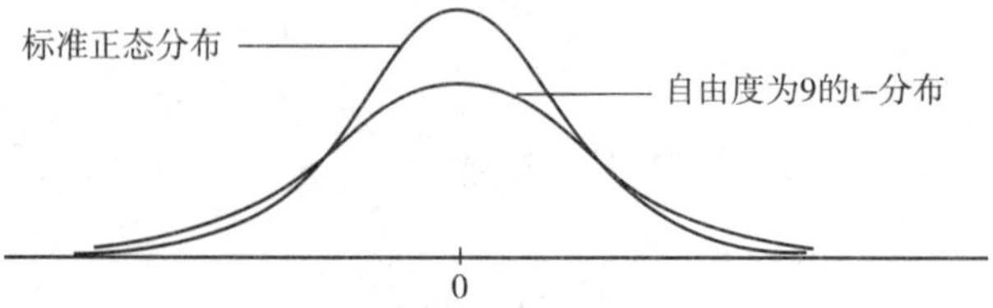

图 6-1　标准正态分布和自由度为 9 的 t—分布

上面介绍的是双侧检验。在作 Z 检验或 t 检验时，如果假设是：

（1）H_1：$\mu<$某个数值

（2）H_1：$\mu>$某个数值

此时，备择假设有方向，我们需要用单侧检验。例如：

假定有一个对以汉语为第二语言的学生进行的能力测试，能达到标准的参试者，预计平均分是 80。某一年有些学校的教学活动由于特殊原因而中断过。从这些学校中随机挑选 10 个学生，并且要在他们参加测试前，先参加能力测试。该样本均值是 71.5，标准差是 13.18，是否可以认为学习中断影响了他们的表现呢？

零假设 H_0：参试学生来自均值 80 的总体。

备择假设 H_1：总体平均分低于 80。

检验内容：

$$H_0: \mu=80$$

$$H_1: \mu<80$$

当零假设成立时，有 5%的样本，t 值将落在 $t<-1.83$ 的区域，另外 5%的样本落在 $t>1.83$ 的区域，即一半的样本落在左侧 $t<-1.83$，一半的样本落在右侧 $t>1.83$。由于另一侧是不可能的，因此查 t 分布表需要查双侧的 10%点，得自由度为 9 时 t 的临界值为 1.83。图 6 - 2 是自由度为 9 时 t 分布双侧 10%点：

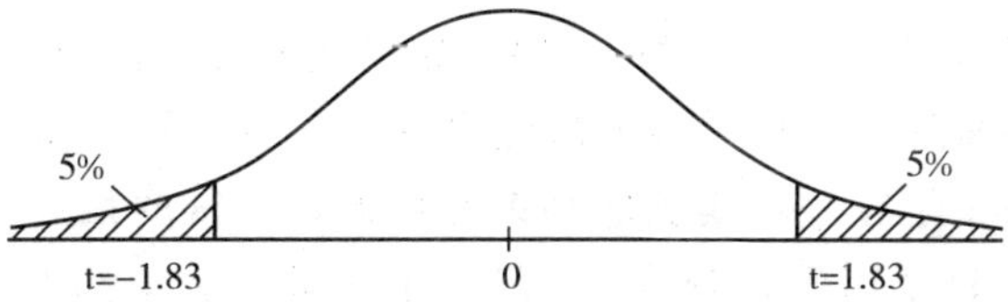

图 6 - 2　自由度为 9 时 t 分布双侧 10%点

由题意知，我们求出的 t 值是 -2.04，它小于临界值 -1.83（绝对值大于 1.83），所以只能落在左侧，我们可以说“在 5%显著水平上拒绝零假设 H_0：$\mu=80$，支持备择假设 H_1：$\mu<80$”。

当我们对零假设进行检验时，要首先依据样本计算检验统计值，如果检验统计值的绝对值小于显著水平对应的临界值，这时就要接受零假设。反之，如果检验统计值的绝对值大于显著水平对应的临界值，这时就拒绝零假设。

假设检验的一般步骤：

我们知道，假设检验的目的是根据随机样本中观察到的结果，对总体参数进行推测。具体来讲，就是通过检验样本和总体之间观察到的差异在多大程度上是由偶然因素造成的，来推断两者之间是否存在真正的差异。假设检验的过程包括：

（1）陈述零假设，同时提出适当的备择假设（表明是方向性的，还是非方向性的，以便决定采用单侧检验还是双侧检验）；

（2）根据研究的性质和目的设定适当的显著水平（5%还是1%）；

（3）根据数据是否构成正态分布选择适当的检验（参数检验或非参数检验）；

（4）根据样本计算检验统计值；

（5）把检验统计值和显著水平所对应的临界值加以比较（要考虑是单侧还是双侧检验）。如果检验统计值的绝对值大于临界值，就拒绝零假设，同时接受备择假设；如果检验统计值的绝对值小于临界值，就接受零假设。

6.2 检验两个总体之间的差异

6.2.1 独立样本 t 检验

独立样本 t 检验（Independent-samples t test）用于检验两个独立的样本是否来自同一个总体。在一个非常著名的关于第二语言教学的实验中，学生分为两组，一组是用视听法教学的，另一组是用较传统的语法翻译法教学的。实验的目的是要发现究竟哪一种方法效果更好。我们把注意力集中在口语能力的测试上，测试是在该项实验的结束时做的，测试的最高分为 100 分。传统的语法翻译法教学组平均分为 77.71，而视听法教学组为 82.92。这样看来，视听法教学组的样本均值高于语法翻译法教学组。但是，我们感兴趣的是，假设两组实验开始时学生水平完全相同，那么这种分数差异到底是可以忽略的计算差异呢，还是说明视听教学法效果确实更好呢？我们以正式的假设检验的方式来处理这个问题，便可采用独立样本 t 检验。

独立样本的平均数的差异检验要满足下列条件：

（1）两个样本来自的总体呈正态分布（如果样本容量很大，就不必作这一假定，因为中心极限定理保证了总体呈正态分布）；

（2）两个总体的方差相同。

假设检验常用的符号见表 6－1 所列。

表 6-1 检验两总体均值是否相等的假设常用符号

	第一个总体	第二个总体
总体均值	μ_1	μ_2
总体标准差	σ_1	σ_2
样本容量	n_1	n_2
样本均值	$\bar{x}_1$	$\bar{x}_2$
样本标准差	s_1	s_2

假设检验过程：

第一步：陈述零假设和备择假设：H_0：$\mu_1=\mu_2$；H_1：$\mu_1\neq\mu_2$

第二步：求共同标准差的值，公式如下：

$$s=\sqrt{\frac{(n_1-1)\ s_1{}^2+\ (n_2-1)\ s_2{}^2}{n_1+n_2-2}}$$

第三步：计算统计量 t：

$$t=\frac{\bar{x}_1-\bar{x}_2}{\sqrt{\frac{s^2}{n_1}+\frac{s^2}{n_2}}}$$

其中 $\bar{x}_1$ 和 $\bar{x}_2$ 分别是两组平均分；n_1 和 n_2 分别为两个样本的容量；s 为两总体的共同方差的估计值。

第四步：自由度为 n_1+n_2-2，求出 t 值，查 t 分布表，查出对应于显著水平和自由度的临界值，再把检验统计值 t 与临界值加以比较，如果 t 值大于或等于临界值，则表明应该拒绝零假设，检验有显著意义；反之，就接受零假设，检验没有显著意义。

例 2：表 6-2 是两个班级某次期末阅读考试的成绩，经计算，其平均成绩分别为 73.823 和 77.014，如果要知道这两个平均成绩之间是否存在真正的差异，就可以进行 t 检验。

表 6-2 两个班级某次期末阅读考试的成绩

班级 A	66.8	65.5	65.8	79	81.8	80	74.1	80.6	80.4	79.5
	67.8	79.2	74.5	67.7	78.8	85.7	61.1	78	79.3	61
	62.3	79.8	71.2	75.4	71.2	85.2	76.3	68.7	58.2	79.8

（续表）

班级 B	63.9	85.8	66.4	77.1	82.4	78.2	75.4	87.8	75.1	83.1
	90.8	69.9	71.7	63.6	84	81	62.6	86.1	84.5	73.5
	83.2	64	79.9	69.5	76.9	83.4	73.7	82.9		

$$n_1=30 \quad n_2=28$$

$$\bar{x}_1=73.823 \quad \bar{x}_2=77.014$$

$$s_1=7.661 \quad s_2=8.126$$

检测步骤如下：

第一步：陈述零假设和备择假设：H_0：$\mu_1=\mu_2$；H_1：$\mu_1\neq\mu_2$（双侧检验）

第二步：求共同标准差的值：

$$s=\sqrt{\frac{(n_1-1)\ s_1{}^2+\ (n_2-1)\ s_2{}^2}{n_1+n_2-2}}$$

$$=\sqrt{\frac{(30-1)\ \times 7.661^2+\ (28-1)\ \times 8.126^2}{30+28-2}}$$

$$=7.89$$

第三步：计算统计量 t：

$$t=\frac{\bar{x}_1-\bar{x}_2}{\sqrt{\frac{s^2}{n_1}+\frac{s^2}{n_2}}}$$

$$=\frac{73.823-77.014}{\sqrt{\frac{62.23}{30}+\frac{62.23}{28}}}$$

$$=-1.539$$

第四步：自由度为 56 时的 t 值是 -1.539，查 t 分布表，自由度为 60 时，5%对应的临界值是 2.00，t 值绝对值小于临界值，所以支持零假设，即两个班级的平均成绩来自同一个总体，它们之间没有真正的差异，所观察到的差异仅仅是由抽样误差造成的。

回到本节开头比较听说教学法和语法翻译法教学效果的例子。假定除教学法之外，两组学生（每组各 24 人）其他教学条件全部相同，最后考试的成绩见表 6 - 3 所列。

表6-3 两学年结束时口语能力的分组差异

视听教学法	
$\bar{x}_1$	82.92
s_1	6.78
n_1	24.00
语法翻译教学法	
$\bar{x}_2$	77.71
s_2	7.37
n_2	24.00

由于考试会受到很多随机因素的影响，在两组水平一致的情况下，观察到的平均数总有差别，而且天天在变，所以不能单凭一次观察的结果有些差别就断定两组成绩有显著差异，而必须对此进行检验。检验时，先作零假设：H_0：$\mu_1=\mu_2$。

上述式子的意思是，如果作无数次的观察，得到两个总体，这两个总体的平均数是相同的。与零假设相反的备择假设是：H_1：$\mu_1\neq\mu_2$（双侧检验）。

我们用相应的公式计算总体标准差：

$$s=\sqrt{\frac{(23\times6.78^2)+(23\times7.37^2)}{46}}$$

$$s=7.08$$

然后用总体标准差的估计值来计算 t：

$$t=\frac{\overline{X}_1-\overline{X}_2}{\sqrt{\frac{s^2}{n_1}+\frac{s^2}{n_2}}}$$

$$t=\frac{82.92-77.71}{\sqrt{\frac{7.08^2}{24}+\frac{7.08^2}{24}}}=2.55$$

在零假设的条件下，用上列式子算出来的 t 值的分布是有规律的。例如，上例的自由度为 $df=n_1+n_2-2=24+24-2=46$。根据 t 分布表查出：显著性水平为 0.05 时，t 的临界值为 2.02；显著性水平为 0.02 时，t 的临界值为 2.42。这说明 $|t|$ 有 95%以上的可能性在 2.02 之内，有 98%以上的可能性在 2.42 之内。所以，如果观察到的 $|t|$ 超过 2.02 或 2.42，我们就有 95%或 98%的把握否定零假设，即两个样本平均数之间有显著差异；否则维持零假

设，即找不到两个平均数有显著差异的证据。在上述例子中，将观察到的数据代入公式，得 $t=2.55>2.42$，这样，两个平均数的差异在98%的显著性水平上有显著性。当然，两个平均数的差异在0.05的水平上更有显著性，但在99%的水平上没有显著性，以上过程是一个双侧检验。我们要注意的是，如果原来与假设相反的假设是：H_1：$\mu_1>\mu_2$ 或 $\mu_1<\mu_2$，就要用单侧检验。

6.2.2 F检验

我们已经看到，有必要假定两总体的标准差相同。换言之，在均值比较的t检验之前，首先必须验证方差相同。在两个独立样本的平均数的差异检验中，我们讲过，参数检验（比如t检验）一般都要求样本所来自的总体的方差是相同的。那么，怎么才能知道这一点呢？如果两者的方差没有任何差异，我们当然可以进行差异检验，但这种情况是很少见的；一般情况下两者多少总会有些差异，那么到底差异多大时我们才能说两者是真正“不同”的呢？因此，下面我们就看一看如何在样本的基础上检验总体的方差是否相同。

检验总体方差是否相同，我们要用到F检验。我们知道，总体的方差为 σ^2，如果两总体的方差相同，即 $\sigma_1^2=\sigma_2^2$，那么二者之比值 F 就应等于1；否则，二者就有差异。F检验的过程如下：

第一步：陈述零假设 H_0 和备择假设 H_1。在F检验中，零假设为 $\sigma_1^2=\sigma_2^2$，而备择假设的形式则要视所预测的差异的方向来定：如果是无方向的，则为 $\sigma_1^2\neq\sigma_2^2$（即双侧检验）；如果是有方向的，则为 $\sigma_1^2<\sigma_2^2$ 或 $\sigma_1^2>\sigma_2^2$（即单侧检验）。

第二步：设定显著水平0.05或0.01。

第三步：分别计算两个样本的方差 s_1^2 和 s_2^2。

第四步：计算检验统计值，即两样本方差的比值 F。计算 F 值时，用较大的方差作分子，用较小的方差作分母，因而 F 值总是大于1。

第五步：根据自由度（df_1 和 df_2）以及所设定的显著水平，从F分布表中查出临界值。如果表中没有列出要查的自由度，就要选择最接近的偏大数值。

第六步：比较检验统计值和临界值。如果检验统计值等于或大于临界值，则推翻零假设，表明总体方差有显著的差异；否则，就接受零假设，表明两总体方差之间没有显著的差异（注意：“没有显著差异”不等于“没有差异”），就方差而言，也可以说两样本来自同一个总体。

接下来我们就以实例加以说明。假如我们打算用t检验来比较表6-4中这两个班的平均成绩有没有显著差异，而进行t检验的先决条件之一就是：两样本所来自的总体的方差要相等。因此，严格来讲，应先用F检验看一看总体的方差是否相等，才能决定是否可以进行 t 检验。

表 6 - 4　两个班某次期末阅读考试的成绩

班级 A	66.8	65.5	65.8	79	81.8	80	74.1	80.6	80.4	79.5
	67.8	79.2	74.5	67.7	78.8	85.7	61.1	78	79.3	61
	62.3	79.8	71.2	75.4	71.2	85.2	76.3	68.7	58.2	79.8
班级 B	63.9	85.8	66.4	77.1	82.4	78.2	75.4	87.8	75.1	83.1
	90.8	69.9	71.7	63.6	84	81	62.6	86.1	84.5	73.5
	83.2	64	79.9	69.5	76.9	83.4	73.7	82.9		

我们现在就按照上述步骤对表 6 - 4 中的数据进行 F 检验。

第一步：陈述零假设和备择假设。H_0：$\sigma_1^2=\sigma_2^2$，H_1：$\sigma_1^2\neq\sigma_2^2$。

第二步：设定显著水平 0.05。

第三步：班级 A 和班级 B 的成绩的方差分别为 7.661^2 和 8.126^2。

第四步：计算检验统计值 F：

$$F=8.126^2\div 7.661^2=1.125$$

第五步：从 F 分布表（F 表见本节附录）中查临界值。分子与分母的自由度分别为：$df_1=n_1-1=28-1=27$，$df_2=n_2-1=30-1=29$（此处 n_1 实际指班级 B 的成绩个数或考生人数；同理，n_2 指班级 A 的成绩个数或考生人数），显著水平为 0.10（双尾检验）。查 F 分布表（见本节附录），得临界值 2.47。由于检验统计值小于临界值（$1.125<2.47$），所以必须接受零假设，即两总体方差之间没有显著的差异，因而 t 检验关于总体方差同质性的要求得到了满足，可以进行 t 检验。查表时需要注意，如果表中没有列出要查的自由度（如上例中的 27 和 29），则查偏大的最接近的数值（上例中 30 最接近），之所以用偏大的值而不是偏小的值，是为了使估计更可靠。

表 6 - 5　一个儿童在不同年龄阶段的平均 VOT 值、标准差和语符个数

	1 岁 8 个月零 20 天		1 岁零 11 个月	
	辅音		辅音	
	/d/	/t/	/d/	/t/
平均 VOT（毫秒）	14.25	22.30	7.67	122.13
标准差	15.44	13.50	19.17	54.19
语符个数	8	10	15	15

在这个例子里，一名1岁零11个月的儿童关于/t/和/d/的两个样本都是15个语符，标准差分别为19.17毫秒和54.19毫秒。因此较大的样本方差是$54.192^2=2936.56$，较小的样本方差是$19.17^2=367.49$，我们可以求出F：

$$F=2936.56\div 367.49=7.99$$

先要确定分子和分母的自由度。既然两个样本都是包含15个语符，那么F统计量（常常叫作方差比率统计量）的分子和分母的自由度就都是14。一般我们将其写为Fm_l，m_2，其中m_l和m_2分别为分子和分母的自由度。F分布表中，我们找不到分子或分母自由度为14的值。但是，$F_{12,15}$的1%显著值为3.67，$F_{24,15}$为3.29，因此$F_{14,14}$的值必然接近3.6。检验中得到的值远比这个值大，所以检验值在1%水平上是显著的。这表明，/*t*/的VOT方差大于/d/的VOT方差是很有可能的。不过请注意，F检验也要求样本来自正态分布的总体，不满足正态分布该检验也是无效的。

6.2.3 配对样本t检验

配对样本t检验法适用于同一组实验对象做两次测试或将人数相等的两组实验对象进行配对后做一次测试的情况。配对样本t检验也叫相关样本t检验。该检验要求两个样本有相关性。样本的相关性有两种情况：一是比较同一组受试试验前、后的变量差异；二是将受试按某些条件相同的原则进行配对试验，以比较不同处理方法引起的变量差异。由于两个样本中的个体是配对的（所得到的数据由一系列成对的观测值组成），两组数据就会在一定程度上相关。对于相关的数据，在进行差异检验时，不仅要比较两个样本的平均数（这是独立样本t检验所做的），还要比较每一对观测值。配对样本t检验同独立样本t检验一样，除了要求总体服从正态分布之外，还要求总体方差相对（即方差齐性）。检验方法及检验结果的解释是一样的，其主要不同之处在于t值和自由度的计算方法。

计算t值的公式为：

$$t=\overline{d}/(s/\sqrt{n})$$

d：每一对观测值之差。

$\overline{d}$：所有差的平均值。

s：所有差的标准差。

n：为数据对子的个数。

自由度：$n-1$。

进行成对样本平均数的差异检验必须满足下列条件：所比较的总体大体呈正态分布，而且方差相同。

零假设仍为 $H_0: \mu_1=\mu_2$，这就等于说 $\mu_1-\mu_2=0$ 或 $H_0: \mu_d=0$，即总体平均差异等于零。下面举例说明这一过程。

表 6－6 给出的是两组教师给 32 个句子中的错误的严重程度所打的分。由于他们是对同一组句子作出判断，他们对同一个错误所给的分之间就会存在一定程度的相关，因此，这两个样本就是配对样本或相关样本，在比较两组数据的平均数的差异时就要用配对样本的 t 检验。

表 6－6 两组教师给 32 个句子中的错误的严重程度所打的分

句子	A 组教师	B 组教师	d
1	22	36	−14
2	16	9	7
3	42	29	13
4	25	35	−10
5	31	34	−3
6	36	23	13
7	29	25	4
8	24	31	−7
9	29	35	−6
10	18	21	−3
11	23	33	−10
12	22	13	9
13	31	22	9
14	21	29	−8
15	27	25	2
16	32	25	7
17	23	39	−16
18	18	19	−1
19	30	28	2
20	31	41	−10
21	20	25	−5

（续表）

句子	A组教师	B组教师	d
22	21	17	4
23	29	26	3
24	22	37	−15
25	26	34	−8
26	20	28	−8
27	29	33	−4
28	18	24	−6
29	23	37	−14
30	25	33	−8
31	27	39	−12
32	11	20	−9

$$n=32 \quad \bar{d}=-3.25 \quad s_d=8.32$$

检验步骤如下：

第一步：陈述零假设和备择假设

$$H_0：\mu_1=\mu_2；$$

$$H_1：\mu_1\neq\mu_2 \text{（双侧检验）}$$

第二步：设显著水平为0.05，在t分布表中查出相应的临界值。

第三步：既然有32对观测值，那么$n=32$，$df=n-1=31$

第四步：计算检验统计值：

$$t=\bar{d}/\ (s/\sqrt{n})$$

$$=\ (-3.25)\ /\ (8.32/\sqrt{32})\ =-2.21$$

第五步：查t分布表得临界值为2.04（$df=30$）。检验统计值绝对值大于临界值，因此差异有显著意义，证明两组教师所打的分确实存在差异。与独立样本t检验比较而言，配对样本t检验充分利用了单个项目之间的差异这一附加信息。通过把项目进行配对，就消除了数据中的一个变异源，即个体之间的差异，因而假设检验的灵敏度就得到了提高。对于同一组数据，利用配对样本t检验有显著意义，而利用独立样本t检验就可能会没有显著意义（反过来则不可能)。因此，在进行实验设计时，要充分利用配对样本 t 检验这一优势。

6.2.4 放宽关于正态性与方差相等的假定：非参数检验

我们已经看到出现了这种实验情形：两总体方差相等的假定也许不成立，这将影响前面介绍的一些检验的合法性。另一必要的假定是，除大样本之外，两个样本必须来自正态分布总体。当样本太小时，这一假定是否成立有时也是需要考虑的。当样本来自具有相似特征的两个总体时，在不对其分布做任何假定的情况下进行假设检验也是可能的。这类检验很多，统称非参数检验。

这里介绍一种非参数检验：曼-惠特尼（Mann-Whitney）U 检验，也称为 U 检验。U 检验用来比较两个独立样本，以决定两者之间是否存在整体上的显著差异。该检验对应于独立样本 t 检验，适用于 t 检验的使用条件没有满足的情况。它对样本容量、总体分布等没有什么要求，只要求样本为随机样本，数据为排序数据。U 检验的有效性不亚于 t 检验，再加上检验统计值易于计算，因而是一个很常用的检验。显然，U 检验的适用范围要大于 t 检验，因为能用 t 检验的情况同样可以用 U 检验，只要把等距数据转换为排序数据即可。那么如何决定使用哪个检验呢？原则是：当使用 t 检验的条件满足时，应尽量使用 t 检验，由于它毕竟能更充分地利用数据中的信息，因而能更容易发现总体之间存在的真正差异。如果把等距数据转换为排序数据，一部分信息就可能会随之丧失，检验对存在的真正差异也就不那么敏感。当然，当 t 检验的条件没有满足时而使用它，也会影响检验结果的可靠性。总之，如果 t 检验的条件得到了满足或基本满足，就应尽量使用 t 检验；反之，如果数据为排序数据，或虽是等距数据，但所来自的总体严重偏态，就应使用 U 检验。

U 检验的零假设为：所比较的两个样本来自具有相同分布的总体（至于分布的形状则无关紧要）。该检验的原理是：如果零假设成立，那么如果把两样本合并起来，按大小给每一个观测值一个等级，那么来自两样本的观测值就会随机分布在等级序列中，把两样本的观测值所占的等级分别累加起来，两个和应该相同或很接近。

检验步骤如下：

第一步：陈述零假设 H_0 以及备择假设 H_1。

第二步：设定显著水平 0.01 或者 0.05。

第三步：把两样本的数据合并成一列，并标明每个数值所来自的样本，然后把数值从小到大（或从大到小）排序，每个数值赋予一个等级，并列数值的等级相同则赋予它们应占等级的平均值。

第四步：求小样本的等级之和 T（如果两样本容量相等，则计算任一样本的等级之和都可）。把小样本的数值个数计为 m，大样本的数值个数计为 n，然后用下列公式计算 U_1 和 U_2 的值。

$$U_1 = mn + (m(m+1))/2 - T$$

$$U_2 = mn - U_1$$

第五步：将 U_1 和 U_2 中较小的值用作检验统计值 U 与 U 检验临界值表（见本节附录）中的临界值加以比较。如果 U 等于或小于临界值，就可以推翻零假设。

假定有一项研究，测量一个 2 岁儿童在相同音位环境中发/g/与/k/以毫秒为单位的 VOT 值（见表 6－7 所列）：

/g/：38，195，56，3，51，89（6 个语符）

/k/：125，71，138，35，51，190，169（7 个语符）

尽管个数不多，我们仍然可以用双样本 U 检验来检验“两个辅音的 VOT 的均值相同”这一零假设。我们先把全部 13 个观察值排成等级表，并注意看这个包括每一观察值的样本。升序或降序排列都可以。

表 6－7　一个儿童发/g/和/k/时的 VOT 分级

值	3	35	38	51	51	56	73	89	125	138	169	190	195
源	/g/	/k/	/g/	/k/	/g/	/g/	/k/	/g/	/k/	/k/	/k/	/k/	/g/
等级	1	2	3	4.5	4.5	6	7	8	9	10	11	12	13

现在把两个样本中较小的那个样本的等级评分加起来，如果两个样本的容量相等，则只需随便挑其中一个样本来对等级评分求和。本例中较小的是由该儿童发/g/的 6 个语符的 VOT 值构成的样本；相应的等级评分的总和 T 为：

$$T = 1 + 3 + 4.5 + 6 + 8 + 13 = 35.5$$

如果 m 是已经计算等级评分总和的样本的容量（本例中 $m=6$）且 n 是另一样本的容量（$n=7$），我们可按以下公式计算 U_1 和 U_2 这两个统计量：

$$U_1 = mn + (m(m+1))/2 - T$$

$$U_2 = mn - U_1$$

将 $m=6$，$n=7$，$T=35.5$ 代入 U_1 和 U_2 的公式，我们可以求得 $U_2=$

27.5，$U_2=14.5$。

然后我们看U检验临界值表（见本节附录）中跟上面两个值中较小的那一个相对应的值。这个表给出了5%水平上的显著值，我们要注意，横向是指较大样本的容量，纵向是指较小样本的容量。既然14.5大于表中所列值6，我们就支持零假设，即在5%显著水平上儿童发/g/和/k/平均VOT相等。我们提供的临界值表，只允许两样本中较大的样本的容量最多为20个观察值。对于更大的样本，可采用等级分总和 T 来建立一个不同的统计量：

$$Z=\frac{(T-m/2\ (m+n+1))}{\sqrt{((mn\ (m+n+1))\ /12)}}$$

于是，可将这个统计量跟标准正态分布的临界值（标准正态分布表B）比较，看是否可以否定总体均值相等的零假设。

F分布表：

比较对一个方差的两个独立估计时，需要用到F－分布。这两个估计各有其自身的自由度以确定一个具体的F－分布，分子 n_1 和分母 n_2 的自由度都必须给出。

(a) 5%点

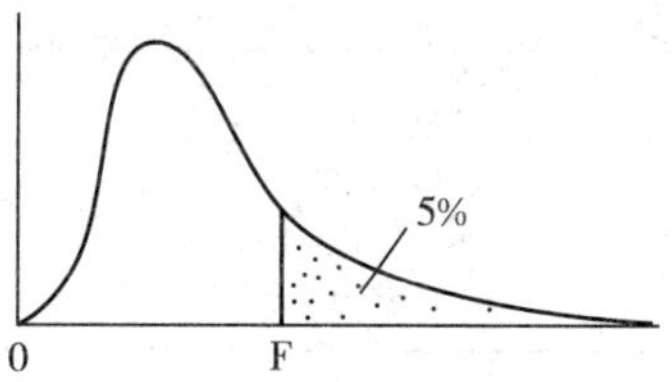

图6－3

表6－8

$n_1=$	1	2	3	4	5	6	7	8	10	12	24
$n_2=2$	18.50	19.00	19.20	19.20	19.30	19.30	19.40	19.40	19.40	19.40	19.50
3	10.10	9.55	9.28	9.12	9.01	8.94	8.89	8.85	8.79	8.74	8.64
4	7.71	6.94	6.59	6.39	6.26	6.16	6.09	6.04	5.96	5.91	5.77
5	6.61	5.79	5.41	5.19	5.05	4.95	4.88	4.82	4.74	4.68	4.53
6	5.99	5.14	4.76	4.53	4.39	4.28	4.21	4.15	4.06	4.00	3.84
7	5.59	4.74	4.35	4.12	3.97	3.87	3.79	3.73	3.65	3.57	3.41
8	5.32	4.46	4.07	3.84	3.69	3.58	3.50	3.44	3.35	3.28	3.12

（续表）

9	5.12	4.26	3.86	3.63	3.48	3.37	3.29	3.23	3.14	3.07	2.90
10	4.96	4.10	3.71	3.48	3.33	3.22	3.14	3.07	2.98	2.91	2.74
12	4.75	3.89	3.49	3.26	3.11	3.00	2.91	2.85	2.75	2.69	2.51
15	4.54	3.68	3.29	3.06	2.90	2.79	2.71	2.64	2.54	2.48	2.29
20	4.35	3.49	3.10	2.87	2.71	2.60	2.51	2.45	2.35	2.28	2.08
24	4.26	3.40	3.01	2.78	2.62	2.51	2.42	2.36	2.25	2.18	1.98
30	4.17	3.32	2.92	2.69	2.53	2.42	2.33	2.27	2.16	2.09	1.89
40	4.08	3.23	2.84	2.61	2.45	2.34	2.25	2.18	2.08	2.00	1.79
60	4.00	3.15	2.76	2.53	2.37	2.25	2.17	2.10	1.99	1.92	1.70

（b）1%点

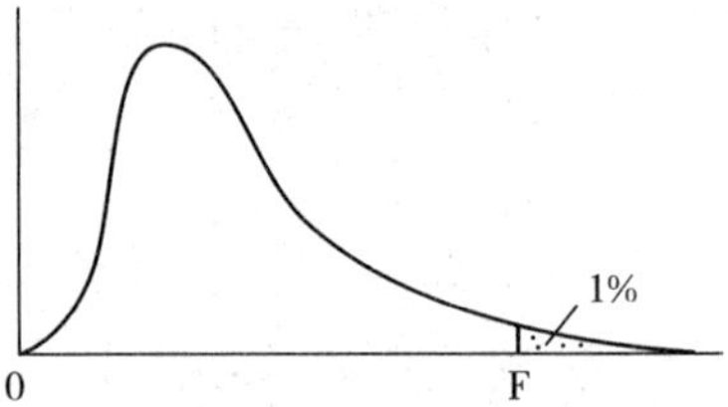

图 6－4

表 6－9

$n_1=$	1	2	3	4	5	6	7	8	10	12	24
$n_2=2$	98.50	99.00	99.20	99.30	99.30	99.30	99.40	99.40	99.40	99.40	99.50
3	34.10	30.80	29.50	28.70	28.20	27.90	27.70	27.50	27.20	27.10	26.60
4	21.20	18.00	16.70	16.00	15.50	15.20	15.00	14.80	14.50	14.40	13.90
5	16.30	13.30	12.10	11.40	11.00	10.70	10.50	10.30	10.10	9.89	9.47
6	13.70	10.90	9.78	9.15	8.75	8.47	8.26	8.10	7.87	7.72	7.31
7	12.20	9.55	8.45	7.85	4.46	7.19	6.99	6.84	6.62	6.47	6.07
8	11.30	8.65	7.59	7.01	6.63	6.37	6.18	6.03	5.81	5.67	5.28
9	10.60	8.02	6.99	6.42	6.06	5.80	5.61	5.47	5.26	5.11	4.73
10	10.00	7.56	6.55	5.99	5.64	5.39	5.20	5.06	4.85	4.71	4.33
12	9.33	6.93	5.95	5.41	5.06	4.82	4.64	4.50	4.30	4.16	3.78

（续表）

15	8.68	6.36	5.42	4.89	4.56	4.32	4.14	4.00	3.80	3.67	3.29
20	8.10	5.85	4.94	4.43	4.10	3.87	3.70	3.56	3.37	3.23	2.86
24	7.82	5.61	4.72	4.22	3.90	3.67	3.50	3.36	3.17	3.03	2.66
30	7.56	5.39	4.51	4.02	3.70	3.47	3.30	3.17	2.98	2.84	2.47
40	7.31	5.18	4.31	3.83	3.51	3.29	3.12	2.99	2.80	2.66	2.29
60	7.08	4.98	4.13	3.65	3.34	3.12	2.95	2.82	2.63	2.50	2.12

U检验临界值表（双侧5%）：

表6-10

	4	5	6	7	8	9	10	11	12	13	14	15	16	17	18	19	20
1	—	—	—	—	—	—	—	—	—	—	—	—	—	—	—	—	—
2	—	—	—	—	0	0	0	0	1	1	1	1	1	2	2	2	2
3	—	0	0	0	2	2	3	3	4	4	5	5	6	6	7	7	8
4	0	1	2	3	4	4	5	6	7	8	9	10	11	11	12	13	13
5		2	3	5	6	7	8	9	11	12	13	14	15	17	18	19	20
6			5	6	8	10	11	13	14	16	17	19	21	22	24	25	27
7				8	10	12	14	16	18	20	22	24	26	28	30	32	34
8					13	15	17	19	22	24	26	29	31	34	36	38	41
9						17	20	23	26	28	31	34	37	39	42	45	48
10							23	26	29	33	36	39	42	45	48	52	55
11								30	33	37	40	44	47	51	55	58	62
12									37	41	45	49	53	57	61	65	69
13										45	50	54	59	63	67	72	76
14											55	59	64	67	74	78	83
15												64	70	75	80	85	90
16													75	81	86	92	98
17														87	93	99	105
18															99	106	112
19																113	119
20																	127

6.3 t 检验在汉语第二语言习得研究中的应用

第二语言习得作为一门独立的学科，我们可以使用多种研究方法。汉语第二语言习得作为第二语言习得中的一部分，我们需要重点研究。前面我们主要了解了 t 检验的相关理论，t 检验在汉语第二语言习得研究中也发挥着重要的作用，许多学者在二语习得研究中采用这一方法。本节将讨论 t 检验在汉语第二语言习得研究中的应用。

本小节主要介绍两个例子，第一个例子运用了独立样本 t 检验；第二个例子运用了配对样本 t 检验。当我们检验两个独立的样本是否来自平均数不同的总体时，我们采用独立样本 t 检验；当我们对同一组实验对象作两次测试或将人数相等的两组实验对象进行配对后作一次测试时，我们采用配对样本 t 检验。赵杨（2009a、2009b）对汉语心理动词习得问题做过比较详尽的研究。他的实验被试分别是英语及日语为母语的学习者，调查对象都是学习者对“高兴”类心理动词的中介语表征。在两次实验中，他使用的都是可接受性判断任务和组词成句任务。研究结果表明，不管学习者的母语是英语还是日语，当他们达到较高的二语水平后，都能习得汉语心理动词，形成和母语者类似的二语表征，但习得的过程可能会受到不同因素的影响。赵杨（2009a）的结果表明，英语母语学习者的习得会受到母语负迁移的影响，在初中级阶段会接受不符合汉语语法的“致事＋‘高兴’类动词＋感事”的典型词汇使役用法（如“这个消息兴奋了张三”）。赵杨（2009b）针对日本学习者的研究则表明学习者的习得会受到“题元层级”（Thematic hierarchy）和“题元赋予普遍假设”（UTAH，Uniformity of Theta-assignment Hypothesis）的影响，接受和生成不符合汉语语法的“感事＋‘高兴’类动词＋客体”的用法（如“张三兴奋了这个消息”）。这一结构在汉语和日语中都不合语法，却符合 UTAH 的预测，题元层级较高的感事出现在主语位置，而较低的客体出现在宾语位置。赵静、王同顺、叶李贝贝（2005）也使用了独立样本 t 检验研究方法。王帅（2018）以英语为母语的中高级汉语学习者为被试，通过 SPSS 软件进行配对样本 t 检验，将控制组和实验组前测和后测成绩对比，看两者是否有显著差异。

6.3.1 独立样本 t 检验在汉语第二语言习得研究中的应用

研究问题：赵杨（2009a）的研究表明，英语为母语的学习者随着二语水平的提高能逐渐习得汉语心理动词的句法语义界面特征，但他未考察学习者对界面的加工效率是否也能达到或接近本族语者水平。为了验证涉及内界面的汉语心理动词句法语义特征有被二语学习者习得的可能，内界面是指句法语义界面、句法形态界面等，并进一步探析学习者对内界面特征的中介语表征和加工效率的发展情况，赵静、王同顺、叶李贝贝（2015）在以往研究的基础上通过看图写句子任务和限时合乎语法性判断任务调查以下3个问题：

（1）以英语为母语的学习者对汉语心理动词的中介语表征是否表现出发展特征？

（2）以英语为母语的学习者对汉语心理动词的加工效率是否表现出发展特征？

（3）影响以英语为母语的学习者对汉语心理动词的中介语表征和加工效率的因素是什么？

实验对象：此研究共招募3组被试。其中，英语母语学习者来自复旦大学、英国爱丁堡大学、英国伦敦政治经济学院和英国诺丁汉大学，包括29名英国人、23名美国人、5名澳大利亚人和4名加拿大人，共61人。汉语母语者是来自复旦大学的在读中国学生，共33人，作为控制组。在主体实验前，首先要求被试完成两篇完形填空测试，以考察学习者的汉语水平。每篇完形填空有20个空，满分40分。文章取材于中高级的对外汉语教材，每篇有汉字和拼音两个版本。被试需要在每个空格内填写一个汉字或与之相符的拼音。按照完形填空测试成绩，被试被分为中级水平组和高级水平组两组。此研究中3组被试的具体信息见表6－11所列。

表6－11 3组被试的具体信息

组别	人数	年龄		平均学习汉语时间	完形填空得分	
		范围	平均值		平均分	标准偏差
中级组	30	17～45	22.23	24.70（个月）	12.80	4.74
高级组	31	18～53	23.74	33.87（个月）	24.90	3.51
控制组	33	18～24	22.12	N/A	N/A	N/A

对中级组和高级组完形填空成绩的独立样本t检验结果为$t(59)=-11.37$，$p<0.001$，表明两组之间具有显著差异，能有效区分不同的二语水平段。文章详见赵静、王同顺、叶李贝贝（2015）。

6.3.2 配对样本t检验在汉语第二语言习得研究中的应用

王帅（2018）以英语为母语的中高级汉语学习者为被试，通过配对样本t检验，将控制组和实验组前测和后测成绩对比，看两者是否有显著差异，实验如下：

实验设计：选取60名中高级汉语学习者作为被试，其中30名为控制组，另外30名为实验组。实验组接受8个小时的语用课程，而控制组则不接受。课程内容是关于汉语“请求”行为的教学，分为功能句、策略选择、事件强加度调节手段3部分，还包括了不同场景下语用形式选择的规律及背后的原因。在实施语用教学之前和之后，分别对实验组和控制组进行前测和后测。研究者对照实验组的前测和后测结果，并与控制组进行对照，来检验汉语语用教学是否达到了显著提高留学生语用能力的效果。

研究对象：本实验的被试均为以英语为母语的中高级汉语学习者，共招募了60名被试，其中美国29人、英国17人、澳大利亚14人，男性34人、女性26人，年龄跨度从20岁至48岁。

研究问题：控制组和实验组前测和后测成绩对比，看两者是否有显著差异。

实验结果见表6-12所列。

表6-12 控制组和实验组语用意识前测和后测成绩统计

组别	人数	前测		后测	
		均值	标准差	均值	标准差
控制组	30	60.420	6.9544	61.127	6.4452
实验组	30	59.767	6.624	70.560	5.7290

研究者对控制组和实验组前测和后测的语用意识成绩进行了组内对比，看相对于前测成绩，后测成绩是否得到显著提高。控制组前测和后测的配对样本t检验结果显示，$t=-1.060$，$p=0.298>0.05$，按照显著水平$\alpha=0.05$，该组前测和后测成绩无显著差异。这说明控制组（未接受语用教学，但接受正常的汉语教学）在参加前测和后测这段时间内，语用意识没有显著提高。而实验组前测和后测的配对样本t检验结果显示，$t=-8.411$，$p=0.000<0.05$，按照显著水平$\alpha=0.05$，该组前测和后测成绩有显著差异。这说明实验组接受了语用教学之后，语用意识有了显著提高。

6.4 t检验的SPSS操作

6.4.1 单一样本t检验的SPSS操作

问题：某年全国计算机二级考试的平均分是62.5分，某大学中文专业的

15 名学生的成绩已经输入 SPSS 中（图 6－5），试问：该校考生的成绩与全国统考的成绩有无明显差异？

操作步骤如下：

第一步：先将数据输进去。按照 Analyze→Compare Means→One-Sample T Test 的操作顺序打开 One-Sample T Test（单一样本 t 检验……）主对话框（如图 6－5 和图 6－6 所示）。

id	score
001	70.00
002	55.00
003	70.00
004	72.00
005	66.00
006	63.00
007	71.00
008	61.00
009	55.00
010	74.00
011	62.00
012	69.00
013	59.00
014	57.00
015	78.00

图 6－5　15 名考生的计算机二级成绩

图 6－6　单一样本 t 检验对话框的位置

第二步：将左栏中的变量键入右边 Test Variable（s）（检验变量）栏，再将 Test Value（检验值）栏中默认的值 0 改为 62.5（总体平均数）。再点击（Options）可以看到新的对话框，系统默认的 95%的置信区间（Confidence interval）。如图 6－7 和图 6－8 所示。

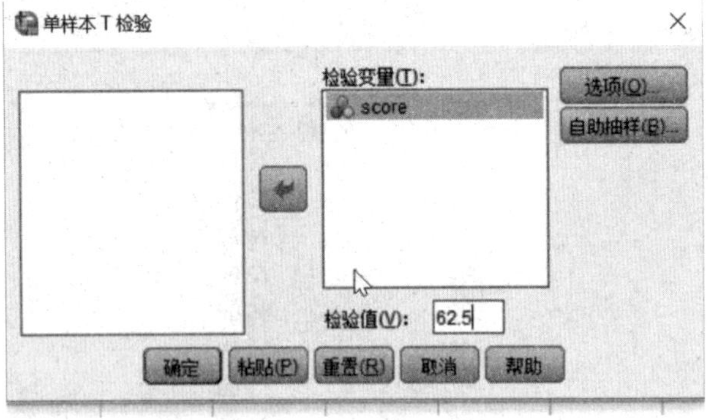

图 6－7　单一样本 t 检验主对话框

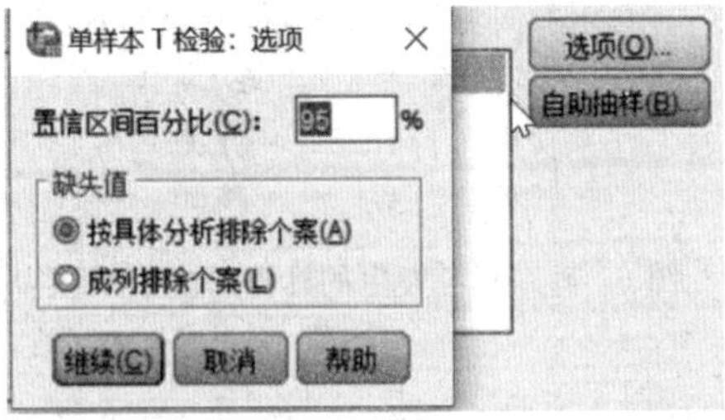

图 6－8　单一样本 t 检验选项子对话框

第三步：点击 OK，完成操作。结果见表 6－13 所列。

表 6－13　单样本检验

检验值＝62.5						
	t	自由度	Sig.（双尾）	平均值差值	差值 95%置信区间	
					下限	上限
score	1.594	14	0.133	2.96667	－1.0260	6.9593

在检验值为 62.5、自由度为 14 时，t 值为 1.594。在 $\alpha=0.05$ 水平上，该值没有显著意义（$p=0.133>0.05$，双侧检验）。大家要注意制表尽量简洁而美观，写论文时不要直接用 SPSS 生成的表。

6.4.2 独立样本 t 检验的 SPSS 操作

输入数据之后，操作步骤如下：

第一步：打开已经输入的数据。

按照 Analyze→Compare Means→Independent-Samples T Test 的操作顺序打开 Independent-Samples T Test（独立样本 t 检验主对话框），如图 6－9 所示。

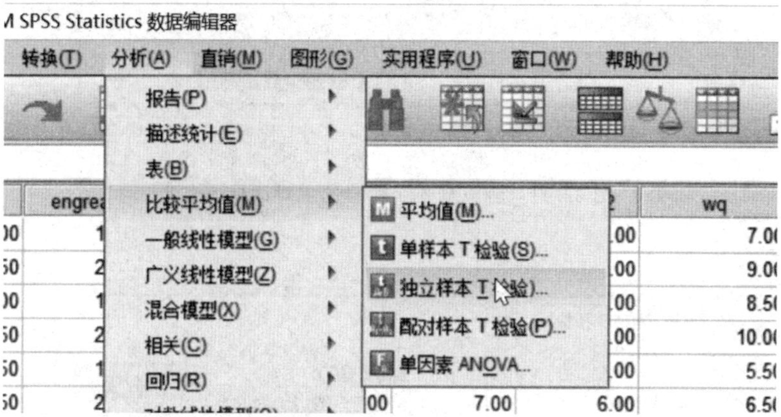

图 6－9　独立样本 t 检验对话框的位置

第二步：将左栏中题目出现的变量键入右边 Test Variable（s）（检验变量）栏，再将左栏中的变量“组别［gro］”键入 Grouping Variable（分组变量）栏中，如图 6－10 至图 6－12 所示。

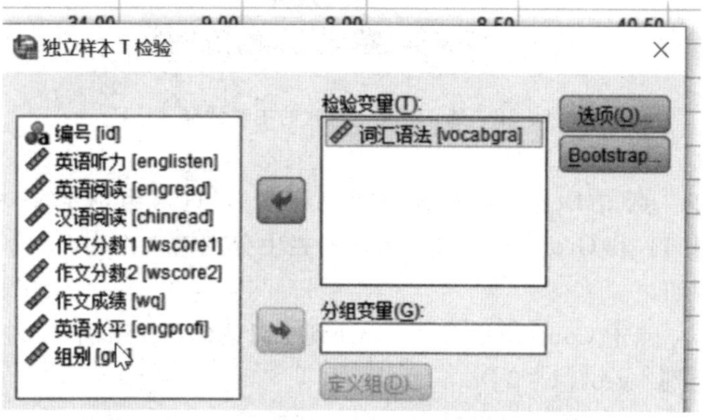

图 6－10　独立样本 t 检验的主对话框（一）

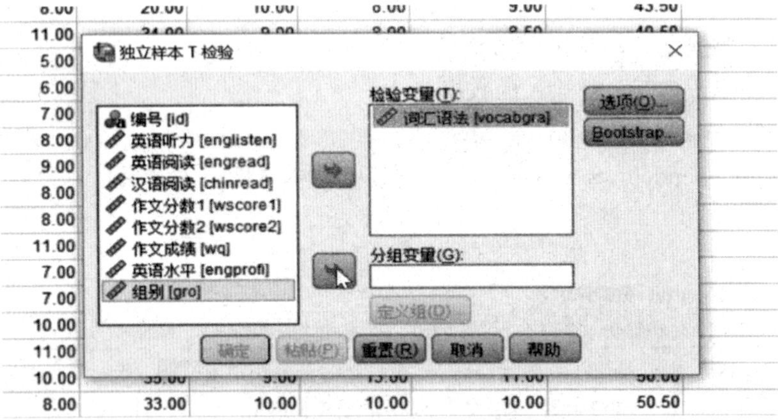

图 6-11　独立样本 t 检验的主对话框（二）

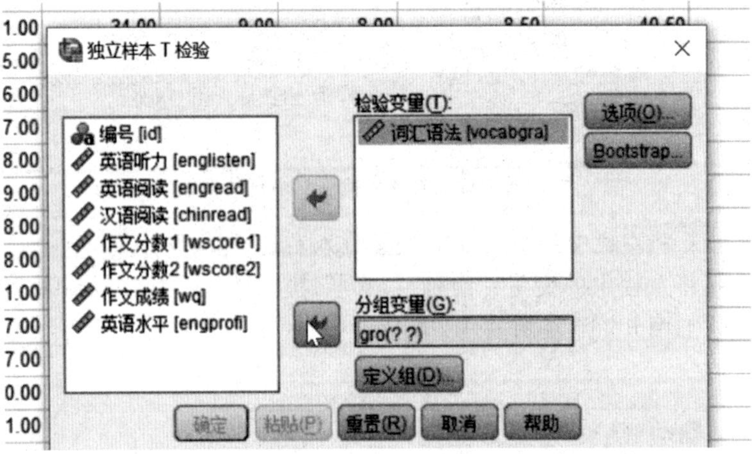

图 6-12　独立样本 t 检验的主对话框（三）

第三步：点击 Define Groups（组别定义），进入组别定义对话框。在 Group1（组 1）和 Group2（组 2）后面的栏中分别输入 1 和 2，分别代表低、高英语水平组。

第四步：点击 Continue（继续），回到主对话框，在组别定义栏中可以看到分好的组别（gro [1　2]）。

第五步：点击 OK，完成操作。结果如图 6-13 所示和见表 6-14 所列。

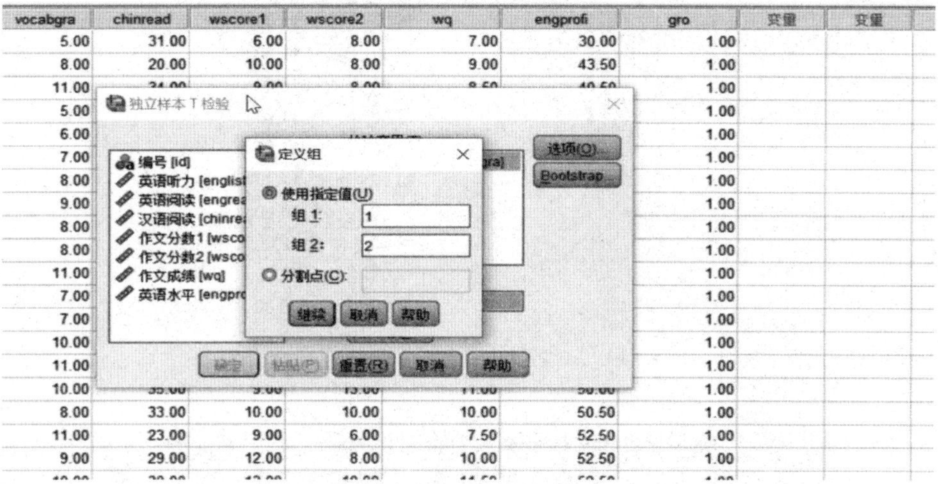

图 6－13　独立样本 t 检验组别定义子对话框

表 6－14　独立样本检验

莱文方差等同性检验					平均值等同性 t 检验					
		F	显著性	t	自由度	Sig.（双尾）	平均值差值	标准误差差值	差值 95%置信区间 下限	差值 95%置信区间 上限
词汇语法	假定等方差	0.598	0.442	−7.015	78	0.000	−3.65000	0.52032	−4.68589	−2.61411
	不假定等方差			−7.015	76.477	0.000	−3.65000	0.52032	−4.68621	−2.61379

在 $\alpha=0.05$ 水平上，该值没有显著意义，F 值是 0.598（$p=0.442>0.05$），说明两组方差齐性。自由度是 78，$t=-7.015$，$p<0.001$（双侧检验），说明两组的词汇语法知识有显著的差异。

6.4.3　配对样本 t 检验的 SPSS 操作

问题：某校教师开展了为期一个月的小型作文教学改革试验。10 名学生试验前、后的作文成绩（满分为 20 分），如图 6－14 所示，试问学生的作文成绩试验后是否有显著的进步？

操作步骤如下：

第一步：先输入数据，再按照 Analyze → Compare Means → Paired-Samples T Test 的操作顺序打开 Paired-Samples T Test（配对样本 t 检验主对话框），如图 6－15 所示。

	id	wscore1	wscore2
1	1	16.00	17.00
2	2	15.00	16.00
3	3	15.00	15.00
4	4	13.00	14.00
5	5	12.00	14.00
6	6	10.00	11.00
7	7	10.00	13.00
8	8	8.00	12.00
9	9	7.00	10.00
10	10	4.00	8.00

图 6-14　10 名学生试验前、后的作文成绩

图 6-15　配对样本 t 检验对话框的位置

第二步：将左栏中的两个变量同时选中后键入右边的 Paired Variables（配对变量）栏中，如图 6-16 所示。

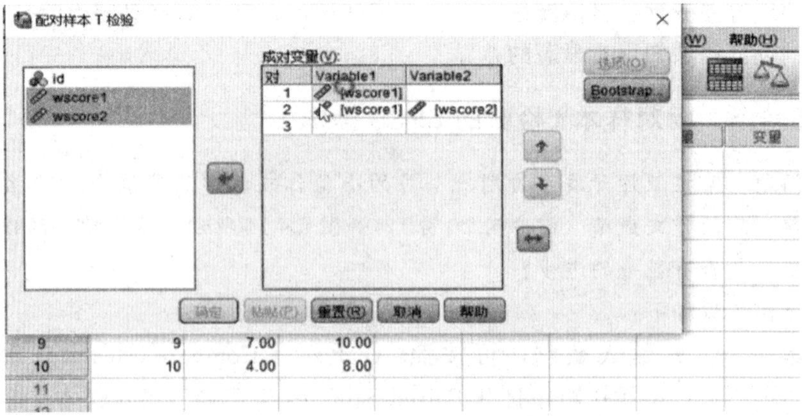

图 6-16　配对样本 t 检验的主对话框

第三步：点击 OK，完成操作。结果见表 6－15 所列。

表 6－15 配对样本检验

	配对差值							
	平均值	标准偏差	标准误差平均值	差值 95%置信区间		1	自由度	Sig.（双尾）
				下限	上限			
配对 1 wscore1－wscore2	－2.0000	1.41421	0.44721	－3.01167	－0.98833	－4.472	9	0.002

我们在配对差异栏中可以看到，两组平均数差异值是－2，即试验前作文平均成绩比试验后作文平均成绩低 2 分，标准差（即表中的标准偏差）是 1.41421，平均数标准误差（即平均值的标准差）用公式 $s_{\bar{X}}=\sigma/\sqrt{n}$ 代入可得 $1.41421/\sqrt{10}$ 是 0.44721。配对差值包括标准偏差（即标准差）、标准误差平均值（即平均值的标准差）和差值 95%置信区间。在 95%的置信区间内，平均数差异显著。计算的 t 值是－4.472，$p<0.01$，这样进一步说明学生的作文成绩试验后有显著的进步。

6.4.4 曼-惠特尼 U 检验的 SPSS 操作

问题：某教师开展了小型的作文教改实验，控制组为 8 名汉语国际教育专业大一的学生，实验组为同专业 10 名大一学生，经过一个学期的实验后，对他们同一命题的作文进行评分，得到如图 6－17 的结果。试问：实验组的作文成绩是否显著好于控制组？

操作步骤如下：

第一步：打开数据文件。

再按照 Analyze（分析）→Non-parametric Tests（非参数检验）→2 Independent Samples（两个独立样本）的顺序打开两个独立样本检验主对话框。将左栏中的变量“组别［gro］”键入 Grouping Variable（分组变量）栏中，将题目出现的变量键入右边 Test Variable List（检验变量列表）栏中。在 Test Type（检验类型）栏中有 4 个选项。Mann-Whitney U 是系统默认的选项。本例采用默认的形式（如图 6－18 所示）。

第二步：点击 gro（??），再点击 Define Groups..（组别定义），进入两个独立样本检验组别定义子对话框。在 Group1 栏中输入 1，表示第一组是控制组，Group2 栏中输入 2，表示第二组是实验组（如图 6－19 所示）。

	id	gro	writing
1	001	1	30.00
2	002	1	32.00
3	003	1	37.00
4	004	1	11.00
5	005	1	37.00
6	006	1	8.00
7	007	1	12.00
8	008	1	33.00
9	009	2	35.00
10	010	2	38.00
11	011	2	20.00
12	012	2	36.00
13	013	2	40.00
14	014	2	35.00
15	015	2	10.00
16	016	2	34.00
17	017	2	13.00
18	018	2	10.00

图 6－17　18 名学生作文成绩

图 6－18　Mann-Whitney U 检验对话框的位置

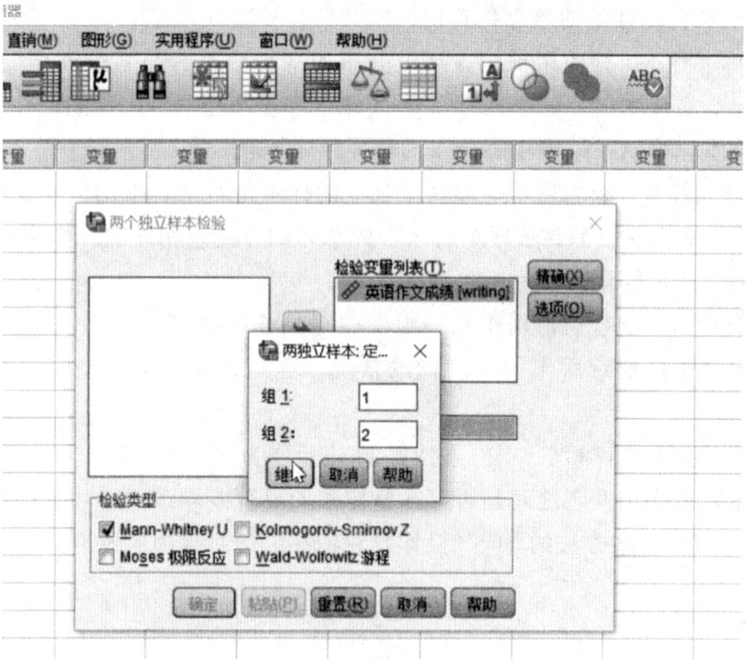

图 6 - 19 Mann-Whitney U 检验的主对话框

第三步：点击 Continue（继续），再点击 OK，完成操作，结果见表 6 - 16 所列。

表 6 - 16 独立样本曼-惠特尼 U 检验摘要

总计 N	18
曼一惠特尼 U	48.000
威尔科克森 W	103.000
检验统计	48.000
标准误差	11.237
标准化检验统计	0.712
渐进显著性（双侧检验）	0.477
精确显著性（双侧检验）	0.515

由表 6 - 16 可知，$U_1=48$，$U_2=32$，$p=0.515>0.05$，所以接受零假设：控制组与实验组的作文成绩没有显著差异。

本章我们主要讨论了以下内容，分别是：

1. 用检验统计量的概念将置信区间和假设检验联系起来。

2. 单一样本 t 检验用于检验某个分布的平均数是否与某个设定的值有显著的差异。在样本量 n 较小的情况下（样本容量小于 30），我们使用 t 检验。对于大样本，可以跟标准正态分布的临界值相比较。

3. 独立样本 t 检验用于检验两个独立的样本是否来自平均数不同的总体。独立样本 t 检验一般都要求样本所来自的总体的方差是相同的。检验总体方差是否相同，我们要用到 F 检验。

4. 配对样本 t 检验适用于同一组实验对象作两次测试或将人数相等的两组实验对象进行配对后作一次测试的情况。配对样本 t 检验也叫相关样本 t 检验。

5. 曼-惠特尼 U 检验。曼-惠特尼 U 检验作为非参数检验，用来比较两个独立样本，以决定两者之间是否存在整体上的显著差异。

6. 介绍了这些方法的 SPSS 操作及它们在二语习得中的应用。

推荐阅读

1. A. 伍兹，等，《语言研究中的统计方法》，2000 年

2. 鲍贵，《二语习得研究中的常用统计方法》，2011 年

3. 赵静，王同顺，叶李贝贝，《英语母语学习者对汉语心理动词的习得研究》，2015 年

练　习

1. 某年全国英语专业四级统考的平均分是 62.5 分，下表是某大学英语专业的 15 名学生在此次考试中的成绩。试问：该校考生的成绩与全国统考的成绩有无显著差异？

15 名学生英语专业四级统考成绩

1	2	3	4	5	6	7	8	9	10	11	12	13	14	15
70	55	70	72	66	63	71	61	55	74	62	69	59	57	78

2. 在一次关于“任务和性别两因素对使用交际策略的影响”的实验研究中，假如要了解一下男女两组被试在英语语言水平这个变量上是否具有可比性（即该变量是否得到了有效的控制），我们用其具有代表性的考试成绩作为其英语语言水平的指标。两组被试某次英语考试各门课程的总成绩见下表。试问：性别不同的两组学生的成绩是否存在显著差异？（显著水平＝0.05；双侧检验）

性别不同的两组学生的成绩

男	255.5	257.5	265	236.5	217.5	193.5	260.5	230.5	214
	251.5	251	229.5	236	214.5	248	214	219.5	237
	242	184.5	208	214	250.5				
女	215	260	240	235.5	256	258.5	213	241.5	239
	249	243.5	186.5	232	253	246.5	264	223.5	173.5
	225	259.5	221	267.5	235				

3. 某实验者想检验某总体均值是否有一个确定值。具体地说，他决定检验 H_0：$\mu=80$ 与 H_1：$\mu\neq80$。他得到了一个随机样本，并计算出样本均值 $\overline{X}=84.2$ 和标准差 $s=14.6$，但没有报告样本容量 n。试证明：如果 $n=16$，在5％水平上不能拒绝 H_0；如果 $n=250$，应该拒绝 H_0。

上例中，找出能导致拒绝 H_0 的最小样本容量 n：

(a) 在5％显著水平上

(b) 在1％显著水平上

4. 下表是某班20个二年级学生第一和第二学期期末的听力考试成绩：

20个二年级学生第一和第二学期期末的听力考试成绩

学生编号	第一学期成绩	第二学期成绩
1	60	67
2	78	79
3	28	60
4	83	85
5	60	66
6	87	87
7	90	86

（续表）

学生编号	第一学期成绩	第二学期成绩
8	73	74
9	70	74
10	82	81
11	69	79
12	86	80
13	68	82
14	68	70
15	76	82
16	84	86
17	83	85
18	87	84
19	60	62
20	78	77

试用配对样本 t 检验看一看两次考试的平均成绩之间是否有显著差异（显著水平＝0.05；双侧检验）。

5. 用第 4 题的数据，检验两次考试的平均分是否来自方差相等的总体。

6. 一个样本中有 14 个被试，随机地分成两组，要求他们学习某种不熟悉的语言中的 20 个词项，这些词项给两组被试看的时候格式不一样，但所有的被试在测试前都有时间研究这些词项。每个被试的错误个数记录如下：

格式 A：3　4　11　6　8　2

格式 B：1　5　8　7　9　14　6　8

请检验两种格式下平均错误个数是否相同。

7 方差分析

前面谈到，t 检验适合于对方差相等且服从正态分布的两个样本的平均数进行差异性检验，以判断两个样本是否来自两个不同的总体。当对两个以上的组别进行平均数差异性检验时，我们就面对两个以上的样本，这时 t 检验就不合适了。这是因为如果对多个样本分别进行两两检验，那么犯第一类错误（Type 1 error）的概率就会比预想的大，第一类错误是指原假设是正确的，但我们却拒绝了原假设，换句话说，也就是样本平均数差异的“显著性”被夸大。重复 t 检验的次数越多，犯第一类错误的概率就越大。如果我们想把总体显著水平（Overall significance level）控制在某一数值（比如 $\alpha=0.05$）上，并且希望对两个以上的组别进行一次性的平均数差异检验，那么就要求助于“方差分析”（Analysis of variance）了。

7.1 方差分析的基本原理及条件

方差分析，简称 ANOVA。方差分析是一个总称，包括“单向方差分析”（One-Way ANOVA）、“双向方差分析”（Two-Way ANOVA）、“多变量（多元）方差分析”（Multivariate ANOVA，MANOVA）、“重复测量方差分析”（Repeated Measures ANOVA）等。不同类型的方差分析，其原理也不尽相同，需要分别讨论。这里，只简单介绍不同类型的方差分析的共性特点。

方差分析将 α（5％或 1％）控制在预先设定的水平，用于同时检验 3 组或 3 组以上平均数的差异，可以回答一个组的平均数是否显著地不同于同类数据中的其他一个或多个组的平均数。方差分析将“总方差和”（SS_t，Total sum of square）分解成两大部分。一个是“组内方差和”（SS_w，Within-group sum of square）。组内方差和计算时是用两个值相减求得，因此又叫“残差方差和”（SS_r，Residual sum of square）。另一个是“组间方差和”（SS_b，Between-group sum of square）。组间方差和还可以进一步分解为不同来源。总自由度也被相应地分解成若干部分。方差分析需要将各种方差和除以自由度进行计算，计算之后，借助F分布表作出统计推断，判断各因素（和交互作用因素）之间有无显著性差异。

方差分析是一个参数检验，必须满足下列条件：

（1）样本为独立样本；

（2）总体分布为正态；

（3）总体方差相等，需要先做齐性检验（见第三章）。

其中，第3个条件可以放松一些，即使总体方差之间有些差异，如果各组的样本容量大体相同，也不会对方差分析的结果造成大的影响。因为在这种条件下，方差分析对方差同质性的偏离不是很敏感（李绍山：2001）。但是，如果样本容量差别很大，而总体方差又不相同，就要谨慎了。下面重点讨论两种方差分析：单向方差分析和双向方差分析。

7.2 单向方差分析和双向方差分析

7.2.1 单向方差分析的基本概念及步骤

单向方差分析又称单因素方差分析，是最简单的方差分析方法。所谓的"单向"（One-Way）就是分析数据中只有一个自变量（又叫因素）。单向方差分析中，有3个方差和：总方差和（SS_t）、组间方差和（SS_b）和组内方差和（SS_w，即残差）。3个方差和之间的关系是：$SS_t = SS_b + SS_w$。因为总方差和等于组间方差和与组内方差和之和，所以组内方差和就等于总方差和减去组间方差和之后所剩余的部分：$SS_w = SS_t - SS_b$。这也说明，我们只要计算出总方差和与组间方差和，两者相减就可得出组内方差和了。

先看一个问题：

【问题7－1】 假如现在我们要研究一下情景记忆（把生词放在一个有意义的上下文中）、语义场记忆（把生词按照词义分类）和孤立记忆3种不同的记忆方法对词汇记忆效果的影响。实验中，我们把被试随机分成3组，分别用上述3种方法记忆所选取的生词，同时设法控制其他变量，经过一段时间之后，对被试进行测验。这里，不同的记忆方法为自变量，词汇测试成绩为因变量。按照记忆方法的不同，词汇成绩被分成3组，数据见表7－1所列。

表 7-1 不同记忆方法与词汇成绩

情景记忆	语义场记忆	孤立记忆
15	17	12
16	14	18
12	16	14
11	18	15
15	17	9
14	15	10
14	16	11
17	15	10
16	18	13
15	16	12

解决这一问题需要运用单向方差分析，步骤如下：

第一步：提出零假设：H_0：$\mu_1=\mu_2=\cdots\mu_m$（即各组数值或各样本所来自的总体的平均值之间没有差异，m 表示组数或样本数）。

第二步：设定显著水平（0.05%或 0.01%）。

第三步：计算总方差和 SS_t。由于 SS_t 反映整个数据的离散情况，所以用下面的公式：

$$SS_t=\sum(X-\overline{X})^2$$

式中 X—— 全部数据中的每个观测值；$\overline{X}$—— 所有观测值的总平均数。

由于该公式需要从每个观测值中逐个减去总平均数，所以当数据量比较大时，计算起来非常烦琐，因此一般用下面的公式计算总方差和：

$$SS_t=\sum X^2-\frac{\left(\sum X\right)^2}{N}$$

式中 N—— 所有观察值的个数；$\sum X^2$—— 所有观察值逐一平方后再累加；$\frac{\left(\sum X\right)^2}{N}$——“校正因子”（CF，Correction factor），把所有观测值累加，再求和的平方，然后除以所有数据的个数。

第四步：计算组间方差和 SS_b。由于 SS_b 反映各组平均数之间的离散情况，所以用下式：

$$SS_b = \sum n_i \ (\overline{X}_i - \overline{X})^2$$

式中 n_i—— 第 i 组的观测值个数；$\overline{X}_i$—— 第 i 组的平均数；$\overline{X}$—— 总平均数。

所以，该式的意思是：每组的平均数减去总平均数，把所得之差平方，然后乘以所在组的观测值个数，最后再把各组所得的乘积累加起来(这与求总方差和的道理是一样的：把所有数据中的每个观测值与总平均数之差平方，然后再累加。这里，各组的平均数相当于一个个观测值)。为了计算方便，一般用下面的公式：

$$SS_b = \frac{(\sum X_1)^2}{n_1} + \frac{(\sum X_2)^2}{n_2} + \cdots + \frac{(\sum X_n)^2}{n_n} - \frac{(\sum X)^2}{N}$$

式中的下标(1，2，…)代表观测值所在的组；n 代表某个组的观测值的个数。所以，该公式的意思是：把每一组的观测值之和平方，再除以所在组的观测值个数，把结果相加后，再减去$(\sum X)^2/N$(即数据总和的平方与总数据个数之商)。

如果各组的观测值个数相等，则上式可进一步简化为

$$SS_b = \frac{[(\sum X_1)^2 + (\sum X_2)^2 + \cdots]}{n} - \frac{(\sum X)^2}{N}$$

第五步：求组内方差和，SS_w。由于总方差和是组内和组间方差和之和，所以计算出 SS_t 和 SS_b 之后，两者相减，就可得出 SS_w。

$$SS_w = SS_t - SS_b$$

当然，也可以用公式求出 SS_w，公式为

$$SS_w = \sum \ (X_i - \overline{X}_i)^2$$

即每组的各个观测值与其所在组的平均数之差的平方和。但是由于该公式要求从每个观测值中减去所在组的平均数，所以计算较为烦琐。

第六步：在组间和组内方差和的基础上，计算总体的组间和组内方差估计值。

方差估计值通常称为均方（Mean Squares，MS；组间均方为 MS_b；组内均方为 MS_w）。就像方差的通常计算方法一样，我们用组间方差和及组内方差和除以相应的自由度，就可得出组间和组内方差估计值。

组间均方与组数相关，其自由度（df_b）为组数减 1。如用 m 表示组数（也有用 p 或 k 表示的)，则其自由度为（$m-1$）。组内均方既涉及每组观测值的个数，又涉及组数，因而其自由度（df_w）等于每组观测值个数减 1，再乘以组数。如用 n 表示每组观测值的个数（也有用 q 表示的)，则 df_w 等于 m（$n-1$）。与 SS_t 相对应的自由度等于组间均方与组内均方自由度之和，即（$m-1$）+ m（$n-1$)，或 $mn-1$，也即 $N-1$（数据中所有观测值的个数减 1)。

组间均方为

$$MS_b=\frac{SS_b}{df_b}$$

组内均方为

$$MS_w=\frac{SS_w}{df_w}$$

第七步：计算组间与组内均方之比 F（即检验统计值）

$$F=\frac{MS_b}{MS_w}$$

第八步：根据计算 F 值时的分子（组间均方）的自由度（记为 df_b）和分母（组内均方）的自由度（记为 df_w）以及所设定的显著水平，查 F 分布表，得临界值。根据方差分析的原理，当零假设不成立时（即各样本来自平均值不同的总体)，组间变异就会大于组内变异，所以我们的预测是有方向性的，因而方差分析应为单侧检验。

第九步：比较检验统计值和临界值。如果前者等于或大于后者，就说明检验有显著意义，就可以推翻零假设，同时接受备择假设；否则，就接受零假设。

第十步：把分析结果用表格（称为方差分析表或来源表）的形式整理出来，见表 7－2 所列（计算机统计软件中的方差分析程序一般也输出一个类似的表)。

表 7－2 方差分析表

变异来源	SS	df	MS	F
组间	SS_b	$m-1$	MS_b	MS_b/MS_w
组内	SS_w	m（$n-1$）	MS_w	
全体	SS_t	$N-1$		

如果差异显著，则在 F 值的右上角标“＊”号（显著水平为 0.05)；如果差异非常显著，则标“＊＊”号（显著水平为 0.01)。

根据上面的步骤，我们先计算“问题 4.1”单向方差分析所需的有关数值：

$$n_1 = n_2 = n_3 = 10 \quad N = 30 \quad m = 3$$

$$\overline{X}_1 = 14.5 \quad \overline{X}_2 = 16.2 \quad \overline{X}_3 = 12.4$$

$$\sum X_1 = 145 \quad \sum X_2 = 162 \quad \sum X_3 = 124$$

$$\sum X = 431$$

$$\sum X_1^2 = 2133 \quad \sum X_2^2 = 2640 \quad \sum X_3^2 = 1604 \quad \sum X^2 = 6377$$

单向方差分析的步骤如下：

第一步：提出零假设：H_0：$\mu_1 = \mu_2 = \mu_3$（即 3 种记忆方法没有造成词汇测验平均成绩的差异）。

第二步：设显著水平为 0.05

第三步：计算总方差和 SS_t

$$SS_t = \sum X^2 - \frac{(\sum X)^2}{N}$$

$$= 6377 - \frac{431^2}{30}$$

$$= 6377 - 6192.033 = 184.967$$

第四步：计算组间方差和 SS_b

$$SS_b = \frac{\left[(\sum X_1)^2 + (\sum X_2)^2 + (\sum X_3)^2\right]}{n} - \frac{(\sum X)^2}{N}$$

$$= \frac{(145^2 + 162^2 + 124^2)}{10} - \frac{431^2}{30}$$

$$= 6264.5 - 6192.033 = 72.467$$

第五步：计算组内方差和 SS_w

$$SS_w = SS_t - SS_b = 184.967 - 72.467 = 112.5$$

第六步：计算组间均方 MS_b 和组内均方 MS_w

$$MS_b = \frac{SS_b}{df_b} = \frac{72.467}{3-1} = 36.234$$

$$MS_w = \frac{SS_w}{df_w} = \frac{112.5}{3(10-1)} = 4.167$$

第七步：计算组间与组内均方之比 F(即检验统计值)

$$F=\frac{MS_b}{MS_w}=\frac{36.234}{4.167}=8.695$$

第八步：从 F 分布表中查检验统计值 F 的临界值：已知显著水平为 0.05(单侧检验)，$df_1=m-1=2$，$df_2=m(n-1)=27$，按最接近的自由度查表得临界值 3.39。

第九步：比较检验统计值和临界值：8.695＞3.39，所以零假设不成立。这说明 3 组词汇测试成绩的平均值之间存在显著差异，而这又进一步说明，不同的词汇记忆方法确实会对词汇记忆产生不同的效果。

第十步：编制单向方差分析表，见表 7－3 所列。

表 7－3　单向方差分析表

变异来源	平方和 SS	自由度 df	均方 MS	F
组间	72.467	2	36.234	8.695 *
组内	112.500	27	4.167	—
全体	184.967	29	—	—

7.2.2　双向方差分析的基本概念及步骤

先看一个问题：

【问题 7－2】　某位研究者想了解某校不同班级、不同性别的汉语学习者的口语水平，于是从 1 班、2 班和 3 班各随机抽取了共 30 名学习者作为受试，其中每个班级的受试均为 10 名，男、女学生各 5 名。测试成绩（满分为 40 分）见表 7－4 所列。试问：不同性别、不同班级学习者的口语水平是否有显著性差异？性别与班级之间是否有显著的交互效应？

表 7－4　不同性别和班级的学习者口语成绩

性别（sex）	班级（class）		
	1 班	2 班	3 班
男（1）	10	26	35
	20	24	18
	24	20	25
	16	30	32
	30	16	15

（续表）

性别（sex）	班级（class）		
	1 班	2 班	3 班
女（2）	38	25	20
	35	24	14
	25	20	15
	26	31	16
	24	15	20

这个问题需要用“双向（因素）方差分析”（Two-Way ANOVA），它是方差分析中最简单的“因素设计”（Factorial design）。在双向方差分析中，总方差和（SS_t）包含两大部分：第一，组间方差和（SS_b），第二，组内方差和（SS_w）（或残差）。组间方差又包括 3 个方差——A 因素方差（SS_A），上例中指性别；B 因素方差（SS_B），上例中指班级；A、B 因素交互作用方差（$SS_{A\times B}$），上例中分成 6 个组。换句话说，$SS_t=SS_b+SS_w$，$SS_b=SS_A+SS_B+SS_{A\times B}$。A、$B$ 因素对因变量的分别作用称作“主效应”。A、B 共同对因变量的作用称作“交互效应”。

双向方差分析中各统计量的计算见表 7－5 所列。

表 7－5　双向方差分析中 F 统计量的计算

方差（SS）	自由度（df）	均方差（MS）	统计量 F
$SS_t=\sum Y_{ijk}^2-CF$	$pqn-1$	—	—
$SS_b=\dfrac{\sum Y_{ij.}^2}{n}-CF$	$pq-1$	—	—
$SS_w=SS_t-SS_b$	$pq(n-1)$	$MS_w=\dfrac{SS_w}{pq(n-1)}$	—
$SS_A=\dfrac{\sum Y_{i..}^2}{qn}-CF$	$p-1$	$MS_A=\dfrac{SS_A}{p-1}$	$F_A=\dfrac{MS_A}{MS_w}$
$SS_B=\dfrac{\sum Y_{.j.}^2}{pn}-CF$	$q-1$	$MS_B=\dfrac{SS_B}{q-1}$	$F_B=\dfrac{MS_B}{MS_w}$
$SS_{A\times B}=SS_b-SS_A-SS_B$	$(p-1)(q-1)$	$MS_{A\times B}=\dfrac{SS_{A\times B}}{(p-1)(q-1)}$	$F_{A\times B}=\dfrac{MS_{A\times B}}{MS_w}$

表中 CF 是 Correction factor 的缩写，为校正因子。$CF=\frac{Y_{\cdots}^2}{pqn}$($Y_{\cdots}$ 是所有观测值的总和，pqn 为样本总容量)。使用校正因子是为了计算的方便。

Y_{ijk} 表示因素 A 第 i 个水平在因素 B 第 j 个水平上第 k 个数值，上例中女性 1 班第二个数值是 35。$\sum Y_{ijk}^2$ 为所有数值总平方和，$\sum Y_{ij.}^2$ 表示因素 A 第 i 个水平在因素 B 第 j 个水平上的平方和，上例中女性 1 班的数值是 38+35+25+26+24。$\sum Y_{i\cdots}^2$ 是因素 A 第 i 个水平上的总平方和，$\sum Y_{.j.}^2$ 是因素 B 第 j 个水平上的总平方和。

p 表示 A 的因素水平个数，上例中是 2 个性别；q 表示 B 的因素水平个数，上例中是 3 个班级；n 是单元格容量(A、B 因素不同水平组合中的小样本容量)，上例中是 5 个；样本总容量为 pqn，上例中是 30 个。$pqn-1$ 表示总方差和的自由度；$pq-1$ 表示组间方差和的自由度，上例 pq 为 6；$pq(n-1)$ 表示组内方差和的自由度，上例 $pq(n-1)$ 为 $2\times3\times4$；$p-1$ 表示 A 因素方差和的自由度；$q-1$ 表示 B 因素方差和的自由度；$(p-1)(q-1)$ 表示 A、B 因素交互作用方差和的自由度，上例为 $1\times2=2$。

SS_A 是 A 因素方差和，计算公式中 $\sum Y_{i..}^2$ 是 A 因素方差和，上例是性别，分母是性别内的个体数；SS_B 是 B 因素方差和，计算公式中 $\sum Y_{.j.}^2$ 是第 B 个因素方差和，上例是班级，分母是班级内的个体数；$SS_{A}\times_{B}$ 是 A、B 因素交互作用方差和，计算办法是组内方差减去 A、B 两个因素方差。

MS_w 是组内均方，计算方式为组内方差和除以组内方差和的自由度；MS_A 是 A 因素均方，计算方式为 A 因素方差和除以 A 因素方差和的自由度；MS_B 是 B 因素均方，计算方式为 B 因素方差和除以 B 因素方差和的自由度；$MS_{A}\times_{B}$ 是 A、B 因素交互作用均方，计算方式为 A、B 因素交互作用方差和除以 A、B 因素交互作用方差和的自由度。

F_A 是 A 因素的统计量，计算方式为 A 因素均方除以组内均方；F_B 是 B 因素的统计量，计算方式为 B 因素均方除以组内均方；$F_{A}\times_{B}$ 是 A、B 因素交互作用的统计量，计算方式为 A、B 因素交互作用均方除以组内均方。

双向方差分析是单向方差分析的扩展，两者的原理和应用条件是一样的，但是两者也存在差异，最明显的差异就是单向方差分析只有一个因素会对要比较的均值产生影响，而双向方差分析是有两个因素会对均值产生影响，差异体现在表 7-4 的最后 3 行。

研究中我们最关注的是 3 个 F 统计量。我们可以用这 3 个统计量回答 3 个问题：(1) 因素 A 是否对因变量有显著性影响？(2) 因素 B 是否对因变量有显著性影响？（3）因素 A、B 的交互作用是否对因变量有显著性影响？在我们得出 F_A、F_B 和 $F_A \times_B$ 3 个统计量之后，确定 α 水平，根据三个统计量公式中分子和分母的自由度查 F 分布表，得到各自的临界值。如果 F 统计量大于（或等于）对应的临界值，我们就可以断定某个因素对因变量有显著性影响，否则就认为某个因素对因变量没有显著性影响。

问题 7.2 的计算步骤如下：

第一步：各平方和与方差的计算

① 总平方和：$\sum Y_{ijk}^2 = 10^2 + 20^2 + \cdots 16^2 + 20^2 = 17273$

② 校正因子

$CF = \frac{Y_{...}^2}{pqn} = \frac{689^2}{30} = 15824.0333$（$p$ 是性别水平数，值为 2。q 是地区水平数，值为 3。n 是单元格容量，值为 5。pqn 是样本的总容量）。

③ 总方差

$$SS_t = \sum Y_{ijk}^2 - CF = 17273 - 15824.0333 = 1448.9667$$

④ 组间方差

$$SS_b = \frac{\sum Y_{ij.}^2}{n} - CF = \frac{100^2 + 116^2 + \cdots 115^2 + 85^2}{5} - 15824.0333 = 462.9667$$

⑤ 性别之间方差

$SS_s = \frac{\sum Y_{i..}^2}{nq} - CF = \frac{341^2 + 348^2}{15} - 15824.0333 = 1.6334$（$SS_s$ 代表性别之间方差，nq 为每个性别组的样本容量）。

⑥ 班级之间方差

$SS_C = \frac{\sum Y_{.j.}^2}{np} - CF = \frac{248^2 + 231^2 + 210^2}{10} - 15824.0333 = 72.4667$（$SS_C$ 代表班级之间方差，np 是每个班级的样本容量）。

⑦ 交互作用方差

$SS_{S\times C} = SS_b - SS_S - SS_C = 462.9667 - 1.6334 - 72.4667 - 388.8666$（$SS_{S\times C}$ 是性别与班级交互作用方差）。

⑧ 残差

$$SS_w = SS_t - SS_b = 1448.9667 - 462.9667 = 986$$

第二步：均方差的计算

① 性别之间均方差

$MS_S = \frac{SS_S}{P-1} = 1.6334$（$MS_S$ 是性别之间均方差，$p-1$ 是其自由度）。

② 班级之间均方差

$MS_C = \frac{SS_C}{q-1} = 36.2334$（$MS_C$ 是班级之间均方差，$q-1$ 是其自由度）。

③ 交互作用均方差

$MS_{S\times C} = \frac{SS_{S\times C}}{(P-1)(q-1)} = 194.4333$［$MS_{S\times C}$ 是交互作用均方差，$(p-1)(q-1)$ 是其自由度，即两个因素自由度的乘积］。

④ 残差均方

$MS_w = \frac{SS_w}{pq(n-1)} = 41.0833$［$MS_w$ 是残差均方，$pq(n-1)$ 是其自由度］。

第三步：F 统计量的计算

① $F_S = \frac{MS_S}{MS_w} = 0.0398$（$F_S$ 是性别主效应 F 统计量）；

② $F_C = \frac{MS_C}{MS_w} = 0.8819$（$F_C$ 是班级主效应 F 统计量）；

③ $F_{S\times C} = \frac{MS_{S\times C}}{MS_w} = 4.7327$（$F_{S\times C}$ 是性别和班级交互效应 F 统计量）。

第四步：显著性检验

确定 $\alpha = .05$，根据自由度，查 F 分布表，得出结论。性别主效应的 F 临界值是 $F_{0.05(1,24)} = 4.26$，大于 F_S 统计量，因此，性别因素对英语口语水平的影响不显著。班级主效应的 F 临界值是 $F_{0.05(2,24)} = 3.40$，大于 F_C 统计量，因此，班级因素对英语口语水平的影响也不显著。性别和班级交互效应 F 临界值是 $F_{0.05(2,24)} = 3.40$，小于 $F_{S\times C}$ 统计量，因此，性别和班级两个因素的交互作用对英语口语水平的影响显著。这只是一个假设的例子。如果在实际研究中果真得到这样的结果，研究者就需要分析其中的原因了。

7.3 方差分析在第二语言习得中的应用

方差分析在第二语言习得中的应用非常广泛，其主要集中于：第一，研究学习者对另一种语言结构的习得特点，如宋扬（2014）利用方差分析研究韩国留学生是如何习得汉语关联词，赵静（2015）利用双向方差对于英语学习者是如何习得汉语心理动词进行了深入的探索，王佳、陈月红（2019）以英语和韩语母语者为研究对象，通过单向方差分析考察他们是如何习得汉语否定标记。第二，利用方差分析检验学生在不同的教学方法或环境下，其第二语言习得成就是否存在显著性差异，这也是方差分析在二语习得中运用的最广泛的一面，如赵玮（2016）通过单因素协方差分析研究在汉语作为第二语言教学中"语素法"对不同类型词语的适用性。下面我们选举几篇文献，进行详细介绍。

7.3.1　单向方差分析在第二语言习得中的应用

王佳、陈月红（2019）使用单向方差分析是为了考察在汉语作为第二语言教学中母语为英语和韩语的学生是如何习得汉语否定标记的。

研究背景：情状体，又称词汇体（Lexical aspect），是指动词或者动词短语的内在时间特征。根据动态性、持续性和终结性等 3 项特征将英语中的动词划分为 4 种情状类型：（1）状态（State）：持续且非动态情状，如 resemble、know；（2）活动（Activity）：持续且有任意终点的动态事件，如 walk、run；（3）达成（Achievement）：动态事件，终点的实现具有瞬时性，如 see、find；（4）实现（Accomplishment）：动态事件，终点的实现具有阶段性，如 build a house。根据这一标准，汉语中的动词或动词短语也可以划分为 4 种情状类型。

研究发现，汉语否定标记的选择受到情状体的制约。具体而言，"不"可以否定状态类、活动类动词，却不能用来否定达成类和实现类动词，而"没"可以用来否定活动类、达成类和实现类动词，却不能用来否定状态类动词，如例（1）所示。虽然"不"和"没"均可用来否定活动类，但所表达的含义不同，"不"表示对习惯、意愿或者将来行为的否定，"没"表示对具体事件的否定。

（1）a. 状态：小李不/*没喜欢这件衣服。

b. 活动：小张不/没看电视。

c. 达成：小明没/*不看懂那本书。

d. 实现：小丁没/*不画画。（用来否定"小丁画了一幅画"）

跟汉语相比，英语的主要否定标记 not 不受谓语动词情状体的制约，如下面的例（2）所示。

（2）a. Xiaoli does not like such clothes.

b. Xiaozhang does/did not watch TV.

c. Xiaoming did not understand that book.

d. Xiaoding did not draw a picture.

然而，韩语跟汉语相似，也存在否定标记的分工，而且其分布与动词语义有一定关系。其中“an (i)”为一般否定，用来否定客观事件和主观意愿等，而“mos”否定情态，表达不可能、不能、不允许等含义。虽然韩语的否定词跟汉语的否定词并非一一对应的关系，但两种语言中否定词的选择均受到动词语义的制约。

研究目的：本研究在界面假说的理论框架下，考察英语、韩语母语者能否习得情状体对汉语否定标记选择的制约，并探讨影响二语者习得这一制约关系的相关因素。该研究还尝试探究二语者在不同测试模式下的表现是否存在差异，从而分析外显与内隐知识在二语习得中的作用。

研究对象：90 名英语母语者和 92 名韩语母语者。

研究方法：研究综合运用句法判断测试和汉语中介语语料分析。对 90 名英语母语者和 92 名韩语母语者进行了句法判断测试。另外，15 名汉语母语者作为控制组参加了测试。二语被试的汉语水平根据其完形填空测试成绩分为 5 个等级：初级、初中级、中级、中高级和高级。

研究结果：对各组被试的完形填空平均成绩进行了单向方差分析，结果表明，英语母语者不同组别之间以及韩语母语者不同组别之间均有显著差异。英：$F(4, 89)=542.06$，$p<0.001$，其中数字“4”表示英语母语者的组间均方，数字“89”表示英语母语者的组内均方；韩：$F(4, 91)=524.98$，$p<0.001$，其中数字“4”表示韩语母语者的组间均方，数字“91”表示韩语母语者的组内均方。检验的结果表明，不同水平的各个组别之间均有显著差异（$p<0.01$）。然而，同等汉语水平的英语和韩语母语者之间没有显著差异（$p>0.05$）。

7.3.2 双向方差分析在第二语言习得中的应用

本节主要介绍双向方差分析在第二语言习得中的应用，文献来自赵静、王同顺、叶李贝贝（2005）关于英语母语者是如何习得汉语心理动词的研究。

研究背景：心理动词是描述人心理活动或心理状态的一类词，可以分为“主语感事动词”（Subject-Experiencer verb，简称 SE 动词）和“宾语感事动词”（Object-Experiencer verb，简称 OE 动词）。前者如汉语中的“喜欢”和英语中的“like”，后者如汉语中的“激怒”和英语中的“irritate”。研究表明，以英语为母语的学习者随着二语水平的提高能逐渐习得汉语心理动词的句法语义界面特征。“界面”由语言模块或表征之间的交互作用产生。早期的

"界面假说"认为纯句法特征可以被习得，句法与其他认知范畴间的界面特征则很难被完全习得，但部分实证研究结果证明，不同界面对习得造成的困难程度并不完全相同。如果界面结构只涉及语言的内部模块（如句法语义界面、句法形态界面等），对于相关属性的习得可能滞后于非界面知识，但能最终习得，这类界面被称为"内界面"。如果界面结构同时涉及语言内部和外部模块（如句法语用界面、句法篇章界面等），则相关属性可能无法被最终习得，这类界面被称为"外界面"。未考察学习者对界面的加工效率是否也能达到或接近本族语者水平。

研究目的：为了验证前人的研究成果并进一步探析学习者对内界面特征的中介语表征和加工效率的发展情况，研究者主要通过看图写句子任务调查以下两个问题：(1) 以英语为母语的学习者对汉语心理动词的中介语表征是否表现出发展特征？(2) 以英语为母语的学习者对汉语心理动词的加工效率是否表现出发展特征？

研究对象：本研究共招募 3 组被试。其中，英语母语学习者共 61 人。汉语母语者是来自复旦大学的在读中国学生，共 33 人，作为控制组。

在主体实验前，首先要求被试完成两篇完形填空测试，以考察学习者的汉语水平。每篇完形填空有 20 个空，满分 40 分。文章取材于中高级的对外汉语教材，每篇有汉字和拼音两个版本。被试需要在每个空格内填写一个汉字或与之相符的拼音。按照完形填空测试成绩，被试被分为中级水平组和高级水平组两组。

研究方法：此项任务主要考察被试对汉语心理动词的生成情况，从产出角度考察二语学习者的中介语表征。被试会看到 10 张图片，内容涉及某种心理活动或心理状态。在每幅图片下面，提供两个名词（分别代表两类题元）和一个心理动词以及这些词的拼音和英语翻译，这是为了确保被试不会因为不理解词义而影响实验结果。被试需要根据图片内容和提供的词语写一个汉语句子。测试项包括 5 个在英语和汉语中都为 SE 类的心理动词，即"喜欢"(like)、"讨厌"(dislike)、"害怕"(fear)、"享受"(enjoy) 和"欣赏"(admire)（见例 3）和 5 个在英语中为 OE 类但在汉语中为 SE 类的心理动词，即"高兴"(please)、"失望"(disappoint)、"担心"(worry)、"满意"(satisfy) 和"生气"(anger)（简称"高兴"类）。针对第二类词语，考察学习者是否能自主选择符合汉语语法的分析型致使结构（兼语句）表达致使含义。指导语中注明除了每幅图片提供的 3 个词语外，学习者还可以选择使用"了""很""使"及"让"这 4 个词，但不能使用其他未提供的词语，使该任务在保证一定控制性的基础上更接近自然表达。测试项出现顺序随机排列，两类词对应的具体示例可见例（3）（4）。

（3）大卫，摩托车，喜欢

大卫喜欢摩托车。

（4）老张，太太，生气

老张让太太很生气。/老张使太太很生气。

研究结果：看图写句子测试的两个自变量为组别（组间变量，3 个水平段）和心理动词类别（组内变量，2 个水平段），为 3×2 的双因素混合设计。测试结果在软件 SPSS19.0 中进行分析，采用重复测试方差分析法。三组被试在看图写句子任务中的平均正确率见表 7－6 所列。

表 7－6　三组被试看图写句子测试平均正确率

心理动词类别	中级组		高级组		控制组	
	M	SD	M	SD	M	SD
“喜欢”类	86.00%*	0.14	95.48%	0.09	98.79%	0.05
“高兴”类	33.33%*	0.28	85.16%	0.26	95.76%	0.08

注：* 表示学习者组和控制组在 0.05 的水平段上差异显著。

方差分析的结果表明，心理动词类别主效应显著，$F(1, 91)=76.62$，$p<0.001$，其中数字“1”表示心理动词类别之间的均方差，数字“91”表示组内均方；组别主效应显著，$F(2, 91)=80.06$，$p<0.001$，其中数字“2”表示组别之间均方差，数字“91”表示组内均方；心理动词类别和组别的交互效应显著，$F(2, 91)=37.31$，$p<0.001$，其中数字“2”表示交互作用均方差，数字“91”表示组内均方。组内分析的结果表明，中级组和高级组“喜欢”类动词的正确率均显著高于“高兴”类动词（$p<0.05$），说明前者的习得好于后者，控制组两类动词的正确率则没有显著区别（$p>0.05$）。组间分析的结果显示，中级组在两类动词的正确率上都显著低于高级组和控制组（$p<0.01$），而高级组和控制组则无显著区别，表明二语水平的提高对学习者生成心理动词句有显著的作用。

7.4 方差分析的 SPSS 操作

7.4.1 单向方差分析的 SPSS 操作

【问题 7－3】 某高校对外汉语教师从英语母语者、韩语母语者和泰语母语者中各抽取了10名留学生，进行汉语听力水平测试（满分为20分），成绩如下：

英语母语者（组1）听力成绩：13 12 15 13 12 11 10 8 7 5

韩语母语者（组2）听力成绩：17 16 15 14 14 11 13 12 10 8

泰语母语者（组3）听力成绩：16 18 12 15 13 10 16 15 17 18

现在请操作SPSS对3个不同母语学生的汉语听力成绩进行差异显著性检验，并对第1、2组与第3组汉语听力成绩进行差异显著性检验。

操作步骤如下：

第一步：将问题中提供的数据按自变量（变量名为gro，表示组别）和因变量（变量名为chilisten，表示汉语听力成绩）输入SPSS数据窗口，部分结果如图7－1所示。

	gro	chilisten	变量	变量	变量	变量
1	1	13.00				
2	1	12.00				
3	1	15.00				
4	1	13.00				
5	1	12.00				
6	1	11.00				
7	1	10.00				
8	1	8.00				
9	1	7.00				
10	1	5.00				

图7－1　不同母语学生的听力成绩输入视窗

第二步：按Analyze（分析）→Compare Means（比较平均值）→One-Way ANOVA（单向方差分析）…的顺序打开单向方差分析主对话框，将自变量“组别[gro]”键入Factor（因素）栏，将因变量“汉语听力[chilisten]”键入Dependent List（因变量列表）栏，结果如图7－2所示。

第三步：点击Post Hoc…进入Post Hoc Multiple Comparisons（事后多重比较）子对话框，在Equal Variances Assumed（假定方差齐性）栏中选中Scheffe，我们这里之所以勾选Scheffe，是因为Scheffe检验可控制整体α水平，对各组之间的平均数依次进行检验，能够让我们准确知道显著性差异具

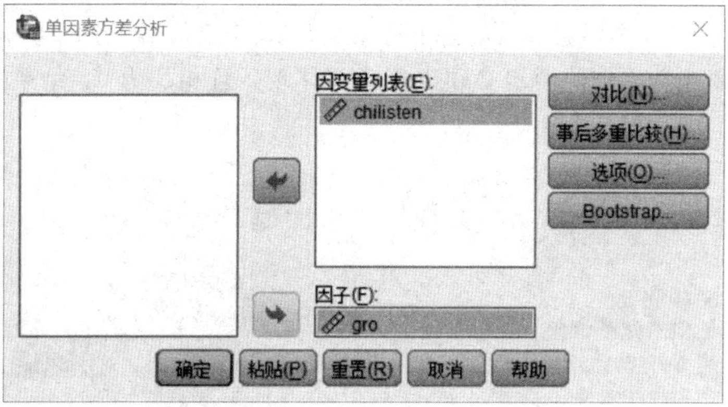

图 7-2　单向方差分析主对话框

体表现在哪个或哪些成对组之间，如图 7-3 所示。然后，点击 Continue（继续），回到单向方差分析主对话框。

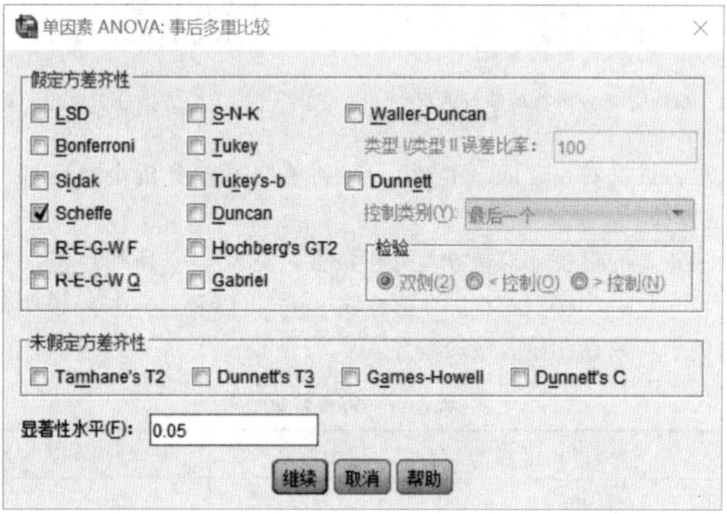

图 7-3　单向方差分析事后多重比较子对话框

第四步：点击 Options（选项）进入单向方差分析选项栏，在 Statistics（统计量）栏下选择 Descriptive（描述性统计量）和 Homogeneity of variance test（方差同质性检验），再选中 Means plot（平均数分布图），其他选项默认，结果如图 7-4 所示。

第五步：点击 Contrasts（对比框）进入 Contrasts（对比）子对话框。在系数栏中键入－1，再点击 Add（添加）。按同样的操作分别输入和添加系数－1和2。这3个系数表示研究中将比较第1、2组与第3组的差异，在进行比较时，要注意比较的两组必须以正负值体现，且相加为0。结果如图7－5所示。

图7－4　单向方差分析选项子对话框

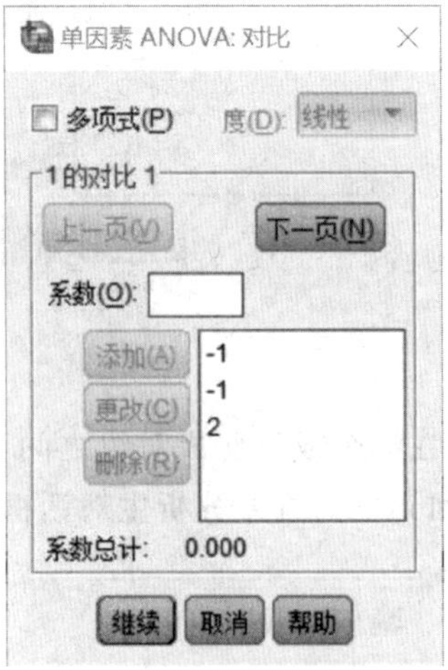

图7－5　单向方差分析对比子对话框

第六步：点击 Continue（继续），回到单向方差分析主对话框。再点击OK，完成操作。

其中最重要的报告结果是方差分析报告，见表7－7所列。表7－7中显示 F 统计量为6.000，达到统计上的显著性（$p=0.007<0.01$），说明至少有两个组之间的平均数存在显著性的差异。

表7－7　方差分析

	方差和	*df*	平均值平方	*F*	显著性
群组之间	97.067	2	48.533	6.000	.007
在群组内	218.400	27	8.089	—	—
总计	315.467	29	—	—	—

7.4.2　双向方差分析的 SPSS 操作

【问题7－4】　利用问题7.2中提供的数据，操作SPSS，回答：不同性别、不同班级学生口语水平是否有显著差异？性别与班级之间是否有显著的交互效应?

本题适合使用双向方差分析。操作步骤如下:

第一步:将问题 7.2 中的数据输入 SPSS 窗口,学生性别、班级和口语水平变量名分别用 sex、class 和 oral 代表,sex 标签值 1 代表 male(男)、2 代表 female(女),class 标签值 1 代表 1 班、2 代表 2 班、3 代表 3 班,取文件名“不同性别和班级的学生口语成绩”,并保存。输入的部分结果如图 7-6 所示。

	sex	class	oral	变量
1	1	1	10.00	
2	1	1	20.00	
3	1	1	24.00	
4	1	1	16.00	
5	1	1	30.00	
6	1	2	26.00	
7	1	2	24.00	
8	1	2	20.00	
9	1	2	30.00	
10	1	2	16.00	
11	1	3	35.00	
12	1	3	18.00	

图 7-6 不同性别和班级的学生口语成绩输入视窗

第二步:按 Analyze(分析)→General Linear Model(一般线性模型)→Univariate(单变量)的顺序打开单变量方差分析主对话框,将自变量“性别 [sex]”和“班级 [class]”键入 Fixed Factor(s)(固定因素)栏,将因变量“口语成绩 [oral]”键入 Dependent Variable(因变量)栏,结果如图 7-7所示。

第三步:点击 Plots(分布图)进 Profile Plots(分布图,轮廓图)子对话框,将因素栏(Factors)中的 class 键入横坐标(Horizontal Axis)栏中,sex 键入 Separate Lines(分离线)栏中,再点击 Add(添加),将两个因素送入 Plots(分布图)栏内,如图 7-8 所示。分布图的作用在于比较边缘平均数(Marginal means)。分布图是线状图,图中各点表明因变量在每个因素水平

图 7-7　单变量方差分析主对话框

上的边缘平均数。第一个因素的水平可以用作横坐标，第二个因素的水平可以用作分离线。

图 7-8　单变量方差分析分布图子对话框

第四步：点击 Continue（继续），回到主对话框。

第五步：点击 Post Hoc 进入 Post Hoc Multiple Comparisons for Observed

Means（观测平均数事后多重比较）子对话框，将因素栏中的 class 键入 Post Hoc Tests for（事后检验）栏中，再勾选 Scheffe，如图 7-9 所示。事后检验适用于两个以上的因素水平。本例中（sex）只有两个水平，不能进行事后检验。

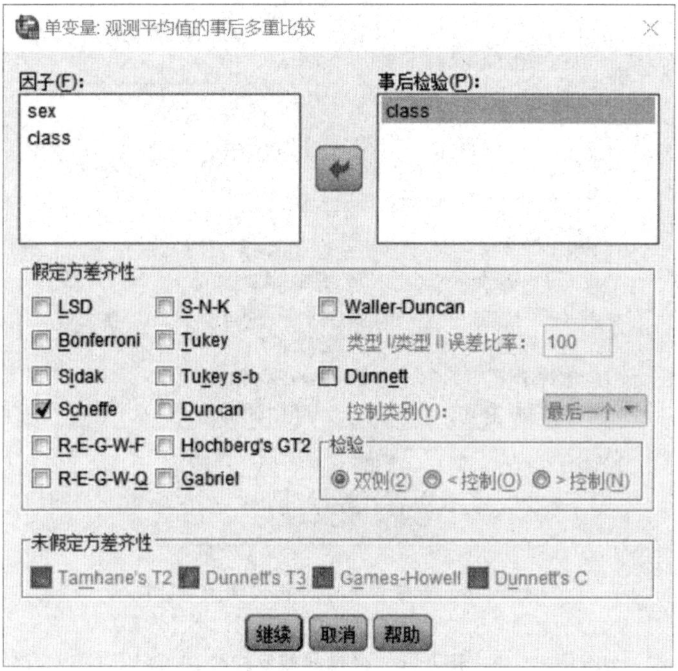

图 7-9　单变量方差分析事后多重比较子对话框

第六步：点击 Continue（继续），回到主对话框。

第七步：点击 Option 进入 Options（选项框）子对话框。左上栏为 Factor (s) and Factor Interactions（因素和因素交互效应）栏，将栏中 sex、class 和 sex * class 作为估计边缘平均数的因素和交互作用因素键入 Display Means for（显示平均数）栏中。在 Display（显示）栏中选择 Descriptive statistics（描述性统计量）、Estimates of effect size（功效估计）和 Homogeneity tests（同质性检验）。Significance level（显著性水平）一般采用默认的 0.05。操作结果如图 7-10 所示。

第八步：点击 Continue（继续），回到主对话框，再点击 OK，完成操作。

表 7-8 是操作结果中最重要的一张表，报告受试间效应检验（Test of between-subjects effects）。

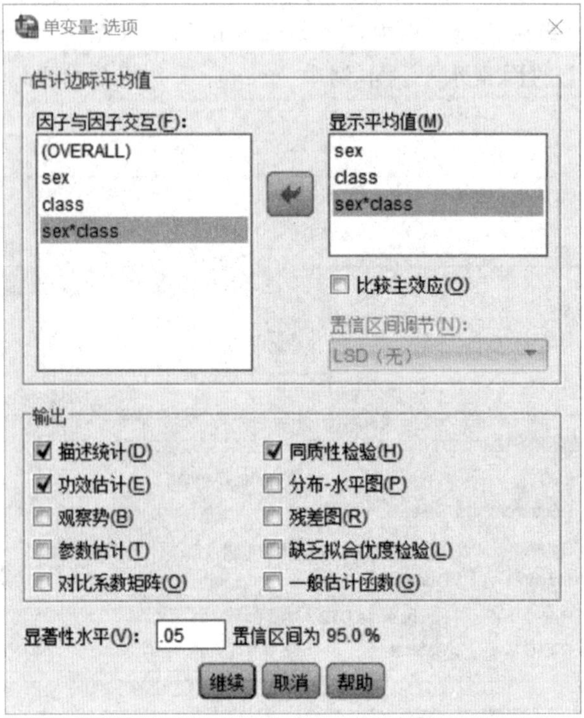

图 7－10　单变量方差分析选项子对话框

表 7－8　受试间效应检验

来源	第Ⅲ类平方和	*df*	平均值平方	*F*	显著性
sex	1.633	1	1.633	.040	.844
location	72.467	2	36.233	.882	.427
sex * class	388.867	2	194.433	4.733	.019

表中显示，性别和班级对英语听力水平的主效应不显著（$p=0.844/0.427>0.05$），它们的交互作用显著（$p=0.019<0.05$）。

本章节我们主要讨论了 3 点内容，分别是：

（1）解释了单向方差分析，它是用来同时比较几个均值，而用配对 t 检验来分析是不正确的。

（2）介绍了双向方差分析，作为对几组配对 t 检验方法的扩展。

（3）介绍了单向方差分析和双向方差分析的 SPSS 操作。

推荐阅读

1. 鲍贵,《二语习得研究中的常用统计方法》,2011 年
2. A. 伍兹,等,《语言研究中的统计方法》,2000 年

练　习

1. 为什么需要方差分析?方差分析的条件是什么?

2. 方差分析的基本原理是什么?

3. 下表列出了来自 3 个不同中心的 3 组被试的语言测试分数,请检验以下假设:总的来说,在样本均值之间不存在差异。

来自 3 个不同中心的学生参加同一语言测试的分数

A	B	C	A	B	C
11	42	34	8	35	28
10	36	39	8	32	33
12	40	38	8	28	30
10	34	41	8	37	39
10	38	38	7	30	26
10	38	36	7	29	32
9	32	38	8	30	20
11	41	30	8	26	27
9	35	39	7	31	27
7	35	36	7	32	21
11	35	31	7	29	23
4	32	33	4	19	29
10	29	29			

4. 假如我们要了解“场独立性/依赖性”这一认知方式(COG)及“性别”(SEX)两个自变量对英语学习水平(PROF)这一因变量的影响,数据

如下表（变量COG含两个水平：FI和FD；变量SEX分别为M和F两个水平；表内的数字为英语水平测试成绩）：

	FI	FD		FI	FD
M	47	60	F	64	60
	55	67		59	68
	68	64		64	46
	63	55		50	44
	68	58		52	59
	52	51		58	66
	53	47		60	45
	59	49		52	46
	56	53		50	62

对数据进行双向方差分析（α=0.01）。

8 卡方检验

8.1 卡方检验的基本原理

卡方检验是一种非参数检验（Non-parametric test）。我们谈到的统计分析，比如 t 检验、方差分析、皮尔逊相关系数分析等，都是参数检验（Parametric test），研究变量属于数值型（Numeric）变量。但是我们研究的变量有时不是数值型变量，而是名义变量（Nominal variable）。名义变量又称类别变量（Categorical variable），它们的值是名称或类别。

比如，性别就是名义变量，包括两个类别，即男性和女性。在使用 SPSS 统计时，我们会用 1 代表男性，2 代表女性。这里的 1 和 2 仅是名义变量类别的代号，不具备数值型数据所具有的算术性质，不能对它们进行相加或相减等运算。但是，我们可以计算类别的频数（Frequencies），比如符合某个特征的男性受试有多少人（即频数），女性有多少人。虽然名义变量的类别没有算术性质，但是频数有大小之分，具备算术性质。另外，英语中的词汇可以分为“动词”与“非动词”，名词可以分为“可数”与“不可数”，这些都无法像测量学生的成绩那样进行测量。但是，我们可以对这类变量的次数或频率进行计数，比如冠词 the、介词 of、连接词 and 等在某文本中出现的次数，并比较次数的分布是否存在显著差异等。这就要用到卡方检验，卡方检验是语言研究中最常用的非参数检验之一。

对于频数的统计分析要采用卡方检验（Chi-square test，χ^2 test）。不像参数检验要求总体服从正态分布，非参数检验是总体自由分布检验（Distribution-free test）。卡方检验属于自由分布检验，因为它不对总体分布的形状做任何假设。卡方检验利用观测频数（Observed frequency）和期望频数（Expected frequency），简称分别是 O 和 E。观测频数是实际观测得到的频数，期望频数是理论上期望得到的频数。卡方检验的实质是比较观测频数分布与期望频数分布的差异性程度。

卡方检验统计量（Chi-square test statistic，χ^2）的计算公式为：

$$\chi^2 = \sum \frac{(O-E)^2}{E}$$

在这个公式中，O 代表观测频数，E 代表期望频数。观测频数和期望频数的差值之所以要平方，是因为差值符号的不同（正数和负数）会使得它们在相加（Σ）时相互抵消。如果 χ^2 统计量大于（或等于）卡方分布某个自由度（Degree of freedom，简称 df）在 α 水平上的临界值，便可拒绝零假设，认为观测频数的分布与期望频数的分布有显著性差异。反之，如果 χ^2 统计量小于卡方分布某个自由度上的在 α 水平上的临界值，便可接受零假设，认为观测频数的分布与期望频数的分布没有显著性差异。

虽然卡方检验不像参数检验那样要求总体正态分布和方差齐性，但是它也有一些基本的使用条件：

（1）数据必须是频数。这是卡方检验的最基本条件。

（2）数据必须独立。这一点可以从两个方面来理解。其一，每个受试或观测值只能进入一个单元格。换句话说，单元格之间的数据必须彼此独立。如果一个受试或观测值属于某种类别，那么就违背了卡方检验的独立性要求。单元格之间的数据彼此独立还意味着，卡方分析不能用于重复测量设计（Repeated-measures design），不能就不同时间段得到的同一批受试的频数进行卡方分析。其二，在每个单元格内，数据也必须是独立的。

（3）每个类别的期望频数≥5。一般要求，如果自由度是 1，最小期望频数应是 10；如果自由度＞1，最小期望频数应是 5。

卡方检验分为卡方拟合度检验和卡方独立性检验。本章重点讨论这两种卡方检验方法。

8.1.1 检验一个完整模型适合数据的程度

例 1：以美国某校区 184 个刚刚入小学的 5 岁儿童参加英国格拉斯哥儿童读音测验的分数分布为例，来说明卡方检验法的第一个作用，即如果美国儿童测试分数这个总体是正态分布的，均值是 50，标准差是 10。为了确定本地区 5 岁儿童的测试分数是否也有类似的性质，这个美国学区将该测试用于 184 名儿童组成的随机样本。试验结果以频率表示，见表 8－1 前两列。这些美国儿童的分数均值是 48.8，标准差是 12.4。

表 8-1 184 个儿童测试分数的分数频率表

1		2	3		4	5
分数段		分数段中分数的观察个数	标准化分数段 Z=（X−50）/10		分数段的期望比例	分数段中分数的期望个数
自	小于		自	小于		
0	30	2	—	—（2.0）	0.023	4.2
30	35	11	−2.0	—（1.5）	0.044	8.1
35	40	17	−1.5	—（1.0）	0.092	16.9
40	45	31	−1.0	—（0.5）	0.150	27.6
45	50	32	−0.5	0.0	0.191	35.1
50	55	39	0.0	0.5	0.191	35.1
55	60	22	0.5	1.0	0.150	27.6
60	65	19	1.0	1.5	0.092	16.9
65	70	6	1.5	2.0	0.044	8.1
70	75	4	2.0	2.5	0.017	3.1
75 及以上		1	2.5	—	0.006	1.1

第一步：计算模型总体中每个分数段所占的比例。为此，我们把每个分数段的最高分数标准化为 Z 值，见第 3 列。

第二步：根据求出的 Z 值查找标准正态分布表（A），可得第 4 列，第 4 列是该模型总体中每个分数段的期望比例，这些比例通过标准正态分布表（A）得出。

第三步：求分数段中分数的期望个数。我们用总人数 184 乘以期望比例就可以得到期望个数（184×0.023=4.2），从而得出第 5 列。

表 8-2 为检验假设“表 5-1 数据来自一个均值为 50、标准差为 10 的正态分布总体”所作的计算

1	2	3	4	5
观察频数 O	期望频数 E	差（$O-E$）	$(O-E)^2$	相对差 $(O-E)^2/E$
2, 11 } 13	4.2, 8.1 } 12.3	0.7	0.49	0.04
17	16.9	0.1	0.01	0.0006
31	27.6	3.4	11.56	0.42

（续表）

1	2	3	4	5
32	35.1	−3.1	9.61	0.27
39	35.1	3.9	15.21	0.43
22	27.6	−5.6	31.36	1.14
19	16.9	2.1	4.41	0.26
6 4 } 11 1	8.1 3.1 } 12.3 1.1	−1.3	1.69	0.14

注意：

频数小于 5 的要组合在一起。

第 1 列为观察频数；第 2 列为期望频数；第 3 列为观察频数与期望频数的差；第 4 列为差的平方；第 5 列是相对差（又叫异常值），相对差等于观察频数与期望频数差的平方除以期望频数。

我们应该明白，观察频数和期望频数的绝对差并不重要。例如，我们期望某一分数段有 10 个分数，但观察到 20 个分数（两倍），跟期望值为 100 而观察值为 110 相比，应该认为前者具有更大的偏差，虽然在两种情况下绝对差都是 10。因此我们将每个绝对差的平方除以期望频数得到相对差。例如，第 1 行中，0.49（差的平方）÷12.3（期望频数）得出相对差为 0.04。所有计算结果见第 5 列。

经过这些步骤，我们能够计算每个分数段相对于模型的异常值。当分数段的观察频数恰好等于由 H_0 所预期的频数时，异常值为 0；当观察频数与期望频数相差很大时，异常值是一个大的正值。把第 5 列中所有异常值相加，得到总异常值为 2.70。用这个总异常值作为检验统计量，我们现在就要来确定样本分数是否与一个 $\mu=50$，$\sigma=10$ 的正态分布总体相一致（样本是否来自该总体）。这是因为，如果各分数段中的期望频数足够大（这里都大于 5），那么当 H_0 成立时总异常值的分布是可知的。这叫作卡方分布（有时写为 χ^2）。在我们的例子中共有 7 个自由度。如果 H_0 成立，总异常值将近似于一个自由度为 7 的 χ^2 分布。χ^2 分布的临界值可在卡方分布表（见本节附录）中找到。从卡方分布表中可以看出，当自由度为 7（自由度 $df=k-1=8-1=7$）、显著性水平为 0.05 时，卡方分布的临界值是 14.1，自由度为 7，10％的卡方分布临界值是 12。这说明，如果零假设（即总体分布平均数是 50、标准差是

10）成立，卡方分布值有95%的可能性小于或等于14.1。既然算出的总异常值=2.70，即2.7<14.1，不超过临界值14.1，所以应支持零假设，即该校区184个儿童的分数分布符合上述正态分布。

例1：英语国家文化课程教学的课堂语言使用3种方式：母语（汉语）、双语（汉语+英语）和目的语（英语）。为了解汉语国际教育学生喜欢教师用何种语言方式教授该门课程，某位研究者对随机选取的60名汉语国际教育的学生进行了问卷调查。调查发现，喜欢母语、双语和目的语的学生人数分别为11、22和27人。试问：这一组学生对3种授课语言形式的喜爱程度有无统计上的显著性差异？

本例有一个类别变量——语言使用方式，研究数据为频数，适合使用卡方拟合度检验。检验的基本步骤如下：

第一步：确立关于总体的零假设和备择假设。本研究比较两个总体。第一个总体是本研究样本来自的总体，第二个总体是对3种授课语言形式的喜爱程度相同的英语专业大二学生构成的对照总体。零假设是语言使用方式不同类别上的学生分布在两个总体中是相同的。备择假设是语言使用方式不同类别上的学生分布在两个总体中是不相同的。

第二步：确定对照总体分布的特点。本研究的自由度为2（$df=N-1$，$N=3$）。

第三步：确定对照总体分布中拒绝零假设的临界值。显著水平取0.05，根据自由度等于2，查卡方分布表。

第四步：确定样本在对照总体分布上的χ^2值。

在零假设为真的情况下，学生总体在3种授课语言类别上的分布是一样的，均为1/3。本例中，3个类别的期望频数均为60×1/3=20。利用表8-3得到计算χ^2统计量需要的各个数值。

表8-3　拟合度检验χ^2统计量计算表

语言使用方式	观察频数（O）	期望频数（E）	差异平方 $(O-E)^2$	异常值 $(O-E)^2/E$
母语	11	20	81	4.05
双语	22	20	4	0.2
目的语	27	20	49	2.45

代入公式，求得 $\chi^2=\sum\frac{(O-E)^2}{E}=4.05+0.2+2.45=6.7$

第五步：做出判断。查卡方分布表可得，自由度为2时，0.05的显著水平上对应的临界值时5.99，由于6.7>5.99，因此在0.05的显著水平上拒绝零假设，接受备择假设。我们可以认为，这一组学生对不同语言使用形式的喜爱程度有统计显著性差异。

8.1.2 检验一类模型适合数据的程度

在前一节中，我们已经知道如何检验一个给出均值和标准偏差的正态分布模型的拟合度。正是因为已经给出了均值和标准差，作了充分的限定，所以在那一节的标题中称为“完整”的模型。具有完整性的模型是得到了充分阐述的。但是这样的信息并不总是可以得到的。

假如我们已经研究出了这样一种测试，并且用于该学区的341个5岁儿童组成的随机样本（见表8－4）。零假设是“这样获得的数据代表了一个从正态分布总体中抽取的样本”。备择假设是“某总体并非正态分布”。在本例中平均数＝64.36，s＝10.6。利用这些数据，我们将分数段的最高分标准化，并根据标准正态分布表（A）计算出该模型总体在每个分数段所占的期望比例。然后将每个比例乘以341，得到当样本来自正态分布总体时每个分数段的期望分数个数（第5列）。用下式计算每个分数段的异常值：

$$\chi^2=\sum\frac{(O-E)^2}{E}=13.09$$

表8－4 为检验假设“341个儿童分数来自一个正态分布总体”所作的计算

1		2	3		4	5	6
分数段			标准化分数		各分数段		
自	至	观察频率	自	至	期望比例	期望频率	异常值
	45	9		−1.83	0.0334	11.4	0.51
45	50	28	−1.83	−1.36	0.0536	18.3	5.14
50	55	28	−1.36	−0.89	0.0992	33.8	1.00
55	60	46	−0.89	−0.41	0.1548	52.8	0.88
60	65	70	−0.41	0.06	0.1892	62.4	0.93
65	70	53	0.06	0.53	0.1780	60.7	0.98
70	75	41	0.53	1.00	0.1394	47.5	0.89
75	80	38	1.00	1.47	0.0879	30.0	2.13
80和80以上		28	1.47及1.47以上		0.0708	24.1	0.63
$\bar{x}$＝64.36		—	—	—	—	总异常值＝13.09	
s＝10.6		—	—	—	—		

与上一道题唯一不同的是，这次样本均值和标准差是用来估计相应的总体值的。这将会影响自由度，我们设置了 9 个分数段，以比较各段的观察频数和期望频数。但实际上我们只有 8 个独立的期望值，因为第 9 个是可以从总频数减去前 8 个期望频数而得到的。但是，自由度还要减少。在为这个样本估计总体均值和标准差时，我们已经从数据中取了两个信息片段（一个用来估计均值，另一个用来估计标准差），可用来检验模型对数据的拟合度的可用信息片段也就减少了两个。所以本例自由度是 $df=k-1-2=k-3=9-3=6$。如上所说，查卡方分布表可知，自由度为 6 时，5%对应的临界值是 12.6，13.09＞12.6，我们就拒绝零假设，说明 5 岁儿童的测试成绩不是正态分布的。

8.1.3 模型独立性检验

独立性检验就是检验两组数据是互相独立的还是互有联系的。用于独立性检验的数据一般整理成“列联表”的形式，即一个分类标准把数据分为若干列，另一个分类标准把数据分为若干行，行列交叉形成一个个的方格。每一行和每一列都有一个总计，书写在一行和一列的末尾，称为“行合计”和“列合计”。所有行合计或列合计加起来就是全部数据的总和。卡方独立性检验和卡方拟合度检验用的公式是一样的，主要不同点在于自由度的不同。卡方独立性检验的自由度是（列数－1）×（行数－1）。

根据行和列的多少，列联表可以有 2×2，2×3，3×3 等多种形式。例如，一个 2×3 的列联表如图 8－5 所示。

表 8－5　一个 2×3 的列联表

	列			行总计
行	A	B	C	A+B+C
	D	E	F	D+E+F
列总计	A+D	B+E	C+F	N

（1）列出观察频数

（2）列出期望频数：行合计×（列合计÷总计）

例如第一格 A 的期望频数为（A+B+C）×（A+D）/N；第二格 B 的期望频数为（A+B+C）×（B+E）/N。

（3）求出异常值：（观察值－期望值）^{2}÷期望值

我们来看下面一个例子。比较双语背景的两组学生的汉语作文能力。A 组儿童出生于中国并且接受汉语教育，而 B 组儿童出生于墨西哥，早期教育用的是西班牙语，后来移居中国，所受教育完全是汉语。每个组 30 个儿童，都是 14 岁左右。他们每个人就一部短电影写一篇至少 100 词的作文，然后测试者对每篇作文的前 100 个词用不同标准进行评分。其中一个度量是作文中“着”“了”“过”等时态助词错误的个数。结果见下面列联表 8－6（a）。我们可以看出，两组儿童在时态助词错误个数这方面是有差异的。现在我们必须自问的是：这种观察到的差异是否可以简单地归因于抽样的可变性，即这两个样本是取自同一总体的；或者问：是否存在着真正的差异，即这两个样本实际上来源于不同的总体。

表 8－6　儿童小作文中动词时态错误个数的列联表

（a）观察频数

	0	1	2～6	行合计
A 组	7	7	16	30
B 组	13	11	6	30
列合计	20	18	22	60

（b）期望频数：行合计×（列合计÷总计）

	0	1	2～6	行合计
A 组	10	9	11	30
B 组	10	9	11	30
列合计	20	18	22	60

（c）异常值：$(观察值-期望值)^2$÷期望值

	0	1	2～6
A 组	0.9	0.44	2.27
B 组	0.9	0.44	2.27

总异常值＝7.22

第一步：作出零假设：错误个数与早期教育无关。如果零假设成立，那就可以认为，这两组来自一个总体的样本。

第二步：列出观察频数、期望频数，求出异常值。

第三步：找自由度所对应的临界值。自由度＝（列数－1）×（行数－1）＝（3－1）×（2－1）＝2，当自由度为 2 时，显著水平上是 0.05 时，卡方检验法的临界值为 5.99，总异常值＝7.22，因为 7.22＞5.99，所以 7.22 在 5％水平是显著的，所以这时零假设可能是不成立的，而且两个总体的错误分布是不相同的。

8.1.4 2×2 列联表（2 列 2 行的表）

对于 2×2 的列联表我们要进行 Yate 校正。此时，我们应该用的公式如下：

$$\chi^2 = \sum \frac{(|O-E|-0.5)^2}{E}$$

例如：有人研究了不同语体中被动语态的出现率。她看的是科技类语体与法律类语体。从法律类语体中选了 1000 个句子作为一个样本中，其中 698 个句子是被动语态（顺便说明一下，只选了那些可以用被动语态也可以用主动语态的句子，排除了那些不可能用被动语态的句子）；从科技类语体中选了 999 个句子作为一个样本，其中 642 个句子是被动语态。假定抽样是非常谨慎的，您能就这两类语体中被动语态的相对频率得出什么结论？

第一步：根据题意列出 2×2 列联表。然后设零假设 H_0：被动语态的出现率和语体不相关。备择假设 H_1：被动语态的出现率和语体有关系。

观察频数：

表 8-7 频数

	被动语态	主动语态	行合计
科技类语体	642	357	999
法律类语体	698	302	1000
列合计	1340	659	1999

第二步：计算各部分的期望频数值

$$列合计\times\left(\frac{行合计}{总人数}\right)$$

表 8-8 期望频数值

	被动语态	主动语态	行合计
科技类语体	669.665	329.335	999
法律类语体	670.335	329.665	1000
列合计	1340	659	1999

第三步：计算异常值（针对 2×2 列联表）

$$\chi^2 = \sum \frac{(|O-E|-0.5)^2}{E}$$

表 8-9 异常值

	被动语态	主动语态
科技类语体	1.102	2.241
法律类语体	1.101	2.238

总异常值：6.682

第四步：找自由度所对应的临界值。$df=(2-1)\times(2-1)=1$。自由度为 1 时，5%临界值为 3.84，3.84<6.682。异常值总数 6.682 超过临界值，所以否定零假设，支持备择假设。被动语态的出现频率和不同语体有关，并且法律语体的被动使用频率高于科技语体。

8.2 卡方检验在汉语第二语言习得中的应用

卡方检验作为非参数检验的一种，是语言研究中常用的一种检验方法，在汉语第二语言习得中发挥着重要的作用。本节将讨论卡方检验在汉语第二语言习得的应用，主要介绍两个例子，胡丽娜、常辉、郑丽娜（2018）通过考察母语为英语和日语的学习者对汉语话题—述题结构的使用情况，探讨他们对汉语话题—述题结构的习得以及母语和二语水平对习得的影响；柴省三（2013）通过卡方检验证明了汉语习得起始年龄因素对青春期前、后两组留学生在汉语习得水平能否达到 NLP 的人数比例方面存在着显著的影响。我们来具体看一下这两个例子。

胡丽娜、常辉、郑丽娜（2018）提出这样一个研究问题：母语为英语和日语的学习者汉语作文中使用的话题—述题结构的种类和分布如何？

语料收集：语料大都来自北京语言大学创建的"HSK 动态作文语料库"，选取了母语为英语和日语的学习者写的题为"父母是孩子的第一任老师"和"如何看待安乐死"的作文，因为母语为英语的学习者这两个题目的作文数量最多，日本学生的作文数量比较大，能够保证匹配的作文数量充分。先选取母语为英语的学习者这两个题目的所有作文，分别为 64 篇和 39 篇，共计 103 篇。然后选取与之在作文题目和分数上匹配的日本学生的作文。以 70 分为线，将 103 篇作文分为两组，母语为英语的作文 70 分以下 41 篇，平均 58.29 分，视为低分组，70 分及 70 分以上 62 篇，平均分为 81.93，视为高分组；母语为日语的作文 70 分以下 40 篇，平均分是 58.25，视为低分组，70 分及 70 分以上 63 篇，平均分是 81.90，视为高分组。控制组的作文包括 20 篇

“父母是孩子的第一任老师”和 39 篇“如何看待安乐死”，共计 59 篇，都是中国高中生在语文课堂上 30 分钟内完成的。

数据分析：语料由 3 位研究者共同手动完成，存在分歧的地方一起讨论确定。分析过程中记录话题—述题结构个数、种类以及话题的语类成分，最后计算每篇作文具有主谓关系的句子数。

实验结果：汉语二语学习者和汉语母语者汉语话题—述题结构的总体使用情况见表 8-10 所列。

表 8-10 话题—述题结构的总体使用情况

母语	话题—述题结构数	句子总数	话题—述题结构使用率
英语	171	2364	7.2%
日语	227	2535	9.0%
汉语	198	2113	9.4%

见表 8-10 所列，日本学习者汉语话题—述题结构的使用率与汉语母语者接近，比母语为英语的学习者高。卡方检验显示：日本学习者对汉语话题—述题结构的使用率与汉语母语者没有显著差异（$x^2=0.200$，$p=0.655$），与母语为英语的学习者存在显著差异（$x^2=4.128$，$p=0.042$）；母语为英语的学习者汉语话题—述题结构的使用率与汉语母语者存在显著差异（$x^2=9.248$，$p=0.002$）。这说明母语在汉语二语话题—述题结构使用中发挥了重要作用。

母语为英语和日语的学习者以及母语者使用的汉语话题—述题结构中话题的语类，见表 8-11 所列。

表 8-11 话题—述题结构中话题的语类

母语	句子总数	名词或名词短语	介词或方位短语	句子	动词短语
英语	2364	77（3.26%）	68（2.88%）	25（1.06%）	2（0.04%）
日语	2535	95（3.75%）	91（3.59%）	38（1.50%）	3（0.11%）
汉语	2113	103（4.87%）	59（2.79%）	34（1.61%）	2（0.09%）

由表 8-11 可知，无论是汉语二语学习者还是母语者，所使用的话题—述题结构中名词或名词短语作话题的最多，其次是介词或方位短语，动词短语作话题的极少。另外，在母语为英语和日语的学习者使用的话题—述题结构中，话题语类的分布比较接近。卡方检验也显示，他们 4 类话题的使用率都不存在显著差异（$p>0.05$）。而在汉语母语者使用的话题—述题结构中，

名词或名词短语话题比例更高。卡方检验也显示，汉语母语者与母语为英语和日语的学习者在名词或名词短语话题的使用率上都存在显著差异（$\chi^2=6.973$，$p<0.05$；$\chi^2=3.293$，$p<0.05$）。汉语二语学习者和母语者使用的介词或方位短语话题、句子话题和动词短语话题比例相差不大。卡方检验也显示，他们这 3 类话题的使用率都不存在显著差异（$p>0.05$）。本研究表明，母语发挥了一定的作用，母语影响了学习者汉语话题—述题结构的总体使用。

柴省三（2013）指出，在汉语第二语言习得研究中，对年龄因素和青春期现象的考察不仅涉及习得速度问题，而且还涉及最终成效以及准母语者水平（NLP）的可及性差异等方面。所谓准母语者水平就是指第二语言学习者在经过某一段习得时长以后，其语言水平所达到的一种与母语者水平相接近的稳定状态，因而 NLP 也是最终成效的一种特例。

研究问题：汉语习得起始年龄因素对青春期前、后两组留学生在汉语习得水平能否达到 NLP 的人数比例方面是否存在着显著的影响？

本文将受试在汉语水平考试（HSK）获得 165 分（满分 170 分）以上受试的汉语水平定义为准母语者水平的操作标准，并将习得时长变量控制在 67.5 个月（5 年半左右），从 2638 名受试中选择符合实验要求的 453 名受试组成研究样本，然后，在其他习得变量完全相同的前提下，对青春期前、后两组受试中的 NLP 人数和非 NLP 人数分别进行统计（见表 8－12 所列），最后对分类结果进行卡方检验。

表 8－12　对青春期前、后两组受试中的 NLP 人数和非 NLP 人数进行统计

组　别	起始年龄范围	习得时长	准 NLP 人数	非 NLP 人数	合计
青春期前	13 岁（含）以内	67.5 个月	8	76	84
青春期后	14 岁（含）以上	67.5 个月	6	363	369
合　计			14	439	453

对上述频数列联表进行卡方检验的结果显示，卡方值为 14.250（$\chi^2=14.250$），由于 $\chi^2=14.250>6.63$（自由度为 1，在 0.01 显著水平上的临界值），所以 $p<0.01$，在 0.01 显著水平上应拒绝零假设，从而接受备择假设，即：在 67.5 个月的相同习得时长内，汉语习得起始年龄因素对青春期前、后两组留学生在汉语习得水平能否达到 NLP 的人数比例方面存在着显著的影响，或者说汉语习得的起始年龄越早，留学生的汉语水平最终达到 NLP 的可能性就越大。

8.3 卡方检验的SPSS操作

8.3.1 卡方拟合度检验的SPSS操作

我们来看前面8.1.1中的例2。操作步骤如下：

第一步：将数据输入数据栏中。名义变量“语言使用方式”用lang表示，1、2和3分别代表母语、双语和目的语。每个类别变量的频数用freq表示。保存的文件命名为“语言使用形式.sav”，如图8-1所示。

第二步：按Data（数据）→Weight Cases（给个案加权）的顺序打开给个案加权对话框。点击Weight cases by（加权依据），将左栏中的加权变量“计量［freq］”键入右边的Frequency Variable（频数变量）栏中，点击OK，回到数据窗口，如图8-2所示。

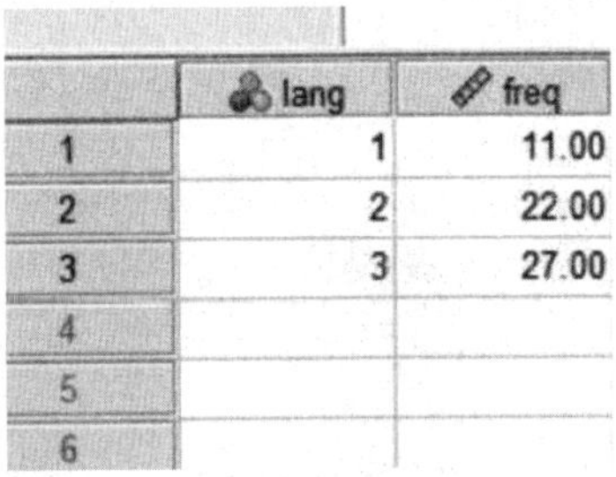

图8-1 语言使用形式数据视窗

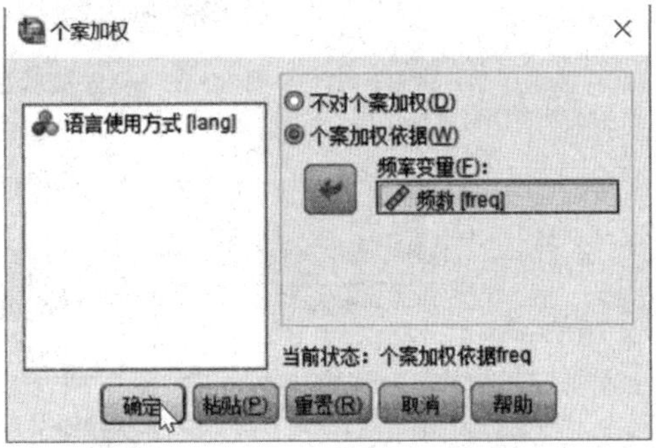

图8-2 个案加权对话框

第三步：按Analyze（分析）→Non-parametric Tests（非参数检验）→Chi-Square（卡方）的顺序打开Chi-Square Test（卡方检验）主对话框，将左栏中的名义变量“语言使用形式［lang］”键入右边的Test Variable List（检验变量列表）栏中，如图8-3所示。

第四步：在Expected Values（期望值）栏中有两个选项：所有类别相等和值。所有类别相等是系统默认的选项，适合本例。为了显示该栏的作用，我们可以采用自行输入期望值的方法。点击值选项，输入第一个类别的期望值，再点击添加，将之键入右栏，如图8-4和图8-5所示。注意：期望值的

图 8－3　卡方检验的位置对话框

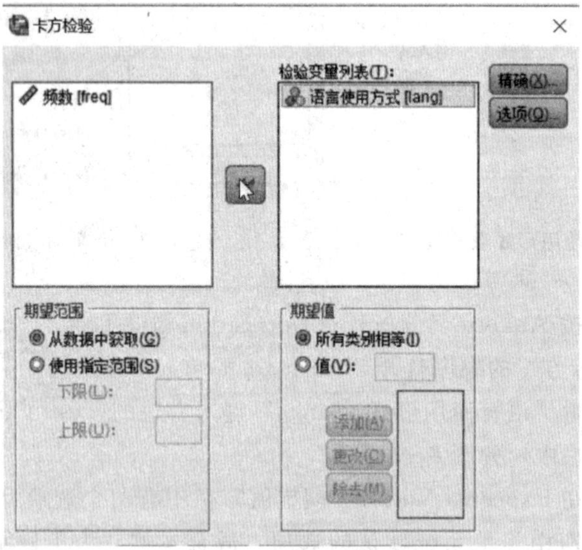

图 8－4　卡方检验主对话框（一）

顺序对应于类别值的升序。我们设置的期望值为 20。

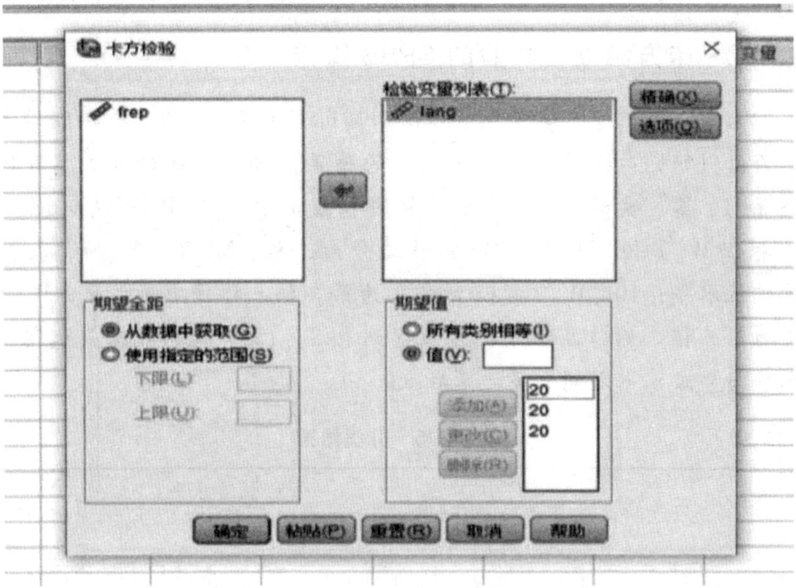

图 8-5 卡方检验主对话框（二）

第五步：点击确定，操作完成。结果见表 8-13 和表 8-14 所列。

表 8-13 语言使用方式

	实测个案数	期望个案数	残差
母语	11	20.0	−9.0
双语	22	20.0	2.0
目的语	27	20.0	7.0
总计	60	—	—

表 8-14 检验统计

语言使用方式	
卡方	6.700[a]
自由度	2
渐近显著性	0.035

由表 8 - 13 和表 8 - 14 可知，自由度为 2，卡方值为 6.700，渐进显著性 0.035<0.05，说明这一组学生对不同语言使用形式的喜爱程度有显著差异。

8.3.2 卡方独立性检验的 SPSS 操作

我们来看一个例子。某研究者以汉语国际教育专业 1～3 个年级学生的限时作文为语料研究句法长度与年级之间的关系。每个年级的作文篇数依次为 17、28 和 15 篇，共计 60 篇。计算句法长度的指标为 W/T（words per T unit）。根据 W/T 值，我们将 60 篇作文分为三档：$W/T \leqslant 10$ 的作文为第一档，称作低水平；$10 < W/T \leqslant 13$ 的作文为第二档，称作中等水平；$W/T > 13$ 的作文为第三档，称作高水平。结果得到表 8 - 15 所列的数据。试问：句法长度水平与年级水平之间相关还是独立？

表 8 - 15　分类结果

		长度水平		
		1	2	3
年级	1	9	5	3
	2	9	5	14
	3	2	10	3

SPSS 操作步骤如下：

第一步：打开 SPSS 窗口，将表 8 - 15 中的数据输入数据栏中。名义变量“年级”用 gra 表示，1、2 和 3 代表 1～3 个年级。名义变量“长度水平”用 length 表示，1、2、3 代表低、中、高水平，如图 8 - 6 所示。

	gra	length	freq
1	1	1	9
2	1	2	5
3	1	3	3
4	2	1	9
5	2	2	5
6	2	3	14
7	3	1	2
8	3	2	10
9	3	3	3

图 8 - 6　1～3 个年级作文长度数据

第二步：按 Data（数据）→Weight Cases（给个案加权）的顺序打开给个案加权对话框。点击 Weight cases by（加权依据），将左栏中的加权变量“计数 [freq]”键入右边的 Frequency Variable（频数变量）栏中，点击 OK，回到数据窗口，如图 8-7 所示。

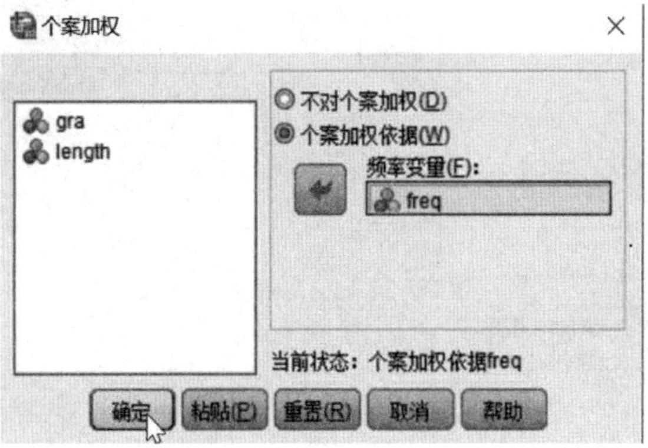

图 8-7　个案加权对话框

第三步：按 Analyze（分析）→Descriptive Statistics（描述性统计）→Crosstabs（列联表）的顺序打开 Crosstabs（列联表，交叉列表）分析主对话框，将左栏中的名义变量“年级 [gra]”键入 Row（s）（行变量）列表中，将名义变量“长度水平 [length]”键入 Column（s）（列变量）列表中，如图 8-8 和图 8-9 所示。

图 8-8　交叉列表位置

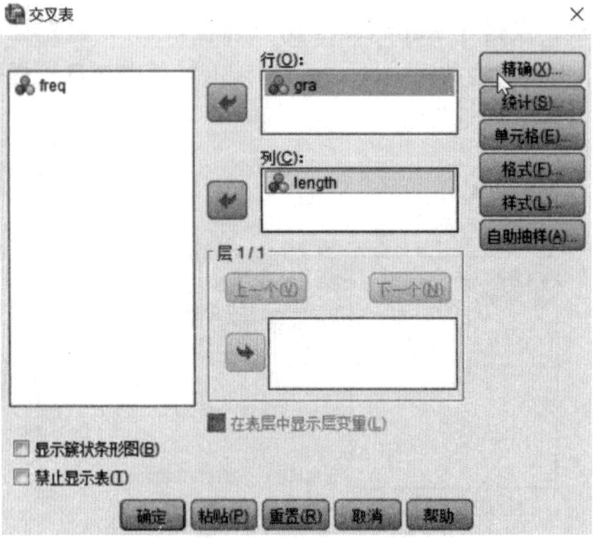

图 8－9　交叉列表对话框

第四步：点击 Exact（精确检验），采用默认的 Asymptotic only（只用渐进检验法）。点击 Statistics（统计），进入列联表分析统计量子对话框。勾选 Chi-square（卡方）选项和 Nominal（名义变量）栏中的 Phi 和 Cramer 变量，如图 8－10 和图 8－11 所示。

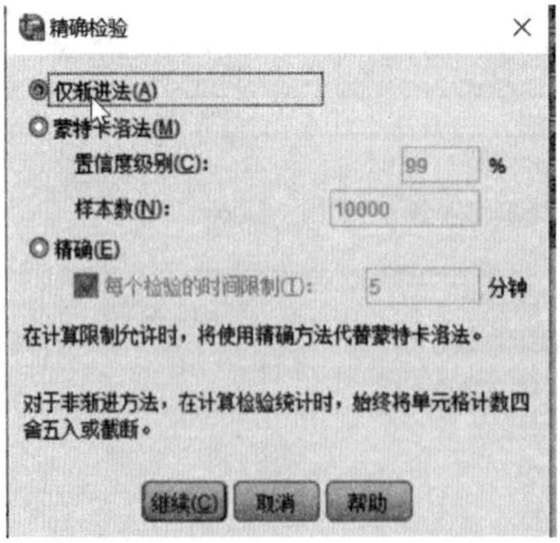

图 8－10　列联表分析统计量子对话框（一）

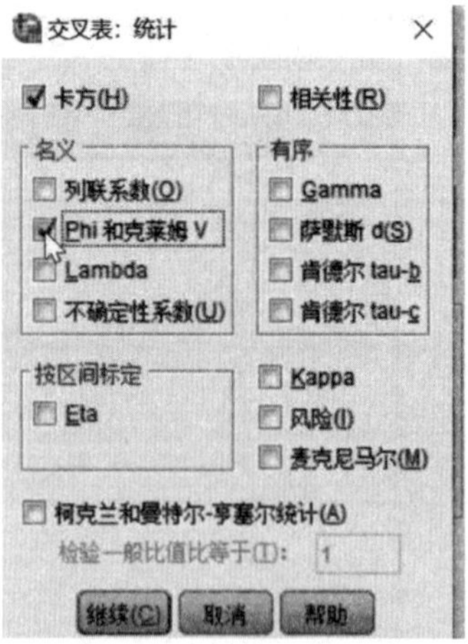

图 8－11　列联表分析统计量子对话框（二）

第五步：点击 Continue（继续），回到列联表分析主对话框。点击 Cels

（单元格），进入列联表分析单元格显示（Cell Display）子对话框。在 Counts（计数）栏中有两个选项。Observed（观测频数）为默认选项，Expected（期望频数）为任选项。勾选 Expected，其他均采用默认的方式或不勾选，如图 8－12所示。

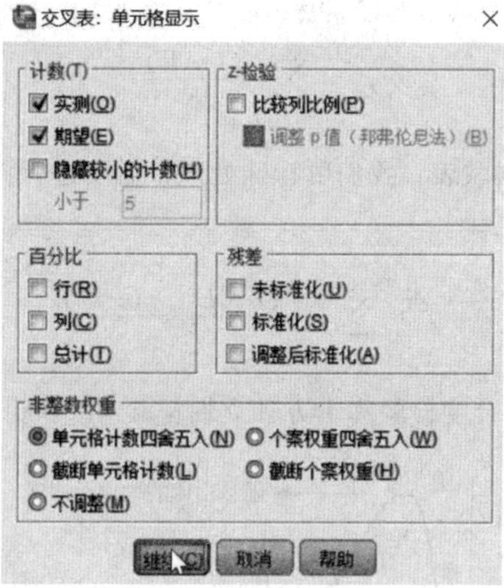

图 8－12　列联表分析统计量子对话框（三）

第六步：点击 Continue（继续），点击 OK，完成操作。结果见表 8－16 所列。

表 8－16　卡方检验

	值	自由度	渐进显著性（双侧）
皮卡尔逊卡方	15.251[a]	4	0.004
似然性	14.849	4	0.005
线性关联	2.263	1	0.132
有效个案数	60	—	—

卡方检验表显示，自由度为 4 时，卡方值为 15.251，显著性 0.004＜0.01，所以说句法长度水平与年级水平之间有显著差异。

本章节我们主要讨论了以下内容，分别是：

（1）对于频数的统计分析要采用卡方检验（chi-square test，χ^2 test）。卡方检验是非参数检验（non-parametric test）的一种。

（2）卡方检验利用观测频数（简称 O）和期望频数（简称 E）。观测频数是实际观测得到的频数，期望频数是理论上期望得到的频数。卡方检验的实质是比较观测频数分布与期望频数分布的差异性程度。

（3）卡方检验分为卡方拟合度检验和卡方独立性检验。

（4）自由度＝（行数－1）×（列数－1）

（5）卡方检验统计量（chi-square test statistic，x^2）的计算公式为：

$$\chi^2 = \sum \frac{(O-E)^2}{E}$$

（6）对于2×2列联表，我们要特殊处理。需要进行Yate校正。此时，我们应该用的公式如下：

$$\chi^2 = \sum \frac{(|O-E|-0.5)^2}{E}$$

（7）介绍卡方拟合度检验和卡方独立性检验SPSS相关操作。

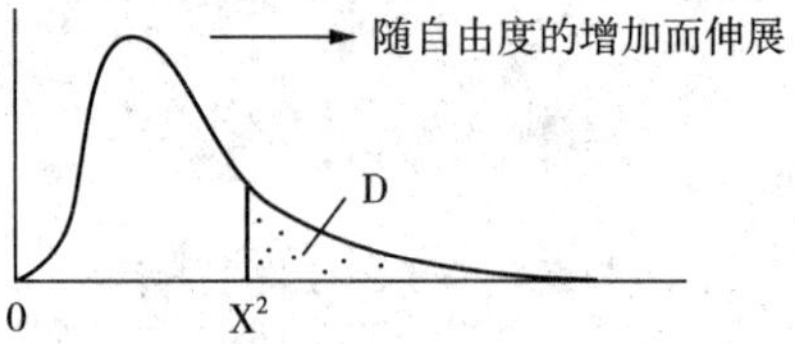

图8-13　卡方分布检验

表8-17列出了各种自由度下的x^2值，p表示x^2时卡方分布的百分比。

表8-17　卡方分布表

自由度	0.975	0.95	0.5	0.1	0.05	0.025	0.01	0.001
1	0.000982	0.00393	0.45	2.71	3.84	5.02	6.63	10.8
2	0.0506	0.103	1.39	4.61	5.99	7.38	9.21	13.815
3	0.216	0.352	2.37	6.25	7.81	9.35	11.34	16.27
4	0.484	0.711	3.36	7.78	9.49	11.14	13.28	18.47
5	0.831	1.15	4.35	9.24	11.1	12.83	15.09	20.51
6	1.24	1.64	5.35	10.6	12.6	14.45	16.81	22.46
7	1.69	2.17	6.35	12.0	14.1	16.01	18.48	24.32
8	2.18	2.73	7.34	13.4	15.5	17.53	20.09	26.12
9	2.7	3.33	8.34	14.7	16.9	19.02	21.67	27.88

（续表）

自由度	0.975	0.95	0.5	0.1	0.05	0.025	0.01	0.001
10	3.25	3.94	9.34	16.0	18.3	20.48	23.21	29.59
12	4.40	5.23	11.3	18.5	21.0	23.34	26.22	32.91
15	6.26	7.26	14.3	22.3	25.0	27.49	30.58	37.70
20	9.59	10.9	19.3	28.4	31.4	34.17	37.57	45.31
24	12.4	13.8	23.3	33.2	36.4	39.36	42.98	51.18
30	16.8	18.5	29.3	40.3	43.8	46.98	50.89	59.70
40	24.4	26.5	39.3	51.8	55.8	59.34	63.69	73.40
60	40.5	43.2	59.3	74.4	79.1	83.30	88.38	99.61

推荐阅读

1. A. 伍兹，等，《语言研究中的统计方法》，2000 年
2. 鲍贵，《二语习得研究中的常用统计方法》，2011 年

练　习

1. 卡方检验的适用条件是什么？

2. 有两组被试，都是以汉语为母语，其中一组只说汉语，另一组还说日语，调查人向他们出示一张具有过渡颜色的卡片，让他们用汉语的“蓝”“绿”“灰”说出卡片的颜色。统计结果列在下表中。这些数据是否表明，被试对颜色名词的选择跟他说不说日语有关？

	蓝	绿	灰
单语	28	41	16
日语	40	38	29

3. 一个研究者考察了中国学生的外向型性格与汉语口语能力的关系。口语能力通过会话来度量。外向型性格用著名的个性测试来度量。在这两种度

量中，都用“高”“中”“低”定分数等级。下面两个表分别给出了男性和女性的测试结果。请计算两个 χ^2 值，说明自由度，并且指出结果在统计上是否显著。基于这些数据你能得出什么结论？

女生：

女性		高	中	低
外向型	高	2	6	4
	中	1	3	3
	低	2	1	2

男生：

男性		高	中	低
外向型	高	2	0	0
	中	2	7	0
	低	3	1	2

4. 有一位母语为汉语的调查员，他问一些说汉语的学员（学员的母语是一种外国语），让这些学员判断他用汉语跟他们说的句子是否符合语法。这位调查员报了如下结果：对于仅含一种错误的句子，拒绝率是33%；对于含有一个相关错误的句子，拒绝率仅为13%。在这两种情况中，样本容量 N 都是60。这两种错误的拒绝率有显著差异吗？

9 相关分析

9.1 什么是相关分析

相关系数（Correlation）最早是由统计学家卡尔·皮尔逊设计的统计指标，用来表示两个或两个以上的变量间的线性相关关系，一般用字母 r 表示。

所谓的线性（Linearity）是指两个相关变量之间是直线（Straight line）的关系。在线性相关散点图（Scatter plot）上，所有散点形成或近似形成一条直线。变量之间的线性相关关系分为正相关、零相关和负相关 3 种。在正相关关系中，一个变量的值增大，另一个变量的值也随之增大。相反，一个变量的值减少了，另一个变量的值也随之减少。一般情况下，正相关系数的值在 0～1 之间。正相关的例子在各个研究领域中都会经常遇到，比如身高与体重的关系、外语词汇语法知识与外语阅读能力的关系。当相关系数增大到 1 时，说明一个变量完全可用另一个变量来预测。此时，我们称这两个变量完全正相关（Perfect positive correlation）。这种情况在研究中很少碰到。在按时计酬的工作制中，薪水与工作小时之间的关系是完全正相关的典型例子。

图 9－1 表示两变量呈正相关。当相关系数在 0～－1 之间时，我们说两个变量之间存在负相关（Negative correlation）。在负相关关系中，一个变量的值增大，另一个变量的值却减小；一个变量的值减小了，另一个变量的值却在增大。负相关的例子也会经常遇到，比如复习次数与遗忘的数量之间的关系可能就是负相关。当负相关系数减少到－1 时，说明两个变量呈完全负相关

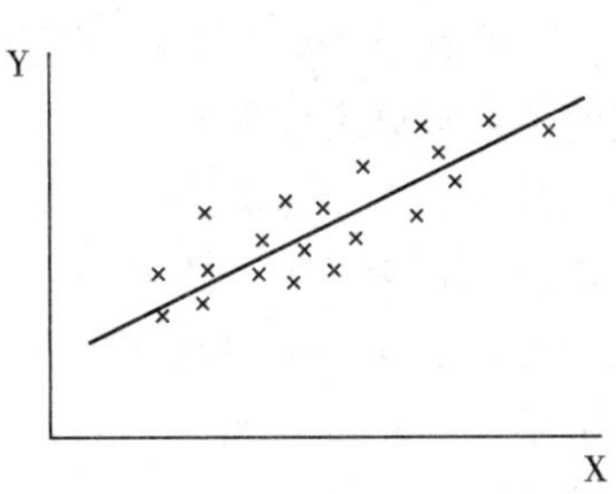

图 9－1 正相关

(Perfect negative correlation)。比如，在距离恒定时，速度与时间的关系呈完全负相关。实际上，完全正或负相关的例子在二语习得研究中很少遇到。

图 9－2 表示两变量呈负相关。当 $r=0$ 时，两个变量之间没有关系，即零相关。比如，身高与外语水平的关系可能就是零相关。图 9－3 表示两变量零相关。

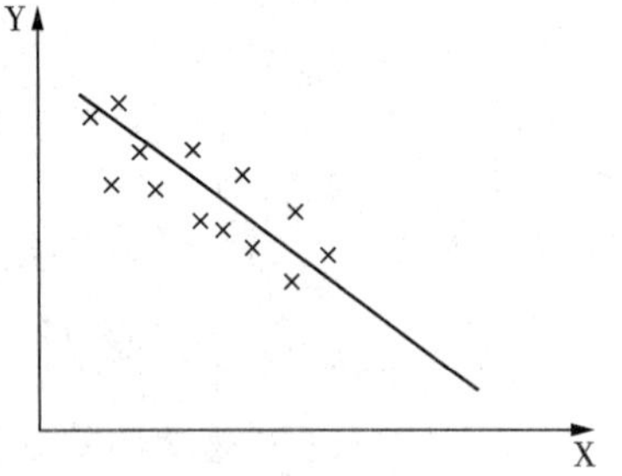

图 9－2　负相关

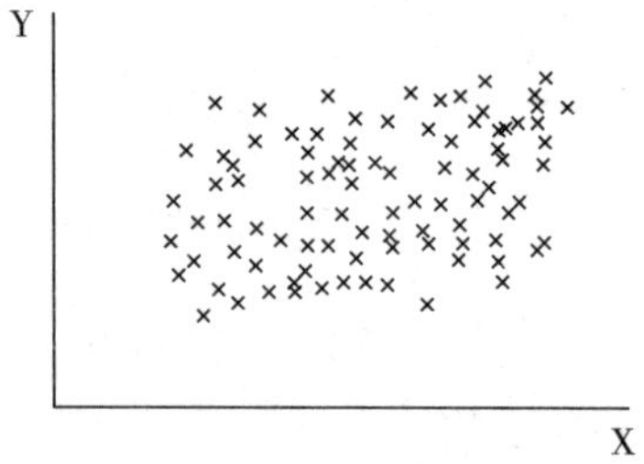

图 9－3　零相关

有时候，两个变量之间的关系是曲线相关。比如，过多或过少的焦虑可能对听力成绩产生消极的影响，适当的焦虑有助于听力水平的发挥。在散点图上，焦虑水平与听力成绩之间关系的线条可能呈倒置的 U 形，线性相关系数 r 为 0。曲线相关关系要通过变量调整后才能按照线性相关分析的方法去研究，或通过回归分析的方法去研究曲线相关关系。本章讨论的相关分析是指线性相关分析。

在决定某个相关系数 r 表示变量之间的相关程度时，要根据样本容量的大小进行相关系数的显著性检验，即要通过 p 值来判断某个相关偶然发生的可能性。如果 $p<0.05$，说明变量之间的这一关系（r）偶然发生的概率不到 5%，我们可以认为两个变量之间存在显著的相关。如果 $p>0.05$，说明变量之间的这一关系偶然发生的概率超过 5%，我们可以认为变量之间不存在显著的相关，即是说，相关系数 r 没有显著性意义。根据相关系数的大小，变量之间的关系可分为完全相关、高相关、中等相关、低相关和零相关。通常情况下，当 $0<|r|\leqslant 0.3$ 时，两个变量微弱相关；当 $0.3<|r|\leqslant 0.5$ 时，两个变量低度相关；当 $0.5<|r|\leqslant 0.8$ 时，两个变量中等相关；当 $0.8<|r|<1$ 时，两个变量高度相关；$|r|=1$ 表示两个变量完全相关；$r=0$ 表示两个变量零相关。当然，对高相关和低相关也有不同的看法。有人认为，$|r|$ 在 0.3 以下为低相关，$|r|$ 在 0.4～0.6 之间为中等相关，$|r|$ 在 0.7 以上为高相关。需要注意的是，在使用高相关和低相关这些术语时，不要忘

记参考样本的大小和显著性检验的结果。

相关系数有助于用一个变量值的变化方式来评估另一个相关变量值的变化方式。即是说，我们可以这样来解释相关系数 r：观测到的 X（或 Y）变量的变化解释了观测到的 Y（或 X）变量 $P\%$（等于 r 的平方）的变化。譬如，当变量 X 和 Y 的相关系数 $r=0.5$ 时，我们可以说 Y 的 25%（r^2）的变化可由 X 的变化来解释。或者说，X 的 25%的变化是由 Y 的变化引起的。

需要注意的是，相关关系不一定是因果关系（Causation）。有时候，相关关系反映因果关系。比如，女性比男性更容易对考试产生焦虑（Anxiety），我们认为，性别（Gender）影响考试焦虑的程度，但是我们不能说焦虑的程度影响了性别。有时候，在两个相关的变量中，我们很难说哪个影响了哪个。比如，在情感稳定性（Emotional stability）与焦虑（Anxiety）的关系中，是情感更稳定导致焦虑程度的降低？还是焦虑程度的增加导致了情感更趋于不稳定？两种情况都存在，它们是相互影响的。还有些时候，两个变量之间的相关是由第三个变量引起的。比如，夏天冰激凌的销售量与中暑人数存在正相关。我们不能说冰激凌的销售量是中暑的原因或结果，两者都是天气炎热的结果。另外，相关系数仅仅是对两个变量之间关系大小的度量，不能进行算术运算，比如不能说相关系数 0.8 是 0.4 的两倍等，上文已经指出变量之间的变化可以用相关系数的平方来解释。

9.2 相关系数的计算方式

由于研究对象的不同，相关系数有多种计算方式，较为常用的是皮尔逊相关系数和斯皮尔曼相关系数。在统计学中，相关表和相关图也可反映两个变量之间的相互关系及其相关方向，但无法确切地表明两个变量之间相关的程度。学者李绍山指出，相关系数是用以反映变量之间相关关系密切程度的统计指标。皮尔逊相关系数是最常见的相关系数。

9.2.1 皮尔逊相关系数

皮尔逊相关系数（Pearson correlation coefficient）是参数检验（Parametric test）方法。许多检验都需要满足某些假定或假设（Assumptions），皮尔逊相关系数检验也不例外。所谓的假设就是准确使用某个统计检验必不可少的先决条件。皮尔逊相关系数（r）是最为精确的相关系数。该系数统计要满足 4 个必要条件：（1）两个变量数据必须服从正态分布或接近于正态分布；（2）变量之间呈线性关系；(3) 观测值必须是定距或定比数据，且具有独立性（Independence），所谓观测值的独立性（Independence of observations）是指组内观测值之间没有关联。如果某次考试中学生互相抄袭，那么就违背了这一必要条件，因为考试分数不再彼此独立；(4) 方差齐性（Homogeneity of variances，homoscedasticity），意为变量 x 数值的变异性在变量 y 的数值上相似。r 的大小与样本容量 n（即两个样本的成对数目）有关系。在使用皮尔逊相关系数时，n 不宜小于 30，最好在 50 以上，即比较适合大容量样本。n 过小，即使相关系数 r 很大，两个变量之间的关系也不见得很密切。

下面我们来看一个例题。

【问题 9－1】 见表 9－1 所列，某班级有 15 名同学，最近他们分别进行了“汉语阅读”测试和“词汇语法”测试。现请判断汉语阅读成绩和词汇语法知识之间是否存在显著的相关？

表 9－1 15 名学生汉语阅读和词汇语法测试成绩

编号	汉语阅读	词汇语法
1	12	5
2	22	8
3	16	11
4	20	5
5	14	6
6	20	7
7	22	8
8	20	9
9	22	8
10	22	8
11	24	11
12	16	7
13	10	7
14	18	10
15	22	11

例子中阅读成绩和词汇语法成绩是否相关呢？这个问题可以用相关系数来解决。为了计算皮尔逊相关系数，我们先要引入一个度量，这个度量叫作“协方差”，写作 cov(X，Y)，要注意协方差是与标度相关的度量，单位影响着协方差的大小。定义如下：

$$\mathrm{cov}(X, Y)=\frac{1}{n-1}\sum(X_I-\overline{X})(Y_I-\overline{Y})。$$

这里有两个变量：变量 X(15 名学生汉语阅读成绩的评分之和) 和 Y(15 名学生词汇语法成绩的评分之和)。我们先算出 $\overline{X}$，即 X 的 15 个观察值的平均值，并且计算出每个观察值 X_1 跟这个平均值的差($X_I-\overline{X}$)，然后我们对 Y 的 15 个观察值执行同样的操作并计算出($Y_I-\overline{Y}$)，将($X_I-\overline{X}$) 与($Y_I-\overline{Y}$) 相乘；最后我们将这 15 个乘积加起来除以 14，算出“与均值的差的平均乘积”。

这样做的理由也许不能立马看出来。但是当我们看到经处理后数据中的 3 个不同的模式产生了 3 种不同结果时，理由会变得清楚一些，这 3 个模式参考 9.1 节图 a、图 b 和图 c。

模式 1：X 和 Y 趋于同步增大。在这种情况下，当 X 比其平均值大时，Y 也比其平均值大，于是乘积($X_I-\overline{X}$)($Y_I-\overline{Y}$) 也趋于为正数。当 X 小于其平均值时，Y 通常也小于其平均值，($X_I-\overline{X}$) 和($Y_I-\overline{Y}$) 这两个差都是负的，于是其乘积又是正数。既然绝大多数情况下乘积是正数，那么它们的和(及其平均数) 也将是正数，并且(可能) 相当大。

模式 2：X 增大时，Y 趋于减小；Y 增大时，X 趋于减小。现在我们发现，X 小于其平均值时，Y 通常大于其平均值，反之亦然。($X_I-\overline{X}$) 和($Y_I-\overline{Y}$) 这两个差的符号通常相反，于是其积为负数。这些积的和将是一个很大的负数。

模式 3：X 和 Y 之间没有特定的关系。这意味着($X_I-\overline{X}$) 的符号对($Y_I-\overline{Y}$) 的符号没有影响，所以大约有一半符号相同，剩下的一半有负有正。结果，乘积($X_I-\overline{X}$)($Y_I-\overline{Y}$) 大约一半是正数，一半是负数，乘积之和趋于 0。

有时候为了计算的方便，我们也可以用下面的公式快速地计算出协方差 cov(X，Y)：

$$\mathrm{cov}(X, Y)=\frac{\sum XY-n\overline{XY}}{n-1}$$

现在我们给出皮尔逊相关系数的一个基本公式：

$$r=\frac{\mathrm{cov}(X, Y)}{S_x S_y}$$

其中 cov(X，Y) 是上面说到的句子的协方差，S_x 和 S_y 分别是变量 X 和 Y 的标准差，我们也可以将上述的皮尔逊相关系数公式进行展开，写作：

$$r=\frac{\frac{1}{n-1}\sum(X_I-\overline{X})(Y_i-\overline{Y})}{S_x S_y} \text{或} \frac{\frac{1}{n-1}\sum XY-n\,\overline{XY}}{S_x S_y}$$

与我们所说的协方差不同，r 没有任何单位。它是个没有单位的量，就像比例和百分比一样。分子和分母的单位相互“抵消”了。我们可以把 $r(X, Y)$ 的性质总结如下：

(1) $r=r(X, Y)=\frac{\text{cov}(X, Y)}{S_x S_y}$

(2) 变量的单位不影响 r 的值(相关系数跟标度无关)

(3) $-1\leqslant r\leqslant 1$(即 r 的值在正 1 和负 1 之间)

9.2.2 相关系数的统计检验

仅仅观察“r”的值，我们能够作出诸如“这两个变量高度相关(或低相关)”或者“这两个变量互不相关”这一陈述吗?

这里要注意的一点是，即使两个变量互不相关，从变量的观察值所对应的随机样本中计算出来的 r 的值也不会恰好是 0。由于抽样过程的随机性，从一个样本到另一个样本，r 的值将是不同的。假定我们得到一些随机样本，并且对每一个样本计算 r。如果所研究的两个变量之间的相互独立性颇大，我们会发现 r 的值有时是正的，有时是负的。r 的各个不同的值的平均数趋向于 0，但是个别值可能相当大。对于这种类型的变异我们现在不应感到惊讶；每当我们试图通过观察样本来估价统计总体的任何参数时，总会出现这种情况。原因之一，是我们通常仅仅根据一个样本来进行估计。如果能够得到所有可能的同现对于(X，Y) 的整个总体，我们就能够确切地计算这个相关系数的总体值。我们用 ρ 来表示这个值。于是，从(X，Y) 的样本中计算出来的 r 的值就是对 ρ 的一个估计。

统计检验的步骤是：(1) 确立 H_0：$\rho=0$($\rho=0$ 表示样本所来自的总体之间不存在任何相关)；(2) 利用公式计算检验统计量 r；(3) 确定 α 水平后，查皮尔逊相关系数表得到 r 的临界值。如果求得的检验统计量 r 的绝对值大于(或等于) 临界值，则拒绝零假设，即认为相关变量之间存在显著相关；如果求得的检验统计量 r 的绝对值小于临界值，则接受零假设，即认为相关变量之间不存在显著相关。

下面是问题 9.1 的计算步骤：已知 $n=15$。根据表中数据求得：

$\sum X = 280$，$\sum Y = 121$，$\sum X^2 = 5472$，$\sum Y^2 = 1033$，$\sum XY = 2312$。

根据皮尔逊相关公式系数求得：

$$r = \frac{\frac{1}{n-1}\sum XY - n\,\overline{XY}}{S_x S_y} = \frac{\frac{1}{14}2312 - 15 \times 150.66}{4.2 \times 2} = 0.451。$$

本例中有两个变量，所以自由度 $df = n - 2 = 13$，取 $\alpha = 0.05$，查皮尔逊相关系数表得到 $r_{\alpha(df)} = r_{0.05(15)} = 0.514$。如果计算的 r 值大于(或等于)表中某一 α 的水平下 r 的值，说明两个变量间存在某种程度的相关($p < 0.05$)。这表明研究者有理由认为变量之间的相关系数显著地不同于 0。如果 r 的值小于表中某一 α 的水平下 r 的临界值，说明两个变量之间不存在显著的相关($p > 0.05$)。尽管我们认为汉语阅读成绩和汉语词汇语法知识之间存在正相关，但是本例中两者没有关系。这或许是由于样本容量太小的缘故。这一例子也说明，如果 n 过小，即使相关系数 r 大，两个变量之间的关系也不见得密切。注意：本例只是为了计算方便，选取了很小的样本，旨在说明 r 的计算过程。实际研究中，我们需要考虑上面提到的皮尔逊相关系数应用的 4 个条件。

9.2.3 斯皮尔曼相关系数

斯皮尔曼等级（秩次）相关系数（Spearman rank correlation coefficient），又称斯皮尔曼相关系数（Spearman correlation coefficient），是非参数检验方法。它对数据的要求不像皮尔逊相关系数那样严格。在前面两节中关于 r 的意义及其检验的叙述都基于这样一个假定：所观察的两个变量都服从正态分布。但是在很多实际情形下，这个假定是不成立的。如果数据不服从正态分布，我们想要检验两个变量之间的关系时，则可以使用斯皮尔曼等级相关系数。当两个样本的成对数目 n 很小（比如小于 20）时，也可使用斯皮尔曼相关系数公式计算两个变量之间的关联程度。斯皮尔曼相关系数的计算公式为：

$$r_s = 1 - \frac{6\sum D^2}{n(n^2-1)},\ (\sum D^2 = \sum (R_i - S_i))$$

在该公式中，r_s 代表斯皮尔曼等级相关系数，n 是两个样本的成对数目，D 为对应等级或秩次(rank) 的差数，$\sum D^2$ 代表所有对应等级差数的平方和，R_i 是变量 X 的各个等级，S_i 是变量 Y 的各个等级。斯皮尔曼相关系数统计检验的步骤与皮尔逊相关系数统计检验的步骤相同(见前一节)。

【问题 9-2】 表 9-2 左边两列是某位老师对 5 名学生汉语口语和作文成

绩的评分等级(1 ～ 5 个等级)。试问：这 5 名学生的口语和作文成绩是否关联？

表 9-2　5 名学生汉语口语和作文成绩的评分等级

汉语口语等级分数	汉语作文等级分数	D	D^2
1	1	0	.00
3	4	−1	1.00
4	5	−1	1.00
5	3	2	4.00
2	2	0	.00
			$\sum D^2 = 6$

计算步骤：根据表 9-2 左边两列的定序数据计算出 $\sum D^2 = 6$。根据斯皮尔曼等级相关系数公式求得：

$$r_s = 1 - \frac{6\sum D^2}{n(n^2-1)} = 1 - \frac{6\times 6}{5\times(5^2-1)} = 1 - \frac{36}{120} = 0.7$$

已知 $n=5$，取 $\alpha=0.05$，查斯皮尔曼相关系数表得到 $r_{s(0.05)}=1.0$(近似值)。如果计算的 r_s 值大于或等于表中某一 α 水平上 r_s 的临界值，说明两个变量间存在某种程度的显著相关；否则，两个变量之间不存在显著的相关。这里 $r_s=0.7<r_{5(0.05)}=1.0$，说明相关系数 r_s 没有显著意义，即 5 名学生的口语和作文成绩彼此独立，互不关联。

斯皮尔曼相关系数虽然较少地受到数据性质的限制，但计算出的相关系数的准确度低于皮尔逊相关系数。在实际研究中，凡是数据满足皮尔逊相关系数统计条件的，则选用皮尔逊相关系数检验，无须再用斯皮尔曼相关系数检验。只有当数据不能满足皮尔逊相关系数检验条件时，我们才会考虑选用斯皮尔曼相关系数检验。

9.3　相关分析在第二语言习得中的应用

本节主要介绍相关分析在第二语言习得中的应用，文献来自马萍（2008）对留学生动宾式离合词的习得研究。

研究背景：离合词是现代汉语中一类特殊的集合，它可离可合，既像词，又像词组，因此有人称之为“离合词”。正因为这一特性，离合词成为留学生汉语学习的一大难点。该研究考察留学生对于动宾式离合词的习得过程及特点，探索留学生习得离合词的顺序及规律，从而指导离合词的教学。

研究对象：本研究的被试包括53名不同国籍的外国人，均为四川大学海外教育学院的留学生，其高、中、低水平根据自然班等级划分，以下称为留学生组；48名中国人，以下称为中国组。

研究方法：在前人研究的基础上将动宾式离合词的扩展形式进行了一定的整合编码，问卷调查所选取的离合词均从《高等学校外国留学生汉语言专业教学大纲》的一年级词汇中选出。具体编码情况如下：

(1) V＋着/了/过/的＋O (V P O)，如“毕了业、见过面”

(2) V＋补语＋O (V C O)，具体包括以下两种形式：

a. V＋得了/不了/得/不得＋O (V C1 O)，如“请不了客、照不了相”

b. V＋趋向补语＋O (V C2 O)，其中趋向补语包括单音节的简单趋向补语 (V C_2O_1) 和双音节的复杂趋向补语 (V C_2O_2)，如“鼓起掌来、帮不上忙”

c. V＋数量/时量补语＋O (V C3 O)，如“洗三次澡、留了两年学”

d. V＋动词或形容词构成的单音节补语＋O (V C4 O)，如“请好假、离完婚”

(3) V＋定语＋O (V M O)，具体包括以下三种形式：

a. V＋形容词＋O (V M1O)，如“睡了一个舒舒服服的好觉、放一个长假”

b. V＋代词＋O (V M2O)，如“问他们好、生我的气”

c. V＋什么＋O (V M3O)，如“道什么歉、着什么急”

(4) 倒装成 O－V (O V)，如“把心放了下来、会才开完”

(5) 重叠 (V V O)，如“散散步、谈谈话”

数据收集：该研究属于横向的群案研究，结合客观与主观测试收集留学生习得 V O 型离合词扩展形式的语料。

客观测试部分主要考察留学生和中国人对本研究所限定的10类离合词扩展形式的掌握、习得情况。每类扩展形式设计2道题，每题4个选项，其中1个目标选项，3个混淆选项，被试对每个选项按“完全接受”到“完全不能接受”进行李克特五级量表计分。每题后均设有难度判定选项，也是按“很难”到“很简单”的五级量表计分。这20道题打乱顺序后再加上5道摘自 HSK 考试的混淆题，以避免同一类过分集中而使学生意识到测试目的。

主观测试部分为翻译题，共10道，针对每一类扩展形式都进行了测试。本研究翻译部分共设14个空，分别给出情景，以及英、日、韩文的译文，要求被试根据所给的词的正确形式填空。所有离合词均为初级大纲要求的基础词汇。翻译题目本身具有较大的主观性，受提示文的影响较明显，学生不会做或采取回避策略的情况较多，完成情况不如第一题好，为此我们在分析时以前面的语法判断测试结果为主，以该部分作为补充和参考。

留学生组客观与主观测试两部分都要做，而中国组只需完成语法判断。所有数字材料都输入 SPSS 软件系统。

研究结果：首先将第一部分语法判断中国组与留学生组的 20 个目标项进行配对检验（见表 9－3），得到以下结果：就目标项平均得分 M 而言，中国组在可以接受到完全接受之间，而留学生组则在不太接受到可以接受之间。这表明，留学生组在选择时自信度普遍不高，中国组则选择自信。另外，中国组的标准方差 Std. Deviation ＝ 0.15849064，留学生组的标准方差 Std. Deviation＝0.38768819。我们可以看出，留学生组的内部差异明显高于中国组，说明中国组被试内部的看法较一致，留学生组被试内部差异较大。配对样本 t 测试表明，t 值为 11.449，sig 双侧检验值 0.000，两者差异具有显著意义，也说明留学生关于离合词的习得与母语者水平还有相当大的差距，进一步证明了加强离合词教学的必要性。

表 9－3　中国组与留学生组目标项配对检验

	Mean	N	Std. Deviation	Sig. （2－tailed）
中国组	4.6496227	20	0.15849064	0.000
留学生组	3.7535000	20	0.38768819	

接下来，我们再对目标项与评价项进行相关分析。研究发现，留学生组 22 个目标项的平均分与评价分的相关度为负相关，相关系数为－0.282（见表 9－4），说明对题目的评价越难，目标句的得分越低。但从表中的确切显著值 Sig. （2－tailed）可以看出，实际的显著值为 0.203（＞0.05），说明这一等级评定相关系数在 0.05 的水平上并不显著，也就是说，留学生组的被试的目标项得分与主观评价项得分相关性并不显著，即被试主客观习得顺序有一定相关性，但相关性不大，习得难度在主观意识与客观体现中并非完全一致。此外，留学生组评价项的标准方差 Std. Deviation＝0.1627378，range 仅为 0.4905，评价项得分相差不大；而目标选项的标准方差 Std. Deviation 均大于 0.9，range＝1.4616，说明不管题目难易，留学生给出的评价分相差都不大，留学生对测试内容真实“难易”程度并不敏感，这也从另一面说明教学上的效果并不明显。

表 9－4 留学生组语法判断目标项与评价项 Spearman 公式相关分析

			正确 M	评价 M
Spearman' rho	目标项 M：评价项 M	Correlation Coefficient	1.000	－0.282
		Sig. （2－tailed）	—	0.203
		N	20	20

9.4 相关系数的 SPSS 操作

【问题 9－3】 选用恰当的统计方法，计算文件“学生水平分项测试.sav”中汉语阅读成绩变量和汉语词汇语法变量之间是否存在显著相关？

操作步骤如下：

第一步：打开“学生水平分项测试.sav”文件。

第二步：按 Analyze→Correlate→Bivariate…的操作顺序打开 Bivariate Correlations（双变量相关分析）对话框，将左栏中的汉语阅读（chinread）和词汇语法（vocabgra）两个变量键入右边的 Variables（变量）栏，其他选项默认，如图 9－4 所示。

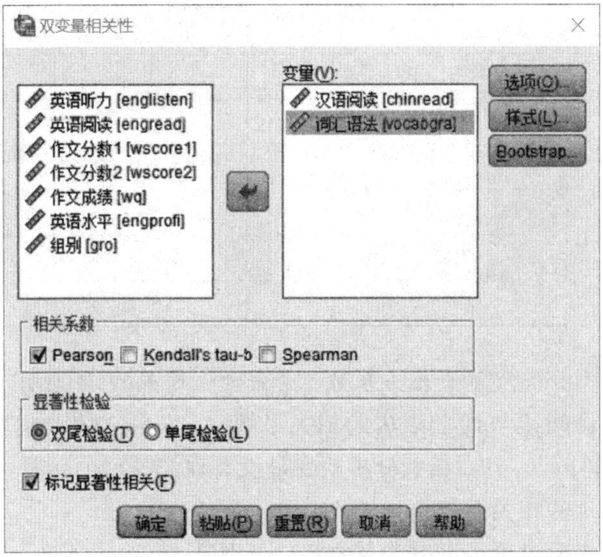

图 9－4 相关分析主对话框

第三步：点击 Options…（选项）按钮，可以进入相关分析选项对话框，选中 Statistics（统计量）中的 Means and standard deviations（平均数和标准差），其他选项默认，如图 9－5 所示。

在统计量栏中的另一个选项是 Cross-product deviations and covariances（交乘积离差和协方差）。它们用于对相关系数的计算。

第四步：点击 Continue（继续），回到相关分析主对话框，再点击 OK，完成操作。输出结果见表 9－5 和表 9－6 所列。

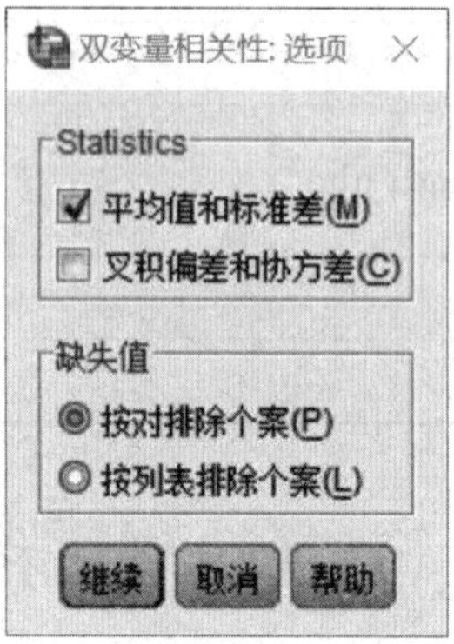

图 9－5　相关分析选项子对话框

表 9－5　描述性统计

	平均数	标准偏差	N
汉语阅读	23.4000	4.75634	80
词汇语法	11.8000	2.95279	80

表 9－6　汉语阅读和词汇语法相关分析

		汉语阅读	词汇语法
汉语阅读	皮尔逊（Pearson）相关	1	0.568**
	显著性（双侧）		0.000
	N	80	80
词汇语法	皮尔逊（Pearson）相关	0.568**	1
	显著性（双侧）	0.000	
	N	80	80

各变量与本身的皮尔逊相关系数 1（完全正相关），不存在双侧检验的显著性问题。汉语阅读与词汇语法的相关系数为 0.568，统计检验达到显著性（0.000），写作 $p<0.01$。相关分析的变量没有孰先孰后的问题，所以表中上、下两个部分显示的相关系数是一样的。

本章我们主要讨论了以下 5 点内容，分别是：

(1) 介绍了协方差 $\text{cov}(x, y)=\frac{1}{n-1}\sum(X_I-\bar{X})(Y_I-\bar{Y})$ 的概念，并说

明它是作为两变量协同变化的程度的度量。协方差是标度相关的。

(2) 两变量 X 与 Y 之间的相关系数(Pearson 相关系数) 定义为 $r=\frac{\mathrm{cov}(X,Y)}{S_x S_y}$，并且表明是独立于 X 与 Y 度量时所用的单位的。r^2 这个值可以理解为一变量的变化被另一变量的变化所解释的比例。

(3) 对假设 H_0：$\rho=0$，检验统计量是 r 本身，临界值可以在书后查到。

(4) 介绍了皮尔逊相关系数在 SPSS 中如何一步一步地进行操作。

(5) 介绍了 Spearman 等级相关系数 r_s，关于假设 H_0："两变量相互独立"，则可以基于 r_s，即使数据已显然不是正态分布的。

Pearson 相关系数的百分表：

表 9-7 给出导致在显著水平 ρ 上拒绝零假设"总体相关系数 $\rho=0$"而接受备择假设"$\rho\neq 0$"的样本相关系数 r 的绝对值。

表 9-7　显著水平 (p)

样本容量 (n)	0.10	0.05	0.01	0.01
3	0.988	0.9969	0.9999	0.9999
4	0.900	0.950	0.990	0.999
5	0.805	0.878	0.959	0.991
6	0.729	0.811	0.917	0.974
7	0.669	0.754	0.875	0.951
8	0.621	0.707	0.834	0.925
9	0.582	0.666	0.798	0.898
10	0.549	0.632	0.765	0.872
11	0.521	0.602	0.735	0.847
12	0.497	0.576	0.708	0.823
13	0.476	0.553	0.684	0.801
14	0.457	0.532	0.661	0.780
15	0.441	0.514	0.641	0.760
16	0.426	0.497	0.623	0.742
17	0.412	0.482	0.606	0.725
18	0.400	0.468	0.590	0.708
19	0.389	0.456	0.575	0.693

（续表）

样本容量（n）	0.10	0.05	0.01	0.01
20	0.378	0.444	0.561	0.679
21	0.369	0.433	0.549	0.665
22	0.360	0.423	0.537	0.652
27	0.323	0.381	0.487	0.597
32	0.296	0.349	0.449	0.554
42	0.257	0.304	0.393	0.490
52	0.231	0.273	0.354	0.443
62	0.211	0.250	0.325	0.408
82	0.183	0.217	0.283	0.357
102	0.164	0.195	0.254	0.321

Spearman 相关系数的百分表见表 9－8 所列。

表 9－8　Spearman 相关系数的百分表

样本容量（n）	0.10	0.05	0.02	0.01
4	1.000			
5	0.900	1.000	1.000	
6	0.829	0.886	0.943	1.000
7	0.714	0.786	0.893	0.929
8	0.643	0.714	0.833	0.881
9	0.600	0.700	0.783	0.833
10	0.564	0.648	0.745	0.794
11	0.536	0.618	0.709	0.764
12	0.503	0.587	0.678	0.734
13	0.484	0.560	0.648	0.703
14	0.464	0.538	0.626	0.679
15	0.446	0.521	0.604	0.657
16	0.429	0.503	0.584	0.634
17	0.414	0.488	0.566	0.618
18	0.401	0.474	0.550	0.600

（续表）

样本容量（n）	0.10	0.05	0.02	0.01
19	0.391	0.460	0.535	0.574
20	0.380	0.447	0.522	0.570
21	0.370	0.436	0.510	0.566
22	0.361	0.425	0.497	0.544
23	0.353	0.416	0.486	0.532
24	0.344	0.407	0.476	0.521
25	0.337	0.398	0.466	0.511
26	0.331	0.390	0.457	0.499
27	0.324	0.383	0.449	0.492
28	0.318	0.375	0.441	0.483
29	0.312	0.369	0.433	0.475
30	0.306	0.362	0.426	0.467

推荐阅读

1. 鲍贵，《二语习得研究中的常用统计方法》，2011 年
2. A. 伍兹，等，《语言研究中的统计方法》，2000 年

练　习

1. 什么是相关？如果两变量相关，那么给出一个变量的值，就可以预测另一个变量的值，这是为什么？

2. 如果两变量之间有显著意义的相关，是否可以说两者之间存在因果关系？

3. 有一项实验研究调查了汉语专业二年级学生的“场独立性/场依赖性”（FI/FD）这一认知方式与其语法能力（GR）之间的关系，分别用“认知方式图形测试”的成绩和语法测试成绩作为其量化指标。前 20 个被试（SUB）的数据见下表所列。计算两组数据之间的皮尔逊相关系数，并对该系数进行假设检验（$\alpha=0.01$，双侧检验）。

学生场独立性/场依赖性及其语法能力测试成绩表

SUB	FI/FD	GR
1	18.0	76
2	19.5	72
3	15.0	80
4	22.5	92
5	18.0	80
6	19.5	82
7	15.0	88
8	16.5	80
9	19.5	80
10	21.5	92
11	22.5	76
12	18.0	75
13	19.0	80
14	10.5	70
15	20.0	84
16	18.5	77
17	21.0	76
18	7.5	61
19	6.0	63
20	22.5	80

4. 两名教师以评定等级的形式对某班级 15 名学生汉语口语能力进行独立评估，结果见下表所列。

教师对学生汉语口语能力评估表

学生	教师 A	教师 B
1	11	15
2	2	1
3	5	7

（续表）

学生	教师 A	教师 B
4	15	12
5	9	6
6	10	10
7	1	3
8	4	5
9	13	13
10	3	2
11	8	9
12	7	8
13	6	4
14	12	14
15	14	11

计算两组等级之间的斯皮尔曼等级相关系数，并对之进行假设检验（$\alpha=0.01$，双侧检验）。

解释方法篇

10 第二语言习得理论解释

10.1 各理论或学派的语言习得解释

关于人类是如何习得母语的，历史上各理论或语言学流派都纷纷提出过自己的观点和主张，并形成了相应的母语习得理论体系。这些母语习得理论受到了二语习得研究者的重视与关注，他们认为既然母语习得与第二语言习得是语言习得，那么适用于母语习得的解释理论在一定程度上也可能用来解释第二语言的习得。因此，早期的第二语言习得理论基本上都是在母语习得的理论框架下形成的。那么我们在介绍基于母语习得视角而形成的第二语言习得解释理论之前，也非常有必要先了解一下各理论或学派的母语习得理论。本节以时间顺序为轴，主要介绍历史上对二语习得研究影响较深的行为主义、生成语言学以及认知语言学所提出的语言习得理论，下面分别予以介绍。

10.1.1 行为主义学习理论的习得解释

受到俄罗斯科学家 Ivan Pavlov 的“条件—反射”实验的启发，行为主义学习理论于 20 世纪初至 20 世纪中期形成了有关儿童母语习得的观点。根据“行为主义”的理论观点，儿童习得母语的过程会经历以下几个步骤，形成相对固定的习得模式：

第一，观察。观察是儿童习得语言的第一步，主要是指儿童对成人、教师以及其周围存在的一切言语信息，即“刺激物”的观察。

第二，模仿。儿童在接收到周围环境所给予的“刺激”后，会做出相应的、积极的反应，即进行积极的模仿。

第三，强化。如果儿童对成人语言的模仿比较成功，成人应及时给予物质或精神奖赏，以便巩固和强化他们对语言做出的模仿和反应。根据斯金纳的观点，这种“强化”应该是正面的、积极的，即正强化，而对儿童语言模仿的批评和指责则为负强化。

第四，重复。为了得到更多的奖励，儿童需要进行重复的模仿，从而慢慢养成语言习惯。

第五，成形。通过反复的观察—模仿—强化—重复后，儿童与成人的说话方式越来越接近，逐步形成正确的语言行为，最终习得语言。

简言之，行为主义认为语言行为与人类其他活动行为一样，需要刺激物来引发，通过反复的刺激—反应等过程，使儿童的言语行为得到巩固和加强，慢慢形成习惯，于是逐渐习得母语。

到了20世纪中期，“行为主义”理论与结构主义语言学的有机结合催生了对比分析假说。该假说认为，第二语言的习得也是通过刺激—反应—强化等过程后形成习惯的结果，只要习惯一经形成，学习者便会在某一情境下自动做出相应的反应。但是与第一语言（通常是母语）的习得不同，学习者在习得第二语言时，由于已经形成了第一语言的相关习惯，因此习得第二语言时需要克服旧的习惯而形成新的习惯。

行为主义的“刺激—反应”论在解释儿童母语习得时存在不少缺陷，例如儿童在学习口语过程中所接收到的语言“刺激”不仅重复率低，而且更新频率快，儿童根本没有充足的时间和精力去模仿他所接触到的言语刺激，因此他不可能单纯通过模仿就学会每一句话。儿童周围的成人也不可能每天说出一些固定的句子供儿童学习和模仿。此外，成人并非总是对儿童说出的话语进行强化，或鼓励或批评。儿童如何形成正确的语言习惯呢？更重要的是，该理论认为，语言的习得必须依靠模仿、强化、重复等外部条件，夸大了外部因素的决定作用，忽视了学习者内部因素的作用。这些缺陷不仅使它不能全面解释儿童母语习得，也不能合理解释第二语言习得。

当然，行为主义语言习得观也并非一无是处。结合语言习得事实来看，“刺激—反应”论具有一定的合理性，因为“模仿”和“强化”行为在语言习得过程中确实存在，这是不争的事实。要想熟练地掌握一门语言，必要的模仿、强化乃至形成一定的习惯确实也是需要的。

10.1.2　生成语言学的习得解释

以Chomsky为代表的生成学派语言学家发现，在正常情况下儿童可接触到的语言输入是十分有限的，但这并不妨碍儿童在短短几年时间内就成功习得母语的知识体系。为了解释这种外部贫乏的母语刺激与儿童超强的母语能力之间的矛盾，20世纪80年代Chomsky提出了“普遍语法”理论（Universal grammar，简称UG）。该理论认为，人类天生就具备学习某些语言的能力，即人类的大脑中天生就有一个语言习得装置（Language acquisition device)，这个语言习得装置配备一系列普遍语法。注意这里的普遍语法不是指某一部具体的语法，而是一系列条件，用来限制人类语法的可能范围。Chomsky假设人的语法知识包含两部分：一部分是人类通过生物进化和遗传先天获得的，是全人类语言所共有的，体现为一系列普遍原则，这部分知识是不需要学习的。另外一部分则是各民族语言所特有的，称为个别语法（Particular gramma，简称PG），体现为一系列参数，这部分知识是人出生以后在一定的环境下通过后天学习所掌握的。简言之，人类以大脑中天生就有的普遍语法为内因基础，以所处的语言环境为外因条件，最终获得完整的语法知识。

自“普遍语法”理论问世以来，它也受到了二语习得研究者的极大关注，并被用来解释第二语言的习得，但关于第二语言习得是否受“普遍语法”影响，即“普遍语法”的可及性问题，各语言学家和二语习得研究者们观点并非一致。总体而言，围绕“普遍语法”是否可及形成了3种主要观点：(1)“普遍语法”在二语习得过程中直接或完全可及；(2)“普遍语法”在二语习得过程中部分可及；(3)“普遍语法”在二语习得过程中不可及。从目前研究来看，学者对“普遍语法”可及性问题持肯定观点的居多。需要我们注意的是，对于上述“普遍语法”可及性的3种观点，每一种观点都可能被轻易地推翻，因为它们并非展现出了全部的习得事实，但这3种观点的确又各有各的合理性，因为它们各自反映了第二语言习得中的一些现象。

“普遍语法”理论可用于解释上述行为主义学习理论无法解释的一些母语习得现象。第一，“普遍语法”理论解释了为什么儿童在语言输入十分匮乏的情况下，还能在短时间内就完全掌握母语的语法体系，也解释了为什么儿童不仅会说他们听到过的句子，还能创造性地说出一些新句子；不仅能听懂他们还不能表达的句子，还能对句子的合法性做出正确的判断。其次，“普遍语法”理论同时捕捉到了语言获得的内在和外在条件，主张人类大脑中的“普遍语法”是人类获得语言的内在基础，所处的语言环境则是获得语言的外因条件，这就摒弃了行为主义过分夸大外部环境而忽视人内部因素的缺陷，具有更强的合理性。关于“普遍语法”理论是否对第二语言习得具有理论解释力，虽然各家观点不一致，但重要的是，“普遍语法”理论的提出扩展了第二语言习得理论的研究思路，使二语习得研究从传统的只注重语言行为和语言学习的外部因素转到了对语言内在机制的探讨上，为我们深入了解和研究二语学习机制打开了新视野。

至于“普遍语法”理论的局限性，有两点值得我们注意。首先，目前的“普遍语法”理论并非十分完善，因为“普遍语法”理论在很大程度上是以印欧系语言为基础的，它对于印欧语言的解释很完美，但在解释汉语或与印欧语系相差甚远的其他语系的语言时常常会碰壁，显现出解释力的不足。例如，约束三原则中的约束原则 A“照应词（Anaphor）必须在管辖语域内受约束”，就无法解释汉语反身代词“自己”的长距离回指现象。可见，具体语言现象的描写和解释还需要各语言学家的共同付出与努力。就汉语而言，越来越多的学者以汉语为基础对这一理论进行了大量的研究，试图使其不断完善，这些学者包括黄正德、李艳慧、蔡维天、郑礼珊等，只是国内影响有限。第二，“普遍语法”理论目前只涉及人类获得语言的内因和外因，即语言官能和外在语言环境，对于影响语言获得的第 3 种因素还有待探讨。Chomsky 在其 2005 年发表的 *Three Factors in Language Design*（《语言设计的三个要素》）中指出，个体语言的发展涉及 3 种因素：（1）基因遗传（Genetic endowment）；（2）外部语料（External data）；（3）不是特别针对语言官能的那些原则（Principles not specific to the faculty of language）。其中第 3 种因素所说的原则具体包括两个：第一是用于语言习得及其他领域的数据分析原则（Principles of data analysis that might be used in language acquisition and other domains）；第二则是对新路径形成、有机体形式及行为结构限制和发展限制的原则，包括高效运算的原则，它对诸如语言的运算系统至关重要（Principles of structural architecture and developmental constraints that enter into canalization, organic form, and action over a wide range, including principles of efficient computation, which would be expected to be of particular significance for computational systems such as language）。可见，“普遍语法”理论对于人类获得语言的解释还有待进一步完善和发展。

10.1.3 认知语言学的习得解释

20 世纪 80 年代以来，以 Lakoff、Langacker 和 Goldberg 为代表的脱胎于认知语言学的构式语法理论主张语言的基本形式是构式，语言是由构式组成的系统。构式语法认为对于任何语言结构来说，只要它的形式或意义不能从它的组成部分或其他已存在的结构中推知，那么就可以被认为是一个构式。例如英语的“lucky dog”就是一个构式，因为“lucky”（幸运的）和“dog”（狗）各自语义的相加并不是“lucky dog（幸运儿）”的语义。再如汉语中的“蓝领”“木马”等也是构式，同样它们的意义也都不是各部分意义的简单相加。

既然语言的基本单位是构式，那么这就意味着语言习得的基本单位也是构式。因此，构式语法理论认为语言习得是从具体的构式开始的，从而逐渐发展起语法能力。儿童习得母语是通过习得一个一个具体语言项（即一个一个的构式）而逐渐习得的，特别是在早期阶段。例如，当儿童使用“What's this?”时，他们很可能是把“What's this”这三个词当作一个不可分割的整体来记忆和使用的，同样当他们使用“This is a...”的形式来回答时，也是将“This is a”看作一个单位来使用。如此，儿童在反复和成功地使用了这些相同的构式后，就能从中概括出一些抽象的构造规则，如“This is a＋Noun”，从而形成语法能力。此外，构式语法指出了构式的使用频率对儿童母语习得的影响，认为儿童使用或接触某一构式的次数越多，儿童对该构式的掌握程度越高，习得得就越好。

对于第二语言习得，构式语法认为其也是构式的习得，构式同样是学习第二语言的核心所在。学习者学习第二语言也是从具体的构式开始学起，先接触大量的第二语言构式，然后从某些相同的具体构式中抽象出构造规则，从而逐渐发展语言能力。

作为一个新兴的语言习得解释理论，构式习得观具有一定的优越性。首先，语言构式习得观在一定程度上弥补了生成学派对语言习得解释的不足。“普遍语法”理论中的组合性原则无法合理解释习语等边缘语言现象的习得，但构式语法对此现象却具有很强的解释力。而且构式语法还将对特殊构式的习得解释加以扩展并运用到所有语言现象的习得上，进而全面解释了各种语言现象的习得。其次，从理论意义上来说，语言构式习得观极大地丰富和发展了语言习得理论，拓展了我们对语言习得现象的认识视野和研究思路，同时也为语言习得理论与语言教学领域的结合提供了新的突破口。

当然，语言构式习得观也存在一定的局限性。首先，构式涵盖的范围太广，小到语素，大到语篇，这就使得构式的数量过于庞大。对于语言习得来说，数量庞大的构式无疑增加了语言学习者的学习负担。其次，一种语言中到底有多少构式，它的数量是否具有穷尽性？学习者能否建构起语言的构式知识系统？这些问题目前都还尚不明朗。再次，构式语法理论是针对处于“边缘”地带的特殊构式而提出的，这导致了其过分强调各个构式的特殊性，忽视了构式与构式之间的共性，从而使我们很难抽象概括出具体语言表达背后所共有的认知机制，这无疑也加重了二语构式习得的负担。

10.2 当前主流二语习得理论解释

通过上一节的介绍，我们已经从宏观上了解了各理论或学派基于母语习得理论框架而派生的第二语言习得解释。随着对第二语言习得过程研究的不断深入，出现了一些专门针对第二语言习得中的相关现象而提出来的解释理论，这些解释理论有的以各学习理论或语言流派的观点为指导而提出，如以发源于行为主义学习理论的语言迁移理论，以生成语法为理论背景的界面假说、特征重组假说等；有的以语言的属性作为解释基点，如语言复杂性假说；有的则从多因素互动角度解释二语习得，如复杂适应系统原则理论。此外，还有一些针对语言各组成部分的习得而提出的理论解释，如针对二语韵律习得的多系统模型理论。下面分别介绍这些专门用于解释第二语言习得的主流理论或假说。

10.2.1 语言迁移理论

语言迁移（Language transfer）一直是第二语言习得领域的重要研究课题，甚至有学者提出，对于任何一个第二语言习得理论来说，如果它没有描写母语迁移，那么这个理论就是不完整的。所谓语言迁移是指在第二语言习得过程中，学习者的母语或第一语言对第二语言习得所产生的影响。这种影响有的起积极、促进作用，即正迁移（Positive transfer），正迁移通常发生在母语或一语与二语相同或相似的地方；有的影响则起消极、阻碍作用，即负迁移（Negative transfer），负迁移主要源于两种语言间的差异，差异越大，第二语言习得的干扰也就越大。

从整个历史背景来看，语言迁移理论大致经历了以下 3 个发展阶段：第 1 个阶段是在 20 世纪 50 和 60 年代，此时语言迁移在第二语言习得理论中占有重要地位，它和当时占统治地位的行为主义语言学习理论联系在一起，成为对比分析假说的理论基础，并用于解释第二语言习得。对比分析假说认为，第二语言习得的主要障碍来自母语或一语的干扰，因此需要对两种语言进行对比分析，进而预测第二语言习得的重难点以及容易产生的错误，以便在教学过程中采取强化手段突出这些重难点，帮助学习者克服母语的干扰。第 2 个阶段是从 20 世纪 60 年代末到 70 年代，这一时期由于受到普遍语法理论的影响，行为主义的语言学习观受到抨击，母语不再被视为是影响二语习得的唯一因素，迁移在二语学习中的作用被贬低。普遍语法在二语习得中的作用开始得到重视，以生成语法为理论基础的二语习得研究也开始关注语言迁移和普遍语法在二语习得过程中的作用，即主要探讨普遍语法在第二语言习得中的可及性问题，以此揭示母语迁移的作用。第 3 个阶段是 20 世纪 70 年代末和 80 年代初，随着认知科学的发展，迁移被视为语言学习中的一种重要策略，是一个复杂且受诸多因素影响和制约的认知过程，这一时期的语言迁移研究不仅注重语言的对比分析，还尤为关注母语迁移的语用环境、认知心理以及学习者的个体差异等诸多因素。

综上所述，虽然语言迁移理论在不同时期具有不同的理论地位，但无可否认的是，母语或一语的确会对二语习得产生影响，无论这种影响是积极的还是消极的，语言迁移理论的合理性也得到了大量实证研究的支持。

曾莉（2012）采用语法判断方法，考察了英语母语者对汉语简单反身代词“自己”和复合反身代词“他/她自己”的习得情况。一般而言，在构词形态上，自然语言的反身代词大致可分为两类，即简单反身代词和复合反身代词。前者如汉语的“自己”、日语的“zibun”，后者则是由代词加上简单反身代词构成，如英语的“himself/herself”、汉语的“他/她自己”。这两类反身代词具有不同的指称特性，复合反身代词只回指局部范围，其先行语可为主语和宾语。例如：

（1）a. ［张三$_i$觉得［李四$_k$对他自己$_{*i/k}$没信心］。

b. ［John$_i$ believes［Peter$_k$ has no confidence in himself$_{*i/k}$］.

由例（1）可知，英语和汉语在复合反身代词只回指局部范围方面具有相同的限制。

简单反身代词的回指则不限于局部，还可指称其所在子句之外的先行语，即所谓的长距离指称或约束。如汉语的“自己”：

（2）［张三$_i$觉得［李四$_k$对自己$_{i/k}$没信心］。

基于上述汉英在反身代词及其指称上的差异，曾莉通过实证研究发现，母语为英语的二语学习者对复合反身代词“他自己”的习得全面且成功，但是二语学习者仅能习得简单反身代词“自己”的某些指代特性，即学习者能正确掌握“自己”的局部回指，未能成功习得“自己”的长距离回指，习得过程还有不足和错误。对此，曾莉从母语迁移角度进行了解释：一方面，二语学习者之所以能成功习得汉语“他自己”的用法，是因为他们的母语对此发生了正迁移，从而帮助他们较好地习得了“他自己”；另一方面，二语学习者母语中复合反身代词“himself”的用法在他们学习汉语简单反身代词“自己”时也造成了很大干扰，出现了明显的母语负迁移，导致他们把“自己”当作一个复合反身代词，从而未能成功习得“自己”的长距离回指。

此外，其他一些实证研究也验证了语言迁移理论。如崔萌、张卫国和孙涛（2018）利用经济学的方法，通过引入语言距离①来衡量母语与第二语言的差异程度，分析了学习者的母语差异对汉语习得的影响。

① 语言距离指不同语言之间的差异程度，主要体现在词汇、语法、语音以及拼写规则上。

然而，一些实证研究似乎又否认了母语迁移在二语习得中的作用。这些研究表明，母语迁移只是一种相对现象，并非绝对出现在二语习得过程中，支持这一观点的比较有代表性的实证研究是袁博平（2017）的一项研究。就汉英疑问词移位差异而言，英语母语者在学习无须进行疑问词移位的汉语态度疑问句时，其母语中的疑问词移位应该会产生负迁移。就汉英态度疑问句都受到句中态度特征数量的制约而言，二者在此限制上的相同点应该会帮助英语母语者更好地习得汉语态度疑问句，即产生正迁移。但是，在袁博平的研究中并没有证据显示这些母语迁移的发生。由此，袁博平认为，母语迁移只是二语习得过程中的一种相对现象，母语迁移的可能性与目标语中的结构有关，并且会被结构中所包含的计算复杂性所抵消。该研究的具体内容可参考本书 15.2.4 节语言学复杂性假说的有关介绍。

10.2.2 界面假说

“界面假说”（Interface hypothesis）又叫“接口假说”，该假说认为语言由语音、形态、句法、语义、语用等模块组成，这些模块的互动形成了界面（Interface），如句法—语义界面、语义—语用界面、句法—语用界面等，第二语言习得问题很容易出现在这些界面上，即在第二语言习得过程中，纯句法知识能够被完全习得，但涉及界面交互的语言知识则难以被习得。其后该假说进行了修正，指出并非所有的界面都难以习得，“内部界面”也可以习得。所谓内部界面（Internal interface）是指由语法内部的不同模块之间互动而产生的界面，语法内部模块包括句法、语音、语义等，内部界面包括句法—语义界面、句法—语音界面等。所谓外部界面（External interface）则是由语法内部模块与语言外的其他认知系统或外部知识模块交接而形成的界面，主要指语义—语用/语篇界面、句法—语用/语篇界面。由于外部界面涉及语法内部模块与语法外部模块之间信息的连接与匹配，相比于内部界面更为复杂，需要消耗的认知资源也更多，因此外部界面知识对于二语学习者来说更难习得。

简言之，界面假说的观点就是纯句法知识能够完全习得，涉及内部界面的语言知识也能够习得，但涉及外部界面的语言知识则难以习得。

自从界面假说提出以后，许多二语习得研究者在其理论指导下开展了大量的实证研究，下面我们结合一些实证研究来加深对界面假说的认识与了解。

袁博平（2012）针对英语母语者与日语母语者习得汉语 wh 词作不定代词而展开的实证研究，验证了界面假说的主要观点。

汉语中的 wh 词是歧义的，它既可以用作疑问词，如“你买了什么”，也可以用作不定代词，如“我没买什么”，即“我没买任何东西”。袁文采用了黄正德、李艳慧和林若望等人的观点，认为当汉语的 wh 词用作不定代词时，它必须受到一个制约成分的制约，这些制约成分包括：是非问句中的小词“吗”，条件句中的“如果”或“假如”等，无法确定意义的副词“可能”“也许”“好像”等，表示推测的句末小词“了”，表示非事实的动词“认为”“怀疑”“猜”等。也就是说，在语义方面，含有不定代词的这个上下文的命题必须是一个非事实命题，或者这个命题的真值没有得到完全的确定。在句法方面，不定代词必须在制约成分的 C－统领（Constituent commanding）辖域内。让我们举些具体的例子来说明汉语 wh 词用作不定代词时所需的语义、句法条件，试看下列例句：

(3) a. 我们没有看见什么人。

b. * 什么人没有看见我们。

首先，就语义而言，例（3a）中的否定句符合非事实的要求，其中的否定是对“见到任何人”这个命题的否定。其次，就句法而言，对例（3a）中 wh 词进行制约的成分是否定词“没有”，它 C－统领不定代词“什么人”。由于例（3a）既符合语义上的要求，也符合句法上的要求，因此它符合汉语语法。而例（3b）则不同，虽然它也是一个否定句，但不定代词“什么人”不在制约成分“没有”的 C－统领辖域内，因此例（3b）不符合汉语语法。

同理，当汉语 wh 词受到条件句中的“如果”制约时，也是用作不定代词。例如：

(4) a. 如果我们弄坏了什么东西，老师会很生气。

b. 如果什么人弄坏了计算机，老师会很生气。

c. * 如果我们弄坏了计算机，什么人会很生气。

“如果”在语义上表示一种假设，即条件句的真值没有得到完全的肯定，因此它符合 wh 词用作不定代词的语义要求。同时，例（4a）和例（4b）中的不定代词“什么东西”“什么人”分别位于条件句的宾语和主语位置，受到连接词“如果”的 C－统领，也满足了句法上的要求。因此，例（4a）和例（4b）符合汉语语法。而例（4c）中的不定代词“什么人”位于主句的主语位置，由于这个位置不在连接词“如果”的 C－统领辖域内，无法满足句法要求，因此这个句子不符合汉语语法。

上述例子表明，汉语中的 wh 词并没有固定的意思，它的意思取决于它受到什么成分的制约。如果它在句子中受到的是小词“呢”的制约，那么它就会被识别为疑问 wh 词，如“你想买什么呢”。如果 wh 词被一个否定词或连接词“如果”制约并处于它们的 C－统领辖域内，那么它们就是不定代词。

这说明汉语 wh 词的意思由其他一些成分决定，这些成分在结构上与 wh 词发生界面关系，这种界面关系受到语义和句法的严格限制。也就是说，汉语中 wh 词的习得涉及句法—语义界面。

英语中也有命题真值不确定的情况，但是英语的 wh 词不能用作不定代词，只能用作疑问词，这是由于英汉 wh 词内在结构的不同。英语 wh 词的内部构词结构含有疑问语义，这个疑问语义由［wh］特征表现在所有英语 wh 词中。例如英语 who 的内在构词结构是［wh＋one］，what 的内在构词结构是［wh＋thing］。换句话说，实际上 who 是［which＋one/person］的组合体，what 则是［which＋thing］的组合体。正是由于英语 wh 词的结构内部含有［wh］特征，其才具有疑问语义，也正是由于这个内在的［wh］特征，英语 wh 词才不能用作不定代词。日语中的 wh 词也可用作不定代词，但与汉语不同，日语 wh 词用作不定代词时不受句法—语义界面关系的限制，它是在词法层面上构成的。例如日语中与英语“who”对应的“dare”用作疑问词时就是“dare”，用作肯定不定代词时需带上词缀“ka”形成“dare－ka”（相当于英语中的“someone”）；用作否定不定代词时需带上词缀“mo”形成“dare－mo”（相当于英语中的“anyone”）。

针对上述汉语、英语与日语在 wh 词作不定代词方面的不同，袁博平通过句子判断测试对能代表汉语二语习得最终状态的英语母语者、日语母语者的汉语 wh 词习得情况展开了实证研究。研究结果表明，英语母语者与日语母语者可以习得汉语中涉及句法—语义界面的 wh 词作不定代词的知识，在他们的汉语二语语法中，有些制约成分，如否定词、非事实动词、无确定意义的副词、条件句连接词，是可以与 wh 词作不定代词建立起语义和句法的界面关系的。由此可见，这一研究结果是支持界面假说的观点的，即涉及内部界面的语言知识也能够习得。

此外，赵静、王同顺（2016）以及王佳、陈月红（2019）等人的相关实证研究也验证了界面假说，即二语学习者能够最终习得句法—语义等内部界面的相关知识。当然，也有一些实证研究的结果与界面假说的预测不相符。例如，张璐璐（2020）从界面假说出发，考察了中国学习者在不同语篇类型中英语定冠词 the 和指示词 that 的使用情况，试图探讨语义—语篇这一外界面的可习得性。其研究结果显示，高水平的中国学习者能够习得定冠词 the 的使用规则，但仍难以完全掌握指示词 that 的使用规则，这说明外界面知识并非不可习得。至于相关实证研究的具体展开过程，本节不作详细论述，感兴趣的同学可根据本章末尾提供的参考文献自行查阅。

10.2.3 特征重组假说

在最简方案中，Chomsky 提出人类语言共享一套句法，即通用的人类语言运算系统（Human language computational system），各个语言所造出来的句子不同是由于各语言的词库不同，即输入的词项和词项的特征不同。特征是构成词项的基本单位，特征可以概括性地描述为不同语言句法和形态的共有成分，其具有跨语言的共通性。这些特征在不同的语言中取值不同，由此反映出了语言的差异。以英汉的疑问句为例，疑问特征的取值形式有两种，分别为［＋wh］和［－wh］，英语为疑问特征［＋wh］，所以疑问词需显性移位到句首，而汉语为疑问特征［－wh］，疑问词则保留在原位。

基于最简方案的特征理论，Lardiere 在二语习得研究中提出了特征重组假说（Feature reassembly hypothesis）。特征重组假说认为一切特征皆可及，特征包括一语特征和普遍语法特征，二语学习者在一语语法基础上需要完成两项任务，习得才能成功：第一，识别词项，分配一语特征；第二，习得二语特有特征。后者较前者更为复杂，是习得的难点。为了完成这两项任务，二语学习者通常需要经历 3 个步骤：首先，二语学习者根据二语词项寻找对应的一语词项，将一语词项的特征映射到中介语中，建立起二语初态。其次，在输入的基础上，一语具有而二语没有的特征被删除，一语没有而二语具有的特征从普遍语法特征库中提取出来，与原有特征组合。最后，将重新组合的特征映射到二语词项上，从而完成习得。该假说还认为，当一语与二语的特征对应时，二语学习者可直接通过映射完成重组，习得难度较小；而当一语与二语的特征不完全对应时，特征则需进行重组，习得难度增加。下面我们通过介绍具体的实证研究，来进一步阐释特征重组假说的预测力和解释力。

侯建东（2019）以特征重组假说为理论框架，探讨了中国英语学习者在习得 wh-on-earth 时特征重组过程的特点。英语中的“wh-on-earth”具有如下特征：

第一，英语中的“wh-on-earth”是一个连续词项（Synthetic constituent）。该词项需整体移位至 CP 的 Spec 位置，从而形成问句，如下面的例子所示：

(5) a. What on earth did he say yesterday?

b. * What did he say on earth yesterday?

第二，“wh-on-earth”中带有［Wh_Q］[①]特征，但不带有［Wh_{Prop}］[②]特征。当含有该词项的嵌入性小句充当动词的补足语时，需得到动词的允准。例如：

（6）a. I wonder what on earth he said yesterday.

b. * I know what on earth he said yesterday.

在例（6a）中，“wh-on-earth”引导的小句充当了疑问性动词（Interrogative verbs）“wonder”的补足语，由于该动词带有的［$V_{non\text{-}veri}$］[③]特征可以允准该小句，因此例（6a）合法。而例（6b）中 wh-on-earth 引导的小句充当了事实性动词（Factive verbs）“know”的补足语，“know”带有的［V_{veri}］[④]特征不允准该小句，因此句子不合法。

第三，“wh-on-earth”还带有语篇特征。也就是说，该词项可以表示否定态度，并不表示具体信息的问询，因此该词项带有［－information seeking］[⑤]特征。例如：

（7）a. * Who on earth bought that book?

Zhang San.

b. Who bought that book?

Zhang San.

与（7b）中的 wh 问句不同，含有词项“wh-on-earth”的问句无须回答，“wh-on-earth”仅标明说话人持有否定态度。

此外，“wh-on-earth”还带有［－D-link］[⑥]特征，不具有预设值，因此不能回指语篇中的信息。Wh 问句中的疑问词具有预设值，能够回指语篇中的信息。例如：

（8）a. $Someone_i$ bought that book. Peter knows who_i.

b. * $Someone_i$ bought that book. Peter knows who_i on earth.

汉语中与“wh-on-earth”对应的词项是“究竟…wh...”，但是它在形态句法、语义和语篇特征上均与“wh-on-earth”不同。

---

① ［Wh_Q］表示目标词项引导的嵌入性小句带有疑问语气。

② ［Wh_{Prop}］表示目标词项引导的嵌入性小句带有陈述语气。

③ ［$V_{non\text{-}veri}$］为疑问性动词带有的特征，表示事件的疑问。

④ ［V_{veri}］为事实性动词带有的特征，表示对事实的陈述。

⑤ ［information seeking］表示目标词项是否可以问询信息（“＋”代表问询信息，“－”代表不能问询信息）。

⑥ ［D-link］表示目标词项是否可以在语篇中回指（“＋”表示可进行语篇回指，“－”表示不能进行语篇回指）。

第一，“究竟…wh...”是一个非连续结构（non-synthetic constituent），“究竟”一般位于动词前，wh 词则留在原位，无须前移至 CP 的 Spec 位置以形成问句，如：

(9) a. 他究竟在会上说了什么？

b. *他在会上说了什么究竟？

c. *什么究竟他在会上说了？

第二，“究竟…wh...”同时带有［Wh_Q］和［Wh_{Prop}］特征，疑问性动词和事实性动词都允准该词项引导的内嵌小句充当其补足语，如例（10）所示：

(10) a. 张三想知道他究竟在背地里说了什么。

b. 张三知道他究竟在背地里说了什么。

第三，在语篇特征上，“究竟…wh...”带有［+information seeking］特征，表示询问信息，因此听话人可作出回答，如：

(11) 究竟是谁拿走了李四的书？

张三。

此外“究竟…wh...”还带有［+D-link］特征，具有预设值，因此可以回指语篇中的信息。例如：

(12) 有人$_i$偷偷拿走了那本书，张三知道究竟是谁$_i$。

综上所述，英语“wh-on-earth”与汉语“究竟…wh...”虽然在表层翻译上对应，但两个词项所带有的句法、语义、语篇特征不同，中国英语学习者能否成功重组“wh-on-earth”带有的特征呢？各特征重组的顺序又如何呢？

通过句子判断测试、汉英翻译测试、问答测试及解释测试，侯建东最终得出的实验结论为：除［Wh_{Prop}］特征外，“wh-on-earth”带有的其他特征能够成功完成重组，并且特征重组顺序依次为［Wh_Q］→［uwh］→［−information seeking］/［−D-link］→［Wh_{Prop}］。就［Wh_Q］特征而言，该特征在英语和汉语中完全对应，在嵌入性小句中均能得到［$V_{non\text{-}veri}$］特征的允准。根据特征重组假说，如果一语与二语的特征完全对应，那么特征可直接映射完成重组，此时习得难度较低，因此该特征也最先被组装。

就［uwh］[①] 特征而言，虽然“wh-on-earth”与“究竟…wh...”都带有该特征，但它在英语和汉语中具有不同的结构化（Configuration）：汉语中的［uwh］为弱特征，该特征在 AttiP[②] 短语统领辖域内通过隐性移位便可被核

① ［uwh］为不可解读特征，表示目标词项是否是一个连续词项。

② “wh-on-earth”与“究竟…wh...”均可表达说话人的不耐烦或厌烦的语用特征，故此它们的生成机制中存在一个表明问询态度的短语 Attitude Phrase（AttiP）。

查掉，因此“究竟…wh...”可以是一个非连续的形式；英语中的［uwh］为强特征，该特征必须通过 on earth 在 AttiP 短语内显性移位才可被核查掉，所以“wh-on-earth”必须是一个连续形式。二语学习者要想重组该特征，则需先取消弱［uwh］与“wh-on-earth”建立的映射关联，然后随着语言输入的增加重新调整特征的设定以完成特征重组。这样一来，与［Wh_Q］特征的直接映射相比，该特征的重组难度增加了，习得难度无疑也增加了。而对于［－information seeking］和［－D-link］两个特征的重组来说，重组的难度更高，因为这两个特征是涉及句法－语篇界面的接口特征，比起仅涉及狭义句法的［uwh］特征，重组难度自然更高。最后，对于［Wh_{Prop}］特征来说，该特征在汉语中可得到［V_{veri}］特征的允准出现在嵌入性小句中，但在英语中该特征无法得到［V_{veri}］特征的允准出现在事实性动词的补足语小句中，这说明在特征重组过程中需要删去该特征。而当二语中选择了少于母语带有的特征时，特征重组的难度同样会增加。

通过侯建东的上述研究，我们不难发现特征重组假说对二语习得的确具有一定的理论解释力。

10.2.4 语言复杂性假说

所谓语言复杂性假说是指语言的复杂性会影响语言的习得与加工情况。语言复杂性一般分为绝对复杂性和相对复杂性。所谓绝对复杂性是指语言本身客观存在的复杂性，又叫客观复杂性。例如语言是包括语音、词汇、语法等子系统的复杂系统，它本身就具备复杂性。语言习得研究中所说的语言复杂性则是指相对复杂性，在这类研究中语言复杂性或者被当作分析语言表现的评判标准，或者被当作影响语言习得或加工的重要因素。由此可见，二语习得研究中的语言复杂性具有双重身份：（1）作为评判二语水平标准的语言复杂性；（2）作为影响二语习得的因素的语言复杂性。下面我们主要讨论语言复杂性的后一重身份。

语言习得研究中对语言复杂性的研究主要集中在句法复杂性上，同时为了测算复杂性，还产生了一个判断句法复杂性的理论，即 Jakubowicz 提出的“派生复杂性假说”（Derivational Complexity Hypothesis，简称 DCH）。该假说以最简方案为基础，认为句法的复杂性不应仅根据句子的表层结构来判定或计算，句子内部的生成过程有简单和复杂之别。当句子的生成过程比较复杂时，动用的资源就比较多，表现在习得中就会出现习得较晚或者习得困难等情况。随后 Jakubowicz 又进一步提出了一个量化复杂性的标准，即“派生复杂性测算标准”（Derivational Complexity Metric，简称 DCM），具体如下：

(13) 派生复杂性测算标准

a. 在派生过程中，将 α_i 整合 n 次要比整合 n+1 次简单。

b. 在派生过程中，内部整合 α 比内部整合 $\alpha+\beta$ 要简单。

袁博平（2017）将 Jakubowicz 的 DCH 延伸到了二语习得研究中，对英语母语者学习汉语态度疑问句展开了实证研究。研究发现英语母语者并未将母语疑问句中的疑问词移位迁移到汉语中来，同时英汉两种语言在态度疑问句中的相似点，对英语母语者习得汉语这类句式的促进作用也很有限。结合这些发现，袁博平认为二语学习中的一语迁移只是一种相对现象，并且计算复杂性会抵消一语的影响。

首先，我们来看袁博平的第一个发现。汉语“到底”疑问句通常被认为与包含“what the hell”“what on earth”“what the dickens”等短语的英语疑问句对应，英语中这类问句一般称为“wh-the-hell 疑问句”。在汉语“到底”疑问句中，“到底”可以与“为什么”“怎么”等疑问成分共现，也可以与“什么”“谁”等名词性疑问成分共现。汉语“到底”疑问句与英语“wh-the-hell”疑问句的显著不同在于，汉语“到底”疑问句中的“到底”与疑问成分不能构成一个成分，它们必须分开，“到底”出现在动词前的一个位置，疑问短语则要保留在原位。例如：

(14) a. 他到底想见谁？

b. *他想见到底谁？

而且“到底”必须出现在更高的句法位置，要涵盖疑问词所在范围。如：

(15) a. 到底谁要买这本书？

b. *谁到底要买这本书？

需要注意的是，虽然（15a）中的“到底”和疑问词“谁”似乎是一个连续体，但这只是表象，在深层结构中“到底”和“谁”占据着不同的位置。

英语中的“wh-the-hell”则作为一个连续的整体出现在疑问句中，且需要前移到疑问句句首，如：

(16) a. [Who the hell]$_i$ would she like to see t_i?

b. * She would like to see [Who the hell]?

鉴于英汉疑问句的移位差异，母语为英语的汉语学习者是否会将母语疑问句中的疑问词移位迁移到汉语的“到底”疑问句中来呢？袁博平（2017）通过研究发现，英语母语者的汉语“到底”疑问句习得不会受到他们母语的疑问句中疑问词移位的影响。即英语母语者的一语迁移几乎没有发生，一语迁移只是一种相对现象。对此，袁博平从语言的计算复杂性角度进行了解释。他对 Jakubowicz 提出的 DCM 进行了修改，为汉语“到底”疑问句提出了如例（17）所示的计算复杂性测算标准：

（17）计算复杂性测算标准

a. 整合 α_n 次要比整合 $\alpha_{(n+1)}$ 次的计算更为简单。

b. 对 α 的特征核准要比对 $\alpha+\beta$ 的特征核准的计算更为简单。

基于（17a）的计算复杂性测算标准，我们可以得出复杂性较低的疑问句是汉语中的那些疑问词只需保留在原位的句子，复杂性较高的疑问句则是英语中那些疑问词需要显性移位（并且助词也需要移位）的句子。在汉语疑问句中，疑问词被整合进它最初的位置后，不再需要做任何进一步移动。而英语疑问句中的疑问词在被整合进初始位置后，还需进一步的移动。根据（17a），将疑问词整合进疑问句一次要比整合一次以上的计算复杂性要低。在这种情况下，一语迁移与计算复杂性相关。因此在汉语二语习得中，汉语疑问句的低复杂性会抵消英语母语者的一语迁移，从而使英语母语者成功习得了汉语疑问句。

其次，我们再来看看袁博平的第二个发现及其解释。汉语“到底”疑问句的句法受到句中态度特征数量的制约，即这类句子不能含有一个以上的态度特征。例如：

（18）a. 他怎么没来？

b. 他到底为什么没来？

c. * 他到底怎么没来？

例（18a）只出现一个含态度词语，即表因果的“怎么”，其携带的是违反预期的态度特征。例（18b）也只有一个含态度词语，即携带不耐烦态度特征的“到底”，句中的“为什么”为非态度疑问词。而例（18c）的不合法在于其有两个含态度词语，即“到底”和“怎么”，出现了不同态度的冲突，因此句子不合法。

英语中的含态度疑问句也不允许包含一个以上的态度特征，例如：

（19）a. How the hell is he expected to go?

b. How come he is expected to go?

c. * How come the hell he is expected to go?

例（19a）中的疑问句只含有一个态度，即“the hell”带有的不赞成态度；例（19b）也只含有一个由“How come”所携带的与预期相反的态度。因此，这两个句子都是合法的。而例（19c）中的问句就不合法了，因为它包含两个态度，一个是“How come”所携带的与预期相反的态度，一个是“the hell”带有的不赞成态度。

由此可见，英语和汉语的态度疑问句具有相同的限制条件。那么英语母语者在学习汉语态度疑问句时，一语影响能否帮助他们处理汉语态度疑问句中的态度特征并最终习得这类汉语疑问句呢？袁博平的研究结果表明，英语母语者只是能够区分合语法的只包含一个态度特征的汉语疑问句与不合法的包含一个以上态度特征的汉语疑问句，他们接受前者却对后者表现出不确定。也就是说，英语母语者的汉语语法能够处理只包含表不耐烦的“到底”或表与预期相反的表因果“怎么”的疑问句，但是不能处理同时包含两种态度的汉语疑问句。对于英语母语者无法拒绝不合语法的同时包含两种态度的汉语疑问句，袁博平根据（17b）的计算复杂性测量标准做出了解释：进入疑问句的态度特征数量越多，计算就越复杂（这里的计算主要指态度特征的核准操作）。鉴于“到底”和表因果的“怎么”各自带有一个态度特征，这类疑问句的计算复杂程度也就较高，从而导致二语学习者难以做出确定的判断。

10.2.5 复杂适应系统原则理论

近些年来，随着对第二语言习得研究的不断深入，研究者们发现第二语言的习得过程并不是一个稳定的、从零到接近目标语的简单线性发展过程，而是一个非线性的、充满复杂性与变异性的动态过程，于是动态系统理论（Dynamic System Theory，简称 DST）顺势被引入了第二语言习得的研究领域中。动态系统理论认为第二语言习得涉及多重因素，在多层次、多维度上不断互动，是一个复杂的、动态的、非线性的过程。在这种强调第二语言习得复杂性和动态性特征的研究趋势下，当前二语习得研究面临的最大挑战，即在于如何解释多重因素交互作用并共同影响第二语言的习得。对此，Hawkins 等人提出的二语习得复杂适应系统原则（the Complex Adaptive System Principles for Second Language Acquisition，简称 CASP）不仅强调多因素交互作用、共同影响第二语言的习得，更尝试解释第二语言发展过程中多重因素的交互作用机制。

CASP 主要由 4 条普遍原则和 6 条具体原则组成，其中普遍原则包括两条最小化原则（学习付出最小化，加工付出最小化）和两条最大化原则（表达能力最大化，交际效能最大化），普遍原则强调了二语学习是一个期待以最小付出获取最大交际效能的过程。具体原则是普遍原则交互作用衍生出的次原则，涉及影响二语学习过程的各种要素，例如母语迁移（正迁移最大化，负迁移允准，负迁移的交际阻隔）、二语特征使用频率（高频特征最大化）、结构语义复杂度（结构和语义简洁特征最大化）等。普遍原则产生具体原则，具体原则是普遍原则在二语习得过程中的具体要求，所有普遍原则及前 5 条具体原则交互作用的结果产生了具体原则“二语习得顺序”，这表明 CASP 可以预测并解释不同语言特征的二语习得顺序及发展特点。

现在，我们结合杨梅、徐富平（2019）的一项实证研究来印证 CASP 对第二语言习得现象的解释力。

汉语“自己”是典型的长距离反身代词，它既接受局部约束，也接受长距离约束，因此与英语等语言中的局部反身代词差别较大。例如：

（20）a. 张三$_i$说李四$_j$喜欢自己$_{i/j}$。

b. Zhangsan$_i$ said that Lisi$_j$ liked himself$_{*i/j}$.

（20a）中“自己”既可以回指小句主语“李四”，也可以回指主句主语“张三”，而（20b）中的“himself”则只能回指小句主语“Lisi”。

但是，“自己”回指其先行词时还受到语义、语用等因素的制约。从语义上来说，动词语义对“自己”的回指具有制约作用。有学者根据语义指向内容与方向将动词划分为直接内向动词（如“卖弄”）、直接外向动词（如“巴结”）、直接双向动词（如“喜欢”），直接外向动词决定“自己”只能受长距离约束，直接内向动词决定“自己”受局部约束，直接双向动词制约力总体不强。例如：

（21）a. 张三$_i$说李四$_j$在巴结自己$_{i/*j}$。

b. 张三$_i$说李四$_j$在卖弄自己$_{*i/j}$。

将例（21）和例（20a）对比起来看，（20a）中的小句动词“喜欢”语义指向不明确，是典型的双向动词，因此“自己”可回指“张三”或“李四”，具有指称歧义。（21a）中的小句动词“巴结”语义指向他人，为典型的外向动词，“自己”只接受主句主语“张三”的长距离约束；（21b）中的小句动词“卖弄”语义指向自身，是典型的内向动词，“自己”只接受小句主语“李四”的局部约束。

此外，语境信息也可制约“自己”的指称情况，例如：

（22）a. John$_i$不喜欢 Bill$_j$批评自己$_{i/j}$。

b. Bill 总是批评 John，John$_i$不喜欢 Bill$_j$批评自己$_{i/*j}$。

c. Bill 总是自我批评，John$_i$不喜欢 Bill$_j$批评自己$_{*i/j}$。

例（22a）中的“自己”具有指称歧义，但是当（22a）置于不同的语境下时，“自己”的指称歧义会被消解。在“Bill 总是批评 John”的语境下，“自己”长距离回指 John，如（22b）；在“Bill 总是自我批评”的语境下，“自己”短距离回指 Bill，如（22c）。

基于上述现象，杨梅、徐富平（2019）对以下问题开展了实证研究：（1）二语学习者能否根据动词语义指向对“自己”的先行词做出比较准确的判断；（2）如果再添加一些语用线索，如语境信息，动词语义指向和事件语境是否会交互作用、共同影响二语学习者理解“自己”；（3）因素间的交互作用体现在哪些方面；（4）如何解释二语学习者对汉语“自己”回指情况的习得。通过实证考察，该研究结果显示：（1）二语学习者对“自己”先行词的判断受动词语义指向和事件语境交互作用影响；（2）二语学习者对局部指向动词的掌握好于长距离指向动词；（3）语义语境信息的合作可提高二语判断的准确率，语义语境信息的竞争会影响判断。

针对上述研究发现，杨梅、徐富平（2019）在二语习得复杂适应系统原则基础上进行了详细解释。对于发现一，二语学习者在面对汉语“自己”的指称歧义且无法仅靠句法结构信息及时判断“自己”的先行词时，能积极采取其他策略，即依靠语义、语境信息来辅助理解，这是为了满足 CASP 中普遍原则“加工付出最小化”的要求。对于发现二，研究者认为这是受学习和加工付出最小化原则驱动，与母语迁移相关的 3 条具体原则共同作用的结果。这 3 条具体原则是：（1）正迁移最大化，直接借用母语中相似的语言知识，可以有效减轻学习及加工付出；（2）负迁移允准，借用二语中没有的母语特征或二语与母语结构相似但语义不同的特征，也有可能减轻付出，但同时会导致负迁移的产生；（3）负迁移的交际阻隔，交际效能最大化又有助于过滤掉妨碍交际的母语负迁移。对于发现三，这样的结果同样是受 CASP 付出最小化和效能最大化原则驱动所致，体现出多因素合作与竞争对二语者理解“自己”的影响。

总体而言，该研究基于汉语反身代词“自己”的二语理解特点，印证了 CASP 对二语习得现象的解释力。

此外，针对第二语言习得过程涉及多重因素的交互作用，杨梅（2014）、赵静、王同顺（2016）、武宏琛、赵杨（2018）、刘莹（2020）等展开的相关实证研究均证实了这一观点，但对这些因素间的关系如何，哪类因素影响较大或起主导作用等问题未做进一步研究，CASP 或许能为这些研究的深入发展提供理论指导。

10.2.6　多系统模型理论

二语节奏习得的多系统模型是专门针对第二语言的韵律习得而提出来的解释理论，该理论的提出基于以下动因：一方面，语言不同，韵律单元的组织也有所差异，韵律边界处的声学表现也就有所不同。另一方面，不同语言韵律单元的组织也存在着一定的普遍性，有研究表明这种跨语言的普遍性主要体现在两个方面：（1）不同语言之间存在着普遍的低音线下倾现象；（2）在较大的韵律单元边界（如语调短语边界）都存在着显著的音高变化、边界前成分延长和停顿。因此，第二语言韵律习得理论应该考虑中介语不同韵律特征的表现方式，这些表现形式既反映了习得过程中的母语迁移效应，又反映了普遍的制约因素。这是因为，有些二语韵律特征的表达受母语影响，另一些特征则遵循着相似的发展路径（即普遍性）。

基于第二语言节奏习得中的普遍性和特异性，Li & Post 提出了第二语言节奏习得的多系统模型。多系统模型认为：(1) 节奏的发展是多系统的。二语言语节奏的不同韵律特征不是以一种统一的方式发展的，言语节奏依赖于跟母语影响和普遍性作用有关的不同习得过程。(2) 不同韵律特征的习得速度不同。由于不同韵律特征的发展轨迹依赖于系统中不同成分的发展（如短语末尾延长现象），因此不同语言之间个别韵律特征的习得速度是不同的。(3) 连锁效应 (Knock-on effect)。一种韵律特征的习得对于另一种韵律特征的发展具有连锁效应。第二语言节奏随着相关特定语言特征的习得而逐渐浮现，一种特征的习得对于另一种特征的发展具有连锁效应。也就是说，一种特征的发展跟另一种特征的发展相互作用，如一种特征的发展（或者未获得）可以帮助或者阻碍另一种特征的发展。通过这样的相互作用加速或者延缓语言韵律的发展。

陈默（2017）以多系统模型为理论指导，考察了韵律单元等级和母语背景对汉语韵律边界产出的影响。该研究发现：(1) 母语背景对汉语韵律边界声学特征的产出具有显著影响，韩语短语和句子末尾形态标记对汉语二语无声段和边界前音节时长具有干扰作用，德语和汉语节奏时长的相似性则有助于德语母语者习得汉语时长特征。(2) 不同母语背景学习者汉语韵律边界声学特征的产出受到普遍因素的制约，不同语言之间普遍存在的低音点下倾和音高重置，有助于德语和韩语母语者习得汉语韵律边界的音高特征。(3) 汉语二语学习者对不同韵律边界特征的掌握程度是不同的，音高特征的习得好于时长特征。(4) 汉语二语学习者韵律边界声学特征的习得对韵律单元等级关系的掌握具有连锁效应，每一个边界物理声学特征的掌握程度都会影响韵律单元层级关系的习得。显然，这些研究结果验证了多系统模型理论的主要观点。

10.3 汉语第二语言习得的理论展望

本章开头先介绍了行为主义学习理论、生成语言学以及认知语言学对语言习得的理论解释，纵观上述理论或学派提出的语言习得理论，我们可以看见它们是在对彼此的批判与否定过程中逐渐实现了理论的发展。随后我们又介绍了几个专门针对第二语言习得提出的解释理论或假说，包括界面假说、特征重组假说、语言复杂性假说、语言迁移理论、复杂适应系统原则理论、多系统模型理论等。总体而言，当前或以后的一些实证研究可能会推翻这些语言习得假说或理论的观点，但是这些语言习得理论在反映第二语言习得规律上的合理性却也是不可否认的。我们应该认识到，由于语言学习本身是一个非常复杂的过程，涉及的因素多且杂，要想找到一种理论可以圆满地解释全部复杂多样的语言习得现象是非常困难的。每一种语言习得理论或假说都体现了人们对语言学习本质的认识在逐步深化，同时也标志着人类关于语言学习过程研究的巨大进步。我们要做的就是汲取各种语言习得理论的长处，综合运用各种理论的合理成分，充分发挥理论的指导作用，让语言习得理论更好地服务于语言教学实践。

然而，相比于国外的二语习得理论研究，中国国内的二语习得理论研究起步较晚，汉语第二语言习得研究还是一门比较年轻的学科。就语言习得理论而言，我们目前只是局限于介绍、引进和借鉴国外的有关第二语言习得的理论、假说和观点，然后对国外这些二语习得理论进行汉语语言习得的检验。自己没有的理论或观点，当然应该主动进行借鉴，不过这只是获得发展的第一步。我们更应该看到，国外现有的二语习得理论主要是以印欧系语言为基础的，虽然这些假说、理论具有一定的普遍适用性，可汉语毕竟是离印欧语言谱系较远的一种语言，它在语音、词汇、语法、文字以及文化内容等方面有着自己的特点，这势必会给二语学习者的汉语语言习得带来不少特殊的问题。因此，要想获得长远的发展，最重要的一步是构建我们自己的汉语第二语言习得的理论和观点。同时，这也是现实提出的具体要求。

当然，建构属于汉语自己的习得理论并非说说这么简单，它需要更多的语言学家和汉语二语习得研究者贡献智慧、付出努力！

推荐阅读

1. 刘珣，《对外汉语教育学引论》，2000 年

2. 袁博平，《计算复杂性与第一语言迁移——以汉语第二语言态度疑问句为例》，2017 年

练　习

1. 简要复述行为主义学习理论、生成语言学及认知语言学的语言习得理论。

2. 生成语言学的“普遍语法”理论有哪些局限性？

3. 什么是“构式”？请分别举几个汉语和英语中的构式。

4. 当前专门解释第二语言习得的理论有哪些？你如何看待这些二语习得解释理论？

11 《句法结构》和管辖约束理论

转换一生成流派是语言学的一个语言流派，出现于20世纪50年代末，以美国乔姆斯基为代表，运用转换一生成的理论和方法研究语言。1957年乔姆斯基的《句法结构》的出版，标志着“转换一生成语法”的诞生。乔姆斯基在该书中提出了“转换生成法”（Transformational generative grammar，以下简称TG)。TG理论是建立在理性主义的哲学基础之上的，它完全不同于建立在经验主义基础之上的美国结构主义，因此，它的出现是对当时居于主流地位的美国结构主义语言学的一大挑战，被称作“乔姆斯基革命”。之后，TG理论不断发展和完善，迄今已经历了5个阶段。本章我们将从该理论形成的背景和20世纪80年代之前的4个不同的阶段进行简要的介绍（最新的最简方案阶段将在下文专题介绍），并通过语言的对比（如英汉对比），更好地了解汉语，从而为汉语第二语言习得的研究提供新的研究思路和研究方法。

11.1 TG理论提出的背景

语法学是研究语言的结构法则及其发展规律的科学。语法研究方法及理论可作不同的分类。就方法来说，可分为传统语法学、结构主义语法学、系统功能语法学、转换生成语法学等。

传统语法：其又叫学校语法、规范语法。从语法学产生时就形成了，分为句法和词法两大部分，以词法为主。划分词类主要依据形态变化。语法研究试图为人们的语言使用提供规范。

结构主义语法：索绪尔的《普通语言学教程》是现代语言学的奠基之作，其中的基本观点也成为后来结构主义语言学的基础。由于该理论对语言学的产生和发展起了非常大的影响，故被称为语言学界的“哥白尼革命”。之后，由于各种原因，它又分为3个分支学派：布拉格学派、哥本哈根学派和美国描写语言学派。其中，以布龙菲尔德为代表的美国描写语言学派最为有名，在1930年—1950年期间，该学派在美国的语言学研究中占有统治地位，赵元任运用该方法对汉语语法做了系统研究。他着重强调形式的描写与分析。

系统功能语法：由英国著名的语言学家韩礼德（Halliday）创立。系统语言学不仅研究语言的性质、语言过程和语言的共同特点等根本性问题，而且探讨语言学的应用问题。韩礼德曾师从王力做过汉语研究，其创立的理论在中国有较大影响。

转换生成语法：创始人是乔姆斯基。由于他提出了完全不同于美国描写语言学派的新的观点，主张把研究内在“语言能力”（Competence）而不是外在“语言行为”（Performance）放在首位，引起了语言学界的轰动。

11.2 TG理论发展的4个阶段

TG理论自诞生之后，就不断地被补充修改和发展，至今已经历了5个阶段，下面逐一对前面4个阶段进行介绍。此外，本节仍以汉语第二语言习得为落脚点，在介绍TG理论的同时，将乔姆斯基等人列举的英语例子与汉语进行对比，探究该理论是否同样适用于汉语第二语言习得。

11.2.1 第1阶段：古典理论（Classical theory，1957—1965）

这一时期的代表作是《句法结构》，于1957年出版，因此这一年也标志着TG的诞生。其实早在1955年，乔姆斯基就写了《语言理论的逻辑结构》，这本书是《句法结构》的基础，《句法结构》可以说是该书的纲要。但是由于种种原因，《语言理论的逻辑结构》直到1975年才正式出版。

《句法结构》的出版被看成是美国传统的描写语言学的一场革命。其革命性表现在两个方面：

一是乔姆斯基站在理性主义的立场上反对描写语言学的经验主义。所谓的理性主义承认人的内在推理能力可以作为知识来源，而经验主义则认为人类知识起源于感觉，并以感觉的领会为基础。乔姆斯基认为语言学可以从假设出发，看成跟自然科学中的其他学科一样，进行推演并形式化（即以符号表达），就像数学一样，是可以进行演绎推理的。《句法结构》中有一半的篇幅都用于英语语法的形式化。非经验主义和形式化的语言学是TG革命性的首要标志。

二是认为句法关系是语言结构的基础，并以此说明语言具有生成性（在此之前，学者们都认为语义是语言结构的基础）。为了描写和解释语言现象，乔姆斯基在《句法结构》中论证了语法的生成能力并引入了“核心句”和转换规则。受洪堡特关于“语言是以有限的手段作无限的运用”的思想的影响，乔姆斯基（1965）也认为“语言”是“句子的（有限的或无限的）集（set）”。也就是说，每个句子的长度是有限的，它由结构成分的集构成。他指出“马尔科夫过程”（Markov process）只能生成有限状态的语言，即由“起始状态”从左到右直至“终端状态”生成句子，试看图 11-1。

图 11-1 叫作“状态图”（State diagram）。它表示只有有限装置的语法。我们从左往右看：首先是从起始状态 the 转到下一个状态产生 man 或 men，再转到终端状态产生 comes 或 come，这样就得出了 The man comes（这个男人来了）或 The men come（这些男人来了）。这种语法被叫作“有限状态语法”。语法应该是有限的装置但能生成无限的句子，为了做到这一点，可以在以上状态图中加上“封闭圈”（Closed loops），如图 11-2 所示。

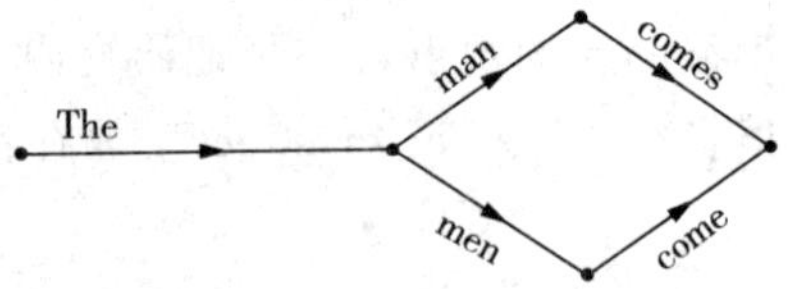

图 11-1　状态图

这样就能产生 The old man comes（这个老人来了），The old old man comes（这个老老人来了），等等。但是，这种有限状态的语法存在缺陷，比如说有些句子是合乎语法的，却不能用这种方法生成出来。如英语中的“The boys who saw John are coming”（见到约翰的男孩们正要来）。

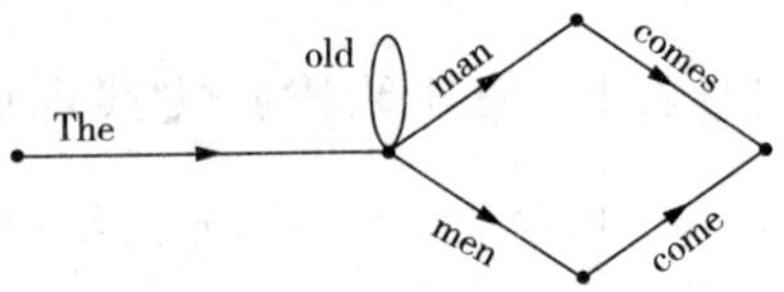

图 11-2　封闭圈

正是由于“马尔科夫过程”只能生成有限状态的语言，不能生成一些合乎语法的句子，因此，乔姆斯基提出了具有强生成力的 TG，他认为这种语法能生成所有合乎语法的句子，而不会生成不合乎语法的句子。

乔姆斯基在《句法结构》里提出了一种“新形式的语法”，它包括 3 套规则：短语结构规则、转换规则和语素音位规则。

首先是短语结构规则，它的基本形式是 x→y，读作“x 改写成 y”。也就是说，它在重写时每次只涉及一个符号。这类规则有 3 种：

一是合并（Collapsing），即把几条规则合在一起，使之简化。例如：

（1）a. S→A

b. S→C＋D＋E

c. S→C

d. S→A＋B

例（1）中的 a—d 可以合并成一条规则：

$$S \rightarrow \left\{\begin{matrix} A\ (B) \\ C\ (DE) \end{matrix}\right\} \quad (2)$$

其中的 {} 表示可选择的成分，() 表示可有可无的成分[①]

二是递归（Recursive），即箭头左边的符号在右边可以重复出现。有了这条规则就可以生成无限的句子，例如：

（3）设每个语符列都是 ab，aabb，aaabbb，……，即在 n 个 a 后边有 n 个 b。用递归的方法可以把规则写成：

（4）S→a（s）b（其中的 s 就是递归的成分）

三是推导式（Derivation），即根据规则逐步推导，如例（5）有以下 6 条规则：

（5）（ⅰ）S→NP＋VP（其中 S 代表“句子”，NP 代表“名词短语”，VP 代表“动词短语”）

（ⅱ）NP→T＋N（其中 T 代表“指示词”，N 代表“名词”）

（ⅲ）VP→Verb＋NP

（ⅳ）T→the

（ⅴ）N→man（人），ball（球），等等

（ⅵ）Verb → hit（击），took（拿），等等。

例（5）中的（i）→（vi）就像是一条条指令。根据这些规则，我们可以得出“The man hit the ball”这个句子。当然，该句也可以用树形图表示（图 11－3）。

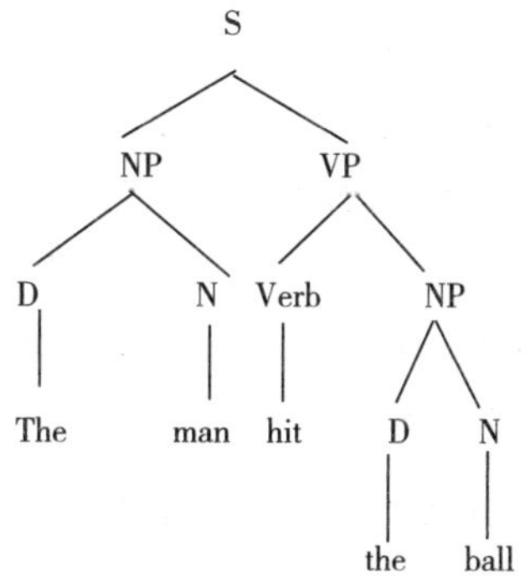

图 11－3　树形图

短语结构规则生成的是“核心语符列”，不经过转换直接由这种语符列得出的基本句型叫“核心句”，它相当于

① 例（2）从左往右看，如“S”可以改写成“A”或者“A＋B”，那么就可以合并成 S→A（B），其余的类推。

简单句、主动句、肯定的直陈句[1]。

其次是转换规则，它的基本形式是 xy→yx，即重写时同时涉及两个符号。它包括：

（6）（ⅰ）移位（Movement），例如：xy→yx

（ⅱ）删略（Deletion），例如：xy→x

（ⅲ）添加（Addition），例如：xy→xyz

最后是语素音位规则，即利用该规则得出实际说出句子的发音。它的形式如下：

（7）（ⅰ）have＋s→/hævzv/

（ⅱ）read＋ing→/ri：din/等等。

以上3套规则中，最引人注目的是转换规则，因为短语结构规则和语素音位规则继承了描写语言学的"直接成分分析"（或称为层次分析法、二分法）和语素音位的分析，而转换则是一种创新，它使语法具有更强的解释力。

古典理论最显著的特点之一是把语义排除在语法之外。乔姆斯基认为，语法理论应该是严格的、客观的，而语义则是模糊的，不应该将语法建立在语义的基础上。为了证明自己的看法，他在《句法结构》第2章"语法的独立性"里举了一个著名的例子：

（8）colorless green ideas sleep furiously.

（无色的 绿色的 思想 睡觉 愤怒地）

这个句子是由"形容词＋形容词＋名词＋动词＋副词"组成，它合乎英语的语法，却没有任何意义。因此，乔姆斯基认为在语法里语义是不起作用的。也正是因为这一点——排除语义，使得转换生成语法一直为他人所诟病。不过值得注意的是，在之后的几个阶段中，乔姆斯基等人对该理论不断修正，逐步将语义纳入了理论之中。

11.2.2 第2阶段：标准理论（Standard theory，1965—1971）

标准理论的代表作是《语法理论要略》。这本书出版于1965年。标准理论的模式如下：

从（9）我们可以看出TG语法包括4部分规则（如图11-4所示）。

① 直陈句指的是直接陈述，陈述的都是平常发生的事情或客观事实，可简单理解为非虚拟的陈述句。

(9) 1. 基础部分 } 语法规则
2. 转换部分
3. 语义部分 } 解释性规则
4. 语音部分

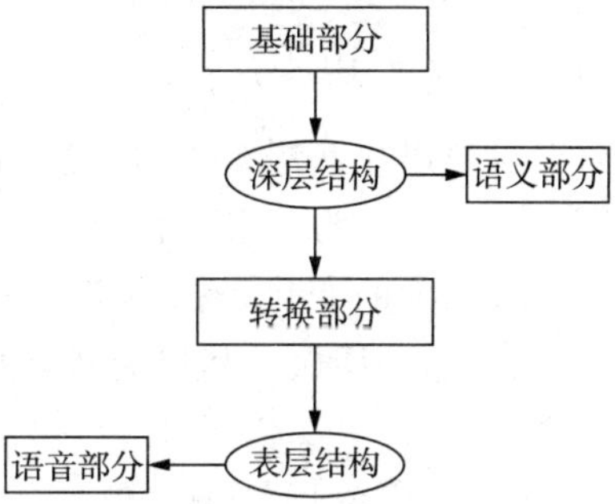

图 11－4　TG 语法规则

现在来详细介绍基础部分里的内容。首先，基础部分中的短语结构规则在《句法结构》中已有。其次，新增加的是范畴规则和次范畴化规则。范畴（Category），也可称为语类，如动词，动词还可以再细分为不及物动词和及物动词，这个就是次范畴（Subcategory）或子语类。范畴规则或语类规则，如 S 改写为 NP VP，NP 改写为 D N，VP 改写为 V NP，根据这 3 条规则，可以生成 the man hit the ball。但是同时也会生成 the man run the ball，这句话显然是不合语法的，因为 hit 是一个及物动词，后面可以跟宾语，run 是不及物动词，后面不能跟宾语。范畴规则可以保证生成许多句子，但也会生成像 the man run the ball 这样不合法的句子，因此需要次范畴规则或子语类规则来做进一步的限制，以保证生成的是合法的句子。最后，基础部分中还有词库、大脑中的词典，这部词典从语音、句法和语义特征 3 个方面对每一个词都做了详细说明。如：boy（语音标记）；（句法标记，＋N…）；（句义标记，＋Count，＋Animate…）。

与古典理论相比，标准理论在其基础上做了 3 个修正。

一是古典理论中由短语结构规则生成“核心句”，而标准理论中已取消了“核心句”，由基础部分生成深层结构（Deep structure）。深层结构通过转换部分得出表层结构。深层结构与核心句的区别在于，深层结构由基础部分生成，这里的基础部分除了短语结构规则还加上了范畴规则、次范畴规则以及词库，而核心句是由短语结构规则生成的，不经过转换而得出的基本句型。

二是标准理论中取消了“强制转换”（Obligatory transformation）和“选择转换”（Optional transformation）。其中“强制转换”指的是句子的深层结构在向表层结构转换的过程中必须运用的规则，“选择转换”指的是句子的深层结构在向表层结构转换的过程中可用可不用的规则。

三是把语义纳入了语法。从（9）中我们可以看到语义规则对深层结构作出语义解释。这跟古典理论有根本的不同。

11.2.3 第3阶段：扩展的标准理论（Extended standard theory，1972—1979）

这个阶段以《深层结构，表层结构和语义解释》为转折，以《关于形式和解释的论文集》为代表。它们总称为“扩展的标准理论”（简称 EST）。

该阶段最大的变化是把语义解释全都放到了表层结构上①，而且增加了“逻辑形式”这一层次。其理论框架大致如图 11－5 所示。

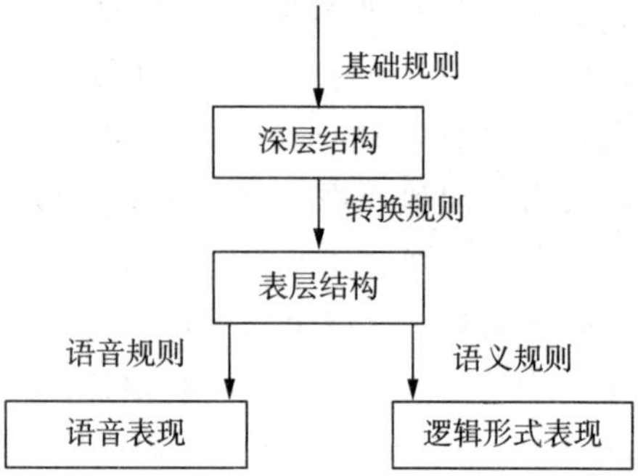

图 11－5　逻辑形式理论框架

从图 11－5 中我们可以看到基础规则生成深层结构。但是跟标准理论不同的是，基础规则中的短语结构规则用“X 阶”（$\bar{X}$，x bar）表示。它的形式是：

（10）$\bar{X} \rightarrow X$ comp

在（10）中的 X 相当于数学中的“变项”（Variable），可以用 V（动词）、N（名词）、A（形容词）、P（介词）等代入（按 X 阶系统不用 VP，NP，AP 等）。$\bar{X}$ 上面的短横表示高一层次，如果 X 上面有两个短横，就表示高两个层次。comp 表示补足语。这种 X 阶语法规则比短语结构语法规则在层次上更有概括性，可以囊括动词、名词、形容词、介词、各类短语。

扩展的标准理论中的转换部分还提出了“语迹”理论。转换中某个成分由于移位在原来的位置上留下了语迹。举一个汉语中的例子来说：

（11）$[_s$ 小王$_i$被我碰着了 $t_i]$。

例（11）中的 s 指的是整个句子，“小王”移到句首之后在原来的位置上留下了一个语迹（Trace，通常用字母 t 表示）。t 和“小王”指同一个对象，因此有同样的下标 i。语迹理论是扩展的标准理论的又一发展，这是该理论将语义解释全都放到了表层结构所要求的。

图 11－5 向我们明确地显示出语义规则已全部移到了表层结构，原因在

① 标准理论阶段通过语义规则对深层结构做出语义解释，当时假设转换不影响语义。但是语言学家发现，转换同样会影响意义，如否定等。所以在扩展的标准理论阶段，最终将语义解释全部放到了表层结构上。

于：在标准理论阶段，语义规则对深层结构做出语义解释，然而，标准理论模式仍然是以句法为基础的，语义部分只是解释性的，而有些深层结构语义部分无法解释。因此，有语言学家提出，许多语义现象必须放在表层结构层次上加以解释。表层结构中所进行的语法规则的转换同样会影响意义，如否定问题、焦点和预设。所以在扩展的标准理论阶段，最终将语义解释全部放到了表层结构上，而且增加了"逻辑形式"这一新的层次。这是本时期值得注意的又一发展。

11.2.4 第 4 阶段：管辖和约束理论（Theory of government and binding，1979—）[①]

这一阶段以《管辖和约束演讲集》为代表。该书是以乔姆斯基 1979 年在意大利比萨的系列讲座提出的"管辖"和"约束"理论（简称 GB 理论）为基础整理而成的（如图 11 - 6 所示）。这一阶段的最大变化有两点：（1）除了原来的规则系统，普遍语法中增加了原则系统；（2）提出了"空语类"[②]（Empty category，简称 EC）。

- 词库（lexicon）
- 句法
  - 基础部分（base component）
  - 转换部分（transformational component）
- 解释部分
  - 语音形式部分（phonetic form component），通常称PF-部分
  - 逻辑形式部分（logical form component），通常称LF-部分

图 11 - 6　管辖和约束理论架构

在 GB 理论中，规则系统包括 3 个基本部分。这 3 个组成部分各有一套规则，构成规则系统。其中，词库是词项的总和，指定每个词项的语音形式、语义性质和语法特征；基础部分（又称语类部分或范畴部分），过去采用短语结构规则，现在采用 $\bar{X}$ 系统，该部分生成的句子结构称为 D—结构，其实就是以前的"深层结构"。从 D—结构到 S—结构的过程称为转换，转换部分用

① 要注意区分统领（command）、管辖（government）和支配（dominate）。我们可以说主语 command 宾语，但只能说动词 government 宾语，由此可知管辖在统领范围内，管辖是最小的统领。

② 空语类是指具有某些特征但没有实际语音的范畴。空语类包括基础生成的 PRO 和移位造成的语迹。

“移位 α”规则（α代表某个成分）把D结构映现到S结构上，再由PF一部分把S结构用语音表达映现到语音表达形式，用LF一部分把S结构映现到逻辑形式上。

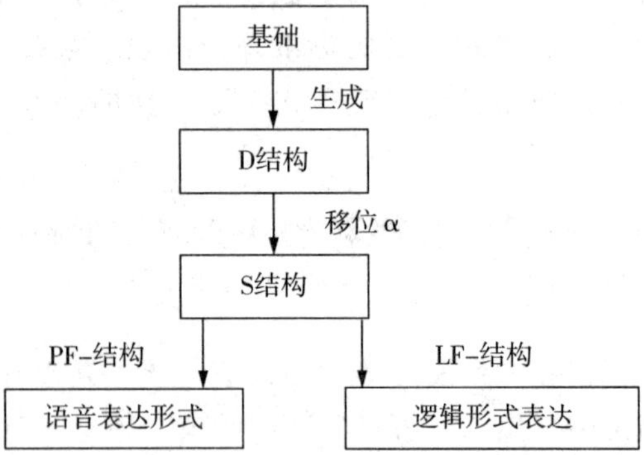

图 11－7 管辖和约束理论的模式

拿图 11－7 跟图 11－5 比较可以看出：①取消了“深层结构”，代之以D一结构；②取消了“表层结构”，代之以S结构；③“移位 a”代替了转换规则。这个系统只是在EST的基础上作了部分修正，就整个模式而论，二者大致还是一致的。

管辖和约束理论中另一个子系统是原则系统。这是本阶段最大的特点。它是GB的核心，主要包括以下6个部分：

（Ⅰ）题元理论（θ一theory），

（Ⅱ）格理论（Case theory），

（Ⅲ）约束理论（Binding theory），

（Ⅳ）界限理论（Bounding theory），

（Ⅴ）控制理论（Control theory），

（Ⅵ）管辖理论（Government theory）。

句子里有些成分具有题元作用，传统语法称“题元”为施事、受事等，研究题元的理论就是“题元理论”。[①] 格理论规定凡具有语音形式的NP必须有格，并且规定赋予格的原则。约束理论是研究语义解释中照应关系的理论。

① 区分“题元”“论元”和“配价成分”：在生成语法里，论元（Argument）是指带有题元角色（Thematic role 或称 θ一role）的名词性句法成分，一般做句子的主语或宾语。所谓题元角色，是指表示“施事”“受事”等语义关系的角色，因此也称作语义角色。负载了题元角色的句法成分就是所谓的论元。配价语法中的“价”，其语法性质也相当于论元。

界限理论研究对转换范围的限制，重点讨论 wh 移位应在什么样的区域范围之内进行。控制理论是为 PRO（“空代词”）选择先行成分的原则。管辖理论是规定管辖成分、被管辖成分以及管辖关系的原则。管辖理论在 GB 中起着主要的作用。以上 6 项原则并不是相互独立的，而是相互联系的。为了构成或解释某种语法现象需要同时运用好几条原则。此外，关于这 6 项原则，下文介绍管辖与约束理论过程中将进行更详细的讨论。

以上就是 TG 理论发展的 4 个阶段。就其对汉语研究的影响而言，可以说，在生成语法的每一发展阶段，都有一批汉语语法研究者通过对汉语特殊句式或格式的生成分析来检验其解释的效度，且取得了不少成果，也为普通语言学理论贡献了新的内容。

基于生成语法的汉语第二语言习得研究，主要是在普遍语法观念指导下所做的实证性研究，大多围绕普遍语法在二语习得中是否仍具有可及性（Accessibility，即在二语习得中普遍语法是否仍然制约着语法的形成）的问题和习得汉语这种特定语言时参数值的设置（Parameters - setting）问题而展开。然而，基于该理论的汉语第二语言习得研究仍然是一个非常薄弱的环节，还有很多研究空间，值得大家进一步思考与探索。

11.3　管辖与约束理论的组合性

11.3.1　转换的条件限制（Constraint）

如果转换语法不加限制，其生成能力就会太强。理想的语法应该是：能够生成一切合乎语感的句子，而且只能生成合乎语感的句子，不能生成不合乎语感的句子。因此，转换语法学家全力以赴，研究如何限制语法的生成能力，使它恰到好处。

早期的转换语法已经注意到转换有一定的限制。20 世纪 70 年代，Chomsky（1973）的研究标志着这类研究向纵深发展。这里举一个简单的例子来说明什么叫限制。试比较下列句子：

（1）a. John seems to be intelligent.（约翰看起来很聪明。）

　　b. * John seems is intelligent.

为什么（1a）合乎语法，（1b）却不合乎语法？这两句深层的结构大致是：

（2）a. [$_{\bar{s}}$seems [$_{s}$John to be intelligent]

　　b. [$_{\bar{s}}$seems [$_{s}$ John is intelligent]

（2a）和（2b）的区别在于（2a）中内嵌的从句是个非时态句，（2b）中内嵌的从句是个时态句。非时态句中的 John 可以通过转换移至句首；而时态句中的 John 受到限制，不能移出。

通过上述例子可以看到，由于“时态”的限制，英语的句子转换需要在一定的条件下进行。汉语由于显性的形态，因此在这种情况下可以自由转换。例如：

（3）张三看起来很聪明。

这句话的深层结构是：

（4）$[_{\bar{s}}$ 看起来 $[_{s}$ 张三很聪明$]$

11.3.2 照应关系（Anaphora）

语法中除了转换规则以外还有解释规则（Interpretive rule）。请看以下例子：

（5）张三认为自己很聪明。

这句中的“张三”和“自己”所指的是同一个对象，在早期的生成语法中是用一种转换规则——反身化规则（Reflexivization）来处理的。后来改用加标的办法来作语义解释，在“张三”和“自己”的右下角标上一个相同的字母，表示两者所指对象相同。

（6）张三$_i$认为自己$_i$很聪明。

这类没有变换的规则就叫解释规则。相同的下标表示“张三”和“自己”之间存在着照应关系：前面的“张三”是先行语（Antecedent），或称先行成分；后面的“自己”是照应语（Anaphor），或称照应成分。如果能把转换规则和解释规则统一起来，语法当然会变得更简单，更能说明问题。语迹论（Trace theory）为这种观点提供了方便。根据语迹论，（4）中的“张三”移到句首之后在原来的位置上留下了一个语迹，得到（7）。t 和“张三”是指同一个对象，因此也应该具有相同的下标：

（7）张三$_i$看起来 t_i很聪明。

这样一来，“张三”相当于先行语，名词组的语迹 t 相当于照应语，“张三”和 t 的关系与（5）中“张三”和“自己”的关系一模一样。因此，Chomsky 提出：语法中应该包括一个语义解释部分来处理这类关系。

11.3.3 普遍语法（Universal grammar）

Chomsky 假设，人的语法知识有两部分：一部分是全人类共有的普遍语法知识，这是人类通过生物进化和遗传先天获得的，是不需要学的；另一部分是各民族的语言特有的个别语言知识，这是人们在出生以后通过学习所掌握的。以普遍语法为基础，以经验为外因条件，人才能获得完整的语法知识。

自然语言都是十分复杂、奥妙的，要不是先天就具有一定的语法知识，儿童怎么能在短短的两三年中凭有限的经验学会呢？各种语言从表面看来差别极大，然而要不是具有一定的共同特点，为什么儿童学任何一种语言都能在大致相同的时间内学会呢？Chomsky 认为只有研究普遍语法才能解释这些现象，才能解开人类掌握语言之谜。

所谓的普遍语法究竟是怎样的？Chomsky 认为，普遍语法“当然不是一部语法，而是一系列条件，限制人类可能有的语言的各种语法的范围”。人类语言虽然千变万化，总不会超出一定的范围，例如不可能出现没有结构的语言。任何语法都必须符合这一条件。类似的条件或者原则加在一起构成一个系统，就是所谓普遍语法。

仅仅指出有普遍语法还不够，最好要说明普遍原则究竟是怎样的，说得越具体越好。管约论的核心就是一系列互相联系、互相制约的基本原则。这些原则具有普遍性，适用于每种语言，同时又具有灵活性，允许不同的语言在一定范围内有些差异。差异所在之处就是 Chomsky 所谓的参数(Parameter)。差异是后天学会的，所以说是“由经验决定的”。

11.3.4 语法的组成

Chomsky 认为语法具有组合性（Modularity），可以分门别类研究。它分为两个系统：一个是规则系统（Rule system），另一个是原则系统（System of principles）。

Chomsky 认为，语法由以下几个下属部分（Subcomponent）组成，如图 11－8 所示。

- 词库（lexicon）
- 句法
  - 基础部分（base component）
  - 转换部分（transformational component）
- 解释部分
  - 语音形式部分（phonetic form component），通常称 PF一部分
  - 逻辑形式部分（logical form component），通常称 LF一部分

图 11－8　语法组成部分

一个句子要通过这 4 个部分生成，要经过 4 套规则加工，因此有 4 个结构层次，分别称为：D一结构（D-structure）、S一结构（S-structure）、PF一结构（PF-structure）和 LF一结构（LF-structure）。

下文将对每个组成部分和每个结构层次分别说明。为了清楚起见，我们先用图 11－9 表明这些部分和层次的顺序。

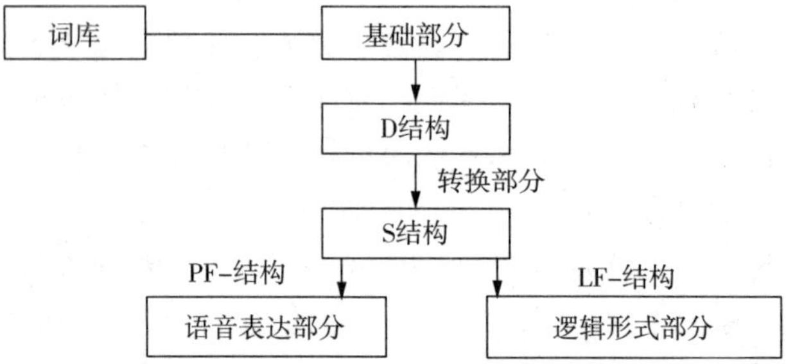

图 11－9　句子组成部分及结构层次

11.3.5　词库（Lexicon）

词库是词项的总和。词库应标明各个词项的特点，其中包括音系特征、语义特征和句法特征。句法特征包括语类特征和语境特征。例如，词库应该交代清楚 say 这个词怎么读，属于什么词类，后面能不能跟一个名词组或从句作宾语，等等。大致可以说凡是没有系统性、没有规律性的个别事实一概由词库列出。

11.3.6　基础（Base）

基础部分又称语类部分（Categorial component，或称范畴部分）。语类部分起到过去采用短语结构规则（PS-rule，或称词组结构规则）所起到的作用，例如 S→NP VP，VP→V NP 等。

基础部分生成的句子结构称为 D－结构。其实就是以往所说的“深层结构”。20 世纪 60 年代关于深层结构的问题发生过许多争论。Chomsky 为了避免误解，决心不再用原来的名称。

11.3.7　转换（Transformation）

从 D－结构到 S－结构的过程称为转换。人们把 Chomsky 创立的语法称为“转换语法”，往往以为转换是这类语法研究的特征。其实在管约论系统中转换所剩无几，只有一条规则。Chomsky 把以往规则归并成一条规则，称为“移位 α”（Move α），希腊字母 α 代表任何成分。这当然并不意味着任何成分都可以移至任何位置。那么，怎么能防止生成不合语法的句子呢？那就要靠下面的一系列原则来加以限制。转换部分对移位的条件不再作具体规定，在不违反管约论基本原则的前提下，都可以移位。为什么要作这样的变动？规则属于个别语法，原则属于普遍语法。用普遍语法解释的现象就不必通过个别语法规定。这样就能使语法更精简，也更能说明儿童获得语言的过程。

移位规则只有一条，但必须区分两类不同的移位。一类称为名词短语移位（NP-movement），另一类称为 wh 移位（wh-movement）。汉语中的 NP 移位体现在“把”字句和“被”字句结构中，例如：

（8）a. NP 把这个人骗了。

b. 这个人被骗了 t。

（8a）是 D—结构，（8b）是 S—结构。D—结构中句首 NP 的位置空着，S—结构中这个位置为移过来的“这个人”所占，“这个人”原来的位置上留下一个名词短语语迹（NP-trace）。英语疑问句是由 wh 移位构成的，例如“who does this book criticize?”的 who 就经过了 wh 移位。wh 移位留下 wh 语迹（wh-trace）。与英语不同，汉语中的疑问词没有 wh 移位。NP—语迹和 wh 语迹以及 PRO 都属于空语类（Empty category，常常用 e 代表）。空语类只有句法作用，没有语音内容，所谓“空”是指语音内容空，用术语说：“语音矩阵”（Phonetic matrix）是个空阵。

11.3.8 语音形式（Phonetic form）

在管约论系统中语音部分增加了一项工作——删略（Deletion）。过去把删略也看作一种转换，因此是在转换部分中进行的。按现在的体系，D—结构输入转换部分，经过移位输出 S—结构；S—结构输入语音部分，经过删略输出 PF—结构，即表层结构。例如（9a）—（9c）分别为关系从句的 D—结构、S—结构和 PF—结构：

（9）a. the book [s COMP [s he read which]（他读的书）

b. the book [s which [s he read t]

c. the book [s [s he read]

在 COMP 位置上的 which 进入语音部分后可以删略。所谓删略，用通俗的话来说就是不读出来。汉语与英语“关系结构”存在很大差异，所以英语这种“删略”在汉语中没有体现。

当然不是任何成分都可以随便删去的。Chomsky 和 Lasnik（1977）指出，删略的条件可以还原。凡是有语义内容的成分都不可以删去，只有没有语义内容的成分才可以删去，这就叫“还原条件”（Recoverability condition）。从图 11－7 中可以看出，转换部分输出的 S—结构同时进入语音部分和语义部分。语音部分只可以删去没有意义的成分，才不至于影响逻辑部分作语义解释。

11.3.9 逻辑形式（Logical form）

Chomsky（1965）接受了 Katz 和 Postal（1964）的建议，把语义包括在语法之中，因此标准理论的语法模式中有句法、语音和语义 3 个组成部分。后来 Chomsky 改变了这一看法，他认为语义本身有不止一个层次，语法中只宜包括其中一个层次，即所谓“逻辑形式”LF。这一层次只处理自然语言中与逻辑相应的一些语义问题，例如量化词（Quantifier）与变项（Variable）的关系。如例（10）所示：

（10）It is unclear $[_{\bar{S}}$ for which person x $[_{S}$ PRO to see x]

其中，for which person x 相当于逻辑中的量化词，后面的 x 相当于逻辑中的变项。所以 which 和语迹 t 的关系相当于量化词与变项的关系。为什么要把 LF 层次单独抽出来，Chomsky（1981）举了以下例子说明：

（11）a. He found a fly in the cup.（他发现杯子中有一只苍蝇。）

b. He found a flaw in the argument.（他发现论点中有一个缺点。）

在语法中这两个句子可以作同样处理，然而实际意义上两者不可等量齐观。对于（11a），我们可以按照存在量化词（Existential quantifier）与变项之间的逻辑关系来分析，但是对于（11b）则不能这么分析。

11.4 管辖与约束理论的原则系统

管约论的核心是一系列普遍性的原则，称为“原则系统”。Chomsky（1982）说现在研究重心已由规则系统转到原则系统，这是生成语法历史上一大转折。他提到了 7 个子系统，它们既有独立性又互相联系，汇成一个错综复杂的体系，对人类语言起制约作用。以下逐一分述：

11.4.1 $\bar{X}$－理论（X bar theory）

$\bar{X}$－理论最早见于 Chomsky（1970）。Chomsky 把名词短语与动词短语作了对比，指出两者内部结构存在着一些共同特征。请比较：

（12）a. 张三证明了定理。

b. 张三对定理的证明。

（12a）是动词短语（Verb phrase，以下写作 VP），其中心语（Head）是动词（Verb，以下写作 V）prove，“定理”是动词的补足语（Complement，以下写作 Comp）。（12b）是名词短语（Noun phrase，以下写作 NP），中心语是名词

(Noun，以下写作 N)“证明”，也有一个补足语“定理”。汉语名词补足语用介词“对”引进，放在动词之前。用短语结构重写规则来表示可以分别写成：

(13) a. VP→V Comp

b. NP→N Comp

不仅如此，形容词短语（Adjective phrase，以下写作 AP）和介词短语(Prepositional phrase，以下写作 PP）也有类似形式，可以分别看作是形容词(Adjective，以下写作 A）加补足语和介词（Preposition，以下写作 P）加补足语。

c. AP→A Comp

d. PP→P Comp

既然如此，Chomsky 建议干脆把（13a—d）合并写成：

(14) XP→X Comp

X 相当于数学中的变项，可以用 V，N，A，P 中任何一项代入，例如用 V 代入，即得（13a），其余可类推。把（14）用树形图画出来就是下图(15)：

(15)

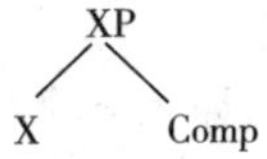

以上解释了“$\bar{X}$”中的“X”，现在来解释“$\bar{X}$”上面的短横。按 $\bar{X}$ 系统的标准写法不用 VP，NP，AP，PP，XP 等，而改用 $\bar{V}$，$\bar{N}$，$\bar{A}$，$\bar{P}$ 等，（15）应改写为（16）：

(16)

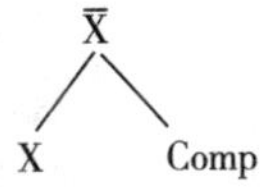

从树形图上可以看出 $\bar{X}$ 表示比 X 高一层次的语类。比 $\bar{X}$ 更高一层次的语类可以用$\bar{\bar{X}}$表示。动词短语也有相应的 V，$\bar{V}$ 等层次，各种语类均有。由于不能确定共有几层，往往采取权宜之计，把最低层写作 X，最高层写作 XP，中间需要几层就加几条横线。这样用 XP 封顶，XP 之下整个树形是 XP 所属的最大投射（Maximal projection)。此外，$\bar{X}$—系统比短语结构系统更加严谨，$\bar{\bar{X}}$之下一定是 $\bar{X}$，不允许只出现 X，而短语结构并没有这种限制，无法阻止(17)、(18）这类规则，即把 A、N 分别作为 VP 的中心语。

(17) ＊VP→A PP

(18) ＊VP→N PP

11.4.2 题元理论（θ－theory）

逻辑学中每个命题都由谓词（Predicate）和个体词（Individual）组成。例如：

（19）a. 张三很帅。

b. 张三喜欢李四。

（19a）表达一个一元命题，谓词是“很帅”，个体词是“张三”。（19b）表达一个二元命题，谓词是“喜欢”，个体词有两个——“张三”和“李四”。传统语法把“张三”称作“施事”，把“李四”称作“受事”。Katz认为“施事”和“受事”是“语义关系”。Gruber（1976）、Jackendoff（1972）称之为“主题关系”，Fillmore（1968）称之为“格关系”。Chomsky（1981）采用希腊字母θ代表，我们暂且把它译作“题元”。研究题元的理论就是“题元理论”，简称“θ－理论”。

Chomsky把充当题元的词语称为主目（argument），例如（19）中的“张三”和“李四”。不充当题元的或不能独立充当题元的称为“非主目”（Non－argument），例如下列句子中的it、there。

（20）a. It is certain that John will win.（约翰会赢，那是肯定的。）

b. There are believed to be unicorns in the garden.（人们相信花园里有独角兽。）

英语中的形式主语如“it”“there”往往不充当题元，这与汉语不同，汉语中没有像英语这样的形式主语，因此也就不存在“形式主语能否充当题元”这样的问题。

Chomsky提出了“题元准则”（θ－criterion），规定：

（21）a. 每个主目必须，而且只许，充当一个题元。

b. 每个题元必须，而且只许，由一个主目充当。

不妨仍用（19b）为例来说明题元准则是什么意思。（21a）规定：“张三”是施事就不可以兼作受事，“李四”是受事就不可以兼作施事；（21b）规定：施事既然是“张三”，就不可以同时又是“李四”；受事既然是“李四”，就不可以同时又是“张三”。这是显而易见的。（21）不允许把（19b）中的“李四”移到前面代替“张三”，因为“李四”不能兼任受事和施事。而（20a）中的that John will win却可以移到前面代替it，因为is certain的主语并不是题元位置，it不是主目：

（22）that John will win is certain.

每个命题有一定数目的题元。每个中心语有一定数目的补足语，例如

(19a) 中的动词“很帅”只能有施事一个题元；(19b) 中的“喜欢”可以有施事和受事两个题元，动词“给”可以有 3 个题元。不同的动词有不同数目的题元，这是动词的词汇特征，由词库规定，通过 $\bar{X}$一结构体现出来。譬如由动词“给”构成的句子有 3 个题元，那么在逻辑式中 3 个题元必须齐备，才能作语义解释，才知道是谁把什么东西给了谁。Chomsky (1981a) 假设不仅在 LF一结构中，而且在 D一结构和 S一结构中，这 3 个题元都要有所交代。换句话说，3 个层次中题元数目必须一致，虽然位置可以转移。Chomsky 称之为“投射原则”(Projection principle)。万一题元位置上缺少有形词，就必须用无形词，即空语类来填充。

11.4.3 格理论 (Case theory)

格是个传统的语法范畴，拉丁语、德语、俄语名词都有格的变化。管约论中所说的“格”是一个比较抽象的概念，假定名词处于一定的句法关系中，就都有格，格并不一定要通过语音形式表现，因此英语、法语和汉语名词也同样有这种意念中的格。Chomsky (1980) 建议把 case 第一个字母大写，写成 Case，以区别于传统语法的“格”。

以下举例说明格在语法中起的作用。前面提到根据 $\bar{X}$一理论各单词语类都有补足语。但是动词和介词后面可以直接跟一个名词短语作补足语，如英语中“John proved the theorem”，而名词和形容词不可以直接跟补语，必须在中间插入一个介词，如“ John's proof of the theorem”。那是什么原因？因为动词和介词的补足语有格，而名词和形容词的补足语却没有格。用语法术语说：动词和介词能“授予”或“指定”(Assign) 格，名词和形容词不能。$\bar{X}$一句法中语类是按特征 (Feature) 划分的。用“体词性”(N) 和“谓词性”(V) 两个特征可以分出 4 个类别：

(23) 名词 [＋N，－V]（有体词性特征，无谓词性特征）
　　动词 [－N，＋V]（无体词性特征，有谓词性特征）
　　形容词 [＋N，＋V]（有体词性特征，有谓词性特征）
　　介词 [－N，－V]（无体词性特征，无谓词性特征）

英语中只有具有 [－N] 特征的语类才能指定格，所以名词或形容词与补语之间必须插入一个介词，由介词指定格。那么补足语为什么一定要有格？Vergnaud (1974) 提出过一条原则：

(24) 名词短语有语音形式而没有格者不合语法。

只有空语类才没有语音形式，因此 Vergnaud 的原则是说：除了空语类之外，出现没有格的名词短语就违反语法。这就叫“格鉴别式”(Case filter)。

如果“John's proof of the theorem”中 proof 和 the theorem 之间不加介词 of，根据（23）和（24）the theorem 就没有格，因此就不合语法。

“John proved the theorem”中有两个名词短语，the theorem 由 prove 指定格，那么 John 怎么获得格呢？按 Chomsky（1981）由 proved 中的词尾－d 指定。

Chomsky 把英语句子 S 看作由 3 个成分构成：

（25）S→NP INFL VP

INFL 代表屈折（Inflection）。他再进一步分析 INFL：

（26）
$$\text{INFL} \rightarrow \begin{bmatrix} +\text{Tense} \\ -\text{Tense} \end{bmatrix} -\text{AGR}$$

AGR 代表一致关系（Agreement），指人称、性、数等特征。INFL 可以有时态（Tense），有时没有时态，分别用［＋Tense］和［－Tense］表示。［＋Tense］和［－N］一样可以指定格；［－Tense］和［＋N］一样不能指定格。格理论正确说明了为什么定式动词必须以有形词语作主语，而不定式必须以空语类作主语。

11.4.4 管辖理论（Government theory）

先要弄清楚以下几个问题：

（27）a. 什么是主管成分？

b. 什么是受管成分？

c. 主管成分与受管成分之间存在怎样的结构关系？

充当主管成分的可以是动词、名词、形容词、介词等单词语类，也就是短语的中心语，或者说是 $\bar{X}$ 一结构中最低一个层次 X。受管成分是 X 的补足语。例如动词短语（28）中：

（28）
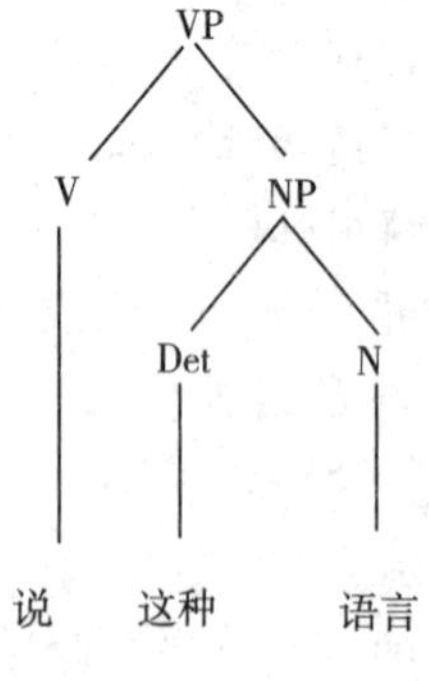

中心语动词“说”管辖其补语“这种语言”。那么（28）中名词“语言”

能否也管辖动词“说”呢？不能，这里有个结构层次高低的问题：“说”统领(C-command)“语言”；“语言”不统领“说”。以下通过树形图（29）说明什么叫统领。

（29）

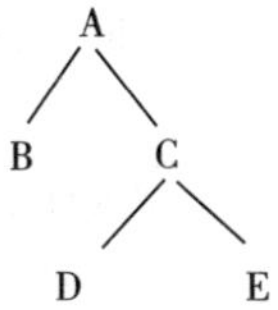

图中A，B，C，D，E都叫节点（Node），大致可以说每个节点统领它平级的节点，以及平级节点属下的节点，例如C统领B，B统领C及D，E。一个节点不能统领其上级，例如C不能统领A，也不能统领其直属下级，例如C不能统领D，E。C和D，E之间的关系为“支配”（Dominate），C支配D，E。

再来看下面的例子：

（30）

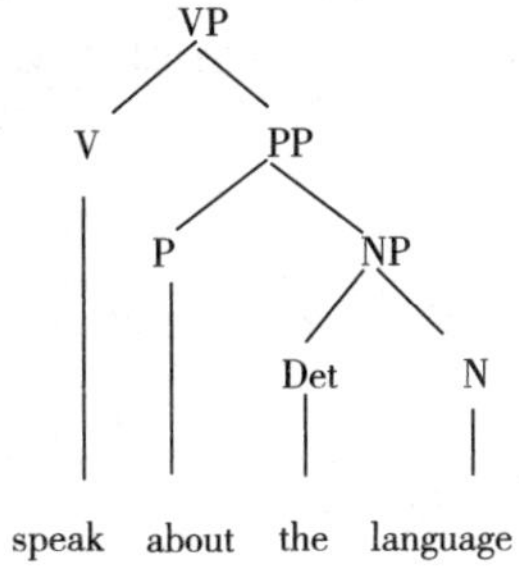

这里speak虽然统领the language，但是两者之间隔了一个层次PP。PP和VP一样是最大投射（Maximal projection）的词组，在这种情况下the language只能受PP的中心语about管辖，不受VP的中心语speak管辖。我们可以发现几个规律：主管成分应是中心语X；受管成分应是其补语；管辖要满足2个结构条件：主管成分统领受管成分，两者均直属于同一个XP中。

明确了管辖的概念后，我们回过来解释格是怎么获得的。格理论其实是以管辖理论为基础的，由主管成分指定受管成分格。由主管成分V或P把格“授予”其补语。那么主语是怎么获得格的？哪个成分管辖主语？例如he speaks the language中he怎么获得主格？Chomsky（1981a）说是由INFL，即speaks中的词尾-s赋予的。INFL是整个句子的中心语，管辖主语。

11.4.5 约束理论（Binding theory）

约束理论是研究语义解释中照应关系的理论。所谓α约束（bind）β

是指：

（31）a. α 统领 β；

b. α 与 β 同指标（即 α、β 是指同一客体）。

先看几个例子：

（32）a. [$_s$John$_i$ likes himself$_i$]（约翰喜欢自己）

b. [$_s$John$_i$ likes him$_j$]（约翰喜欢他）

c. [$_s$John$_i$ likes John$_j$]（约翰喜欢约翰）

（33）a. [$\bar{s}$John$_i$ says [$_s$Bill$_j$ likes himself$_j$]（约翰说毕尔喜欢自己）

b. [$\bar{s}$John$_i$ says [$_s$Bill$_j$ likes him$_{i,k}$]（约翰说毕尔喜欢他）

c. [$\bar{s}$John$_i$ says [$_s$Bill$_j$ likes John$_k$]（约翰说毕尔喜欢约翰）

我们都知道：（32a）中 John 和 himself 指同一个人；（32b）中 John 和 him 不会指同一个人；（32c）中两个 John 也不能指同一个人，只能指两个同名的人；（33a）中 himself 和 Bill 指同一个人，不会与 John 指同一个人；（33b）中 him 不可以指 Bill，可以指 John，可以指任何别人：（33c）中的两个 John 不能指同一个人。为什么会有这些现象呢？约束理论要答复这个问题。

Chomsky（1981）把名词词组分成 3 类：

（34）a. 照应词（Anaphor），指反身代词 himself，相互代词 each other 等；

b. 代名词（Pronominal），如 him，her；

c. 指称词（R-expression），如 John，the man。

Chomsky 在上述分类的基础上提出了 3 条约束原则：

（35）a. 约束第一原则（Binding Principle A）：照应词在管辖语域内受约束（bound）；

b. 约束第二原则（Binding Principle B）：代名词在管辖语域内是自由的（free）；

c. 约束第三原则（Binding Principle C）：指称词总是自由的。

其中，“约束”和“自由”都是逻辑学术语。逻辑中量化词约束变项。凡是受量化词约束的变项称为“约束变项”（Bound variable）；不受量化词约束的变项称为“自由变项”（Free variable）。管约论中说某个名词短语受约束是指它与统领它的另外一个名词短语同指标［见定义（31）］，说某个名词短语自由是指它与统领它的名词短语不同指标。所谓管辖语域是指最低层的 S 和 NP，例如（32a-c）中内层的 S 是 himself，him 和 John 的管辖语域。

现在用这 3 条原则来解释（32）和（33）。（32）的管辖语域是 s，John 处于统领地位。根据（35a），（32a）中照应词 himself 必须受约束，因此与统领它的 John 同标。根据（35b），（32b）中的代名词 him 必须自由，即不能与 John 同标。根据（35c），（32c）中的第二个指称词 John 也必须自由，不能与第一个 John 同标。

（33）中管辖语域是低层 S，即从句。根据（35b），代名词 him 必须在管辖语域内自由，所以不能与统领它的 Bill 同标。但是（35b）并不限制代名词与管辖语域以外的名词短语同标，所以 him 可以与主句中的 John 同标。根据（35c），指称词 John 在任何情况都自由，即既不可与从句中的 Bill 同标，也不可与主句中的 John 同标。约束原则正确地解释了以上语言现象。

这几条原则也能正确解释 NP 语域内的照应关系，如：

（36）a. [$_{NP}$张三$_i$给自己$_i$拍的照片]

b. [$_{NP}$张三$_i$给他$_j$拍的照片]

c. [$_{NP}$张三$_i$给张三$_j$拍的照片]

约束关系不仅适用于有形词语，也适用于无形的空语类。

（37）[$_s$ 张三$_i$被骗了 t_i]

因此不妨认为 NP—语迹具有照应词的特征。那么 wh 词语是否也要受约束呢？请看（38）：

（38）[$\bar{s}$who$_j$ [$_s$ John$_i$ likes t_j]]（约翰喜欢谁）

（38）中 t 和 who 当然也指同一对象。但是（38）与（37）有本质的不同。（37）中“张三”在 S 管辖语域之内；（38）中 who 在标句成分 COMP 位置，在 $\bar{S}$ 之内，可是在管辖语域 S 之外。也可以从另一个角度看，（37）的“张三”处于主目位置；（38）的 who 不处于主目位置。因此，如果要把（38）中 who 与 wh 语迹 t 的关系也看作约束关系，就是一种特殊的约束关系，有必要区分两类不同的约束：

（39）a. 主目约束（Argument binding），简称 A—约束（A-binding）

b. 非主目约束（Non-argument binding），简称非 A 约束（$\bar{A}$ binding）

在管约论中所谓“约束”，如不特别注明一般都指 A 约束。

11.4.6 界限理论（Bounding theory）

界限理论研究对转换范围的限制，重点讨论 wh 移位应在什么样的区域范围之内进行。英语构成特殊疑问句时要把疑问词移位，例如“这本书批评谁”要说成（40），即把 who 从 t_i的位置移至句首。

(40) $[\bar{s}$ who$_i$ $[_s$does this book criticize $t_i]$

然而当疑问词处于关系从句中时，就不能移至全句之首，例如“你在看的那本书批评谁”这句话英语不可以说成：

(41) ＊ $[\bar{s}$ who$_i$ $[\bar{s}$ are you reading $[_{NP}$ the book $[_s$ that $[_s$ criticizes $t_i]$

再看另一类例子。汉语完全可以用间接双重疑问句（Multiple wh-question)，如“你想知道谁买了什么吗”，而英语却不可说：

(42) ＊ $[\bar{s}$what $[\bar{s}$ do you wonder $[_s$who $[_s$ bought $t_j]$

(41)(42) 在汉语中是完全合格的结构，为什么在英语中却不合格？因为汉语构成疑问句时疑问词不需要移位，而英语 wh 词要移位。那么为什么 wh 词在（40）中可以移到句首，而在（41）和（42）中就不行呢？研究结果表明移位有一定的区域限制。（40）中 who 只越过一个 s，而（41）中 who 要越过两个 s 和一个 NP，(42) 中 what 要越过两个 s，才能到达句首。英语中 S 和 NP 都是界点（Bounding node)，所谓“界点”就是标志一定的区域界限，不能任意逾越的节点。wh 移位时不能一步越过两个界点，这就是所谓的“领属条件”（Subjacency condition)。是领属条件阻止生成（41）和（42）。

上述是英语的情况，那么汉语的疑问词如何获得辖域呢？Huang（1998）认为，所有的语言都包含疑问词的移位规则，英语的疑问词在表层结构移位，而汉语的疑问词在逻辑式移位。Huang（1998）列出以下证据来证明其观点的正确性：

a. 张三问我谁买了书。

b. 张三相信谁买了书？

c. 张三知道谁买了书。

这三个句子唯一的不同之处是主句动词，a 的动词“问”选择疑问成分作为其补语，b 的动词“相信”不允许其补语为疑问成分，c 的动词“知道”选择性地要求其补语为疑问成分。因此，a 整句是陈述句，内嵌疑问小句；b 整句是疑问句；c 有两种解释，既可以理解为陈述句，也可以理解为疑问句。可见，表面结构完全相同的句子意义却大相径庭。这 3 个句子的差别在于疑问词的辖域不同：a 中疑问词的辖域为从句，b 中疑问词的辖域为主句，c 中疑问词的辖域既可以为主句，也可以为从句。因此，Huang（1998）认为汉语的疑问词在逻辑式移位到辖域位置，例句如下：

d. [张三问我 [谁]$_i$ [t_i买了书]

e. [谁$_i$] [张三相信 [t_i买了书]

f. [谁$_i$] [张三知道 [t_i买了书]

g. [张三知道 [谁$_i$] [t_i买了书]

动词的选择限制决定了疑问词的辖域范围：疑问动词要求疑问词在其辖域范围内；非疑问动词不允许其辖域范围内出现疑问动词；选择性疑问动词的辖域范围内既可以出现疑问词，也可以不出现疑问词。

通过上述对英汉语疑问句的分析，我们发现疑问词的辖域性质是语言的共性，其辖域性质决定了疑问词必须移位到句首位置。不同的是，英语疑问词在表层结构移位，汉语疑问词在逻辑式移位。换言之，英汉语疑问词的差异在于移位的层次不同。

11.4.7 控制理论 (Control theory)

控制理论用来解释（43a-d）这类句子中的空语类（用 e 代表）。

(43) a. e 学英语难。

b. 张三力图 e 学会英语。

c. 张三答应李四 e 将学英语。

d. 张三说服李四 e 去学英语。

“学”是个二元动词，有施事和受事。但是这 4 句的 D 结构只标出了学的对象是英语，没有明确标出是谁学。“学”的主语位置由空语类 e 所占据。凭语感我们当然知道这 4 句中的 e 代表谁：（43a）中 e 泛指任何人；（43b）和（43c）中 e 代表“张三”，（43d）中 e 代表“李四”。这是另一种空语类，上文中出现过的 PRO。

PRO 与人称代词一样，可以指本句中的词语，也可以指句外的词语。（43b-d）中的 PRO 指本句中的“张三”或“李四”，即与“张三”或“李四”同标。这种同标关系不是约束关系，Chomsky 采用了另外一个名称：“控制”。“张三”和“李四”是控制语（Controller）。（43a）中的 PRO 是泛指的 PRO（PRO of arbitrary reference），不受句中任何 NP 控制。根据控制理论，泛指的 PRO 的分布很有限，只能是作主语的不定式的主语。

11.4.8 空语类

上一节谈到空语类 PRO 的一些特点。现在来把它和另外一种空语类一语迹（NP一语迹和 wh 语迹）作系统的比较。例如：

(44) a. PRO 要喜欢张三，有点难。

b. 张三$_i$被骗了 t_i。

c. who$_i$ John likes t_i （=42）

第一，从结构层次看 PRO 是基础部分生成的，在 D一结构中就存在的，而（44b）（44c）中的语迹分别是“张三”和 who 移位后产生的，在 S—结构中开始出现的。第二，从题元理论看，PRO 是“喜欢”的施事，是独立的题元，而语迹不能作独立的题元。（44b）中的 t 与“张三”合起来作“骗”的受事，（44c）中的 t 与 who 合起来作 like 的受事。第三，从管辖理论看，语迹受管辖，（44b）、（44c）中的 t 受 like 管辖，而 PRO 不受管辖。第四，从约束理论看，PRO 不受约束。（44b）中的 t 受“张三”约束，（44c）中的 t 受 who 约束。前者为主目约束，后者为非主目约束。以下用表 11－1 来说明 PRO 和 NP—语迹、wh 语迹之间的区别。

表 11－1　PRO 和 NP—语迹、wh 语亦之间的区别

	PRO	NP—语迹	wh 语迹
由哪部分产生	基础	转换	转换
是否独立题元	是	否	否
是否受到管辖	否	是	是
是否受到约束	自由	主目约束非主目约束	

Chomsky（1982a）采用另一种分类法，他称之为功能分类法。分类的标准是：凡是适用约束第一原则的词语具有（＋照应词性）（［＋anaphor］）特征，适用约束第二原则者具有［＋代名词性］（［＋pronominal］）特征。反之，凡是不适用约束第一原则者具有［－照应词性］特征，不适用约束第二原则者具有_代名词性］特征。这样就可以把照应词、代名词和指称词 3 类词语按（45）划分，而每一类都有相应的空语类：

（45）a. ［＋照，－代］照应词 NP—语迹

b. ［－照，＋代］代名词　pro

c. ［－照，－代］指称词　wh 语迹

d. ［＋照，＋代］　PRO

小写的 pro 是 Chomsky（1982）新提出来的，相当于代名词，例如下面意大利语的句子：

（50）pro parla（他在说话）

wh 语迹不像照应词那样受主目约束，但又不像代名词，它要受标句成分位置中的词语约束，就像逻辑中变项受量化词约束一样，相当于指称语。大写 PRO 有点像代名词，因为不受主目约束，又有点像照应词，因为它不能单独起指称作用，兼有照应词和代名词两种特征。

11.5 关于生成语法的总结与评价

关于生成语法，人们的评价不一，但是对其讨论正体现了它的价值。从汉语第二语言习得研究的角度来看，生成语法也为汉语研究提供了很多新思路。

11.5.1 关于生成语法的总结

乔姆斯基认为现代语言学应该建立一种理论，这种理论应当揭示语言的内在性、生成性和普遍性。据此，他提出了一套全新的不同于美国描写语言学派的理论。

从目的上看，转化生成语法尽管已经经历了不同发展阶段，但它始终以理性主义为基础，不断加以完善与发展，努力探索人类的语言能力并对此作出科学的描写和解释。

从研究对象上看，转换生成语法研究的对象是“语法”而不是“语言”。乔姆斯基区分了“语言能力” （Linguistic competence）和“语言行为”(Linguistic performance)。转换生成语法主要是为了解释语言能力的，而美国描写语言学主要描写语言行为。乔姆斯基认为，语言学是认知心理学的一部分。他所说的“语法”是指人类大脑中认知系统的一部分，也就是语言能力。转换生成语法就是要确定语法的规则系统和原则系统，并且研究这些系统跟其他认知系统的相互作用。

从研究的方法上看，转换生成语法用的是演绎法，而且高度形式化。这跟乔姆斯基理性主义的立场是有关的，他认为语法是递归性的。也就是说，语言规则和原则本身是有限的，它存在于人脑中，这就是“有限的手段”，而方法的运用却是无限的。因此，转换生成语法试图以有限的规则系统和原则系统生成无限的句子。为了适应这一研究的需要，乔姆斯基采用了现代数理逻辑学家研究形式系统所运用的形式化和演绎的方法，根据有限的公理化的规则系统和原则系统，用演绎的方法生成无限的句子，以此解释人的语言能力。

因此，在研究汉语第二语言习得时，我们也应该明确研究目的、找出研究对象、使用恰当的研究方法，而不是把国外的理论照搬照抄。此外，尽管汉语第二语言习得研究与转换生成语法等语言学理论关系密切，但二者之间也有着明确的界限与区别——汉语第二语言习得研究并不是简单地套用语言学的方法，而是在此基础上提出阐释汉语第二语言习得过程的理论框架。

11.5.2 关于生成语法的评价

乔姆斯基的转换生成语法至今已过去了几十年，在这段时间里，出现了很多赞成的声音，其中也不乏有见地的批评之音。比如说早期的理论中将语义完全排除在外；乔姆斯基语言理论的哲学基础是唯理主义；等等。但不可否认的是，转换生成语法的确是一种创新，并在很多领域里产生了非常大的影响。

转换生成语法以理性主义为本，把语言研究由言语行为的描写引向了人类大脑语言机制的解释。它在语言学研究的目的、对象和方法方面都不同于以往，虽然不可能完全扭转乾坤，但的确开辟了一条新的道路，展现了一个全新的方向，这在语言学研究的进程中起了促进的作用。

汉语和汉语第二语言习得的事实也同样可以用转换生成语法的理论去加以解释。目前已有很多学者从该理论出发去解释汉语，如程工（2016）、熊仲儒（2016）用生成语法研究汉语中的实词。由此可见，生成语法的确为汉语等语言的研究提供了一个新的思路。

11.6 普遍语法与汉语第二语言习得

前面提到，自《句法结构》问世以来，生成语法理论大致经历了5个发展阶段：古典理论、标准理论、扩展的标准理论、管辖约束理论和最简方案。普遍语法现在越来越多地被用来解释第二语言习得。

国外以普遍语法理论为基础，对第二语言习得进行研究，已成为第二语言习得研究的一个重要发展趋势。第二语言习得研究的著名学者 Cook（1993）在评论第二语言习得研究发展趋势时说，“以语言原则参数理论为基础的第二语言习得研究已成为近几年来第二语言习得研究的主流”。研究的焦点大多集中在两个问题上：

（1）成年人在掌握了第一语言之后，如果再学习第二语言，普遍语法是否仍然会起作用？

（2）在第一语言习得中已经确定了的参数值，在学习第二语言中能否根据第二语言进行参数值的再确定。

就这些问题，研究者们利用不同的语言参数对不同的第二语言学习者进行了大量实验研究，但研究结果却是不一致的。关于普遍语法在第二语言习得中的作用，目前有3种看法：（1）普遍语法不再适用于第二语言学习者；（2）普遍语法仍然适用于第二语言学习者；（3）第二语言学习者通过母语的中介体现出普遍语法的作用。究竟普遍语法在第二语言习得中是否起作用以及如何起作用，答案仍不是十分清楚，等待我们去探索。

值得注意的是，国内关于这方面的研究还是非常少。胡亦乐（1990）介绍了20世纪70—80年代国际第二语言习得研究者们所关注的问题，其中着重讨论了普遍语法的作用。90年代以后国内用生成语法研究汉语第二语言习得才有了较大发展。

推荐阅读

徐烈炯，《管辖与约束理论》，1984年

练　习

1. 谈谈PRO和NP—语迹、wh语迹之间的区别。

2. 第二阶段标准理论的基础部分加了范畴规则和次范畴规则。什么是范畴、什么是次范畴？这两种规则是如何确定成分间的语法关系以及它们的语法特征的？

3. 第4阶段：支配和约束理论中的“空语类”指的是什么？

4. 乔姆斯基提出的约束三原则是什么？

12 最简方案和语段

随着20世纪80年代末《关于推导经济性与表达经济性的说明》（*Some Notes on Economy of Derivation and Representation*）初稿的发行，最简方案已开始代替管约论而初具雏形。紧接着Chomsky又写了好几篇论文，最终汇编成《最简方案》（*The Minimalist Program*）并于1995年出版。这意味着到20世纪90年代中期，最简方案已经取代了管约论，语言研究正在朝着新的方向发展。

所谓"最简"指的是方法论上的最简（Methodological minimalist）和实质上的最简（Substantive minimalism）。前者是指语言研究时所做的理论假设越少越好，后者是指语言本身的构成运作越精简越好。Chomsky始终坚持伽利略等人的观点，他认为语言是完美的，是自然进化的产物。生成语言学历来都追求语言研究的经济性，最简方案可以说是这一主张的进一步发展。

最简方案的精简主要体现在两方面：运算上的精简和语法模型上的精简，本章前两节将从这两个方面对最简方案进行一个详细的介绍，12.3节将着重介绍最简方案发展过程中提出的语段理论，12.4节将对贯穿生成语法始终的经济原则进行一个简单描述，最后，根据生成语法的理论知识，介绍相关的二语习得研究。

12.1 运算的精简

最简方案假设人类语言共用一套运算系统，这一运算系统要足够精简，要能够通过有限的方法生出所有合乎语法的句子。运算的精简主要体现在词项的选取、词项的合并、移位等方面。

12.1.1 词项的选取

最简方案认为，并非每种语言都有各自的造句方法，而是人类共享一套造句方法，即普遍语法（Universal grammar）。不同语言之所以生成了不同的句子，是因为词库不同，输入的词和词的特征也就不同。

早期生成语法中的词库（Lexicon）相当于人类大脑中的一部词典，里面有不同语言使用者需要掌握的词项（Lexical item），这部词典规定了不同语言中不同词项的语音、词义、词性、用法等内容。在这方面，最简方案和管约论的不同之处在于最简方案词库中的词是一个个具体的词，如“read”“reads”“reading”是不同的词，具有不同的语音、语义和语法特征，在语言运算或造句时，我们直接选取的是一个个具体的词，而管约论词库中的词则是一个个抽象的词，即“read”“reads”“reading”是一个词，对它们之间的差别不加以区分。

在这里，我们借用数学术语“读数”（Numeration，简称 N）来说明词项的选取。如：

（1）a. N＝｛the$_2$，boy$_1$，girl$_1$，likes$_1$｝

b. N＝｛这个$_2$，男孩$_1$，女孩$_1$，喜欢$_1$｝

N 是一个集合或者说是词库，在这个集合中有许多的元素（即词项）。从词库中抽取造句备用的单位——词项，这些词项在抽取的时候就是一个个具体的词，如（1a）中的“likes”。汉语没有形态变化，所以（1b）中的“喜欢”并没有时态和单复数的表现。如果在一个句子中，某个词出现了多次，那就用数字标明这个词出现的次数，也就是这个词我们要用几次。词项抽取完毕后，则是将这些词按照一定的规则组合起来，从而构成一个句子①。

需注意汉语的指示代词“这”“那”与英语的定冠词“the”、指示代词“this”“that”之间的异同。英语中大致与“这”“那”对应的词语是“this”“that”，而不是“the”，这基于英语中的 the 与 's 在句法上的互补分布。

（2）a. the enemy's destruction of the city.

b. * the enemy's the destruction of the city.

c.

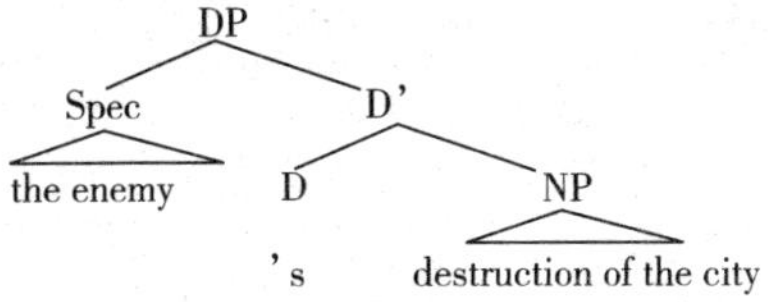

d. 敌人的这个进攻。

① 可能有的读者会感到疑惑，为什么刚开始就从词库中抽取了这样一堆词呢？不能用多少取多少吗？如果边抽取边合并，而不是先抽取后合并，就会造成“the baby may eat”已经成句，就不会再有“the baby may eat the cake”这样更长的句子了。

“the enemy”位于DP的标志语位置，'s位于DP的中心语位置，'s与后面的限定词“the”不能共现（见2b），说明's在句法上也相当于一个限定词。汉语则不是如此，如果按照熊仲儒（2005年）的观点，将汉语“的”分析为DP的中心语，“的”可以和“这”共现，如（2d），这说明“这”与“the”不同，汉语是否有限定词或定冠词值得进一步研究。

将“的”分析为中心语的还有司富珍（2002、2004）、彭家法（2007、2012、2016）等，也有学者对中心语分析法质疑，如周国光（2005、2006）、刘礼进（2009）等，相关研究不再赘述，读者可自行翻阅查看。

12.1.2 词项的合并

组句的过程涉及两个操作：选择（Select）与合并（Merge）。选择不是随便选择，合并也不是随意合并，而是采用二分法反复递归形成句子，这在管约论中也普遍使用。最简方案与管约论的不同之处在于：1）最简方案采取自下而上的方法构建结构。2）最简方案可以不用X、X′、XP等符号标明结构层次。3）最简方案可以不用V、VP、DP等语类标记。拿（1a）来说，要形成“the boy likes the girl”这个句子，首先需要从读数中选择两个词进行组合，如选择“the”与“girl”组合成一个DP结构；然后再将这一结构与“likes”进行组合，以形成更大的结构；最后再将这一更大的结构与“the boy”进行组合，从而得到整个句子。（1a）的结构树形图如（3a－b）所示：

（3）a. the boy likes the girl.

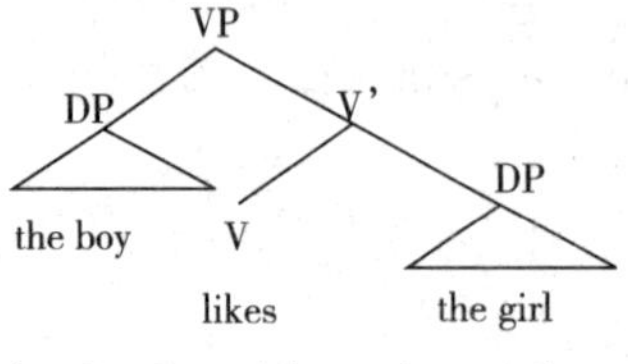

b. the boy likes the girl.

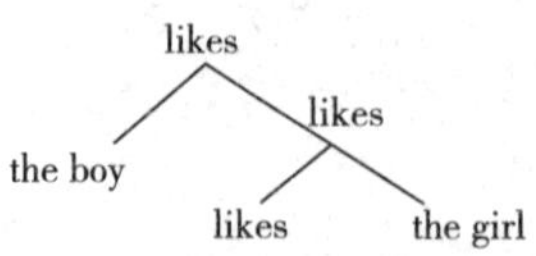

（3a）为管约论时期的结构树形图，（3b）为最简方案采用的结构树形图。虽然（3b）不再标出语类符号和层次符号，但最简方案的大多数文献还在继续使用这些符号。

就（1b）“这个男孩喜欢这个女孩”来说，汉语不同于英语的另一点在于汉语有量词，英语没有。这也就是说，汉语有一个量词短语 ClP（Classifier phrase）投射，如（3c）所示。

（3）c. 这个男孩。

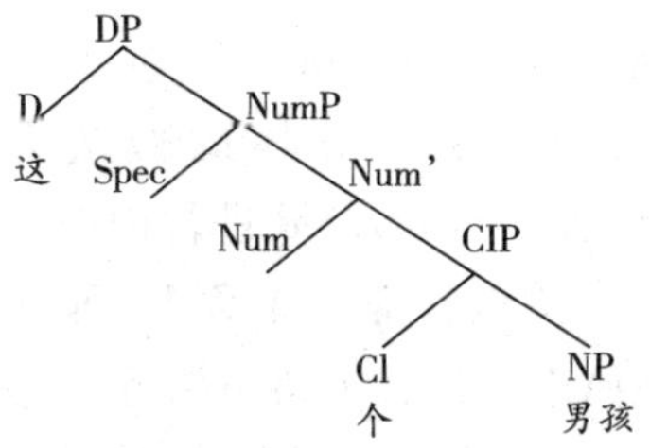

为简单起见，我们将“这个男孩”整体看作是一个 DP 结构，与（3a）对应的英语结构平行。就英汉在限定词和量词上的句法差异来说，二者为我们研究第二语言习得提供了重要的思路。

关于合并还有一点需要注意的是合并的先后顺序问题。为此，Kayne（1994）提出了线性对应律（Linear Correspondence Axiom）：

如果在某个结构树形图中，X 统制（command）Y，而 Y 不统制 X，那么 X 的下属单位均位于 Y 的下属单位的前面。

简单来说，如果 V 统制 O，那么在线性顺序上，V 对应的成分也在 O 对应的成分的前面。Chomsky 接受了 Kayne 的观点，他指出除了语音形式部分外，线性顺序不起什么作用，结构成分层次的高低决定了成分的线性顺序。

以上所说的合并是就最简单的情况来说的，自然语言是丰富且复杂的，简单的合并不能生成所有合乎语法的句了，这时候就需要借助移位这一操作。

12.1.3 移位

移位（Move）历来是生成语法的一大特色，所谓移位就是把一个成分从某个位置移到另一个位置。这一节我们主要讨论最简方案中的内部合并与外部合并，以及管约论时期的 DP 移位、wh 移位和中心语移位在最简方案中的发展。

12.1.3.1 内部合并与外部合并

当一个成分从原来的位置移到了新位置以后，还需在新位置上与其他成分进行合并，所以移位也包含合并。合并进一步包括内部合并 IM（Internal merge）和外部合并 EM（External merge），前者是指结构内部的移位加合并，如（4b），后者是指结构外部新增了其他成分，将新增成分与原来成分进行合并，如（5b）。

（4） a. [$_{TP}$ T [$_{VP}$ arrived [$_{DP}$ a policeman]

b. [$_{TP}$ [$_{DP}$ a policeman] $_{i}$[$_{T'}$ T [$_{VP}$ arrived t_{i}]

（5） a. [$_{TP}$ T [$_{VP}$ arrived [$_{DP}$ a policeman]

b. [$_{TP}$ there [$_{T'}$ T [$_{VP}$ arrived [$_{DP}$ a policeman]

根据扩充的投射原则 EPP（Extended Projection Principle），句子要有主语，即（4a）和（5a）要有主语。具体的做法有两种：1）将后面的 a policeman 移到前面主语位置，与 arrived 进行内部合并 IM，即（4b）；2）新增一个成分 there 与 arrived 进行外部合并 EM，即（5b）。

管约论假设移位会在原来的位置上留下语迹 t，并用下标表示移位前和移位后成分所指相同，如（4b）所示。最简方案则取消了语迹，代之以复制（Copy）操作。复制就是把要移的成分在新位置上进行拷贝，这样（4）用最简方案的方法可以表示为（6）：

（6） a. [$_{TP}$ [$_{DP}$ a policeman] [$_{T'}$ T [$_{VP}$ arrived [$_{DP}$ a policeman]

b. [$_{TP}$ [$_{DP}$ a policeman] [$_{T'}$ T [$_{VP}$ arrived [$_{DP}$ ~~a policeman~~]]]

（6a）中的 a policeman 不用读两遍，原来位置上的 a policeman 最后需要删除，如（6b）。进一步来说，（6）包括了移位、合并、复制、删除等操作。

12.1.3.2 DP 移位、wh 移位和中心语移位

管约论时期主要有 3 种移位：DP 移位、wh 移位和中心语移位。移位的目的是把一个成分移到与它密切相关的成分附近，之所以要移到相邻或相近的位置，用最简方案的理论来说是为了核对特征（Feature checking）。

DP 移位主要出现在被动结构、主语提升等结构中，把结构下面的某个 DP 移到空着的主语位置，即 TP 的标志语位置，目的是取得主格。如例（4）中的“arrive”为非宾格动词①不能指派宾格，a policeman 就需要移位到主语的位置，由时态 T 赋格。例（4）的 DP 移位如（7a）所示：

① 非宾格动词（Unaccusative verb）与非作格动词（Unergative verb）相对，它们都是不及物动词。二者的不同之处在于非宾格动词的唯一论元在表层结构中是主语，但在深层结构中是宾语，在句法推导过程中发生了移位，一般是客事（Theme）或受事，如“客人来了/来客人了”。非作格动词的唯一论元是基础生成的，不管是在表层结构还是在深层结构中都是主语，一般是施事，如“他慢慢地走着”。从论元结构上讲，非宾格动词的唯一论元是内论元，它没有外论元；非作格动词的唯一论元是外论元，它没有内论元。关于英汉非宾格动词和非作格动词的对比及二语习得研究可以参考郑丽娜（2015）的研究成果。

（7）a. A policeman arrived.

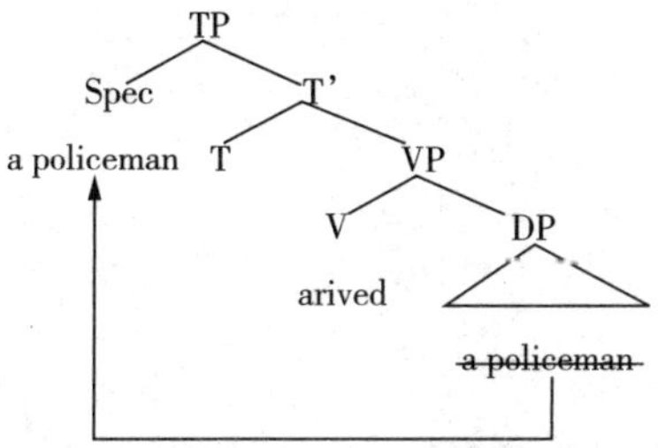

b. 客人来了。

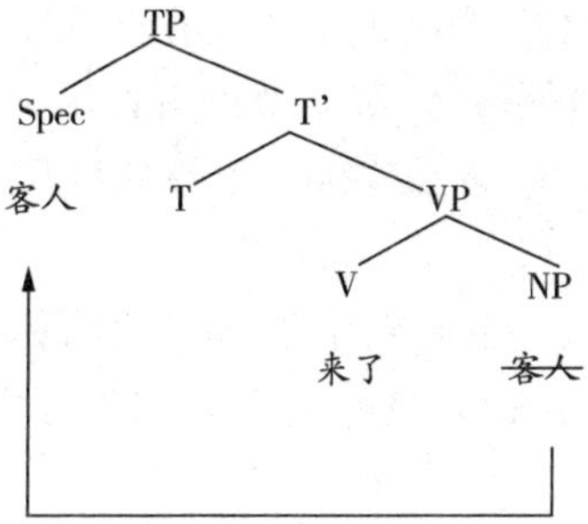

汉语的“来”“到”与英语的“come”“arrive”类似，都是非宾格动词。英语有显性的主宾格的变化，汉语则没有。如果按照英语非宾格动词不能赋格的观点，(7b) 中的“客人”最初位于 V 的补足语位置，因为得不到格，所以要移到 TP 的标志语位置，从而形成了与英语一致的结构。但在这方面英汉仍然存在差异，汉语学界一般认为主语是有定的，宾语是无定的，“客人”从宾语位置移到了主语位置，其有定效应就发生了变化，“来客人了”表示无定的个体，而“客人来了”则表示有定的个体。汉语有一个明显的现象来支持这一观点，如我们可以说“来了一个警察”(arrived a policeman)，但我们不说“一个警察来了”(a policeman arrived)，因为“一个警察”是无定的，一般不能放在主语位置，要表达这一意思汉语需要在句首加一个“有”字，即“有一个警察来了” (there arrived a policeman)。汉语的存现句与英语的“there be”句式类似，但又有所差异，相关的习得研究可以参考温晓虹 (1995)、杨素英等 (2007)、苏丹洁 (2010) 等人的研究成果。

wh 移位指 wh 词语移到 CP 标志语位置，CP 的中心语 C 具有疑问特征［+wh］，其标志语位置也具有［+wh］特征。之所以要把 wh 词语移到 CP 标志语位置，就是为了与中心语 C 核对疑问特征。英语 wh 词语的前置就是如此，如“what do you like”：

（8）
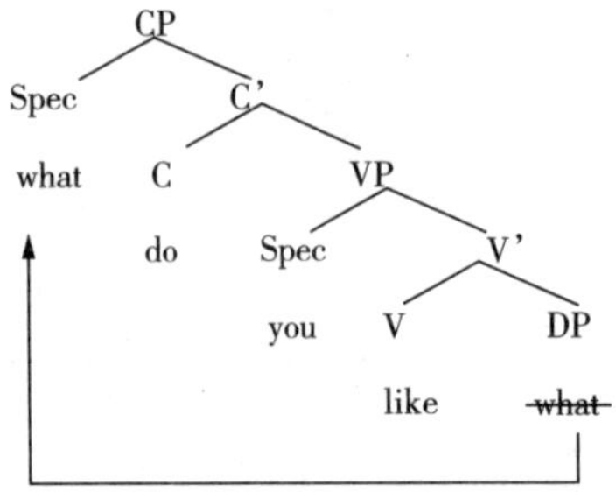

汉语与英语不同，汉语的 wh 词语不需要显性移位到句首位置，但它需要在 LF 层面隐性移位，详见 12.2.3 节的讨论。

中心语移位是从中心语到中心语的移位，如 VP 的中心语 V 可以移到 TP 的中心语 T 位置，T 可以移到 C 位置，具体参考 12.3 节语段理论的举例。这种移位的作用是让动词词干的形态与表示时态、人称变化等的词尾紧靠在一起，便于特征核对。

以上所讲的移位与特征核对在语段理论中得到了淋漓尽致的体现，语段理论的提出可以说是最简方案的一个重大发展，这些问题我们都会在 12.3 节做进一步探究。

12.2　语法模型的精简

图 12－1 是管约论时期的语法模型图（由于整体呈倒 T 形，可称之为 T 模型），图 12－2 是最简方案时期的语法模型图。相比于前者，最简方案的语法模型简化了很多。具体来说，最简方案取消了 D 结构和 S 结构，保留了 PF 层面和 LF 层面。接下来，我们便从这几个方面详细讨论一下语法模型精简的作用和意义。

12.2.1　取消 D 结构层面

作为词库中的词进入语法的第一关，D 结构层面的一个主要功能就是以 X′程式为基础构建词组、句子等语法单位。管约论是按照从上到下的顺序来生成句子的，先有 VP、IP 等短语或句子的语类符号，然后向下分解为 V、N 等单词语类，最后按照单词语类的类别填上从词库中选取的词。前面已经提到，最简方案是按照自下而上的顺序来构造句子的，如果要生成“John will meet Mary”这样的句子，是按照（9a—c）的步骤一步一步合并生成的：

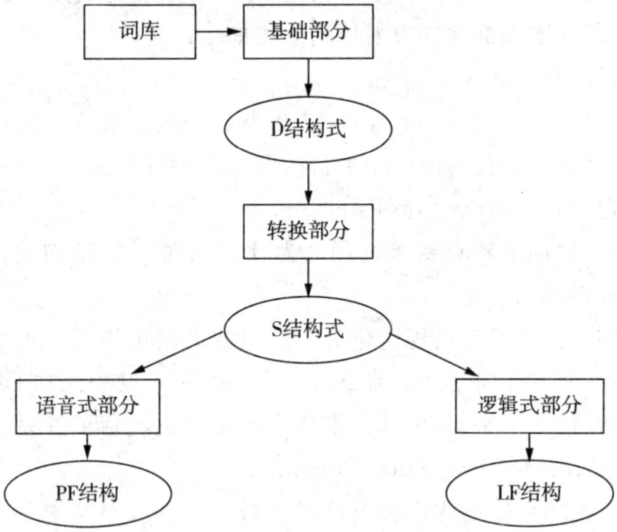

图 12－1 管约论时期的语法模型图

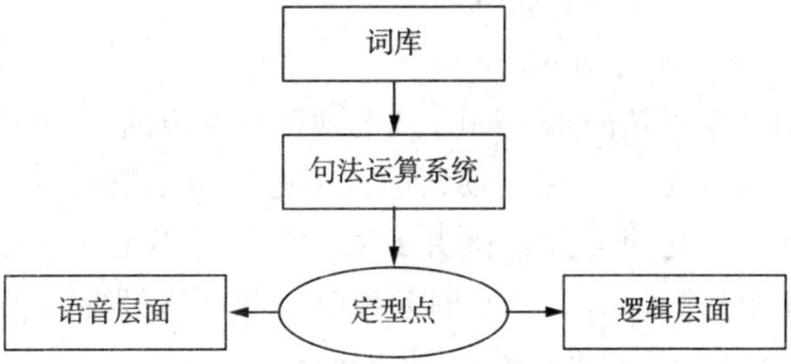

图 12－2 最简方案时期的语法模型图

(9) a. meet＋$_{合并}$Mary—— [$_{vp}$ meet Mary]

b. VP＋$_{合并}$will—— [$_{T'}$ will [$_{vp}$ meet Mary]

c. T′＋$_{合并}$John—— [$_{TP}$ John [$_{T'}$ will [$_{vp}$ meet Mary]

我们提到最简方案可以采用无标形式，即不标明结构层次和语类符号，因此（9）也可以进一步写成（10）：

(10) a. 合并（meet，Mary）—— [meet，Mary]

b. 合并（will，[meet，Mary]）—— [will，[meet，Mary]

c. 合并（John，[will，[meet，Mary]）—— [John，[will，[meet，Mary]

既然最简方案可以不用 X′程式构造句子，那么 D 结构也就可有可无了。

此外，管约论D结构层面的另一个重要作用是确定题元位置和非题元位置。管约论时期的题元准则和投射原则表述如下：

（11）题元准则（θ—theory）：

每个论元或主目语（Argument）均充当一个题元角色，而且只充当一个题元角色；每个题元角色均由一个主目语充当，而且只由一个主目语充当[①]。

（12）投射原则（Projection Principle）：

如果词项α的词汇特点要求选用β为补语，则在D结构式、S结构式和LF结构式中α都选用β。

“题元准则”前面章节已经讨论过，这里我们简单说明一下“投射原则”。如果动词like要求一个补足语，那么在D结构式、S结构式和LF结构式中都要出现一个补足语。后来Chomsky把句子的主语也包括了进去，称之为扩充的投射原则（Extended Projection Principle）。

既然题元准则在D结构层面就已经生效了，并且贯穿着S结构和LF结构层面，按照管约论的观点，我们只能在D结构层面区分题元位置和非题元位置。如：

（13）John tried to work hard.

（14）John seemed to work hard.

如果主句动词位置填的是tried，从句动词位置填的是work，那么主句和从句各需要一个施事题元。主句动词的施事题元由主语位置上的John承担，从句动词也需要一个施事题元，但由于从句动词是不定式动词，其主语只能由一个空语类PRO来充当。（13）的D结构式填词后呈现如下形式：

（13a）[$John_i$ tried [PRO_i to work hard]

如果主句动词填入的是seemed，情况便有所不同。seemed不需要施事作主语，而从句动词work仍需要一个施事主语。（14）的D结构式填词后呈现如下形式：

（14a）[seemed [John to work hard]

在D结构层面填完词之后就可以确定tried的主语位置是有题元的，seemed的主语位置没有题元。这就是控制动词（Control verbs）和提升动词（Raising verbs）的区别，这一区别在D结构层面清晰地显示了出来。到了S结构层面，为了满足英语主语不可空缺的原则，从句主语John要移到主句主语的位置。在S结构中，控制动词tried和提升动词seemed的区别便看不出

① 可以简单地将主目语理解为我们通常说的主语、宾语等，将题元角色理解为施事、受事等。

来了。

最简方案取消了D结构层面，控制动词和提升动词的区别是如何看出来的呢？最简方案假设，指派题元与合并同步进行，一面合并一面指派题元；移位不指派题元，而是携带已经分派到的题元移位。先看（13a），当PRO与内层从句“to work hard”合并时，得到一个施事题元；当John与外层主句“tried”合并时，也得到一个施事题元，两个施事题元分别在从句和主句的主语位置得到落实，仍然符合题元准则。再看（14a），John与内层从句“to work hard”合并时，得到一个施事题元，主句动词seemed不指派施事题元，当John移位时，直接带着已有的题元移到主句动词的主语位置。假如在（14a）的从句主语位置填上一个PRO，根据题元准则，John就不能在从句主语位置了，它只能填入主句主语位置，然而seemed又不能指派题元，这样John虽然处在主目语位置，却得不到题元角色。虽然最简方案取消了D结构层面，但我们的处理仍然可以区分控制动词和提升动词。这样看来，既然两种方法都可以得出同样的结果，不要D结构层面又有何妨呢？

从设置D结构式的初衷来看，句子的构造以及题元和非题元的区分使得D结构式显得十分重要，然而从最简方案自下而上的无标构造方式以及关于区分提升动词和控制动词的假设来看，D结构式的取消并不会造成理论解释的困难。

12.2.2　取消S结构层面

S结构层面的一大功能是确定名词性成分的格。根据管约论的主张，名词词项在词库中是不带格的，这些词项进入结构图与其他成分产生一定的结构关系后才能获得格，宾格由VP的中心语V赋予，主格由IP的中心语I赋予（后来称为T），赋格只能在S结构层面进行。下面我们以具体的例子来说明：

（15）He was invited.

D结构式：[$_{TP}$　was [$_{vp}$ invited he]

S结构式：[$_{TP}$ he$_i$ was [$_{vp}$ invited t$_i$]

（16）He seems to be happy.

D结构式：[$_{TP}$　[$_{vp}$ seems [$_{TP}$ he to be happy]

S结构式：[$_{TP}$ he$_i$ [$_{vp}$ seems [$_{TP}$ t$_i$ to be happy]

这两个句子D结构式中的he都得不到格，（15）中的被动成分“invited”不能赋格，（16）中的不定式不能赋格。只有当he移到句首主语的位置时，才能从T处获得主格，所以至少要到S结构层面才能够给名词性成分赋格。

最简方案取消了S结构，名词性成分如何得到格呢？一种方法是在词库中处理。前面已经提到，最简方案词库中的词是一个个具体的词，每个词都有其特有的语音、语义和语法特征。既然 he 在词库中就带有主格特征，那么在句法推导的过程中就一直保留着这一特征，进入 PF 层面做语音解读时就知道它应该读作“he”而不是“him”。

另外一种方法就是语段理论中的特征赋值的方法，这里拿（15）来简单地说明一下，详细的讨论见 12.3 节。

（15a）

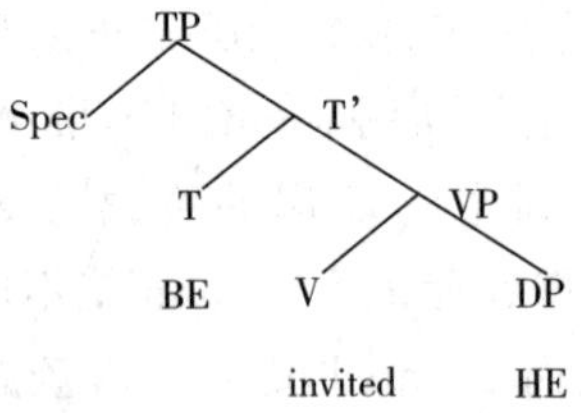

BE 的时态特征已经赋值，表示过去时，HE 的一致性特征也已赋值，表示第三人称单数，但 HE 的格特征还没有赋值，HE 最终拼写为 he、his 还是 him 需要在句法推导的过程中确定。助动词 BE 有时态特征，说明这里的 T 是有时态的、定式的，那么它就可以为 HE 赋予主格，最终确定 HE 拼写为 he①。

这样，最简方案就以词库赋值或特征赋值的方法取代了管约论在 S 结构层面赋格的传统做法。

S 结构层面的另一个主要功能是确定人称代词、反身代词及其他名词性指称成分之间的同指和异指关系，这在管约论的约束原则中得到了充分的讨论。例如：

（17）John wondered which picture of himself Bill liked.（约翰想知道比尔喜欢自己的哪一张照片。）

（18）a. [$_{TP}$ John$_i$ wondered [$_{CP}$ [$_{TP}$ Bill$_j$ liked [which picture of himself$_{i/j}$]]]]

b. [$_{TP}$ John$_i$ wondered [$_{CP}$ [which picture of himself$_{i/j}$]$_k$ [$_{TP}$ Bill$_j$ liked t$_k$]]]

c. [$_{TP}$ John$_i$ wondered [$_{CP}$ [which picture of himself$_{i/j}$]$_k$ [$_{TP}$ Bill$_j$ liked t$_k$]]]

（18a）（18b）（18c）分别对应（17）的 D 结构式、S 结构式和 LF 结构

① 已赋值的特征在下文称为语义有解特征，未赋值的特征称为语义无解特征。BE 虽然有时态特征，但它的一致性特征还未赋值，即 BE 最终拼写为 is 还是 are 也需要在句法推导的过程中确定。

式。在S结构式中，疑问词组 which picture of himself 从 liked 的补足语位置移到了CP的标志语位置，这是典型的 wh 移位。这一英语句子与相应的汉语句子一样都是有歧义的，歧义在于"himself/自己"指的是John还是Bill。约束原则——A原则（Binding Principle A）规定照应语在管辖语域内受约束，如果A原则在D结构层面生效，"himself/自己"必须在局部范围内回指先行语，即"himself/自己"回指Bill；如果A原则在S结构层面生效，"himself/自己"与John靠近，回指John。

如果最简方案取消了D结构式和S结构式，这一歧义问题如何解决呢？一个方法就是让约束原则在LF层面生效。（17）的LF结构式如下：

（19） [$_{TP}$ John wondered [$_{CP}$ [which picture of himself] [$_{TP}$ Bill liked which picture of himself]]

移位就是复制加合并，我们将疑问短语 which picture of himself 移到CP标志语位置，其实就是复制加合并的过程。现在需要做的就是把重复的部分删掉，具体删掉哪一个取决于要获得哪一种解读。

（20） a. [$_{TP}$ John wondered [$_{CP}$ [which picture of himself] [$_{TP}$ Bill liked ~~which picture of himse~~lf]]]

b. [$_{TP}$ John wondered [$_{CP}$ [which ~~picture of himself~~] [$_{TP}$ Bill liked ~~which~~ picture of himself]]]

按照（20a）所示的删法，"himself/自己"与John同指；按照（20b）所示的删法，"himself/自己"与Bill同指。（20b）之所以要分两处删，是因为LF结构式中的疑问词必须占据CP标志语的位置。

S结构式中的赋格与同指问题或者在词库，或者在特征赋值，或者在LF层面得到了解决，因此在做适当的调整后，取消S结构式也可以解决同样的问题。

12.2.3 保留LF层面

LF层面一直是生成语法的特色。LF层面不等于语义层面，它是句法运算系统与C－I系统的界面，主要处理与逻辑有关的语义问题，如量化词辖域的问题。

（21） Every boy loves some girl.（每个男孩爱一个女孩。）

这个句子是有歧义的，一种解读是每个男孩爱不同的女孩，另一种解读是有一个女孩，每个男孩都爱她。这两种解读在D结构层面和S结构层面并没有两个不同的句法结构式与它们对应，因此要区分这一歧义就需要LF层面。（21）的两种解读分别对应两个逻辑表达式：

（22）a. [every boy_i [some $girl_j$ [t_i loves t_j]

b. [some $girl_j$ [every boy_i [t_i loves t_j]

（22a）中全称量化词 every 取宽域，存在量化词 some 取窄域，语义解读为每个男孩喜欢不同的女孩；（22b）中存在量化词 some 取宽域，全称量化词 every 取窄域，语义解读为有一个女孩，每个男孩都喜欢她。这样，D 结构和 S 结构无法解决的量化词辖域问题在 LF 层面便得到了解决。汉语也是如此，如：

（23）a. 每个人都说一种方言

b. [每个人$_i$ [一种方言$_j$ [t_i说 t_j]

c. [一种方言$_j$ [每个人$_i$ [t_i说 t_j]

按照（23b）的辖域关系，语义解读为每个人都会说一种方言，如每个人都说自己的家乡话；按照（23c）的辖域关系，语义解读为每个人都说同一种方言。

除了量化词辖域的问题，wh 疑问句的处理也经常用到 LF 层面。通过汉英对比，我们就能进一步发现 LF 层面的作用。

（24）a. What did he buy?

b. [$what_i$ [did he buy t_i]

c. [what [did he buy what]

（25）a. 他买了什么？

b. [什么$_j$ [他买了 t_j]

c. [~~什么~~ [他买了什么]

（24b）为管约论时期的 S 结构层面移位，英语中的 what 需要显性移到句首位置；汉语则不同，“什么”不需要移到句首位置。如果英语疑问词和汉语疑问词都具有［＋wh］特征，英语疑问词要移位核对疑问特征，汉语疑问词则不需要移位，不用核对疑问词特征，一样能得到疑问句解读。这样的话，就推翻了最简方案假设人类语言句法运算一致的基本思想。但如果有 LF 层面，我们就可以假设汉语疑问词虽然在 S 结构层面不显性移位，但要在 LF 层面隐性移位（25b），这样我们就将汉英句法上的差异进行了统一解释。（24c）和（25c）是用最简方案复制加合并的方法构成的结构式，汉英疑问句的差异就在于要删去哪一个疑问词，删去后一个就是显性移位（24c），删去前一个就是隐性移位（25c）。

为什么英语疑问词需要显性移位，汉语疑问词需要隐性移位呢？最简方案认为，英语 CP 的疑问特征是强势特征，要求疑问词通过显性移位靠近 C 以核对特征；而汉语 CP 的疑问特征是弱势特征，所以只要求在 LF 层面隐性移位来核对特征。

强势特征和弱势特征的区别也可以用来说明为什么有的语言允许省略主语，而有的语言却不允许。英语不允许省略主语，这是因为 TP 的中心语 T 有强势的 EPP 特征，要求主语在句法结构中显性体现；在允许省略主语的语言中，其中心语 T 有弱势的 EPP 特征，只要求主语在 LF 层面隐性体现。

以上的讨论说明 LF 层面在句法操作中是必不可少的，它能够对句子进行某些语义解读，甚至能够解释跨语言的变异。

总的来说，最简方案追求的"最简"体现在运算上则是词库中具体词项的选择、内部合并与外部合并的运用以及特征的核对上；体现在语法模型上则是取消了 D 结构式和 S 结构式，我们可以调整相应的理论假设，以解释取消 D 结构式和 S 结构式所产生的问题。

最简方案是继管约论之后生成语法的又一个重要发展，而语段理论则是最简方案发展过程中的一个重大突破，它是 Chomsky 关于生物语言学理论的一个重要尝试。

12.3 语段

最简方案自 20 世纪 90 年代提出以来，得到了不断的发展与充实。其中比较重要的发展就是 Chomsky（2001）《语段的推导》（*Derivation by Phase*）、Chomsky（2005a）《语言设计的三要素》（*Three Factors in Language Design*）、Chomsky（2005b）《语段》（*On Phases*）、Chomsky（2006）《自下而上的方式》（*Approaching UG from Below*）。这些文献都强调要从生物语言学的角度对内在性语言（Internal Language）进行研究，强调界面条件与运算效率，认为所有的句法操作必须在语段（Phase）水平上进行，它体现了 Chomsky 对于最简理论的锲而不舍的追求。

12.3.1 语段理论的背景

在生成语法初期，Chomsky 就强调他研究的语言学是心理学，最终是研究人类大脑的生物学，进而提出语言学应该进一步纳入生物语言学的领域中。进入最简方案的研究阶段以后，Chomsky 更是强调语言研究的生物学属性，主张从语言的产生和进化的角度对人类语言机制 FL（Faculty of Language）①

① 语言机制可以看作是人脑的一个特殊器官，语言机制是人类特有的，动物没有。

进行研究。

Chomsky 指出个体语言（Individual language）的发展涉及 3 个因素：1）基因遗传（Genetic endowment）。基因遗传对人类成员来说几乎是一致的，它决定着语言机制发展的一般过程，并对语言的获得施加运算上的限制（Computational limitations）。2）外部语料（External data），即语言获得所需的外部语料刺激。在经验（Experience）及遗传基因的控制下，在有限的范围内选择某种语言。3）不是特别针对语言机制的那些原则（Principle not specific to FL）。这类原则是指除了语言以外，还适用于其他领域的、具有普遍意义的原则，其中就包括运算效率原则。这 3 种因素相互作用，共同决定着具体的内在语言的获得。

语段的提出考虑到了作为生物器官的语言机制的处理能力，考虑到了语言机制的运算效率。也就是说，语言机制的运作必须符合生物体的运作规律，这样生成语法的研究不仅具有语言学的意义，还具有生物学的意义。

12.3.2 语言机制的运作模式

作为人体器官，语言机制具有作为遗传基因表现的初始状态 S_0，即普遍语法，这一状态是全人类共有的。在环境等外因的作用下，语言机制经历状态变化，从初始状态变为获得状态 S_S。也就是说，说英语的人与说汉语的人，他们的 S_0 是一致的，这体现了语言的共性，然而他们的 S_S 是不同的，这体现了语言的差异。

内在语言是个体头脑中掌握的语言知识，或语言能力。它由 3 部分构成：狭义句法部分（Narrow syntax）、语音部分、语义部分。狭义句法中所产生的表达式最终需要通过语音表达出来，并且表示一定的意义，这就需要句法与语音的界面和语法与语义的界面。前者称为感觉一运动（Sensory-motor）界面/SM 界面，其作用是驱动说话者发声，听话者感受声音；后者称为概念一意向（Conceptual-intentional）界面/C—I 界面，其作用是驱动说话者表达意思，听话者理解意思。狭义句法所产生的表达式要被移交出来实际使用，就必须满足 SM 界面和 C—I 界面的条件。

界面条件和运算效率是最简方案研究的出发点，“语段”概念的提出体现了这一要求。由于语言机制的处理能力是有限的，一次只能处理有限的结构信息，为了减轻运算负担，提高运算效率，Chomsky 指出句法结构的推导是以语段为单位进行的，下面我们就来看一下如何在语段基础上进行句法结构的推导。

12.3.3 语段的推导及条件

Chomsky（2000：106）在《极简主义的探索：框架》（*Minimalist Inquiries：the Framework*）一书中首次提出了“语段”的概念。语段就是表示命题的大语类，或者说必须有主语的语类才能成为语段。因此，CP 和 vP 是语段，TP 和 VP 不是语段。为减轻运算负担，句法推导应按照严格的层级循环的方式进行，一个语段完成后，语段中心语的补语就要移交给语音和语义部分做进一步的处理，被移交的部分便不能参与下一阶段的运算。大脑的运算能力和记忆能力是有限的，以语段为基础的句法操作可以减轻运算负担，这反映了作为生物体组成部分的语言机制的特点。

要生成句子必须用词来组建，词库中的每一个词项持其特有的语音、语义和语法特征（如人称、性、数特征、格特征）进入句法运算系统，有些词项的特征在词库里就已经取值（Valued）了，而有些特征在词库里还未取值（Unvalued），尚未取值的特征需要在句法推导中被赋值，这被称为特征赋值（Feature valuation）。如果语段中的词项没有被赋值就移交了，语义无解特征就会使推导崩溃。

语义无解特征与语义有解特征是相对的，语义有解特征就是对语义解释发挥作用的特征，语义无解特征就是对语义解释不发挥作用的特征。据此，我们可以判断哪些词项的特征在词库中已经赋值了，哪些需要在句法推导中赋值。Chomsky 把未赋值的特征比作探针（Probe），把已取值的特征比作目标（Goal），探针在它所统制（Command）的结构范围内进行探测，如果探测到在它统制的范围内有个成分与它具有相同的特征且已赋值，就可以把它复制过来，使未赋值的特征得到赋值。

（26）a. What is the student doing?

b. He is reading a book.

以（26b）中的“he”和“is”为例，这两个词项的有些语法特征在进入推导前就已经确定了，有的则需要在推导中确定，我们暂且用大写的“HE”和“BE”来表示这两个未确定最终形态的词项。根据上下文，“HE”指的是“the student”，为第三人称单数，“BE”的时态为现在时，因为（26a）问的是那个学生现在在做什么。也就是说，代词“HE”的人称、性和数特征（三者可统称为一致性特征）在词库里已经取值了，并且人称代词的这一一致性特征为语义有解特征，因为它们对这类词项的语义解释起作用。与之类似，助动词“BE”的时态特征在词库里已经取值了，并且助动词的这一时态特征为语义有解特征。具体来说，人称代词的第一人称、第二人称和第三人称在语义解释上是不一样的，不同的性特征（she/he/it）和数特征（he/their）也有实质性的意义区别，助动词“BE”是现在时还是过去时也是有很大的意义差别。

虽然“HE”的人称、性、数特征已经确定，但它的格特征还未确定，“HE”不管是拼写为“he”“his”还是“him”都表示第三人称单数，它们对语义解释不起作用。虽然“BE”的时态特征已经确定，但它的一致性特征还未确定，“BE”的最终形态不管是“is”还是“are”都表示现在时，没有意义区别。“HE”的格特征、“BE”的一致性特征都是语义无解特征，正是由于这些特征，这两个词项在句法推导的过程中始终处于活跃状态。在句法推导中，没有赋值的特征必须得到赋值，不然就不能在语音界面得到识别。

在语段运算的过程中，首先，探针和目标要建立一致性关系必须保证两者都是完整的，并且有相应的特征。其次，二者必须处于活跃状态，均需要有语义无解特征。再次，探针要离目标足够近，它搜索的范围要在它的统制范围内，这便保证了句法操作的局域性，使得句法操作以语段为单位进行。据此，（26b）的推导过程如下：

（27）He is reading a book.

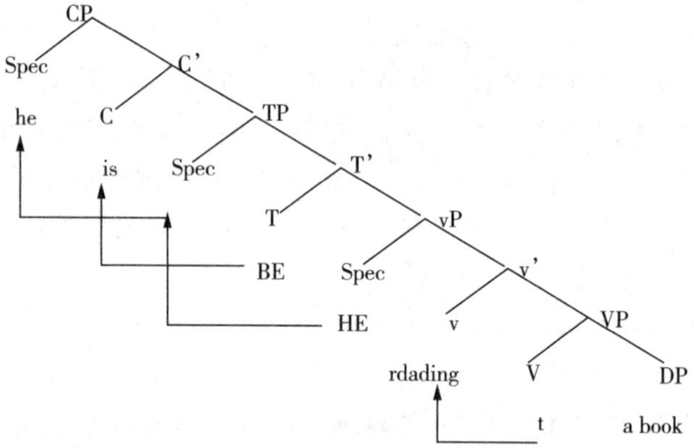

处于 TP 中心语位置的 BE 作为探针，探测到位于 vP 标志语位置的 HE，由于 HE 的人称、性、数特征已经取值，BE 就可以把这一特征复制过来。这样，HE 和 BE 就建立了一致性关系，确定 BE 最终拼写为“is”。由于 BE 的时态特征已经赋值，表示过去时，那么 TP 的中心语 T 一定是有时态的、定式的，可以赋予 HE 以主格。这样，HE 的格特征也得到了赋值，确定 HE 最终拼写为“he”。最后，T 的 EPP 特征（要求句子有主语）使 HE 从 Spec-vP 的位置移到 Spec-TP 的位置。

在最简方案的早期框架中，T 进入推导时不仅带有语义有解特征（时态特征），还带有语义无解特征（一致性特征），所以 T 和 vP 合并后，它的一致性特征就可以作为探针实施句法操作了，正如上一段所表述的那样。但是在语段理论中，只有语段中心语 C 和 v 具有一致性特征，非语段中心语（如 T）只有和语段中心语（如 C）合并后才能得到一致性特征。因此，只有 T 和 C 合并后才能从 C 那里继承到一致性特征，才能实施相关的句法操作，体现在树形图（27）中则是 TP 进一步与 CP 合并，he 最终位于 Spec-CP 位置，is 最终位于 C 位置。

语段不可穿透性条件（Phase-impenetrability condition，简称 PIC）规定一旦一个语段完成后，该语段的语域（即语段中心语的补语）便不能参与下一阶段的运算，也就不能被下一语段中的探针所探测到，但该语段的标志语仍可被下一语段的探针探测到，并且可以参与下一语段的运算。句法推导除了遵循 PIC 外，还要遵循可见性条件（Visibility condition）和介入性条件（Intervention condition）。在句法推导的过程中，由于多次内部合并或移位，一个成分会留下数个拷贝。可见性条件指的是只有位于结构最高处的那个拷贝才能被探针探测到。由于 PIC 的限制，如果一个语段在移交时还包含需要继续参与运算的成分，那么这个成分就必须移到该语段的标志语位置，如果该位置还有一个主语，那么这个语段的标志语位置就有两个成分。下面我们通过具体的例子来解释以上的条件：

（28）What have they done?

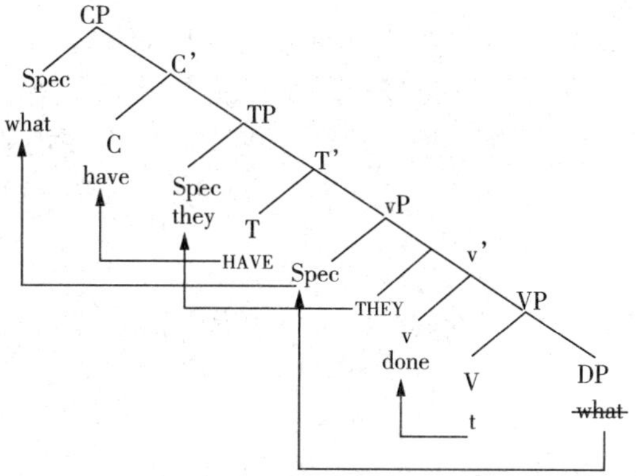

这个例子中有两个语段 CP 和 vP，WHAT 最初在 V 的补足语位置。根据 PIC，处在这个位置的 WHAT 不能被下个语段的探针探测到，所以在 vP 语段移交前，WHAT 就需要移到 Spec-vP 的位置，这样就可以被下一语段 CP 中的探针发现并进一步移到 Spec-CP 位置。将 WHAT 移到 Spec-vP 的结果是

Spec-vP 中有两个标志语，一个是 THEY，一个是 WHAT。我们将 THEY 称为内标志语，将 WHAT 称为外标志语。T 作为探针进行探测时，就会发现探针与目标 THEY 之间还有其他成分 WHAT，介入性条件指的就是这种情况，如果探针和目标之间还有其他成分介入，它们就无法建立一致性关系。也就是说，HAVE 的语义无解特征作为探针，无法探测到 THEY 的一致性特征，也就无法将一致性特征复制过来以确定 HAVE 最终拼写为 have 还是 has。同样，THEY 的格特征也无法得到赋值。由于 WHAT 的介入，T 不能先于 C 探测，T 和 C 也不能同时探测。只能是 C 的边缘特征（Edge feature）作为探针先于 T 进行探测，探测到 WHAT 后将其移到 Spec-CP 位置，然后 T 再进行探测，与 THEY 建立一致性关系。根据可见性条件，WHAT 从 Spec-vP 位置移走的拷贝不是这个成分在结构中最高的拷贝，因此 T 是“看不见”这个拷贝的，它不会影响 T 和 THEY 之间建立一致性关系。当 HAVE 和 THEY 的语义无解特征得到赋值后，they 要进一步移到 Spec-TP 的位置以满足 EPP 要求，have 也进一步从 T 的位置移到 C 的位置。只有处在结构最高处的拷贝才能在语音部分得到显性拼读，经过一系列操作便产生了（28）。

以语段为基础的句法推导将会对句法研究产生重大的影响。首先，句法研究不仅要考虑语言结构本身，还应从生物语言学角度出发，这使得我们研究所得出的结论不仅适用于语言系统，还适用于其他类似的系统。其次，句法研究既然要考虑人类语言机制的处理能力，作为生物器官，人类语言机制的运作必须符合生物体的运作规律，因此，以语段为单位的句法操作可以极大提高语言机制的运算效率。再次，语段中心语在句法推导中的作用得到了加强，可以说，语段内所有的操作都是由语段中心语发起的，通过探针和目标这一关系来实现。中心语理论以及特征赋值的主张对本土语言及二语习得研究都有重要的影响，当然，语段理论还处于不断发展的阶段，所做出的理论假设也需要我们进一步验证。

12.4 经济原则

经济原则在最简方案中起了很大的作用，它致力于达到表达与推导方面的经济性，因此，在本章的最后一部分我们来讨论一下经济原则。相对于管约论来说，管约论时期的各个条件分散在不同的层面起作用，如前面所讲的约束原则在 S 结构层面的作用，最简方案既然取消了 D 结构式和 S 结构式，经济原则就集中在 LF 层面和 PF 层面起作用。其次，最简方案的经济原则是以比较为基础的，如果同一结构有两种不同的移位方法，则选用较为经济的那一种。

经济原则要求语言表达式在进入 LF 层面和 PF 层面时不含多余的、无法解读的成分，如在句法推导的过程中语义无解特征必须得到赋值。经济原则也体现在运算步骤的精简上，即如果从词库中选取的词项或读数一致，运算步骤要越少越好。此外，经济原则还要求移位必须一步一步地移，不能跨越某个成分进行移位。具体来说，不管是 DP 移位、wh 移位还是中心语移位，都要尽可能移到各自相对最近的位置，DP 移位不能跨越最近的论元位置，中心语移位不能跨越最近的中心语位置，wh 移位不能跨越最近的非论元移位。如：

(29) a. [could$_i$ [they t$_i$ [have left]

b. [have$_i$ they t$_i$ left]

c. * [have$_i$ [they could [t$_i$ left]

d. [how$_i$ [did you say [t$_i$ [John fixed the car t$_i$]

(29a) (29b) 中的 could 和 have 都是移到离它们最近的中心语位置，(29c) 中的 have 跨越另一个中心语 could 移到句首就是不合法的。移位要一步一步移，(29d) 中 how 的移位是合法的，就是因为它先移到了内层 CP 的标志语位置，然后才移到外层 CP 的标志语位置，整个移位过程没有跨越其他的 CP 标志语。管约论时期用界限理论或 wh 孤岛条件来解释这一现象，最简方案则用高度概括的经济原则来解释。

管约论时期的句法操作是比较宽松的，只要不违反原则就都能做；最简方案时期的句法操作则比较严谨，能不做尽量不做，除非没有别的办法非做不可时才做。常见的例子如英语中的关系从句：

(30) a. that's the girl [that I like _]

b. * that's the girl [that I like her]

(31) a. * that's the girl [that I don't know [what _ did]

b. that's the girl [that I don't know [what she did] (那就是我不知道她做了什么的那个女孩)

(32) a. He wondered [where John put what]

b. * what did he wonder [where John put t]

句法运算系统开始造句时，读数中是没有“her”这个词的，只有当结构式演算不下去时，为了免遭淘汰才补上这个词。(30) 中关系从句的空位上不需要填入其他词，如果画蛇添足再添上一个词，句子 (30b) 就不合语法了。然而并非所有关系从句的空位都不用补充其他成分，(31) 就是如此，它与 (30) 的不同之处在于从句里面又嵌入了一个疑问句。疑问词禁区中的成分不能移出去，如 (32) 所示，从句里面有 where 和 what 两个疑问词，(32b) 将

what 移出去就是不合语法的。(31b) 因为违反了疑问词禁区条件，必须补上一个成分“she”才能成立，虽然补上一个成分会使结构式变得更加复杂，但如果不添加成分，这个句子就会因为不合语法而遭到淘汰，这个时候我们才非做不可。

总之，最简方案时期的经济原则更多强调从整体的角度来看，这一经济条件不是在局部起作用，而是着眼于全局。经济性始终是贯穿于生成语法的一个重要原则，如何采用经济的原则和方法来解释人类语言是生成语法不懈追求的目标。

12.5 最简方案及语段理论的二语习得研究

最简方案及语段理论不仅有助于解释各个语言的现象，还有助于跨语言对比研究，其相关的理论主张在二语习得研究中发挥了一定的作用。这里主要介绍英汉疑问句和辖域歧义的习得研究。

12.5.1 疑问句习得研究

英汉疑问句各有自己的特点，汉语的疑问词在 S 结构式中不需要提升至句首位置，英语则需要提升至句首位置。这一英汉差异能否被二语学习者成功习得引起了学者的兴趣。

蔡建丰 (2003) 指出，英语母语学习者习得疑问句的偏误主要包括疑问代词偏误（疑问代词错用、疑问代词错位)、疑问语气词偏误和疑问句式偏误 3 种。在这里我们主要讨论疑问代词错位的偏误现象。偏误是由于学习者目的语掌握不好而产生的一种规律性错误，英语母语学习者产生的疑问代词错位现象与母语迁移有关。对于初学汉语的学生来说，习得汉英疑问句在语序上的差异要比习得疑问代词本身难得多，他们会造出许多疑问代词置于句首的结构，如：

(33) a. 什么玛丽和李芳买吗？

b. 多少课文复习吗？

母语迁移在二语习得中发挥了很大的作用，汉语疑问语气词、疑问语气词的非疑问用法、疑问句式等的习得一直都是二语研究的热门话题，感兴趣的同学可以参考赵果 (2003)、丁雪欢 (2006、2007、2009)、张红欣 (2007)、蔡建丰 (2009)、刘志成 (2010) 等人的研究。

12.5.2 辖域关系的习得研究

虽然汉语和英语都存在全称量化词的存在量化词的辖域歧义问题，但相对于英语来说，汉语的辖域关系更多的是和表层语序一致。例如：

(34) a. 我把每张画拿给一个孩子看。

b. 我给一个孩子看了每张画。

(35) a. I showed every picture to a child.

b. I showed a child every picture.

(34a) 存在辖域歧义问题，虽然全称量化词“每”在表层位于存在量化词“一个”的前面，但在 LF 层面有两种辖域关系。当全称量化词的辖域大于存在量化词的辖域，语义表达为把每张画给了不同的孩子看；当存在量化词的辖域大于全称量化词的辖域，语义表达为有一个孩子看了所有的画，但 (34b) 就没有辖域歧义的问题，它只有存在量化词取宽域的解读。可见，汉语如果改变了全称量化词和存在量化词的位置，辖域歧义的问题便会随之消失。英语则不然，(35) 的两个例子都有两种解释，不管全称量化词和存在量化词的表层语序如何。

除了有全称量化词和存在量化词的辖域歧义外，量化词与否定词、否定词与副词等都存在可能的歧义问题。英汉的不同在于汉语可以通过表层语序消除歧义，英语则不一定。

(36) All of Mary's friends do not live on the East Coast.

(36) 中的全称量化词和否定词存在辖域歧义，一种解读是 Mary 的朋友不都住在东海岸，一种解读是 Mary 的朋友都不住在东海岸。汉语“都”和“不”的位置不同，解读便不同。

以上所讨论的辖域现象促使了相关的二语习得研究。Li (2008) 研究了母语为英语的成年学习者对汉语否定词和量化词辖域关系的习得情况。例如：

(37) 这个男孩没有看两本书。

(38) This boy didn't read two books.

在汉语中，(37) 只有否定词取宽域这一种解读；在英语中则有两种解读，一种是否定词取宽域“it is not the case that the boy read two books”(这个男孩没有看两本书)，一种是量化词取宽域“there are two books that the boys didn't read”(有两本书这个男孩没看)。Li 的研究结果表明，英语母语习得者在初始阶段确实存在母语迁移现象，但是高水平成年学习者可以克服刺激贫乏问题(因为汉语一般只有一种解读)，获得跟目标语母语者类似的辖域理解能力。这一结果支持普遍语法对成年二语习得者是可及的主张。

Lee（2009）用真值判断的方法研究了母语为韩语的学习者对英语全称量化词和否定词辖域关系的习得，韩语的基本语序为 SOV，量化词总是位于否定词的前面。研究结果表明，低水平的二语学习者明显偏好表层辖域，即全称量化词取宽域的解释；高水平的二语学习者则同时接受表层和逆序辖域两种解释。但是无论是低水平的还是高水平的二语学习者，他们在表层辖域下对测试句做出真值判断的时间都明显快于逆序辖域，在线加工过程中，被试明显需要花费更多的时间来阅读不太容易接受的辖域关系。

其他有关辖域问题可以参考黄静茹（2018）、贾光茂（2018）等人的研究。除了以上介绍的疑问句和辖域关系的习得研究外，还有动词提升的习得研究（常辉 2008）、IP 外名词性成分或话题性的研究（王改燕 2006）等。

除了疑问结构、辖域关系的习得研究外，本章前面提到的指示代词的习得、量化词的习得、有定无定和“有”字句的习得、非宾格动词和非作格动词的习得等都是二语习得研究的热门话题。可以说，生成语法的理论主张以及 Chomsky 的普遍语法对二语习得研究产生了深远的影响。

12.6 小结

我们之所以称最简方案为“方案”，是因为它是一个没有定论的、开放性的框架，在框架内允许建立不同的理论，“方案”没有正确还是错误的问题，只有有效还是无效的问题，最简方案仍处于一个发展的阶段，还需要不断地补充与修正。不管是运算的精简还是语法模型的精简，最简方案都在朝着经济的方向前进，它致力于通过方法和理论的精简来更广泛地解释世界语言，去寻求不同语言之间的共性与差异。

特征赋值在语段理论中得到了充分的体现，根据语义无解特征和语义有解特征、探针和目标，我们可以给未赋值的词项进行特征赋值，根据语段的严格层级操作、句法推导反映了人类大脑的运算效率。以 vP 和 CP 语段为基础的句法操作体现了作为人类器官的语言机制的生物特点，它使语言学的研究同时具有了生物学的意义。

最简方案是 20 世纪 90 以来生成语法的一个重要发展，是我们学习生成语法必须掌握的内容。只有了解了生成语法在各个时期的理论主张，我们才能进一步运用生成语法来解释汉语，从而进一步比较英汉差异，研究跨语言习得等方面的内容。

推荐阅读

1. 徐烈炯，《管辖与约束理论》，1984年
2. 何晓炜，《语段及语段的句法推导——Chomsky近代思想述解》，2007年

练　习

1. 全称量化词和存在量化词共现时存在辖域歧义的问题，汉英是否还有类似的情况？判断下面的句子是否有歧义，如果有，请写出对应的逻辑表达式。试比较以下例子中汉英的差异。

(1) Mary didn't ask many questions.

(2) John didn't solve all of the problems.

2. 根据语段理论中讲的句法推导的树形图，尝试画出以下句子的树形结构图。

Who killed the president.

3. 英语中的seem为提升动词，try为控制动词，你还能找到其他的提升动词和控制动词吗？汉语是否也有这一不同？

13 命题逻辑

一些基本的逻辑概念和逻辑理论对任何研究当代语义学的人都是必要的。形式逻辑已经有效地运用于自然语言的语义学中，并且在一般语言理论中，采用逻辑和数学的方法已经变得日益普遍。乔姆斯基在《句法结构》(1957)中提出的“短语结构”语法，就是这方面的一个例子。在这里，乔姆斯基运用逻辑学家波斯特发展的一种体系，运用“重写体系”研究自然语言。

13.1 集合论

13.1.1 集合与元素

集合由一些或一组任何种类的事物或实体构成。一个集合是由一些元素或成员组成。我们在日常生活中需要谈到集合，一般包含着一些有某些共同点的元素，例如“所有中国人的集合”或“某一图书馆的所有的书的集合”。集合论对集合没有这样的限制，因为一个集合可以由没有任何联系的元素组成。例如，如果需要，我们可以设想由“美国总统”“火星的最小的卫星”和“七的平方根”所组成的集合。

介绍几个约定的记号：我们将用斜体大写字母（A、B、C……）表示集合，使用斜体小写字母（a、b、c……）表示作为集合的元素的个别对象。下面介绍一个特殊的符号∈，读作“是……的元素”或“是……的成员”。例如，“a 是 B 的元素”写作“a∈B”。如果我们想说 a 不是 B 的元素，就写成“a∉B”。

我们也需要一种记号来书写如“这个集合是由下述个体所组成：张三、李四、王五”，或者“所有有自行车的学生的集合”这样的表达式。我们使用波形括号“{ }”。这里至少有两种规定集合的方法：列举法和描述法。使用波形括号，例子可以表示如下：

列举法：{张三，李四，王五}

描述法：{X | X是有自行车的学生}

（读作“所有X的集合，X是有自行车的学生”）

日常语言也可以表达同样的内容。列举常常用连词“和（and)”构成，例如“张三（和）李四和王五”，而对描述我们则使用关系从句，例如：

Those who are Englishmen.（那些国籍是英国的人们。）

对于世界上的每个对象，都存在着以它为其唯一成员的集合。例如给定一个人a，我们可以形成一个集合{a}。记住这一点是很重要的：a和{a}是不同的东西，a不是一个集合。

只有一个元素的集合叫作单元集。没有元素（零元素）的集合叫作空集。由于只有唯一的这样的集合，空集可以用特殊符号ø来表示。这样做的理由是，在集合论中有一个称作外延性原则的一般性原则，它是这样说的：对于两个互不相同的集合来说，必须至少有一个东西，它是其中一个集合的元素而不是另一个集合的元素。换句话说，如果元素一览表是相同的，我们就看作是同一集合。任何空集显然具有相同的元素一览表，因此只有一个空集。

语言表达式的内涵和外延之间既有区别也有联系，集合关心的是外延。请参考描述一个集合的名词短语：“红头发的英国人。”我们可以说这个名词短语是通过说明它们所共有的一些特征的方法来区别出（或指称）世界上的一些实体或事物的。区别出的或指称的那些实体，即既是英国人同时又具有红头发的那些个体，就构成这个名词短语的外延，而选出这些事物的方法，即用来决定表达式外延的标准，则构成这个短语的内涵。现在我们知道，集合论中“集合”的概念在这样的意义下可以被说成是外延性的，即人们并不关心集合的元素被挑选出的方法——因此得到外延性原则这一名称。

另一种特殊的集合是全集。为了解释全集，必须引进另外一个概念：论域（Universe of discourse)。论域可以粗略地定义为“在一定的语句或一定的对话中所论及的每一件事物”。例如，在数学课本中，论域可以是所有的数；在物理课本中，它就是所有物质的实体。所以，全集就是在有关论域中的所有个体的集合。

13.1.2 集合之间的关系

在集合论中，有两种关系是经常要加以区别的：包含和真包含。

如果集合B是真包含于集合A，那么所有B的元素就是A的元素，并且至少有一个A的元素不是B的元素。因此我们把这种关系写作B⊂A，这里用符号⊂表示“是真包含于”或“是……的真子集”。如果不要求A至少包含一个不属于B的元素，我们就写作B⊆A，它仅仅是“B包含于A”或“B是

A 的子集”。

如果我们想说 A 和 B 是相同的集合，就写作 A＝B。这意味着它们具有相同的元素。

13.1.3 集合的运算

对于任何一个集合，比如 A，我们可以形成包含所有 A 的子集的集合。这个集合称作 A 的幂集。例如：集合｛a、b｝具有下列子集：｛a｝，｛b｝，｛a，b｝，ø（空集是所有集的子集）。所以，｛a，b｝的幂集是｛＜a＞，＜b＞，＜a，b＞，ø｝。

集合也可以借助于其他的集合，通过使用集合运算来加以规定。给定 A 和 B 两个集合，我们就可以规定所有由既是 A 又是 B 的元素组成的集合。这个集合叫作 A 和 B 的交集，并用 A∩B 来表示。在（1）里，它相当于阴影那个部分。

（1）

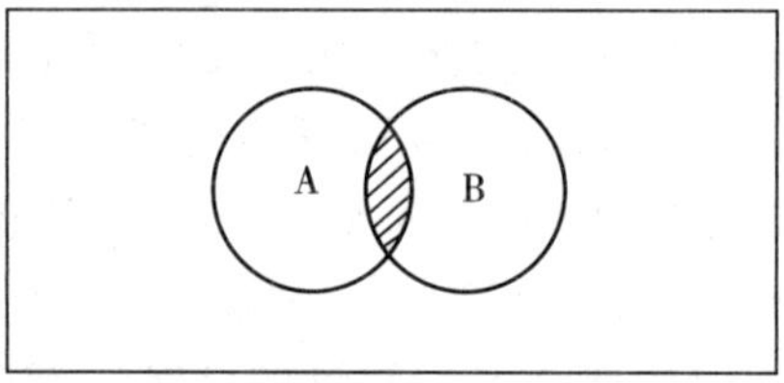

例如：如果 A 是所有语言学家的集合，B 是所有中国人的集合，那么 A∩B就是所有中国语言学家的集合。

由集合 A 的元素或集合 B 的元素的所有对象构成的集合叫作 A 和 B 的并集，用 A∪B 来标示。例如：如果 A 是所有读过《战争与和平》的人的集合，而 B 是所有读过《安娜·卡列尼娜》的人的集合，那么 A∪B 是所有读过《战争与和平》或《安娜·卡列尼娜》（或二者都读过）的人的集合。如（2）。

（2）

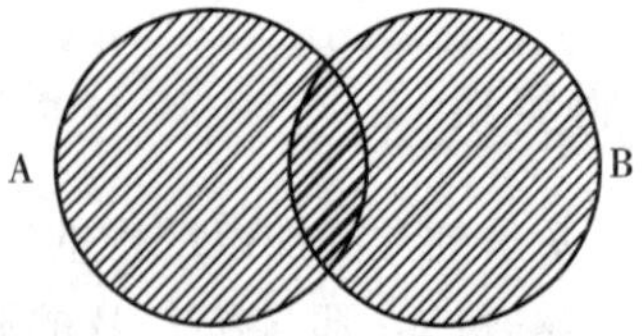

下图（3）阴影部分的集合，即是 A 的元素而不是 B 的元素的所有对象的集合，叫作 A 和 B 的差集，用 A－B（读作 A 减 B）来标示。例如：如果 A 是所有英国人的集合而 B 是所有会讲汉语的人的集合，那么 A－B 是所有不

会讲汉语的英国人（除去会讲汉语的人以外的所有英国人）的集合。

（3）

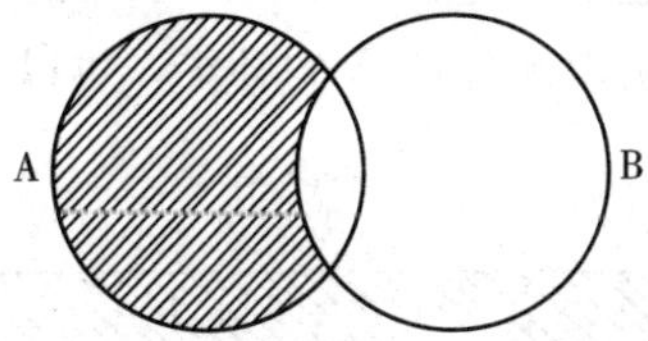

我们把这种运算加以扩充、运用到三个或更多的集合上去。例如，可以把 A，B，C，D 的交集（包含是 A、B、C、D 这 4 个集合的元素的所有对象的集合）规定为对集合的集合｛A，B，C，D｝的运算，可以由∩｛A，B，C，D｝［（4）里的阴影部分］来标示。

（4）

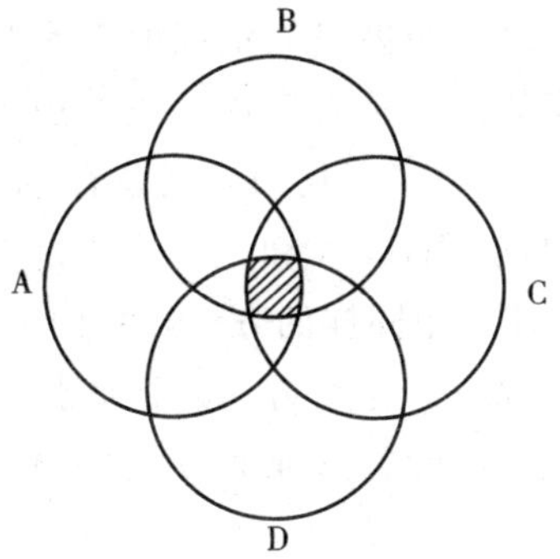

用同样的方法，A，B，C 和 D 的并集（包括至少是 A，B，C 和 D 这 4 个集合中一个集合的元素的所有对象的集合）可以用∪｛A，B，C，D｝［（5）里的阴影部分］来标示。

（5）

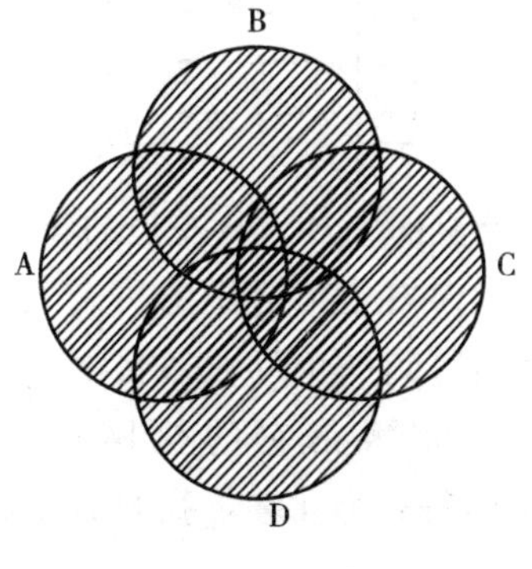

给出一个特定的论域∪，例如所有人类的集合和这个集合的一个子集 A，例如所有法国人的集合，那么不是 A 的元素的那些∪的元素的集合，即所有不是法国人的人类的集合。这个集合就叫作相对于∪的 A 的补集。(6) 里的长方形是∪，圆圈是集合 A，阴影部分是 A 的补集，可以用符号⊂A 或 A－表示。

(6)

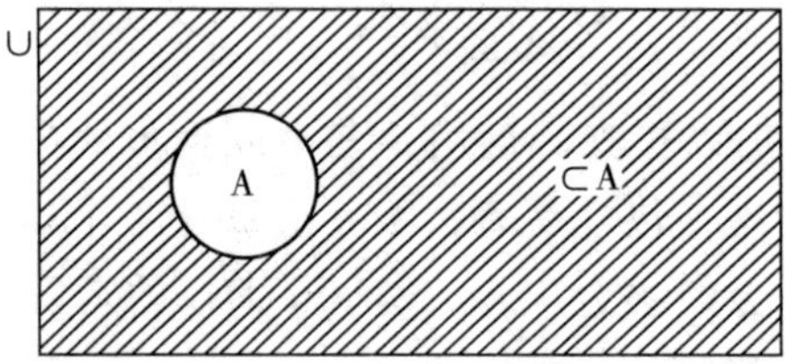

13.1.4 关系和函项

两个元素的集合叫作偶。如果我们把偶的元素看作在某种方式上是有序的，我们就得到一个有序偶。表示有序偶，我们用尖括号＜＞代替波形括号{ }，有时也用通常的括号 ()。当我们谈到非有序集时，我们所列举的元素的顺序是无关紧要的。因此 {a，b} 和 {b，a} 是同一集合。但是＜a，b＞和＜b，a＞是不同的有序偶。用同样的方法，我们可以讨论有序三元组（有 3 个元素)、四元组（4 个元素)、五元组（5 个元素）以及一般地说有序 *n* 元组。这些各自对应于三元、四元、五元和 *n* 元关系。一年的日数可以看作是一个有序 365 元组。

在逻辑学、数学和语言学中的一个非常重要的概念就是函项的概念。例如，每辆摩托车有一个执照号码。我们用（1）来表示。

(1)

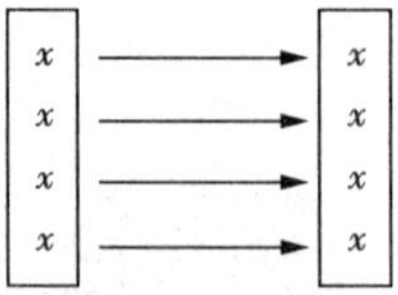

每个 x 表示它那个集合里的元素。从左边的集合（即所有摩托车的集合）的每个元素都有一个箭头指向右边集合中的一个元素，即属于那辆车的执照的号码。用这种方法，我们得到一个巨大数目的有序偶，这些有序偶的第一个元素是一辆车，第二个元素是它的执照号码。例如，＜张三的车，AAA11＞。对第一个集合的每一个元素，我们指派第二个集合中的一个元素。

这样的一个指派就叫作一个函项。函项的条件之一是，第二个集合的每一个元素都必须确定地对应于第一个集合中的一个元素（第一个集合中的几个元素共同对应于第二个集合中的一个元素，这是可能的）。换句话说，箭头可以集中但决不能分散。

（2）中的图是两个集合 A 和 B，以及对每个 A 的元素指派一个 B 的元素的函项（用箭头符号来表示）。可以说有一个从 A 到 B 的函项，或者把 A 映射到 B 内（Maps A into B）的函项。

（2）

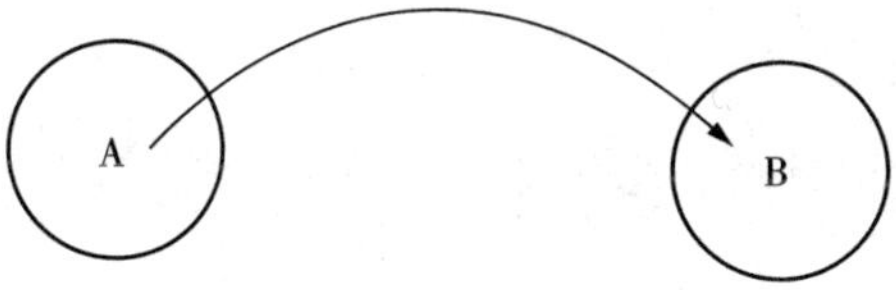

下面是记录着欧洲的国家和人口的表。

（3）	阿尔巴尼亚	2 337 600
	安道尔	25 000
	奥地利	7 456 403

这样的表表示一个函项，其中左边一栏对应于（2）中的集合 A，右边的一栏对应于集合 B。这样，就有一个把国家的集合映射到人口数目的集合内的函项。同时，左边一栏中的每一个项是函项的主目（Argument），右边一栏中对应的项就是对那个主目来讲的函项的值。函项本身用小写字母 f 表示，f（x）则表示对于主目 x 来说，这个函项所具有的值。一个函项的所有可能的主目的集合［例如（2）里的集合 A］叫作函项的域（Domain），而函项的所有可能的值的集合叫作函项的值域（Range or co-domain）。

如果 B 的每一个元素是 A 里的某个元素的函项的值，我们说这个函项将 A 映射到 B 上（Maps A onto B）（而不是 B 内）。如果 A 和 B 是同一集合，即函项将 A 映射到它自身上，这个函项就叫作运算。算术加减乘除输入和输出都是数字，都是一种运算。

13.2 推理和语句的逻辑分析

13.2.1 推理

逻辑学的一个重要方面是研究有效的推理和必然为真的语句。有两种主要的推理类型：一类是必然有效的推理，一类是具有或大或小概率的有效的推理。

每种推理类型同一个特定的逻辑研究的类型相联系。必然有效的推理在演绎逻辑中加以探讨，而带有某种程度概率的有效推理则在归纳逻辑中研究。下面两个例子可以说明演绎推理和归纳推理的区别：

（1）演绎推理

前提：如果天下雪，那么天就冷，

天下雪，

结论：天冷。

（2）归纳推理

前提：当天下雪的时候，通常是天冷的，

天下雪，

结论：天冷。

我们可以看出归纳推理的结论在带有一定的概率的条件下有效，而不像演绎推理那样具有必然的有效性。

逻辑是研究使一个推理必然有效或一个句子必然真这些属性的科学。在有效推理中，结论是由前提逻辑地推出的，因此逻辑主要集中在逻辑推演（Logical entailment）或推断（Consequence）的研究上面。

逻辑推理是保持真值的推理，它告诉我们，假如前提是真的，那么情况将必然会是怎样的。换句话说，假如一个论证的前提是真的，结论也必然是真的。因为逻辑推理的有效性和逻辑真理不依赖于事实为真，它依赖于在研究的论证中出现语句的形式（结构）和意义。

13.2.2 逻辑形式

现在考察下面的例子：

（1）所有的人都是要死的，所以有些人是要死的。

（2）如果所有的天鹅是白色的，所以有些天鹅是白色的。

（3）并非所有的人都是聪明的，所以有些人不是聪明的。

（4）并非所有的天鹅都是白色的，所以有些天鹅不是白色的。

我们可以看到，这些语句的逻辑形式决定着论证的有效性。我们不能用这种有效性来追溯这个语句所涉及的事实是否为真。（2）这个论证是有效的，虽然事实上并非所有天鹅都是白色的，还有黑的天鹅。在逻辑里，我们仅仅关心前提的真能否确实推演出结论的真，而不管事实情况究竟怎样。

由于逻辑形式（结构）的概念在逻辑学中十分重要，所以逻辑学的重要任务是尽可能精确地把逻辑形式的特性描绘出来。方法是寻找能够反映语句的逻辑形式的表达式，寻找存在于语句的逻辑形式之间的逻辑关系的表达式。

13.2.3 语句和命题

我们引进命题这个名词来指一个语句关于客观世界说了些什么。因此，传统的关于直接引语和间接引语的区分，可以说成是谈及语句和谈及命题的区别。比较（1）和（2）：

（1）王刚说："税收对农民是有好处的。"

（2）王刚说税收对农民是有好处的。

在（2）里用了间接引语，因此说王刚断言的是一个特定的命题而不是一个语句。

我们可以使用"陈述"（Statement）这个词以代替"命题"，"陈述"这个词在日常语言中常常就是指命题。实际上，只要人们避免像人称代词（"我""你""他"）和时间状语如"今天""现在""明天"这些解释需要依靠言语环境的表达式，那么在某种程度上不去区别语句和命题也是可能的。

13.2.4 可能世界和命题的真值集

运用集合论可以解释命题这个概念。为了达到这一点，我们引进"可能世界"这个概念（在日常谈话中我们常常使用场合或情况这样的词语来代替"世界"）。

这个概念粗略地讲是这样的：我们可以把我们生活的世界想象成同它的实际情况有些许不同，那么就可以谈论下面的句子，即如果这个世界是另外一种状况，将会发生什么情况。

如果今天早晨没有下过雨，我们可能到农村去了。

因此可以说，有种种不同的"这个世界可能存在的方式"。为了代替这个复杂的表达式，可以采用简短的表达式"可能世界"。

一个命题就是一个语句对一个特定世界的表述。例如，张三赞扬李四是真的。这就等于说，我们的世界是所有可能世界的集合中的一个世界，在这个可能的世界中，张三赞扬了李四。对于每一个命题，我们都能找到可能世界的一个集合，在那个或那些可能世界里这个命题是真的。我们将这个集合称为命题的"真值集"。因此，刻画一个命题特征的方法之一是给出它的真值集，即该命题在其中为真的那些可能世界的集合。

同样，一个可能世界的特征可以由在这个世界里为真的命题的集合来表示。刻画命题的另一个方法是用特征函项来代替真值集本身。这样，我们得到一个函项，这个函项给每个可能世界赋予一个“真”值或“假”值。有一些逻辑学家把命题同这个函项等同起来，因此有这样的表述“命题是从可能世界到真值的函项”。设想命题是加在可能世界上的一个条件。想象在一个大口袋里装着所有的可能世界，然后把它们一个一个地拿出来，并且按照是否符合这个条件（即这个命题在那个世界里是真的还是假的）来加以分类，或者更形象地说贴上“真”或“假”的标签。这样，命题就是把所有可能世界分为两个大类的原则：一些世界里，这个命题是真的；另一些世界里，这个命题是假的。在这个意义上，一个命题就是相当于一个从可能世界到真值的函项。

13.3 分析性语句和综合性语句

“分析性真命题”比“逻辑真命题”的要求更严格。所有的逻辑真命题都是分析性的，但是有的分析性真命题却不是逻辑真命题。那些同时是逻辑真命题的分析性真命题的例子：

（1）水既是又不是一种化学元素，这不是真的。

这是一个逻辑真命题，因为它们的“逻辑形式”为真。而另外一些分析性真理则依赖于“逻辑形式”，因此不是逻辑真命题。同义关系（意义上相同或相似）和下义关系（意义上的包含）是这类语义关系中最常见的关系。下面（2）是一个例句，这个语句由于部分同义关系因此是分析性真，却不是逻辑真：

（2）所有单身汉都是未婚的。

下面的（3）是个推理，由于下义关系，它是分析性有效的，而不是逻辑上有效的：

（3）前提：这是玫瑰。

结论：这是花。

如果否定一个分析性真的语句，得到的句子必然是假的，即必然是一个分析性假的语句，或是一个矛盾式，例如（4）：

（4）所有单身汉都是未婚的，这不是真的。

分析性真的语句和分析性假的语句都可以叫作分析性语句。它们的共同点在于它们的真假不依赖于世界是什么样子。一个分析性真的语句在所有的可能世界里都是真的，而一个分析性假的语句在所有的可能世界里都是假的。我们可以说分析性真的语句的真值集是 1（所有的可能世界的集合），而分析性假的语句的真值集是 0（空集）。

非分析性的语句叫作综合性的语句。它们的真或假依赖于世界的状态，换句话说，它们在某些世界里是真的，而在另一些世界里则是假的。综合性的语句的例子：

（5）查理一世是在1649年被杀头的。

正像逻辑真理和分析性真理之间的界限在一定程度讲是模糊的，存在一些中间状态；在分析性语句和综合性语句之间也没有一成不变的界限。

13.4 逻辑联结词及其逻辑意义

13.4.1 简单句和复合句

所有语句都由简单句或原子句构成。然后，这些简单句通过多种方法互相结合或互相联系起来形成复合句。每个语句不是简单句，就是在特定的方式下由简单句构成的复合句。

区别简单句和复合句同样存在于传统语法中。在传统语法里，简单句之间的句法关系早已在“并列关系（Coordination）”和“主从关系（Subordination）”这两个标题下加以研究了。

13.4.2 联结词

作为复合句组成部分的简单句之间的逻辑关系，常由称作语句（或命题）联结词来决定。一个联结词是一个词或短语，这些词或短语通常属于传统语法的连词范畴，如：and（并且），or（或者），therefore（所以），because（因为），since（因为），but（但是），before（在……前），as（由于），even though（即使）以及 if...then（如果……那么）等。

在以下的例子中可以清楚地看到联结词按着逻辑上不同的方式把语句连接在一起。

（1）比尔是个少年，并且他爱读童话书。

（2）比尔是个少年，或者他爱读童话书。

这两个例子都由两个简单句连接在一起，但是由于所选择的联结词不同而具有不同的效果。从这两个语句能够引出的结论，我们可以看出这两个语句的确存在不同的逻辑关系。从（1）中可以得到这样的结论：比尔是少年和比尔爱读童话书都为真；从（2）中得不到这样的结论，（2）并不意味着两个语句都是真的，而只是说两个语句中至少一个是真的。

由于在命题逻辑中我们并不关心语句的内部结构，而仅仅关心语句之间的逻辑关系，因此我们引进所谓语句（或命题）变项，也就是能够代替任何陈述句（或命题）的符号。命题变项，通常选用 p，q，r。

用语句变项，上面 3 个例子可以像下面这样表示：

（1）p 但是 q

（2）p 并且 q

（3）p 或者 q

现在我们对语句使用变项，而用“但是”“并且”“或者”等词表示逻辑结构。不管我们用变项代表什么陈述句，逻辑结构仍然保持不变，因为它仅仅依赖联结词的性质，而不依赖简单句的内容。

在逻辑学中，具有永久性的非变项意义的符号叫常项。联结词属于逻辑常项，它们的意义和功能永久不变，它们决定了所在的逻辑结构的性质。变项在那里表示构造起来的内容，而常项则表示结构本身。除了语句的联结词外，像量化词和模态算子（我们将在下面研究）通常也算作逻辑常项。

在命题逻辑中，历来只注意日常语言中的 3 个语句联结词，即 and（并且），or（或者），if...then（如果……那么）。另外还研究 not（并非）和 if and only if（当且仅当）是怎样作用于语句的。

我们引进“真值”这一术语。每个陈述句都有而且只有一个真值。一个真的语句具有“真”的真值，而一个假的语句具有“假”的真值。我们分别把这两个真值缩写为“t”和“f”。现在看下面的例子：

（4）天气暖和而且多风。

（4’）天气暖和而且天气多风。

（4）可以用（4’）这种逻辑上更为明显的形式加以解释。

如（4’）为真，（5a）和（5b）必须为真。

（5）a. 天气暖和。

b. 天气多风。

只有由“并且”连接在一起的两个简单句是真的，复合句才为真。如果两个语句中有一个语句是假的或者两个都是假的，那么复合句就是假的。因此，我们可以说逻辑联结词是从简单句的真值到复合表达式的真值的一个函项。一个联结词如果具有这样的特性，即由它所连接的简单句的真值可以推算出由它构成的复合表达式的真值的话，那么这个联结词就是一个真值函项的联结词。下面两种语句格式可以说明这一点。

（6）（a）——并且——

（b）——或者——

这里用线条代替变项。“并且”和“或者”都是真值函项的联结词，那些由它们连接而构成的复合句的真值都由可以替换这些线条的语句的真值决定。“因为”并不是真值函项的联结词。“因为”和“并且”二者都要求它们连接的简单句是真的，但是带“因为”的语句仍然可能是假的，“因为”要求两个简单句之间一个是另一个的理由。这就是说，要使带“因为”的复合句是真的，两个简单句都是真的只是必要的，而非充分的。因此，“因为”不是一个真值函项联结词。

逻辑中一个极为重要的任务可以表示为：正确的结论可以由一组前提推出。因此，了解联结词的真值函项的特性是很重要的。这些特性使我们能够判定一个论证的有效性，论证的有效性是不依赖于简单句事实上的真假的。

13.4.3 逻辑联结词的意义

现在来研究命题逻辑中经常使用的5个联结词的意义。要求联结词是真值函项意味着它们在逻辑中具有明确而固定的意义，这些意义只部分地包含于它们在日常语言的用法之中。下文我们将指出它们在日常语言和在逻辑中意义上的某些差别。这5个联结词是：合取（and）、析取（or）、蕴涵（if...then）、等值（if and only if）和否定（not）。自然语言中，否定不是一个真正的联结词，因为它并不连接语句，每次只作用于一个语句；但逻辑学中习惯把它看作一个逻辑联结词。所有这5个联结词在逻辑中都用专门符号表示。

第一，否定～。

否定在逻辑中用来构成一个复合句，它的真值与它作用的简单句的真值相反。因此，“正在下雪”是真的，“不在下雪”必然是假的，反过来也一样。这一点可以用下面的简化式表述出来。我们将使用语句变项和一个表示否定的专门符号～来表示。

p	～p
t	f
f	t

复杂句～p的真值以简单句p的真值为基础来构成，这样我们就构成了上面这张表，这种类型的表叫作真值表。

我们也可以用集合论来刻画否定的特征。请看图（1）。设A为p的真值集，即p为真的所有世界的集合。～p的真值集将是p为假的所有世界的集合，可以看出，这就是A的补集。

图（1）

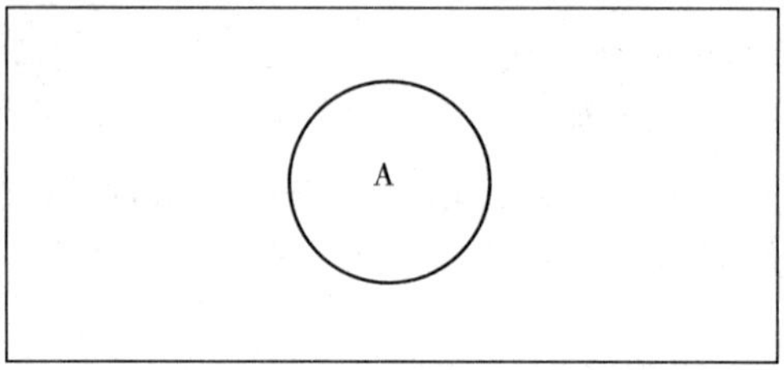

第二，合取 &。

合取很像日常语言中的“并且（and）”，在逻辑中用来构成一个复合句，只有当其中所有简单句（称作合取肢）为真的时候，整个复合句才是真的。如果某一个简单句是假的，那么这个复合句或合取式就是假的。因此（1）是真的，而（2）是假的。

（1）刘邦建立西汉王朝并且项羽自刎乌江。

（2）刘邦建立西楚政权并且项羽自刎乌江。

同样，我们可以用带有语句变项和合取符号 & 的真值表来概括这个意思。

p	q	p&q
t	t	t
t	f	f
f	t	f
f	f	f

这里把 p 和 q 的真值结合的所有可能性都列举出来了，而只有当两个合取肢都真时，整个合取式才是真的。

现在研究 p&q 真值集和它所包含的简单句的真值集之间的关系。在图（2）里，A 是 p 的真值集，B 是 q 的真值集。

图（2）

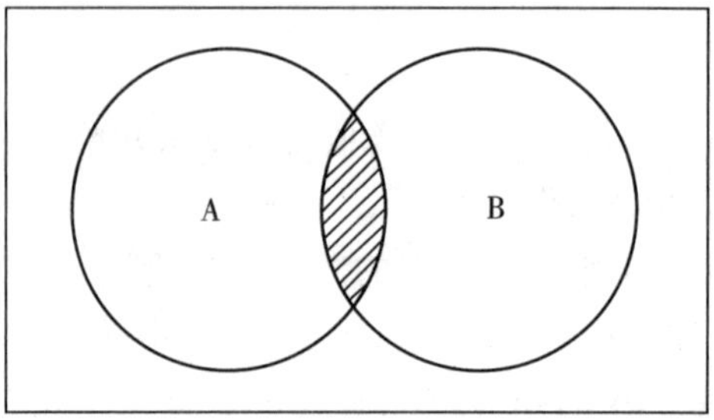

p&q 的真值集是 p 和 q 都真的所有世界的集合。这和 A 与 B 的交集是一样的，作为一个合取式的真值集等于其中所有简单句的真值集的交集。

逻辑合取的意义不同于日常语言的“和”。“&”只能用来连接语句，而“和”却能够用来连接低于语句平面的结构成分。自然语言中“约翰和皮尔”可以接受，而命题逻辑中，只有把并列的各个词项分配到不同句子中，才能译成逻辑复合句。如果约翰和皮尔各有一辆汽车，（3）能分析成（4）；但是如果（3）的意思是两人共有一辆车，就不能这么翻译：

（3）张三和李四有一辆汽车。

（4）张三有一辆汽车并且李四有一辆汽车。（p&q）

在日常语言中，用“并且”联结的短语常常表示事件的序列。如果人们改变了合取肢的顺序，事件的顺序也随着改变了。

（5）王刚躺在床上并且死了。

（6）王刚死了并且躺在床上。

在逻辑中，p&q 永远等值于 q&p。这就使得逻辑上的合取成为非时间性的，而不能处理“并且”的时间性的侧面，（5）（6）是典型例子。

第三，析取∨。

析取很像日常语言中的“或者（or）”。析取在逻辑中用来构成一个复合句（这个复合句也叫析取式），只有当其中两个简单句（析取肢）都假的时候，整个析取才是假的。因此，整个析取式为真，只要求有一个析取肢为真即可。由此看出，（1）是假的，但（2）是真的。

（1）火星是一个卫星或者是一个黑洞。

（2）火星是一个行星或者是一个黑洞。

用特殊符号∨表示析取，其真值表为（3）：

（3）

p	q	p∨q
t	t	t
t	f	t
f	t	t
f	f	f

我们可以看出，只有当两个析取肢都假的时候，整个析取式才假；否则就是真的。

在前一节里，我们知道合取相当于集合论的交集。现在来研究析取，在图（3）里，A 和 B 还是分别同 p 和 q 的真值集相对应。

图（3）

作为 p∨q 的真值集将是 p 或 q 为真的所有世界的集合，这和 A 与 B 的并

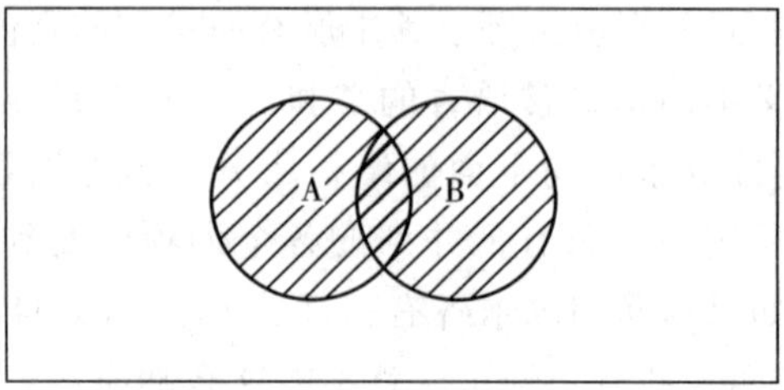

集是一样的。因此，作为一个析取的真值集等值于组成这个析取的简单句的真值集的并集。

可以设想一种比较严格的析取类型，只有当一个析取肢是真的，整个析取才真。对这种联结词给以一个特殊的符号Q，称之为不相容析取，以区别于∨。

这里当两个析取肢都是真的或都是假的时候，整个析取是假的。因此不相容的“或者”是真值函项的联结词。我们可以通过“并且”“并非”和相容的“或者”用下列方法来表示不相容的“或者”：

(4) $(p \vee q)\ \&\sim\ (p \& q)$

不相容析取自然语言用“要么……要么……”“不是……就是……”等词语表示。

第四，蕴涵→。

命题逻辑中的蕴涵不同于日常语言的假设句“如果……那么（if...then)”。日常语言中“如果……（那么)”的例子如下：

(1) 如果你认真工作了一天，(那么）你现在就可能很疲倦了。

(2) 如果天下雨，(那么）就要潮湿。

(3) 如果你比她胖，(那么）她就比你瘦。

(4) 如果你是个好孩子，(那么）你将得到一块蛋糕。

在（1）和（2）里，“如果……那么”表达前件和后件之间存在“因果”关系。在（3）里，我们可以说用“如果……那么”表达了一个逻辑的推断。在（4）里，把前件和后件连接起来的是说话人的承诺。由此可见自然语言“如果……那么”的语义内容其实是多义的。

在命题逻辑中，蕴涵是从真值函项的角度来加以处理，它规定：前件为真，后件一定为真，整个命题才为真；前件为假，后件无论真假整个命题都为真。这样，必然结果是：前件假或者后件真，整个蕴涵式都是真的。蕴涵的真值表为下图（4)。我们引进“→”来表示。

图（4）

p	q	p→q
t	t	t
t	f	f
f	t	t
f	f	t

集合论中蕴涵的表达方式如下：

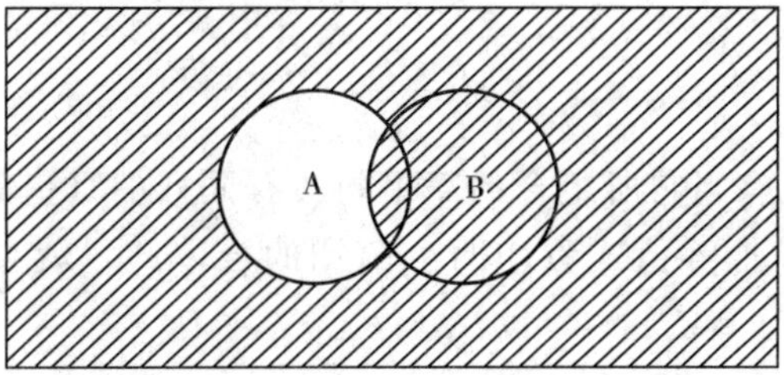

其中，A 和 B 分别是 p 和 q 的真值集，阴影部分是 p→q 的真值集。

一个“如果……那么”句子和一个→表达式一样，当它的前件真而后件假时是假的，整个语句为假。请看（5）：

（5）如果伦敦是英国的首都，那么英国就没有首都。

这个句子前件为真后件为假，整个蕴涵式为假。但是，在日常交谈中，对于由“如果……那么”构成的句子常常有更多的要求。通常要求前件后件之间存在某些因果关系，这种关系不属于真值函项。请看（6）：

（6）如果特朗普是总统，那么卷心菜是蔬菜。

这里的前件和后件都是真的，但完全没有联系，因此自然语言中这是个错句。但在一个复杂语句的真值函项的计算中，真值是唯一有关的考察对象，因此（6）在命题逻辑中为真。

第五，等值≡。

等值大体上相当于“当且仅当（if and only if）”“恰好（exactly when）”“只有当（only when）”和“只有（only if）”。有时单用“如果（if）”也能表示等值。等值可以分析为双重蕴涵，一个是从前件到后件，另一个是从后件到前件。

如何区分等值式和蕴涵式？请看以下例子。

（1）张三将通过考试，如果他的笔试成绩令人满意的话。

（2）张三将通过考试，当且仅当他的笔试成绩是令人满意的。

在（1）里，“笔试成绩令人满意”对张三通过考试来说是一个充分但非必要的条件。但是在（2）里，笔试成绩令人满意对于通过考试不仅是一个充分条件而且也是一个必要条件。

由于一个等值式是两个蕴涵的合取，我们可以得出下面这个等值的真值表（3）。我们用专门符号“≡”来表示，“当且仅当”（if and only if）经常缩写为“iff”。

（3）

p	q	p≡q
t	t	t
t	f	f
f	t	f
f	f	t

可以看出，只有当它所组合的简单句具有同样的真值的时候，这个等值式才是真的。如果把等值式看作两个蕴涵的合取式，就会知道为什么是这样的。

（4）（p→q）&（q→p）

一个合取式要求它所连接的所有语句都是真的，它才是真的。为了满足这个条件，要求 p 和 q 两者都是真的，或者都是假的。如果它们有不同的真值，那么蕴涵的真值条件就不能在两个语句中同时得到满足：如果 p 为真 q 为假，则（p→q）为假；如果 p 为假 q 为真，则（q→p）为假。

从集合论角度来看，在图（5）里 A 和 B 则分别代表 p 和 q 的真值集，而 p≡q 的真值集就是画有阴影的。

图（5）

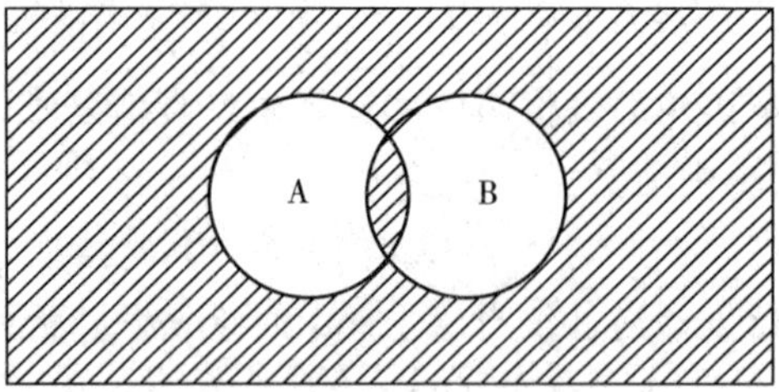

13.4.4 重言式和矛盾式

有一些表达式，构成它的简单句不管赋以什么样的真值，整个表达式的值总是为真。这些表达式的真值是由其逻辑形式决定的。这些表达式叫作重言式。另外有些表达式，不管构成它的简单句的真值如何，总是得到 f 以作为整个表达式的值，这种表达式叫作矛盾式。

一个重言式的简单的例子可以由一个语句及其否定式的析取得到：

(1) p∨～p（天在下雨或天没有下雨）

这个表达式的真值是 t，它是一个逻辑真命题。换句话说，一个重言式的真值集是所有可能世界的集合。p∨～p 为真的可能世界的集合就是 P 为真的可能世界的集合和～p 为真的可能世界的集合的并集，这也就是所有可能世界的集合。

下面则是个矛盾式的例子：

(2) p∧～p（天在下雨并且天没有下雨）

概括地说，一个重言式的真值集是全集，一个矛盾式的真值集是空集。

13.4.5 真值表计算

如何计算一个符合表达式的真值？怎么确定一个表达式是否重言式或矛盾式？命题逻辑可以利用真值表进行计算。下面举些例子：

(1) (p&q) →p

p	q	p&q	p	(p&q) →p
t	t	t	t	t
t	f	f	t	t
f	t	f	f	t
f	f	f	f	t

不管把怎样的真值赋予简单语句，我们总得到为真的语句。因此（1）是一个重言式。

(2) (p&q) → (p∨r)

p	q	r	p&q	p∨r	(p&q) → (p∨r)
t	t	t	t	t	t
t	t	f	t	t	t
t	f	t	f	t	t
t	f	f	f	t	t
f	t	t	f	t	t
f	t	f	f	f	t
f	f	t	f	t	t
f	f	f	f	f	t

这也是一个重言式，因为作为组成成分的真值，其所有可能结合，结果都是 t。

在命题逻辑中并非所有句子都是重言式。

(3) $\sim(p\rightarrow(p\vee q))$

p	q	$p\vee q$	$p\rightarrow(p\vee q)$	$\sim(p\rightarrow(p\vee q))$
t	t	t	t	f
t	f	t	t	f
f	t	t	t	f
f	f	f	t	f

下面列出一些逻辑上为真的语句和等值式，其中有些可以用来把一个逻辑表达式改成蕴涵式，从而比较容易地进行归谬法的推理。

(Ⅰ) $p\vee\sim p$

(Ⅱ) $\sim(p\&\sim p)$

(Ⅲ) $p\equiv p$

(Ⅳ) $(p\vee q)\equiv\sim(\sim p\&\sim q)$

(Ⅴ) $(p\&q)\equiv\sim(\sim p\vee\sim q)$

(Ⅵ) $\sim(p\vee q)\equiv(\sim p\&\sim q)$

(Ⅶ) $\sim(p\&q)\equiv(\sim p\vee\sim q)$

(Ⅷ) $(p\rightarrow q)\equiv\sim(p\&\sim q)$

(Ⅸ) $(p\rightarrow q)\equiv\sim p\vee q$

(Ⅹ) $(p\&q)\equiv\sim(p\rightarrow\sim q)$

(Ⅺ) $(p\&\sim q)\equiv\sim(p\rightarrow q)$

(Ⅻ) $\sim(p\&q)\equiv(p\rightarrow\sim q)$

(XIII) $(p\vee q)\equiv(\sim p\rightarrow q)$

使用这些重言式和等值式中的任何一种，或者其他相似的形式，读者就能把一个表达式转变为容易处理的形式。

13.5 命题逻辑与汉语第二语言习得

逻辑在语言研究中有广泛的应用，尤其是对第二语言习得有着很大的启发和帮助。在汉语和英语等不同的语言中，逻辑联结词对应的自然语言的词语展现出不同的特征。下面以合取和析取联结词为例做些阐述。

13.5.1 合取联结词

英语表示合取关系的联结词基本上就是一个 and，英语 and 的使用条件为：所连接的语言单位必须在语法上是平行的。从语言单位的层级来看，它所连接的可以是词、词组或者句子；从所连接的成分的词性来看，它可以是名词性的、动词性的、形容词性的、副词性的或者介词短语。也就是说，英语中合取联结词的使用不受词性和语言单位层级的限制，这跟下面谈到的汉语的情况形成了对立：汉语的合取连词不仅要求所连接的两项在语法上是平行的，而且还有严格的词性和语言单位层级的限制。

汉语的“和”只能连接名词和名词短语，不能连接动词、形容词等谓词性成分，自然也就不能连接小句。如：

(1) *我还要说明和补充。

(2) *泰山的景色雄伟和壮丽。

但是，《现代汉语八百词》也指出“和”有连接谓词成分的用法，如：

(3) 我还要说明和补充几句。

(4) 泰山的景色十分雄伟和壮丽。

但这些用法都只限于书面语，而且有严格的条件限制：一是所连接的动词或者形容词必须是双音节的，二是这些成分前后必须有共同的修饰语或者宾语。我们认为，现代汉语“和”在书面语中连接谓词性成分的用法是受英语的影响而出现的欧化句式。只有到了现代汉语，“和”才开始可以连接动词或者形容词等谓词性成分。然而，“和”受英语的影响也是非常有限的，只限于连接谓语位置上的动词或者形容词，仍不能像英语的“and”那样可以连接各种语法平行的单位，比如“和”不能连接副词和介词短语。例如：

(5) *小红，把鸡尾酒和把饮料给客人端过来吧。

影响合取联结词系统是否的因素有：在语法上是否为并列关系；是名词性的还是其他词性的；是词、词组还是句子。英汉两种语言对这些因素的选择不同，从而形成了它们合取联结词的系统差异。

13.5.2 析取联结词

英语“or”通常有 4 种含义：(1) 表示两者必居其一。(2) 表示多者选其一，如：I’ d like it to be black，white or grey。(3) 表示一个词可解释另一词的含义或与该词同义，如：an English pound，or one hundred pence。(4) 表示数量不确定，如：There were twenty or so。汉语“或者”则主要表示选择关系。

许多学者对联结词在自然语言中相似词语的二语习得做了研究。魏梦羽(2017) 研究了留学生“而”的习得顺序，并发现表合取义的“而”在留学生的习得顺序中较靠前。王亚茹 (2017) 以英国留学生汉语考试作文中联结词使用情况的统计分析基础，分析析取联结词在初中级和高级阶段的出现率和正确率。刘夏萱（2018）分析了不同汉语水平学习者使用“和”的偏误情况，从语义和语用两个角度归纳偏误类型。总而言之，前人对二语习得中逻辑联结词使用的讨论多集中在合取和析取联结词上，对其他联结词讨论较少，对该方面的研究有待进一步深化。

推荐阅读

Allwood J，Andersson L，Dahl O，*Logic in Linguistics*，1977 年

练　习

1. 用符号表示：

（a）b 是 C 的元素

（b）C 是 D 的真子集

（c）A 和 C 的并集

（d）由 d、e、g 等元素组成的集合

（e）d 不是 A 和 B 之交的元素

（f）A 的补是 B 和 C 之并的真子集

2. 试用语句变项和逻辑联结词表示下面的语句：

（a）如果这是夏季，那么天是该死的冷。（If this is summer it's damned cold.）

（b）柠檬看起来好但尝起来酸。

（c）你能，如果你想的话。（You can if you want to.）

（d）他将在今天或明天来，但不会更迟。

（e）如果既不存在上帝，也不存在魔鬼的话，作为一个宗教信徒就困难了。（If neither God nor the Devil exists it's difficult to be religious.）

（f）把猫扔出去，否则我就走。（Throw the cat out or I will leave.）

3. 指出下面复合表达式的真值，在这里我们假定 p、q 真而 r 假。

（a）$\sim p$

（b）$\sim (p \& r)$

（c）$\sim (p \vee q)$

（d）$p \vee (q \& r)$

(e) $r \rightarrow ((q \& r) \vee (p \vee q))$

(f) $r \equiv (p \& r)$

4. 下面的表达式哪个是重言式？

(a) $\sim (p \& \sim p)$

(b) $(p \vee q) \rightarrow p$

(c) $\sim (p \& q) \equiv \sim p \vee \sim q$

(d) $\sim ((p \equiv q) \equiv (p \equiv \sim p))$

14　谓词逻辑和模态逻辑

14.1　谓词逻辑基础

14.1.1　谓词词项和个体词项

我们能用自然语言表述许多推理，这些推理直觉上是正确的，却不能用命题逻辑体现它们的正确性，例如（1）：

（1）所有人都会死，苏格拉底是人，所以苏格拉底会死。

每一个人都会觉得这些语句里的推理似乎是合理的，可是在命题逻辑中却无法说明。这时候，引入谓词逻辑可以帮助我们解决这个问题。

什么是谓词逻辑呢？简单来说，谓词逻辑研究命题内部的逻辑关系，主要研究命题内部谓词之间的逻辑关系，因此称为谓词逻辑。

先看一个简单的句子：

（2）苏格拉底是人。

这个语句是说关于一个个体的事。这个个体是苏格拉底，并且说的是他具有作为人的属性。这样的语句叫作谓词句，谓词句述说一个个体的一些什么（即一个属性）。

我们可以把（2）句中的主语写成 a/b/c/d……这些符号叫作个体常项；句子中的谓词可以写作 A/B/C……这些符号叫作谓词常项或者就叫谓词，是刻画个体词的性质或者个体词之间的关系的词。

为简易起见，我们指定（2）中的个体常项为 s（苏格拉底），谓词常项为 R（人）。这样（2）句的谓词逻辑表达式就可以写成：

（3）R（s）

我们述说的对象一个是某一个个体“苏格拉底”，一个是事物“人”属性，并且说苏格拉底具有人的那种属性。我们还可以构成下面的表达式：

（4）R（x）

在谓词逻辑中（4）不是一个句子，而叫作一个“开语句”。在这个表达式中，x 不是一个个体常项而是一个个体变项。这意味着 x 不是代表一个具体的个体而是代表任何个体（任意的个体）。在（4）这种情况下，不表达任何命题。

我们还可以进一步对谓词 R 进行抽象，抽象成一个谓词变项：

（5）φ（x）

在这个公式中，我们不仅有一个个体变项，而且也有一个谓词变项 φ（小写希腊字母 phi）。一个谓词变项不代表一个具体的属性而代表任何属性（一个任意的属性）。

个体常项和个体变项属于“个体词项”。同样，谓词常项和谓词变项属于“谓词词项”。

因此，像（2）中的语句我们可以抽象成由个体词项（t，代表英语单词 term，词项）和谓词词项（P，代表英语代词 Predicate，谓词）组成的逻辑形式：

（6）P（t）

显然，并非所有语句都具有（6）那样的逻辑形式。下列语句具有另外的逻辑形式：

（7）张三爱李四。

张三比李四聪明。

A 是 B 的子集（“是……的子集”为谓词，表达个体词项之间的关系）

在这些语句中，我们发现谓词带有两个主目。主目（Argument）是一个术语，它用来指“具有语义内容”的主语和宾语。英语句子 It is raining，主语 it 没有语义内容，一般称为虚主语，因此不是主目。如果一个谓词有一个主目，就叫作一元谓词；如果有两个主目，叫作二元谓词；等等。这类术语由（8）来描述：

（8）P（t）一元谓词

P（t_1，t_2）二元谓词

P（t_1，t_2，t_3）三元谓词

P（t_1，t_2, t_3，t_4）四元谓词

P（t_1，$t_2 \cdots t_n$）n 元谓词

由于（7）的谓词，“爱”“比……聪明”“是……的子集”每个都有两个主目，所以它们是二元谓词。因此（7）的逻辑形式是 P（t_1，t_2）。

自然语言中也有三元谓词的例子：

（9）张三借给李四一本书。

14.1.2 逻辑量化词

谓词逻辑里除了谓词和个体词之外，还有量化词。现在让我们看例（1）：

（1）所有的人都会死。

如果我们像上节那样分析这个语句，我们将得到（2）：

（2）S（所有的人）

（2）的问题是我们不应该用一个个体常项代替表达式“所有的人”。（1）真正说的是，如果某个个体是人，就可以预期他会死。这可以用另一个方法来表示：任意的一个人，他都会死。

为了分析（1）那样的句子，我们引进一个新的逻辑常项：全称量化词，汉语可以表达为“每（一）”“所有”“一切”；英语可以表达成 everything/everyone，也可以表达成带 every、all 或 each 的名词短语。全称量化词用符号 $\forall$ 表示。例如：“世界上所有东西都会变”的逻辑式可以表达成：

（3）$\forall xB(x)$

这个逻辑式可以读作“对于每一个 x 来说，x 是会变的”。我们用同样的方法，“会变”用 B 表示。（1）可以分析为（4）：

（4）$\forall x(R(x) \rightarrow S(x))$

这个表达式可以用下列任一方式来读：

（5）a. 对每一个 x 来说，如果 x 是人，那么 x 会死。

b. 对每一个东西来说，如果它是人，那么它会死。

c. 如果某个东西是人，那么它会死。

d. 所有的人都会死。

“$\forall x$”中的“x”代表全域中的任何一个个体，也就是全域中所有的个体和对象。

那么前面提到的简单谓词句 R（s）（“苏格拉底是人”）和用量化词限定的语句 $\forall xB(x)$（“世界上所有东西都会变”）之间有什么区别呢？让我们再来看开语句的概念。一个开语句就是具有形式（6）那样的一个表达式：

（6）R（x）（读作“x 是人”）

由于 x 是一个个体变项，我们不能说 R（x）表示一个命题，即不能说一个开语句是真的或假的；相反，一个简单语句像“苏格拉底是人”是具有真值的。而“x 是人，这是真的吗?”这个问题的回答依赖于 x 是什么。如果 x 指苏格拉底，那么它是真的；但是如果 x 指石头，那么它是假的。这样，石头不能满足开语句 R（x），就等于：R（s）（这里 s 指石头）是一个假语句。

开语句构成一个语句的方法之一是赋予变项特定的值。开语句又叫作语句函项（Sentential functions），也就是说一个开语句可以看作一个函项，赋值就是输入不同的个体常项以代替变项，最后输出不同的语句作为值，具体应用可以参考上面对例（6）的解释。

而另一个由开语句构成语句的方法就是用量化词来量化开语句，使之变成语句。如我们上面提到的例（3）：

∀xB（x）“世界上所有东西都会变”

如果在论域内有一个对象不能满足这个开语句，那么语句就是假的。因此，如果B（r）是一个假语句，r包括在x范围内，这就使得带逻辑量化词的语句∀xB（x）也为假；相反，如果论域内所有对象都满足这个开语句，那么该语句就是真的。

要注意我们量化的是开语句而不是语句，量化一个普通的语句会得出一个奇怪的语义：

（7）∀xB（r）（r表示“人”）

（7）读作“对每个x来说，人是会变的”，但这是毫无意义的话，我们一般称为“空的量化”。

不仅存在简单的开语句，还存在复杂的开语句，例如：

（8）R（x）→S（x）“如果x是人，那么x会死。”

如果我们取（8）并且在它们的两端加上括号，在它的前面加上一个量化词，我们将得到本节例（1）有关的谓词逻辑式：

（9）∀x（R（x）→S（x））

像（9）那样x被包括在同一括号之中的时候，x总是指相同的个体。我们认为，全称量化词约束着在R（x）和S（x）中的x。一个量化词的辖域（scope）就是直接跟在量化词后面的括号的范围。一个被量化词约束的变项叫作约束变项，不受约束的变项叫作自由变项。

（10）∀x（R（x）→S（x））&Y（x）

如（10）里的最后一部分就是自由变项。

（11）∀x（R（x）→（S（x）&Y（x）））

然而在（11）里，相应的变项是被约束的。

包括自由变项的谓词逻辑式构成开语句而非语句。例如（10）是个开语句，因为里面包含了一个自由变项。一个量化词的辖域内，同一个变项总是代表同一个个体。

（12）F（a）V <u>∀x（K（x）→G（x，a））&∀x（G（x，a））</u>

（13）<u>∀x（（K（x）&F（a）→∀y（G（x，y）V G（y，y））&∀z（F（z）→G（z，y）））</u>

这里 x，y，z 是个体变项，a 是个体常项。（12）是语句，因为没有自由变项；量化词辖域是画线部分。（13）是开语句，因为最后一个变项 y 是自由变项。像（13）这样复杂的逻辑式要看清量化词的辖域，画线部分对应不同量化词的辖域。

全称量化词我们已经提过了，下面来看另一类逻辑量化词：存在量化词。存在量化词在汉语中可以表达为“有（一）”“一”“某（一）”，英文中存在量化词可以表达成 someone/something，此外还可以表达成带 a/an、some 的名词短语等。存在量化词用符号 ∃ 表示。

存在量化词与全称量化词运用类似，这里举一个例子说明：

（14）某人很高。

（14）的汉语逻辑式可写为 $\exists x\,(R(x)\ \&\ G(x))$（R 代表“人”，G 代表“高”）。存在量化词可以读成“存在一个 x，这个 x……”（There is an x such that...），（14）就可以读成“存在一个 x 是人，并且这个 x 很高”。

全称量化词和存在量化词在表达作用方面是不一样的：

（15）每个女孩子都是可爱的。（Every girl is adorable.）

汉语该谓词句逻辑式为 $\forall x\,(N(x) \rightarrow K(x))$。

（16）有的女孩子是可爱的。（Some girl is adorable.）

汉语该谓词句逻辑式为 $\exists x\,(N(x)\ \&\ K(x))$。（15）和（16）的逻辑式除了量化词不一样外，所使用的逻辑联结词也不一致。逻辑联结词不能轻易改变，我们可以通过调换联结词来看其对句子语义的影响。调换（15）和（16）逻辑式中的联结词，（15）中的“蕴涵”变为“合取”，如（17）所示：

（17）$\forall x\,(N(x)\ \&\ K(x))$

（17）说的是在这个论域中每个个体都是女孩子，并且也都是可爱的。这与（15）并不相同。（15）并不排除在这个论域中存在着一些不可爱的男孩子，而（17）却是排除的。这意味着（17）不是语句（15）的意义的正确表述。

将（16）的“合取”改为“蕴涵”，我们得到（18）：

（18）$\exists x\,(N(x) \rightarrow K(x))$

（18）说的是在这个论域中至少有一个 x，如果 x 是一个女孩子，那么将是可爱的。如果在这个论域中找到某个不是女孩子的对象，（18）则一定为真的（因为在逻辑中运用的是实质蕴涵，根据实质蕴涵的真值条件，只要前件为假，整个蕴涵式一定为真），而（16）在这样的情况中就不一定为真的。另外，（18）也可以表示论域中一个女孩也不存在的意思（都是男孩），即前件为假；而（16）的论域是要求含有女孩子的。这就表明（16）和（18）是不一样的，（18）是错误的意义表述。

当然（15）（16）也可以写成另一种表达式：

(19) $\forall xK(x)$“对每个女孩 x 来说，x 是可爱的”

$x \in N$

(20) $\exists xK(x)$“对某个女孩 x 来说，x 是可爱的”

$x \in N$

$\in$表示 x 是 N 这个集合中的成员。这样的公式叫作限制的量化(Restricted quantification)，避免了联结词的选择，但并不标准。

在同一个逻辑公式中，我们也可以有一个以上的量化词。因此，（21）是谓词逻辑的一个表达式。

(21) $\forall x \exists y \forall z R(x, y, z)$

当开语句前面有一个以上的量化词时，量化词的次序不是任意的，因为次序表明它们相对于彼此的辖域。

请看下面例子：

(22) $\forall y \exists x Y(x, y)$“对每个 y 来说，都有一个 x（不同的 x），x 是 y 的爷爷”

(23) $\exists x \forall y Y(x, y)$“有一个 x（相同的 x），对每个 y 来说，x 是 y 的爷爷”

这两个语子之间的唯一区别是在（22）里存在量化词在全称量化词的辖域之内，而（23）则相反。量词的这种次序对语句的意义将产生很大的影响。简单来说，（22）的意思是“每个人有一个爷爷”听起来是没问题的。但是（23）的意思是“某人是所有人的爷爷”，听起来就很不合理了。

这样的逻辑分析方法也可以用来分析英语中的歧义句：

(24) a. Everyone loves someone“每个人都喜欢一个人”

b. $\forall x \exists y L(x, y)$“每个人都喜欢某个人（不同的人）”

c. $\exists y \forall x L(x, y)$“有一个人（同一个人），每个人喜欢他”

我们用（25）将（24b）和（24c）的区别表示出来，其中 A、B、C、D 和 E 代表 5 个不同的个体，（25a）表示（24b），（25b）表示（24c）：

(25)

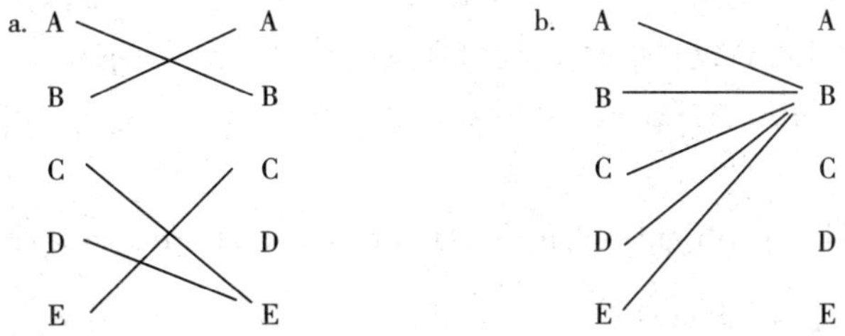

（24b）是全称量化词占广域，喜欢的人可以是不同的人。如（25a）所示，5个人中每个人都喜欢其中的一个人，也可以几个人都喜欢一个人。（24c）是存在量化词占窄域，喜欢的人是同一个人，如（25b）所示，5个人中有一个人是大家都喜欢的。（25b）是否拒绝A除了喜欢B外，还喜欢其他人的情况？也可能，只要保证有一个人是所有人都喜欢的就行。

根据上面的解释，我们也可以推出（24c）蕴涵（24b），但是（24b）不能蕴涵（24c）。（24c）正确，（24b）一定正确；反之则不然。道理不难想象，如果有一个人y被大家都喜欢，那么每个人至少都喜欢一个人，（24b）和（24c）的条件都能满足；但是如果大家喜欢的不是同一个人，（24c）就无法得到满足。在汉语中，许多学者认为（24a）这样的句子倾向于（24b）的语义，不像英语是歧义句，因为汉语量化词有关的逻辑式语义解读倾向于与表层量化词次序一致。英汉间的量化词辖域问题我们将在后文单独进行讨论。

值得一提的是，在英语中因为包含两个量词而产生辖域歧义的句子可以通过语调来消除歧义。比如 Everybody loves somebody sometimes，这句歌词的语调是落在 Everybody 上，因此我们只能理解为是全称量化词占广域的句子。

英语歧义较为明显，但也倾向和表层量化词次序相一致的逻辑式解读，比较下面两个例子：

（26）a. Everyone in this room speaks two languages.（在这个房间里每个人使用两种语言。）

b. Two languages are spoken by everyone in this room.（有两种语言被这间房子里的每个人使用。）

虽然（26）按照我们上文的说法，应该有两种解读，但最为人容易接受的其实是和表层的量化词次序相一致的解读，即（26a）的全称量化词具有最广的辖域；（26b）只可能有“两种语言”，即存在量化词具有最广的辖域。

Chomsky（1957）曾提到过（26）这样的例句，（26b）是（26a）的被动转换，本应保留相同语义解读（因为深层结构相同），但是量化词的加入使得两句语义解读并不相同。因此，Jackendoff 认为辖域的大小取决于表层结构。

加入否定词后的成对的语句也出现量化词辖域歧义问题：

（27）a. Everyone did not explain this problem.（每个人没有解释这个问题。）

b. This problem wasn't explained by everyone.（这个问题没有被每个人说明。）

对大多数讲英语的人来讲，（27a）是有歧义的，它具有以下两种解释，"E"代表"说明"，而"p"代表"问题"。

（28）a. ∀x～E（x，p）"每一个 x 都没有说明 p"

　　b. ～∀xE（x，p）"并非每一个 x 说明了 p"

（28a）指出没有人解释问题。（28b）指出不是每个人都解释了问题，可能是某些人解释了，某些人没有解释，也可能是没有人解释。但是（27b）作为（27a）的被动转换却只能理解为具有（28b）的语义，即与表层量化词次序一致的语义解读。而汉语常常可以调整全称量化词和否定词的线性顺序来表达，一般不会出现歧义。比如（28a）的语义解读原句可以表达成"每个人都没有解释这个问题"，（28b）的语义解读可以表达成"不是每个人都解释（了）这个问题"。

汉语中的量化词之间辖域、否定词与量化词辖域歧义问题和英语中并不一样，我们将在 14.4 着重讲解。

14.1.3　谓词逻辑的语义学

了解一个陈述句的意义就要知道世界是什么样子，这样我们才可以判断这个语句是否为真。一个中国人，如果他知道这个世界是什么样子的话，就能够确定在某一个可能世界里"天晴了"这个语句是否是真的。此外，我们还要了解语言的词项是怎样同世界联系着的。要了解"张三是中国人"这句话在某一可能世界里是否真的，我们必须了解张三这个名字是指哪一个个体。如果我们确定了我们的语言里的每一个表达式（词、短语、句子）是怎样同这个世界相联系的，我们说我们有了关于那种语言的解释（即某种对象或某种场景）。这种语言可以是谓词逻辑那样的形式语言，也可以是汉语、英语那样的自然语言。那么，谓词逻辑的表达式究竟是怎样同这个世界发生联系的呢？我们认为一个解释是用给出语言的表达式的外延的方法，把语言与这个世界（或一个可能世界）联系起来的。语言表达式的外延就是语言表达式所指称的那个世界的对象。总之，一种语言的解释，就是该语言表达式同某个世界（比如现实世界）或可能世界的联系方式，就是给出语言表达式在该世界的外延，给出语言表达式在所有世界的外延就得到语言表达式的内涵。我们先讨论外延再讨论内涵。

除"解释"外，模型（Model）这一术语也是经常用到的。如果一个语句在某种解释下为真，我们可以说这个解释是这个语句的一个模型。为了得到语言表达式的解释，或者说为了解释语言，我们需要构建模型。模型就是语义学为了解释语言需要所构造的一个世界或场景。在这一节里展现的这种语义学，通常叫作模型论的语义学。

先从个体常项开始。每个个体常项，都有一个个体与之对应，这些个体就是这些个体常项在该可能世界（模型）的外延。让我们来假定一些这个可能世界（模型）中的个体常项：

（1）a＝张三　b＝李四

c＝赵武　d＝王明

下面我们再来看谓词项。一个一元谓词的外延是这个谓词所包含的个体的集合。一个二元谓词的外延是这个谓词所包含的个体之间的有序偶的集合，有序偶即指＜a，b＞，表示存在于两个个体对象之间的关系；一个三元谓词的外延是这个谓词所包含的个体之间的有序三元组的集合，以此类推。

现在来在上面的模型中引进两个一元谓词：Y 代表“研究生”，C 代表“聪明”。这两个谓词的外延分别为：Y：{张三，赵武}，C：{李四}。这个模型可以图示为（2）：

（2）

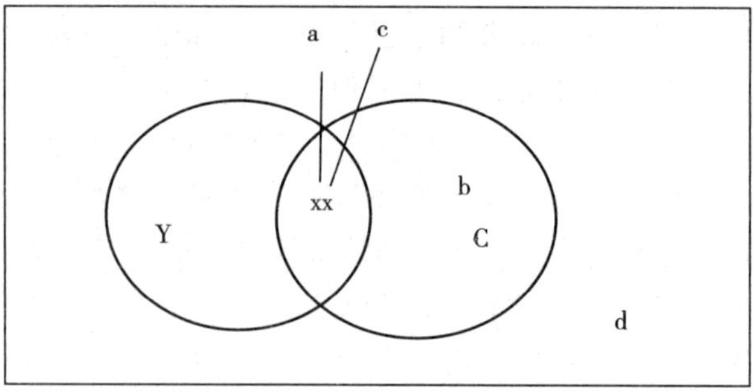

按照（2）的图示，我们可以给出如下例句真值：

（3）a. S（d）“王明是研究生”　　假

b. C（a）“张三是聪明的”　　真

根据图（2），我们可以判断（3）的真值，并且像（3）这样的形式，其真值条件可以像（4）一样描述：

（4）一个 P（t）形式的语句在某解释中是真的，当且仅当指派给个体词项 t 的对象能在指派给谓词 P 的对象的集合中找到。

简单说就是，如果指派给 a 的对象包括在 F 的外延里的话，那么 F（a）在该解释中是真的。

如果谓词句是带有二元谓词的，那么语句的真值条件可以像（5）那样的表述：

(5) 一个P（t_1, t_2）形式的语句在任意的解释中是真的，当且仅当指派给t_1，t_2的对象的有序偶可以在指派给P的有序偶集合中找到。

也就是说，如果指派给a，b的对象的有序偶包括在F的外延里的话，那么语句F（a，b）在该解释中是真的。这是简单语句的真值条件，下面我们来看看复杂语句中的真值条件。

复杂语句的真值判断以简单语句为基础。依然是根据图（2）所示的模型，看一看下列复杂语句里哪些是真的：

(6) a. Y（a）&C（b）“张三是研究生并且李四是聪明的。” 真

b. Y（b）∨C（d）“李四是研究生或王明是聪明的。” 假

c. ～Y（c）“赵武不是研究生。” 假

d. Y（c）→C（b）“如果赵武是研究生，那么李四是聪明的。” 真

(6）的例子就是将命题逻辑的规则带入谓词逻辑中从而判断真值。不同的是，我们要从谓词逻辑内部结构中推导每个语句的真假，比如Y（a），但这在命题逻辑中是给定了真值的，而谓词逻辑中则需要我们推导。

根据图（2）所示的模型，我们再看一些带量化词的复杂语句，下面都是带有存在量化词的复杂语句：

(7) a. ∃xY（x）“有人是研究生。” 真

b. ～∃ xC（x）“并非有人是聪明的（也就是没有人是聪明的）。” 假

c. ～∃xY（x）“并非有人是研究生（也就是没有一个人是研究生）。” 假

d. ∃x～C（x）“有人不是聪明的。” 真

e. ∃x（Y（x）& C（x））“有研究生是聪明的。” 真

语句∃xF（x）的真值条件是：∃xF（x）在解释I中是真的（I表示任意一种解释），当且仅当在I中，F在它的外延里至少有一个对象。（7）中语句的真值都以∃xF（x）的真值条件为基础进行判断。

我们接着来看全称量化词真值条件，依据图（2）所示的模型，让我们来看下列语句的真值。

(8) a. ∀xC（x）“每个人都是聪明的。” 假

b. ～∀xY（x）“并非每个人是研究生。” 真

c. ∀x～Y（x）“每个人都不是研究生。” 假

d. ∀x（Y（x）→C（x））“每个研究生都是聪明的。” 真

e. ∀x（C（x）→Y（x））“每个聪明的人都是研究生。” 假

语句∀xF（x）的真值条件是：∀xF（x）在解释I中是真的（I表示任意

一种解释），当且仅当在I中，所有对象都包括在F的外延里。（8）中语句的真值都以∀xF（x）的真值条件为基础进行判断。所有谓词逻辑式的语义都可以参照上述例句进行解释。

14.1.4 在所有解释中都真

要想使一个推理有效或正确，就要使它在所有可能的解释中为真而不是只在某些特殊的解释中为真。下面例（1）的前提和结论如（2）所示：

（1）如果所有人都会死，并且小黄是人，那么小黄也会死。

（2）前提：所有的人都会死

小黄是人

结论：小黄会死

要想使这个推理正确就必须使它在所有可能世界里为真。

我们如何证明这个推论在所有可能世界中为真呢？我们只需要找到一个前提为真、结论为假的可能世界，就能证明上述推论是假的。但如果我们能证明不存在这样一个前提真、结论假的解释，就能反过来证明（2）中推论为真。

我们先创造一个前提为真的解释：第一个前提需要谓词“人”外延中的元素全都是谓词“死”外延里的元素。可以如（3）所示：

（3）

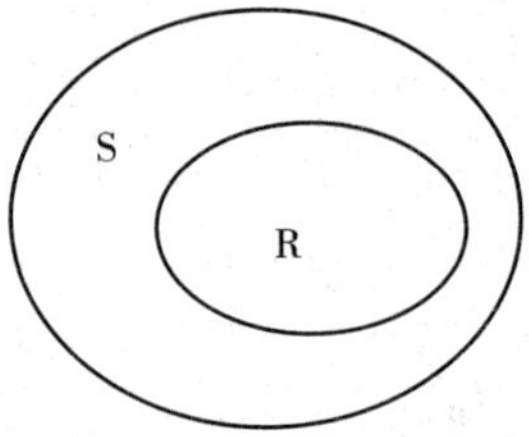

第二个前提为真可以表示为当且仅当小黄h是“人”外延R中的元素，我们用图（4）表示：

（4）

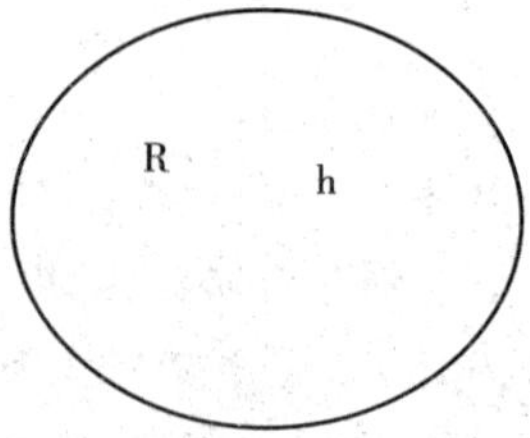

将（3）和（4）合起来就能得到：

(5)

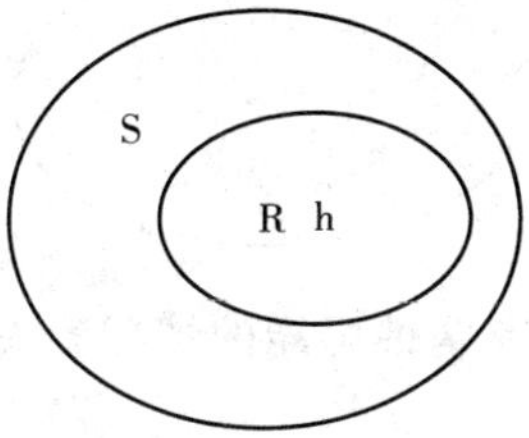

这证明（2）的推论在所有可能世界中为真，因为不存在一个世界，会是前提真，结论假。如果结论为假，表示为（6）：

(6)

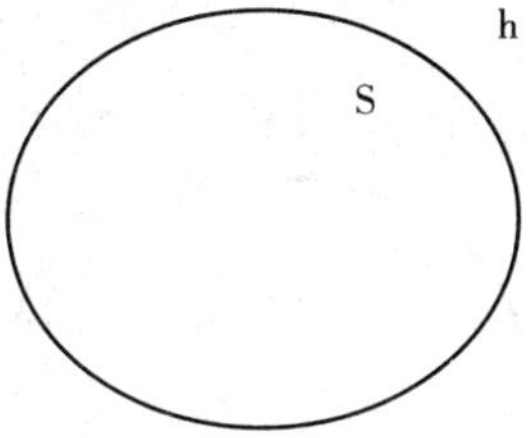

(6) 将无法满足（2）中两个前提为真的要求。

(1) 是正确的推理，但并不能代表结论“小黄会死”在所有可能世界里都为真。如果前提一有错，比如“并非所有人都会死”，那么结论可能不会有错。

下面我们讨论另一种情况，即调换（2）中前提和结论，推理不一定会成立：

(7) 前提：所有的人都会死

小黄会死

结论：小黄是人

如果我们能够构建一个前提为真而结论为假的解释，该推理就为假。首先是保证两个前提为真：

(8)

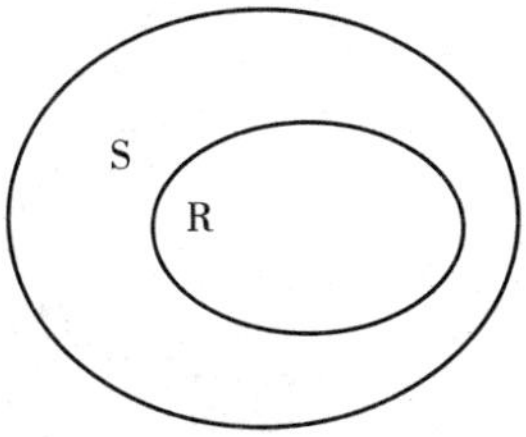

（9）

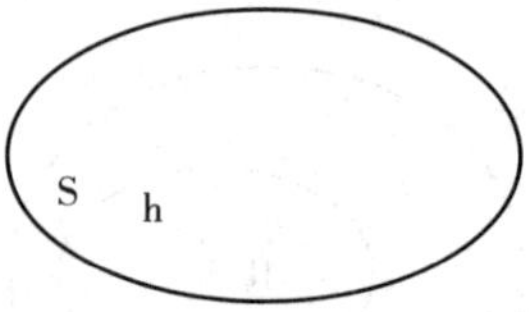

连接（8）和（9）可以有两种可能的情况，表示为（10）和（11）：

（10）

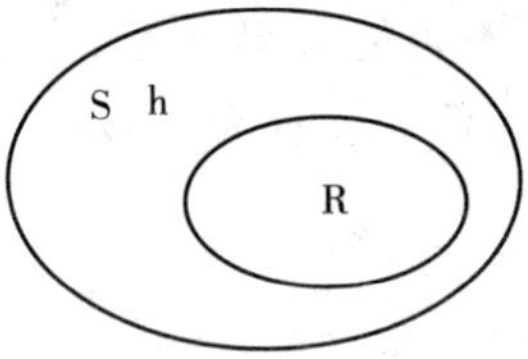

（11）

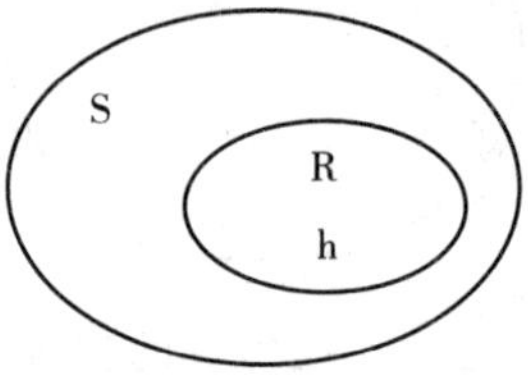

我们可以证明（7）的推理存在一个解释（10），其中前提为真，结论为假，因此（7）的推理是假的，因为小黄可能是只狗。当然，前提为真，结论也并非在所有的可能世界中都为假，如（11）这种可能世界中结论为真，但并不能证明（7）这个推理为真。

14.1.5 全称量化词和存在量化词语句的等值表达

一个带有全称量化词的语句可以用包括存在量化词的语句来表示，反之也一样。比如：

（1）$\exists xF(x) \equiv \sim \forall x \sim F(x)$

（2）

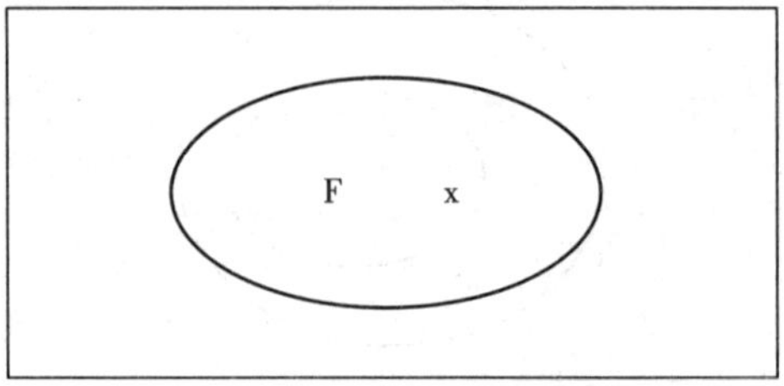

（1）第一个语句讲的是像（2）所示的那样，至少有一个元素是在谓词 F 的外延之中；第二个语句是逻辑式∀x～F（x）的否定式，∀x～F（x）这个逻辑式说的是像（3）那样，在论域中所有对象 x 都在 F 的外延之外。显然，∀x～F（x）这个语句的否定式和语句∃xF（x）是等值的，图（3）的否定就是图（2）：

（3）

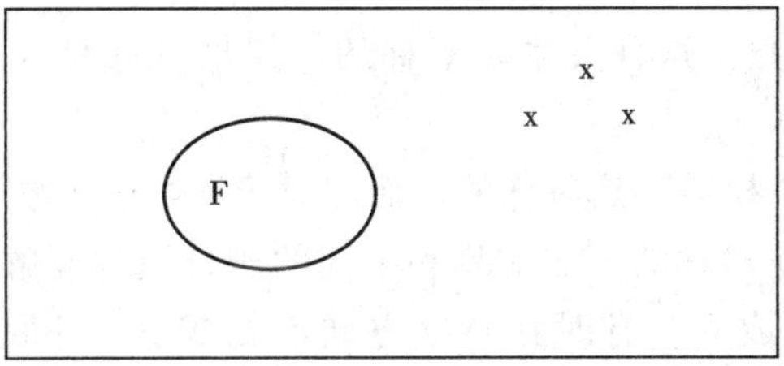

还有一些总结如（4）所示：

（4）a. ～∃xF（x）≡∀x～F（x）

b. ∃x～F（x）≡～∀xF（x）

c. ～∃x～F（x）≡∀xF（x）

14.1.6 关系的形式的性质

二元和多元谓词，从语义上来考虑，叫作关系；这些关系根据性质可以分成不同的类型。我们将考虑 3 个参项（Parameters），用这 3 个参项可以把二价关系（对应二元谓词）划分为不同的组。这 3 个参项是自返性、对称性和传递性。

1. 自返性。如果所有个体都同它本身处于 R 关系中，并且 R（x，x）是真的，那么 R 叫作自返性的关系。如果没有任何个体同它自己处于 R 关系中，R 就是一个反自返性（一定不是）的关系。下面是用谓词逻辑表达的定义。

（1）a. ∀xR（x，x）

b. ∀x～R（x，x）

如果（1a）成立，这种关系就是自返性的。如果（1b）成立，这种关系就是反自返性的。

一个关系不是自返性的，就叫作非自返性的。简单来说，“非自返性”可以理解为不能确定具有“自返性”。“一样大”和“等于”是自返关系。反自返关系的例子如：“……的父亲”和“高于”。一个人永远不会高于他自己，也永远不会是他自己的父亲。“满足于”是一个非自返性关系。一个人可能满足于他自己也可能不满足于他自己。

2. 对称性。如果一个关系R，只要在两个对象x和y之间成立，也就在y和x之间成立，这个关系就叫作对称性的；反之，如果这种关系在对立方向中永远不能成立，就叫作反对称性的。如果x和y之间关系不能确定是对称的，x和y之间关系就是非对称性的。

(2) a. $\forall x \forall y\ (R\ (x,\ y) \rightarrow R\ (y,\ x))$

b. $\forall x \forall y\ (R\ (x,\ y) \rightarrow \sim R\ (y,\ x))$

如果（2a）成立，这种关系是对称的。如果（2b）成立，这种关系是反对称的。

“一样大”和“相遇”是对称的，而“大于”“……的父亲”是反对称的。像“爱”“恨”是非对称的。非对称和上面的非自返性理解一样，当一种关系有时在对立方向能成立，有时在对立方向不能成立，不能确定具有对称性，就是非对称的。比如A爱B，B可能爱A，也可能不爱A。

3. 传递性。如果一个关系R，它在x与y之间和y与z之间都成立，则它也在x和z之间成立，这种关系叫作传递性的。如果R在x与y之间和y与z之间成立，则它在x和z之间不成立，就叫作反传递性。一个关系不能确定具有传递性的，就叫作非传递性的。

(3) a. $\forall x \forall y \forall z\ ((R\ (x,\ y)\ \&\ R\ (y,\ z)) \rightarrow R\ (x,\ z))$

b. $\forall x \forall y \forall z\ ((R\ (x,\ y)\ \&\ R\ (y,\ z)) \rightarrow \sim R\ (x,\ z))$

如果（3a）成立，这种关系就是传递性的。如果（3b）成立，这种关系就是反传递性的。

像“大于”“……的右边”这样的关系是传递性关系，而“……的父亲”是反传递性关系。许多动词如“知道”“称赞”和“鄙视”，是非传递性关系。

(4) 如果张三像李四一样聪明，而李四像王五一样聪明，那么张三必然和王五一样聪明。

所有“像x一样”类型的关系是自返的，也是对称的和传递的。这些关系叫作等值关系。

不同关系之间也存在某种关系，比如逆关系。如果当S（y，x）是真的，任何时候R（x，y）也真，关系R就叫作另一个关系S的逆关系。“……的父母”关系是“……的孩子”关系的逆关系。比如，“小王的父母”“老王夫妇的孩子”。“……的父母”是R关系，“……的孩子”是S关系，关系R叫关系S的逆关系。

被动语态中的一个谓词可以看作主动语态中的谓词的逆关系。例如，“被打”是“打”的逆关系。任何时候，只要“小张打小李”是真的，“小李被小张打”也是真的。

关系 R 的逆关系写作为 $\breve{R}$。如果 P 代表“……的父母”，C 代表“……的孩子”，我们可以说 $P=\breve{C}$，也就是说“……的双亲”等于“……的孩子”的逆关系。

关系的定义域和值域的结构可以分为以下几种：

第一，一多关系，例如：“是……的母亲”，图示如（5）：

（5）母亲　　　孩子

　　　　↗　　红红

　　张红→　　黄黄

　　　　↘　　蓝蓝

　　张蕾→　　小花

第二，多一关系，例如：“是……全日制学生”，图示如（6）：

（6）个人　→　大学

　　小张　→　北京大学

　　小李　↘

　　小王　→　安徽大学

　　小程　↗

第三，一一关系，例如：“身份证号”，图示如（7）：

（7）个人　　身份证号

　　小王→1234xxxx

　　小李→2318xxxxx

　　小黄→6677xxxx

第四，多多关系，例如：“读过的书”，图示如（8）：

（8）

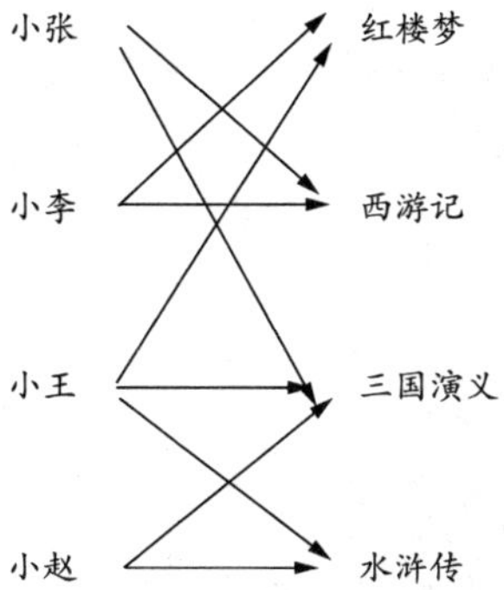

14.1.7 演绎

在命题逻辑和谓词逻辑中，一些语句能够从另一些语句中推导出来，我们可以说这是一个语句蕴涵另一个语句，而这种关系用蕴涵符号来标记。在这一章中，我们关注的是不论在什么样的世界里，一些语句都可以从另一些语句中推出。一个演绎系统（Deductive system）会提供一组规则，依靠这些规则，可以说一个语句是从另一个语句中推出来的。

演绎系统的规则必须保留真值，即如果第一个语句是真的，那么第二个语句也必然是真的。这里我们将介绍 14 个演绎规则。

演绎规则中，“/”的左边给出一个语句形式，右边表示根据这个语句推论出的另一个语句形式，也相当于把左边的语句看成是前提，右边的语句看成结论。

（1）合取引入规则

p
q / p & q

这条规则是说如果我们知道 p 是真的，并且 q 也是真的，我们就可以推出其合取式，p & q。

（2）合取消去规则

p & q/p
p & q/q

这条规则是说如果一个合取语句是真的，那么它的每个语句都是真的。

（3）析取引入规则

p/p∨q
q/p∨q

这条规则是说如果我们已经确定一个语句为真，那么就可以推出这一语句与任何一个语句的析取式。

（4）析取消去规则

p∨q
p→r
q→r / r

这条规则是说，如果我们已经确立了以下 3 点：（a）p∨q 为真；（b）p 蕴涵 r；（c）q 蕴涵 r，那么我们可以推出 r 为真。

(5) 双重否定引入规则

$p/\sim\sim p$

(6) 双重否定消去规则

$\sim\sim p/p$

(7) 等值引入规则

$p\to q$ /
$q\to p$ / $p\equiv q$

(8) 等值消去规则

$p\equiv q/\ (p\to q)\ \&\ (q\to p)$

(9) 蕴涵消去规则

$p\to q$ /
p / q

这些规则的注释都可以参考前4条的注释。(9)的规则一般也可以称为肯定前件式。与之对应的否定后件式表现为:

(10) $p\to q$ /
$\sim q$ / $\sim p$

上述10条规则我们是给出了特定的前提(为真),进行推理。下面这几种规则是不需要从任何前提出发而进行的推理,左边的语句形式是我们为了推理而给出的假设(不是前提)。

任何时候,如果我们从一个假设出发引出一个语句,都可以推演出一个条件命题,它的真实性是由条件化(Conditionalization)规则来保障的。

(11) 蕴涵引入规则

P
⋮
q / $p\to q$

在一个演绎中每次引入一个假设,我们就用左边的括号来标志它。这个括号一直括到被引进的假设完成语句推演为止。这个规则是说,如果我们根据演绎系统的某些规则可以从p推演出q,那么我们根据蕴涵引入(或条件化)规则能推出$p\to q$。注意,这里的符号"→"就是实质蕴涵的符号,这个实质蕴涵可以由左边假设的条件根据演绎系统的条件化规则(或称为蕴涵引入规则)而推出。

（12）否定引入规则

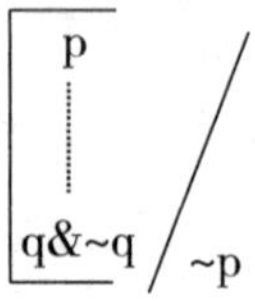

这条规则是说如果做出的一个假设可以推出一个矛盾式，我们就可以推出对这个假设的否定。

下面两条是有关量词的演绎规则：

（13）全称例示规则

$\forall xF(x)/F(a)$

这条规则说明，如果我们知道某一谓词适用于所有的个体，我们可以推出它适用于每一个个体。这条规则还可以更确切表示为：$\forall x\alpha(x)/\alpha(a)$，这里$\alpha(x)$是指 x 能在$\alpha$中自由出现（未受到约束），$\alpha(a)$是指 a 已经代替了所有在$\alpha$中自由出现的 x。$\forall xF(x)/F(a)$这一形式和$\forall x\alpha(x)/\alpha(a)$这一形式的区别在于前者只是替代了一次，后者说的是事实上所有 x 都可以用具体的 a 替代。

（14）存在概括规则

$F(a)/\exists xF(x)$ 或者$\alpha(a)/\exists x\alpha(x)$

这条规则是说，每当一个开语句能被特殊的个体满足时，那么我们可以推演出存在一个人或物能满足这个开语句。

现在，我们运用上述的演绎规则，考察它们在演绎式推导过程中所起的作用。

（15）（a）$\forall x(R(x)\rightarrow D(x))$“所有人都会死”

（b）$R(s)$“苏格拉底是人”

（c）$R(s)\rightarrow D(s)$　根据全称例示规则从（a）推出

（d）$D(s)$　根据肯定前件式从（b）和（c）推出

在例（15）中，我们将从这个推理式的两个前提中推演出结论“苏格拉底会死”，这两个前提是在演绎式的（a）和（b）行中给出的。

（16）（a）$\forall xF(x, b)$　假定

（b）$F(a, b)$　根据全称例示规则从（a）推出

（c）$\exists xF(x, b)$　根据存在概括规则从（b）推出

（d）$\forall xF(x, b)\rightarrow\exists xF(x, b)$　根据条件化规则从（a）与（b）推出

(16) 显示从任意全称量化可以推出存在量化。

借助于条件化规则及其他演绎规则，我们可以从一个前提的空集推出所有逻辑上为真的语句。从一个逻辑真的语句，我们可以推演出其他逻辑真的语句。从一个矛盾式，我们既可以推出所有逻辑真的语句，也可以推出所有逻辑假的语句。因为（p&～p）→q，前件为假，蕴涵式永远为真，后件 q 可以是任意命题。这也就意味着，从一个矛盾式我们可以推出任何命题。

14.2 模态逻辑基础

14.2.1 模态逻辑的产生

通过以上相关章节的学习，我们已经对命题逻辑和谓词逻辑有所认识，也知道这两种逻辑形式仅限于讨论在某一时间的一个可能世界。然而，当我们需要解释自然语言中的语句时，我们还需要考虑到不同的可能世界之间的关系。于是，模态逻辑应运而生。

模态（Modal），源于拉丁词 modalis，指的是具有形态、样式等意思。模态逻辑（Modal logic），也称内涵逻辑，它是研究必然、可能及其相关概念的逻辑性质。由于模态逻辑从认识论、本体论角度阐明了必然、可能、应当、知道等概念的逻辑性质，因此具有深刻的哲学意义。模态逻辑可以用语义的“内涵性”（Intensionality）来描述其特征：复杂公式的真值不能仅仅由子公式的真值来决定。允许这种决定性的逻辑是“外延性”（Extensionality），经典逻辑就是外延性的例子。然而模态算子（如下面例句中的“必然”）不能使用外延语义形式化：在 2020 年，命题“唐纳德·特朗普是美国总统”和“2＋2＝4”都是真的，“唐纳德·特朗普必然是美国总统”是假的，因为在不同的可能世界和时间内，美国总统具有不同的人选；而“2＋2＝4”必然是真的，因为对该命题的评估与可能世界和时间等参数无关。

我们可以看以下这个例子：

(1) 明天可能会下雨。

虽然说这句话的人此刻并不能确定明天的天气会是什么样子的，但他可以设想几种可能性，换句话说，设想明天的世界将是什么样子的。对他来说，明天的世界只是其设想的几个可能世界中的一个。因此，当他说出“明天可能会下雨”时，他表达的是：在这些可能世界中，至少有一个可能世界明天将会下雨。

下面这句话可以用同样的方法来解释：

(2) 明天必然会下雨。

例 (2) 的意思是：不管将要在哪一个可能世界中，明天都会下雨。换句话说：在所有可能世界中，明天都会下雨。

由此，我们可以给"可能"和"必然"进行如下定义：

可能的＝在某些可能世界中是真的。

必然的＝在所有可能世界中都是真的。

在这些例子中我们谈到的可能世界或多或少地同我们所知道的世界相一致。逻辑学家最关心的是"逻辑上的可能世界"，也就是所有可以用一个一致的方法加以描述的世界，即使这些世界可能与我们所处的现实世界中的真实知识相排斥。例如，在某个逻辑上的可能世界中，你此刻并非在读一本习得教材，而是在读一本体育杂志，即使你并没有把它看作是一种实际的可能性。

自然语言中模态概念由修饰句子的副词，像"可能"(Possibly)、"必然"(Certainly) 等来表达。逻辑学家使用一种形式系统，它跟我们在自然语言中使用的词语非常近似。这里，我们为大家介绍两个新的逻辑常项：M 和 N。它们可以放在任何语句的前面从而产生一个新的语句。这样，Mp 则表示"p 是可能的"，而 Np 则表示"p 是必然的"。M 和 N 就叫作"模态算子"(Modal operators)。可以重复模态算子且可以用命题联结词将它们组合起来，从而获得任意的复合表达式，例如：

(3) $MN\sim p \vee Nq$

在这两个模态算子之间存在某些逻辑关系。它们可以用下述逻辑上为真的语句来说明。

(4) $Mp \equiv \sim N \sim p$

"p 是可能的，当且仅当非 p 不是必然的。"

(5) $Np \equiv \sim M \sim p$

"p 是必然的，当且仅当非 p 不是可能的"。

用可能世界的术语来说明，我们可以将 (4) — (5) 分别改写为 (6a) 和 (6b)：

(6) a. p 在某些可能世界中是真的，当且仅当 p 的否定并非在所有可能世界中都是真的。

b. p 在所有可能世界中都是真的，当且仅当 p 的否定在任一可能世界中都不是真的。

例如，(6a) "明天会下雨"在某些可能世界中是真的，当且仅当"明天不会下雨"并非在所有可能世界中都是真的。(6b) "明天会下雨"在所有可能世界中都是真的，当且仅当“明天不会下雨”在任一可能世界中都不是真的。

结合上文有关谓词逻辑的内容，我们很容易看出，模态算子的逻辑真值是建立在全称量化词和存在量化词的相互关系之上的。模态算子和量化词之间存在这样的一种联系，是逻辑语义学的基础。

模态算子可以加到命题逻辑上，也可以加到谓词逻辑上。在第一种情况下，我们得到一个可以称之为“模态命题逻辑”的系统；在第二种情况下，我们得到一个可以称之为“模态谓词逻辑”的系统。

14.2.2 严格蕴涵

在命题逻辑一章中，我们讨论了命题联结词“实质蕴涵”→，我们把它读作“如果……那么……”。例如，如果 p 是一个假语句，那么不管 q 的真值和意义如何，p→q 总是真的。然而例（7）中 q 为假，p→q 就不太可能解释为真的。

（7）如果瑞典在非洲，那么日本是个共和国。

模态算子为“如果”结构提供了另一个形式。我们在实质蕴涵的左边加上一个表示“必然的”逻辑常项 N：

（8）N（p→q）

该形式表示，p→q 在所有可能世界中都是真的，即在所有可能世界中如果 p 为真则 q 一定为真。换句话说，不存在这样的一个可能世界，在那里 p 是真的而 q 是假的。我们可以把“所有世界”解释为“所有逻辑上可能的世界”。这样，我们可以正确地设想，瑞典是在非洲而不需要日本是一个共和国。因此，我们如果选择把（7）形式化为（8），就可以说明为什么（7）为假，从而避免一些与实质蕴涵相联系的问题。

在模态逻辑中，我们经常使用这样的一个联结词⤚→，其定义如下：p ⤚→ q（读作“p 鱼钩 q”）等值于（8），在那里 N 解释为“逻辑上必然的”。⤚→叫作“严格蕴涵”。但要注意，严格蕴涵并不是一个真值函项联结词，因为 p ⤚→ q 的真值不能从 p 和 q 的真值计算出来。

我们也可以把 p ⤚→ q 看作关于 p 和 q 的真值集的陈述。只有当 q 为真时 p 才是真的，p 的真值集就将是 q 的真值集的子集，且不必然是真子集。例如我们可以说：

（9）如果“我的银行卡里有两千元”，那么一定蕴涵了“我的银行卡里有一千元”。

这是一个典型的严格蕴涵的示例。

14.2.3 其他模态

还有一些与上面指出的那些具有类似逻辑属性的概念。例如考察与“义务”和“允许”相联系的一些概念。这已经在所谓道义逻辑（Deontic logic）中得到形式化。道义逻辑运用了两个道义算子（Deontic operators）代替模态算子M和N，通常用O代表“必须的”（Obligatory）和P代表“允许的”（Permitted）来表示。因此，Op读作“p是必须的”，Pp读作“p是允许的”。这些算子也可以用“可能世界”的理论来解释。这里所考察的可能世界的集合是同某些道德的和法律的系统相联系的所有“理想的”世界的集合。在这样的世界的集合中，其中每一个人必然都要按照一定的规则（比如道德法律、校规、班纪等）行事。于是：

Op被解释为“在所有道德上或法律上理想的世界中都是真的”。

Pp被解释为“在有些道德上或法律上理想的世界中是真的”。

从直观上看，一个道德的或法律的系统规定了一组安排事物的可能方式：必需的，指的是那些在该系统中必须做的行为方式；允许的，指的是那些在该系统中可以做的行为方式。我们看到，道义算子与模态算子下定义的方式有些类似，不同之处在于所考察的世界集合的特征。因此，模态逻辑的逻辑为真的命题常常在道义逻辑中具有严格的对应部分。例如，此处的例（10）就与14.2.1节中的例（5）（Np≡～M～p）相类似，它在逻辑上也是真的。

（10）Pp≡～O～p

“p是允许的，当且仅当非p不是必需的。”

例如：穿拖鞋是允许的≡不穿拖鞋不是必需的。

但是模态逻辑与道义逻辑也有区别，因为我们自己的世界明显地是一个逻辑上的可能世界，但是作为一个道德上理想的世界并不那么明显，主要因为不同的人会有不同的标准。（11）（a－b）在逻辑上是真的（如果N解释为“逻辑上必然的”），但是它对应的道义逻辑（12）（a－b）可能全是假的。

（11）a. Np→p

b. p→Mp

例如（11a），由“城市必然会下雨”，可以推出“城市会下雨”。（11b），由“城市会下雨”，可以推出“有城市可能会下雨”。

（12）a. Op→p

b. p→Pp

例如，(12a) 由“人人都必须遵守交通规则”，不能推出“人人都遵守交通规则”。(12b)，由“闯红灯”，不能推出“闯红灯是允许的”。

道义概念和模态概念之间的这种密切关系也反映在自然语言之中。几乎在所有的语言中，那些用以表达确定性、必然性和可能性的词和语素，也用以表达必须和允许（如英语中的 must 和 may）。

14.3 模态逻辑的相关应用

14.3.1 涉名—涉实的歧义

在谓词逻辑一节中，我们讨论了同量化词辖域相联系的一些问题。在模态逻辑中，辖域问题也十分重要。之所以这样说，有两点理由：第一，在模态逻辑中算子的数目多，从而有更多组合的可能性。第二，模态算子跟量化词组合起来时，就会产生语义问题，这从一般哲学的观点或从研究自然语言的角度来看，都十分重要。我们可以选择一些由 M 和 N 算子所引起的辖域歧义的例子来说明。

(1) 张三相信所有诺贝尔奖的获得者都是书呆子。

这里的问题是，我们对张三相信的究竟是哪些个体这个问题不明确。可能有这样一种情境：张三把谁是诺贝尔奖的获得者搞错了。例如，假设张三把李四和王五搞混了，并且错误地相信获得了诺贝尔奖的人是李四，而事实上获奖者却是王五。基于以上的假设我们进一步假定，张三相信李四是一个天才而王五是一个书呆子，那么在这种情境下，(1) 是真的还是假的？一方面，如果有人问张三：“你认为所有的诺贝尔奖的获得者都是书呆子吗？”他将会回答：“不。”因为他相信李四是诺贝尔奖的获得者而且是一个天才。另一方面，我们也可以说 (1) 是真的，因为张三对事实上的诺贝尔奖获得者（王五）所秉持的信念是，他们都是书呆子。这可以将例 (1) 更自然地表达为：

(1’) 张三对所有诺贝尔奖的获得者的信念是他们是书呆子。

用可能世界的术语来解释，我们可以把问题归结为：我们指的可能是现实世界中的诺贝尔奖的获得者，也可能是张三的信念世界中的诺贝尔奖的获得者。换句话说，看我们怎样规定 (1) 里那个量化词“所有”相对于动词“相信”(Believe) 所表示的信念算子的辖域 (Domain)。(1) 出现的歧义对应两种不同的可能性，它在辛提卡 (Hintikka) 系统里的描述是：

(2) a. $B\alpha(\forall x(F(x) \rightarrow G(x)))$

b. $\forall x(F(x) \rightarrow B\alpha(G(x)))$

这里，B代表“相信”所表示信念算子，F代表“是一个诺贝尔奖的获得者”，而G代表“是一个书呆子”。

上述公式的区别在于全称量化词和信念算子所处的相对位置不同。在(2)(a)里，约翰相信的对象是由公式$\forall xF(x) \rightarrow G(x)$所表述的命题。在辛提卡的语义学中，(2)(a)表达的意思是：在张三所有的信念世界中，所有诺贝尔奖的获得者都是书呆子，即获得诺贝尔奖的那些个体是书呆子。同时，在(2)(b)里，张三相信的命题是：对于每一个诺贝尔奖的获得者(他是现实世界的诺贝尔奖的获得者)，张三相信这个个体是一个书呆子。利用哲学中长期使用的传统术语，我们可以说在第一种情况下，我们有一个“涉名”(de dicto)模态；而在第二种情况下，我们有一个“涉实”(de re)模态。

我们另举一个不包含全称量化词的例子，这两种模态的差异则更加明显：

(3) 张三相信那个抢劫他的人是红头发的。

例(3)出现歧义的关键是如何对名词短语“那个抢劫他的人”进行解读：因为有定名词短语“那个抢劫他的人”既可以用来指现实世界中真正抢劫了张三的人，也可以用来指张三信念世界中的那个抢劫了他的人。前者即涉实的解读，后者即涉名的解读。

通过以上示例，我们可以更好地理解涉实和涉名这两个术语。涉实，在拉丁文中的意思是“关于事物的”，而涉名的意思是“关于所说的”。总而言之，从涉实的角度和从涉名的角度对自然语言语句进行解读会有不同结果：在涉实的意义下加以理解，重要的是“在现实世界中的事物”，即这个模态在我们的现实世界中指称什么；而在涉名的意义下加以理解，重要的是“在某个可能世界”，比如某人的信念世界，这个模态在此可能世界中对指称的对象描述了些什么。

14.3.2 特指性(Specificity)

当表达模态的算子同存在量化词(或自然语言中同它们相应的那些词)相结合的时候，也会产生涉实、涉名解读的歧义。我们来看一个带有道义算子的例子：

(4) 张三必须跟某人谈话。

对(4)来说，如果我们假定使用道义算子“必须”，那么这句话至少有两种理解的方式：

(5)(a)张三不能像隐士那样生活下去；他必须跟某人谈话，不然他就会发疯。

(b)当张三到达北京的时候，他必须跟某人谈话；但是他丢了那封信，信上说他必须同谁谈话。

我们看到，只有在5(b)里，“某人”代表的是现实世界里的某一个特指的人。而在5(a)里，我们说张三必须跟某个人谈话，但是这个人究竟是谁并不重要。换句话说，每一个“理想世界”中都至少包含了一个张三想要跟他谈话的人，但这个谈话对象并不需要在每个世界都是同一个人。下述公式描写了语句(5)的这两种可能的解释［这里T(a，x)是“a跟x谈话”］：

(6) a. O(∃x T(a，x))

b. ∃x(O(T(a，x)))

正如我们所看到的，这里的区别仍然是道义算子(必须，O)和存在量化词所处的相对位置不同。当存在量化词处在道义算子之外，由这个公式就能推出：在现实世界中存在着一个特定个体，张三必须跟他谈话，如(6b)；如果位置反过来，当存在量化词处在道义算子之内，由这个公式就能推出：在所有理想的可能世界中都存在着某一个非特定的个体，张三必须跟他谈话，如(6a)。语言学家用“特指的”和“非特指的”指称(5)的两种读法，即(6b)是“特指的”，(6a)是“非特指的”。

14.3.3 晦暗性(Opacity)

同涉实一涉名的区别紧密联系着的是晦暗性的概念。为了解释什么是晦暗性，我们首先必须讨论一条“演绎的规则”。这条规则可以称为“同一指称的词项替代”(数学中有对应的“等值替代”规则)。可以参考下面的推理：

(7) a. 卡努特是红头发的人，

b. 卡努特是丹麦的国王，

c. 丹麦的国王是红头发的人。

因为丹麦国王和卡努特是同一个人，因此推理必然成立，即其中之一是真的，另外一个也是真的。所以，一般我们就可以用“丹麦的国王”这个词项去替代“卡努特”这个词项，反之也成立，且不会改变这个语句的真值。但是在某些语境下，我们在使用这一规则时会将我们引入歧途。参考下面的推理：

(8) a. 丹麦国王可能已是卡努特以外的某一个人，

b. 丹麦国王是卡努特，

c. 卡努特可能已是卡努特以外的某一个人。

很明显，(8c) 不能从 (8a) 推出。在这样的解释中，(8a) 表达的是：可能已经是这样一种情况，即除卡努特之外的某一个人统治着丹麦，这说的是一件完全自然的事情；而 (8c) 表达的是：可能已经是这样一种情况，即卡努特与他自己不是同一人，这就出现了逻辑矛盾。换句话说，(8a) 提供了这样的一种语境，在那里我们不能用有共同指称的词项 (Co-referring terms) 相互代替，即“丹麦国王”和“卡努特”不能相互代替，这种语境我们称之为晦暗 (Opaque) 语境。而与晦暗的语境相对的，我们把它称为透明 (Transparent) 语境。

在晦暗的语境中，关于个体词项最为关键的是，我们不仅要考察这些个体词项在我们自己世界中的外延，还必须考虑它们在其他可能世界中的外延。

14.3.4 反事实语句

在 14.2.2 节中，我们区别了实质蕴涵和严格蕴涵，并了解了严格蕴涵在语句解释中的作用。然而，在反事实语句中，严格蕴涵显然是不适用的。

(9) 如果张三是李四的兄弟，李四就有 6 个兄弟。(我们假定在现实世界中李四有 5 个兄弟。)

如果我们将 (9) 翻译为 $p \mathrel{>\!\!\!\rightarrow} q$，它所表达的意思是：在“所有可能世界”中，如果张三是李四的兄弟，那么李四有 6 个兄弟。但是这看来不是真的，因为完全可以有这样的可能世界：现实世界中李四真正的 5 个兄弟，在该可能世界中并不是他的兄弟；或者在该可能世界中，李四有 7 个或 8 个兄弟。因此，例 (9) 这种典型的反事实语句，用严格蕴涵的“所有可能世界”的概念无法解释。

(9) 完全可以是一个在给定的情境下的真实陈述。我们需要把握的直觉是：在一个像 (9) 这样的反事实语句中，我们是在谈论一种情况，这种情况仅谈论到一个世界或许多世界，这些世界不同于我们现实世界的地方，仅仅在于我们使张三成为李四的一个兄弟。有些逻辑学家，例如大卫·刘易斯 (David Lewis) (1973) 等曾经提出解释这种直觉的意见。他们是通过引进可能世界语句的“相似度”的概念来做到这一点的。

借助于这个概念，我们可以引进一个具有下述解释的算子 $\mathrel{\Box\!\!\rightarrow}$：

(10) $p \mathrel{\Box\!\!\rightarrow} q$ 在一个 W 世界中是真的，当且仅当在 p 为真的许多世界中的那个与 W 最相似的世界中，q 是真的。

反事实语句 (9) 可以用 (10) 来解释。

14.4 谓词逻辑和模态逻辑与汉语第二语言习得研究

14.4.1 谓词逻辑与汉语第二语言习得研究

上文介绍了英语中全称量化词、存在量化词辖域问题造成的歧义句现象。如例（1）：

（1）Every good politician loves a cause（每一位出色的政客都热爱一项事业）

用逻辑式表达例（1）的歧义，可以写成如（2）所示：

（2）a. ∀x（GP（x）→∃y（C（y）& L（x，y）））

b. ∃y（C（y）&∀x（GP（x）→L（x，y）））

（2a）是全称量化词取宽域，句义表达为："每一位出色的政治家热爱（不同的）一项事业。"（2b）是存在量化词取宽域，句义表达为："每一位出色的政治家喜欢（同样的）一项事业。"

但是在汉语中却不是如此：

（3）每一位出色的政客都热爱一项事业

黄正德（1982）认为，这里的存在量化词"一"不大可能取宽域，整句话只能表达（2a）的语义。

英语中量化词与否定词之间会因为辖域问题而出现歧义，如（4）：

（4）Everyone did not explain this problem.

逻辑式可以表达成（5）：

（5）a. ∀x～E（x，p）

b. ～∀xE（x，p）

但是在汉语中，我们也提到并不存在这样的辖域问题。汉语中的"都不"和"不都"是可以明确表达不同的意义：

（6）All of Mary's friends do not live on the East Coat.

a. 玛丽的朋友不都住在东海岸。

b. 玛丽的朋友都不住在东海岸。

英语中（6）包含了（6a）和（6b）两个意思，但是汉语中a和b则没有任何歧义，a中否定词占宽域，b则是全称量化词占宽域。

上述汉英量化词辖域问题，许多语言学家给出了自己的分析。Huang（1982）从句法成分之间的统制关系角度解释上述差异。沈家煊（1985）则认为，汉语中的量化名词短语之间的辖域关系和它们各自在表层句法中的语序存在着对应关系，英语中则并不存在这种对应关系，所以会有歧义现象。李立园（2013）指出，英语的量化词辖域歧义句是因为允许有表层辖域和逆序辖域两种理解，比如语序上全称量化词在前，存在量化词/否定词在后，既可以有全称量化词占宽域的表层辖域理解，也可以有存在量化词/否定词占宽域的逆序辖域理解，但汉语只允许表层辖域的理解。有关汉英量化词辖域的研究可以参考伍雅清（2000）等人的研究。

这种汉英量化词辖域间的差异是否会对欧美留学生习得汉语造成影响呢？李立园（2013）考察了二语习得者对汉语否定词和量化词间的辖域关系习得情况。她采用真值判断的实验方法研究高级汉语水平的以英语为母语的留学生能否正确习得汉语中主语位置上的全称量化词和否定词之间的辖域关系。

实验设置了两种不同的语境（分别体现表层辖域和逆序辖域）。根据两种语境，被试对测试句进行真值判断。英语中，两种语境对于测试句来说肯定都是满足的，都可以为真的；但在汉语中，只有表层辖域语境使得测试句为真；逆序辖域语境则为假。实验结果显示高水平的汉语学习者是能够克服二语习得中刺激贫乏，成功习得汉语辖域问题。汉语量化词辖域习得问题还可以参见王琴琴（2017）等人的研究。

14.4.2 模态逻辑与汉语第二语言习得研究

由于语言本身具有独特性，模态逻辑在不同的语言中也具有不同表现，其中主要的差异聚焦于情态词的不同，且主要表现为句法位置和语义解读的不同，此处我们可以分别参考黄正德（2013）和易翰庭（2020）做出的解释。

第一，句法位置不同。14.2 节中我们引入了两个新的逻辑常项 M，N，分别表示某个命题是可能的或必然的。而在日常语言的表达中我们发现，在汉语和英语中，用来表示“可能”“必然”和“可以”“必须”等词在句中的位置存在巨大差异。下面，我们以汉语和英语的互译为例作简要说明。

（7）a. 他<u>一定</u>喜欢中国菜。

b. He is certainly like Chinese food.

（8）a. <u>应该</u>咱们得奖。

b. We should get the prize.

（9）a. 你辞职可以，他接班不行。

b. You can resign，but he can't take over.

由以上事例我们发现，模态词在汉语、英语中所处的位置有同有异。相同点表现在：无论是汉语还是英语，模态词在表示逻辑上的可能性时，都可以出现在句子的主谓语之间，如例（7）所示，模态词“一定”和“certainly”具有相同的句法位置。不同点表现在：英语中的模态词只能位于句子的主谓语之间，而汉语中的模态词既可以出现在句子的主谓语之间，如例（7）中“一定”；也可以出现在句首，如例（8）中“应该”；甚至可以出现在句子的末尾，用来修饰该情态词前面的句子，如例（9）中“可以”“不行”。

第二，语义解读不同。我们以易翰庭（2020）为参考，其中作者针对法律文书中情态词 may 的翻译策略，提出了具有价值的参考意见。may 可以翻译成“可”“可以”，还可以翻译成“得”“必须”。

（10）a. Any party may request the Court to proceed with the constitution of the arbitral tribunal in accordance with the Rules.（任何当事人均可要求法院按照仲裁规则继续组成仲裁庭。）

b. The President and the members of the Secretariat of the Court may not act as arbitrators or as counsel in cases submitted to ICC arbitration.（在呈交给国际仲裁庭的案件中，法院秘书处主席及其成员不得担任仲裁员或法律顾问。）

由例句（10a）我们知道，这里的 may 相当于道义算子“允许的”，即当事人是否要求法院组成仲裁庭，是其根据法律规定的范围自行选择的结果，而并非道德或法律上必需的行为。由例句（10b）我们知道，这里的 may 相当于道义算子“必需的”，即在相关仲裁案件中，法院的秘书处主席及其成员担任仲裁员或法律顾问是不被允许的，也就是说这样的情况在道德或法律上是必须禁止的行为。

由此可知，在英汉互译的过程中，我们必须根据相关语境对句中情态词的语义进行准确把握，从而确定该情态词应该翻译成认识算子还是道义算子，以进一步确定该情态词应翻译成认识算子中的“可能的”“一定的”或道义算子中的“允许的”“必须的”等。准确的翻译，将有利于加深读者对文本的理解。

运用模态逻辑，我们能解决生活中出现的许多疑难句或歧义句。其中，有关模态逻辑研究的热点，主要集中于反事实语句。如：展翼文（2019）对选择语义与反事实条件句概率的研究；陈振宇、姜毅宁（2019）以“合理性”语句为例，对反预期与事实性关系的探究；胡怀亮（2020）对反事实条件句与因果关系的探究；苏庆辉（2020）对实际上可知的反事实条件句的研究等。

总之，模态逻辑在语言研究中运用广泛，是语言学方向研究的热点问题之一。用模态逻辑相关的理论知识去解释语言现象，不仅能促进我们对本民族语言的进一步认识，也有利于促进汉语第二语言习得的发展。

推荐阅读

Allwood J，Andersson L，Dahl O，*Logic in Linguistics*，1977 年

练　习

1. 把下列语句写成谓词逻辑的公式

(a) 卡特是荷兰人。

(b) 卡特是大学生但是奥尔是研究生。

(c) 没有人喜欢小王。

(d) 每个学生读某一本书。

(e) 没有学生回答所有的问题（No student answers all questions）

(f) 如果所有学生考试不及格，那么没有学生会高兴的。

2. 下列哪些语句是等值的？

(a) $\forall x (F(x) \rightarrow G(x))$

(b) $\forall x (F(x) \& G(x))$

(c) $\sim \exists x (F(x) \& \sim G(x))$

(d) $\exists x \sim (F(x) \& G(x))$

(e) $\forall x \sim (F(x) \rightarrow G(x))$

(f) $\sim \exists x \sim (F(x) \& G(x))$

(g) $\sim \forall x (F(x) \& G(x))$

3. 按照自返性、对称性和传递性，给下列关系分类：

(a)“花一样多的钱”

(b)“花更多或一样多的钱”

(c)“……的奶奶”

(d)“热恋着”

(e)“……的兄弟”

4. 在下面表达式中，N 的辖域是什么？

(a) $N(\forall xF(x))$

(b) $\forall x(N(\exists y(F(x, y))))$

5. 把下面的语句翻译成模态命题逻辑。

正在下雪或不在下雪，这是必然的。

6. 把下面的语句翻译成模态命题逻辑，并尝试找出算子辖域的所有可能性，即使并非所有这些可能性都是这个语句的可能解释。

所有的学生可能读一本书。

7. 举例说明什么是严格蕴涵。

8. 举例说明什么是反事实条件句。

9. 考察下述演绎。在每一行之后指出使用了哪一条规则推出这一行的。

(a) $(p \rightarrow q) \& (q \rightarrow r)$

(b) $p \rightarrow q$

(c) $q \rightarrow r$

(d) p

(e) q

(f) r

(g) $p \rightarrow r$

(h) $((p \rightarrow q) \& (q \rightarrow r) \rightarrow p \rightarrow r)$

15 范畴语法与内涵逻辑

本章主要讨论如何通过形式手段来描述语义，通过将范畴语法与内涵逻辑相结合以达到句法和语义的同构。在介绍内涵逻辑的同时，英汉语义表达上的异同能够使我们深刻把握语言的内在机制，从而为二语习得研究和教学提供相关的描写工具和理论支撑。

15.1 内涵与外延

在集合论中，一个集合可以有一个或多个元素，如 A＝｛1｝、B＝｛1，2，3｝，也可以没有元素。没有元素的集合我们称之为空集，用 ø 来表示。按照这一理论，我们可以得出“看得懂逻辑的猫”的集合与“会编程的狗”的集合是一样的，即都是空集。之所以得出这样的结论，是因为在现实世界中不存在“看得懂逻辑的猫”和“会编程的狗”。

将这一分析运用到语义中，就有了外延这一说法，然而仅有外延是不够的，我们还需要关于内涵的知识。具体来说，虽然“看得懂逻辑的猫”和“会编程的狗”都是空集，但二者的意义显然不一样。语义和逻辑的目的就在于描述这两个空集之间的联系与区别。

下面我们具体介绍一下外延和内涵这两个术语，以及必须引入内涵的原因。

15.1.1 外延

讨论内涵与外延离不开可能世界。如前所述，可能世界是指能够被人们所想象的情况或场合，包括在我们的现实世界中根本不可能存在的情况或场合，如小说中的世界、梦中想象的世界和童话世界等。当然，我们所生活的现实世界也是可能世界的一种，如在我们这个世界中雪是白的，但在其他可能世界中雪也可能是绿的、红的。

从集合论的角度来说，外延是现实世界中满足这个集合的元素，在逻辑学中即具体的指称对象。具体来说，在谓词逻辑中，要描述一个表达式的意义就是通过给个体常项和谓词常项指派一定的外延，即二者在现实世界中指称什么。如“马云是有钱人”，个体词项“马云”在现实世界中指称某一个具体的人，谓词词项“有钱人”指称现实世界中具有有钱人属性的个体的集合。一句话，个体常项是现实世界中某个具体个体的指称，谓词常项是现实世界中具有该谓词属性的个体的集合。

以上的讨论只是将语言表达式与其在现实世界中的具体指称联系起来，这种对意义的简单解释是必要的，却是不够的。自然语言中常常会碰到非外延的情况，简单地使用外延的方法会导致一些谬误，这就是接下来我们要讨论的内容。

15.1.2 内涵

一个典型的区分内涵和外延的例子是逻辑悖论（Logical paradox），或者叫厄勒克特拉悖论（Electra Paradox）。这个悖论表明，如果只是对意义作简单的指称解释，即将语言表达式与其指称的具体对象相匹配，就会导致谬误的产生。它的情节是这样的：厄勒克特拉（Electra）的哥哥奥列斯特（Orestes）回家来了，尽管厄勒克特拉知道奥列斯特是她的哥哥，但是她并不认识站在她面前的这个人。我们将这个例子写成以下推理形式：

（1）厄勒克特拉悖论：

前提：a. 厄勒克特拉不知道站在她面前的这个人是她的哥哥；

b. 厄勒克特拉知道奥列斯特是她的哥哥；

c. 站在厄勒克特拉面前的这个人和奥列斯特是同一个人；

结论：所以，厄勒克特拉既知道又不知道这同一个人是她的哥哥。

根据前提，我们推出了对应的结论，但发现这一结论是个悖论。对此，古代学者指出，在语言表达式和表达式所指称的客观对象之外，还存在第三种类型的东西，他们称之为含义或概念，现代逻辑学家一般称之为内涵。语言表达式“奥列斯特”和“站在厄勒克特拉面前的这个人”虽然指称同一个个体（即外延相同），但是二者具有不同的涵义。也就是说，虽然这两个语言表达式的外延相同，但是内涵却不同。因此，如果将上述例子中的“奥列斯特”和“站在厄勒克特拉面前的这个人”进行替换就会产生逻辑上的矛盾。

弗莱格（Frege）也提出了一个类似“厄勒克特拉悖论”的悖论，即“晨星悖论”（Morning Star Paradox）。同样，我们将它写成以下推理模式，这个推理跟上述（1）式类似：

（2）晨星悖论：

前提：a. 哥白尼知道晨星是一颗行星；

b. 晨星和昏星是同一颗行星；

结论：哥白尼知道昏星是一颗行星。

虽然晨星和昏星是对金星的不同称呼，但这个从前提到结论的推理是不成立的。因为尽管哥白尼知道晨星是一颗行星，但他未必知道昏星是一颗行星。

弗莱格指出，外延相同的语言表达式并非在任何语境中都可以相互替代，如上述（1）（2）所讨论的那样。当我们对一个语言表达式的意义给予一种解释时，不能满足于将它与一个对象或对象的集合联系起来，我们还必须为这个表达式提供一种含义或概念。简言之，一个语言表达式的含义或概念就是内涵，一个语言表达式在现实世界中的指称就是外延。

这样，我们就可以解释本节开头所讨论的空集问题了。“看得懂逻辑的猫”和“会编程的狗”在现实世界的外延是一样的，都是空集，但二者的概念或内涵是不一样的。可能世界的引入为我们提供了解释内涵的方法。在现实世界中虽然没有“看得懂逻辑的猫”和“会编程的狗”，但不排除在其他可能世界中存在“看得懂逻辑的猫”和“会编程的狗”，如在动画片的世界中存在“会编程的狗”或“看得懂逻辑的猫”。从所有的可能世界来说，“看得懂逻辑的猫”和“会编程的狗”存在的世界是不一样的。也就是说，一个专有名词的外延是它在现实世界中的所指，一个专有名词的内涵则是它在所有可能世界中的所指。谓词和句子的外延和内涵也是如此。谓词的外延是使谓词成立的现实事物的集合，谓词的内涵就是使谓词成立的所有可能世界中事物的集合，如“漂亮”的外延就是现实世界中具有漂亮属性的所有个体的集合，“漂亮”的内涵是所有可能世界中具有漂亮属性的所有个体的集合，不同的可能世界中漂亮的标准是不一样的，如唐朝以胖为美，现代以瘦为美。句子的外延是它在现实世界中的真值（或真或假），句子的内涵就是使句子为真的所有可能世界的集合，如“姚明很高”这句话在现实世界中为真，但在长颈鹿的世界、恐龙的世界就不一定为真。

内涵是使一个语言表达式与它的外延联系起来的黏合物，我们具备了关于某个语言表达式的内涵知识，就相当于掌握了一种识别工具。根据这一识别工具，我们就可以识别出这一语言表达式的外延。换句话说，内涵就是一个函项，专有名词的内涵就是从可能世界到个体的函项，即输入一个可能世界，得到该世界中的某个个体。谓词的内涵就是从可能世界到个体集合的函项，即输入一个可能世界，得到该世界中具有这个谓词属性的所有个体的集合。句子的内涵（命题）就是从可能世界到真值的函项，即输入一个可能世界，得到这个句子在该世界中的真值（为真或为假）。

最后，我们来看一下日常语言表达中内涵和外延之间的关系。就内涵而言，具有一定逻辑联系的语言表达式，其内涵具有多少之分。例如对“学校”“高校”“重点高校”来说，“学校”的内涵是“专门进行教育的机构”，“高校”的内涵除了具有“学校”内涵中的规定性外，还增加了“高等”的属性，而“重点高校”的内涵则在“高校”的内涵中进一步增加了“重点”这一特定的属性。因此，在上述3个相关的语言表达式中，“学校”的内涵最少，“重点高校”的内涵则最多。就外延而言，具有一定逻辑联系的语言表达式，其外延具有大小之别。例如对“学校”“高校”来说，“学校”的外延大于“高校”的外延，因为“高校”的数量要更少一些，对“高校”“重点高校”来说，“重点高校”的外延小于“高校”的外延也是同样的道理。总之，在一组相关的语言表达式中，外延越大的，内涵越少；外延越小的，内涵越多。反之，内涵越少的，外延越大；内涵越多的，外延越小。

15.2 范畴语法

从理论上来说，一个句子可以无限长，因为它可以通过递归的方式不断叠加。掌握一种语言并不意味着掌握了这个语言的所有表达式，而是掌握了词组成短语、短语组成句子的句法规则。同样，如果我们要给无限多的句子赋予不同的意义，并不是要求我们要记住所有句子的意义，而是要求我们掌握意义组合的规则。从这一点来说，意义也具有组合性。

Chomsky 的转换生成语法主张句法是生成性的，语义是解释性的，即先生成合乎句法的句子，然后再做出语义解释。大部分语义学家的观点与之不同，他们主张句法和语义同步派生，即句法和语义是同构的。如何达到句法和语义的同构是语义学家普遍关心的问题，范畴语法相当于是实现这一同构的桥梁。在讨论范畴语法之前，我们有必要了解一下函项的概念与经典的弗莱格原理。

15.2.1 函项

前面我们已经提到过函项（Function）这一术语，函项即我们熟悉的数学中的函数，虽然二者适用的领域不一样（函项是关于词项的，函数是关于数的），但内在机制相同。我们将函项的输入称为定义域（Domain），输出称为值域（Range），下面我们通过（1）这个例子来看一下函项的两个特点：

（1）
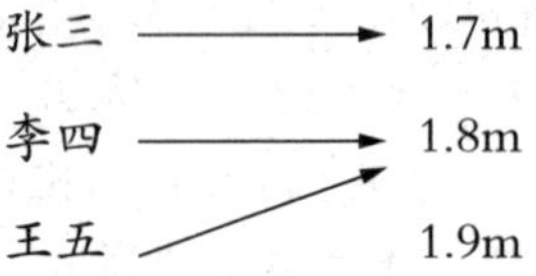

左栏是学生的名字，表示定义域；右栏是学生的身高，表示值域。这样，我们就有了一个从姓名到身高的函项，即输入一个学生的名字，得到这个学生的身高。这一函项不仅要求穷尽定义域中的每一个元素，还具有一对一和多对一的特点。现在，我们将这里所讨论的函项转移到语义上来。

弗莱格指出陈述句或命题可以分为两部分，一部分是完整的，另一部分是不完整的或不饱和的，不完整的部分需要其他成分填充。拿“张三跑步”来说，这一句子包含“张三”和“跑步”两部分，其中“跑步”是不饱和的，它包含了一个空位，只有在空位上填入一个专有名词或者一个可以代替专有名词的词语，它才具有完整的语义。也就是说，“跑步”只有填入“张三”后才能表达完整的意思。我们将不饱和的部分称为“函项”，“张三”是这个函项的论元或主目语，即“跑步”是一个从个体到命题的函项，它表示输入一个专有名词得到一个句子。

函项与论元的组合是二分的，这与层次分析法中的二分和生成语法中树形图的二分是一样的。如果一个函项 F 与一个类型 A 的论元结合形成一个类型 B 的表达式，那么 F 的类型就为＜A，B＞。

（2）
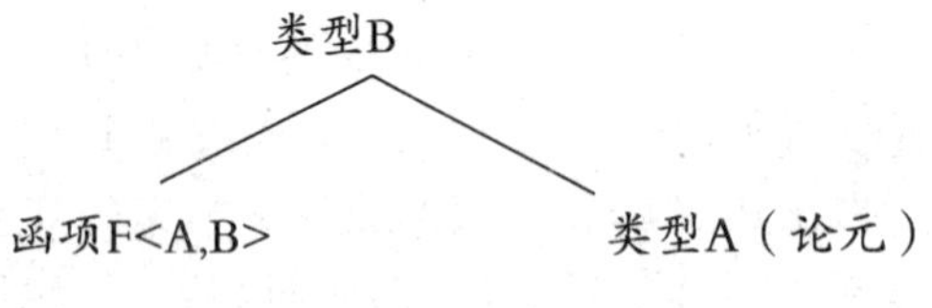

需要注意的是，函项与论元的位置并非总是如图（2）所示的函项的位置一直在右边，论元的位置一直在左边，两者的位置也可以反过来。牢记这一点以后，我们来进一步看弗莱格原理与范畴语法。

15.2.2　弗莱格原理

语义学的主要目标是研究在什么条件下我们所说的话是真的，这一真值条件就是句子的意义。可能世界的引入可以帮助我们判断一个命题的真假或者帮助我们刻画这个命题的意义。要判断“张三喜欢赵英”这个句子的真假，其实就是寻找这样一个可能世界，在这个可能世界中“张三”和“赵英”都有所指，如果二者构成喜欢的关系，那么这个句子就为真，反之则为假。

在单一命题的基础上，我们用逻辑联结词来构成复合命题。这些逻辑联结词都有一个共同的特性，即作为真值函项的特性，根据真值表和可能世界我们便可以判断复合命题的真假。简单来说，如果我们把真值当作句子的外延，逻辑连接词的选择便决定了这个复合命题的真值。弗莱格原理（Fregen principle）便是如此，一个复合表达式的意义就是它的各部分意义的一个函项。在坚持弗莱格原理的同时又要保证句法语义的同构，范畴语法便随之产生了。

15.2.3 范畴语法中的范畴

如果对语言交际做简单关注的话，我们可以发现，交际内容主要涉及两方面内容：1）挑选出这个世界中的某个个体；2）关于这个个体述说些什么。挑选出某个个体的典型方式就是使用专有名词，关于这个个体述说些什么的典型方式就是使用一个句子，这是范畴语法的基本观点。

根据这一观点，范畴语法中有两个基本范畴：“指称的承担者”与“真值的承担者”。“指称的承担者”即语法范畴——专有名词 N，“真值的承担者”即语法范畴——句子 S。这样，选出一个专有名词，实施“关于这个个体述说些什么”的操作，我们便产生了一个句子。描述这一事件类型的方式就是将专有名词看作函项的论元或主目语，这个函项产生一个句子作为它的真值。举个例子来说，如何从“张三”这一专有名词产生一个句子呢？我们可以在“张三”的右边增添一个“跑步”，于是就产生了“张三跑步”这个句子，即关于“张三”这个个体述说了些什么。

在这两个基本范畴的基础上，通过派生我们可以得到更多的、语言所需的其他范畴。专有名词 N 和句子 S 分别作为函项的论元和值，据此我们可以创造出一个新的范畴，即将专有名词映射到句子的函项的范畴，我们用 S/N 来表示，它表示输入一个专有名词 N，得到一个句子 S。S/N 相当于我们所说的不及物动词，如“散步”，它表示输入一个 N“张三”，得到一个句子 S“张三散步”。

如何进一步表示“快速”这样的副词的语法范畴呢？我们可以借助结构

树形图。

（3） a.张三快速散步。

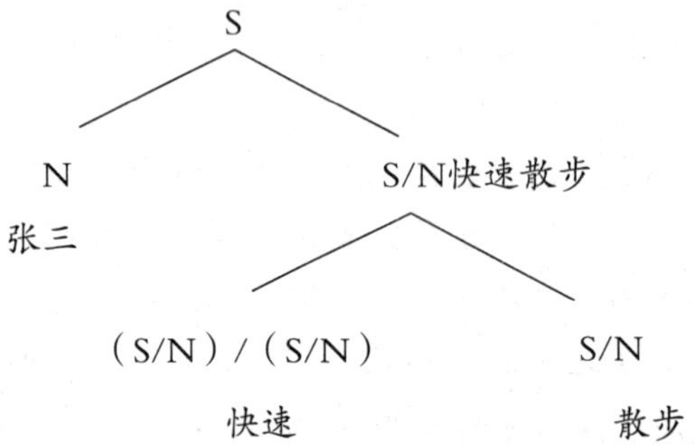

b.John walks fast.

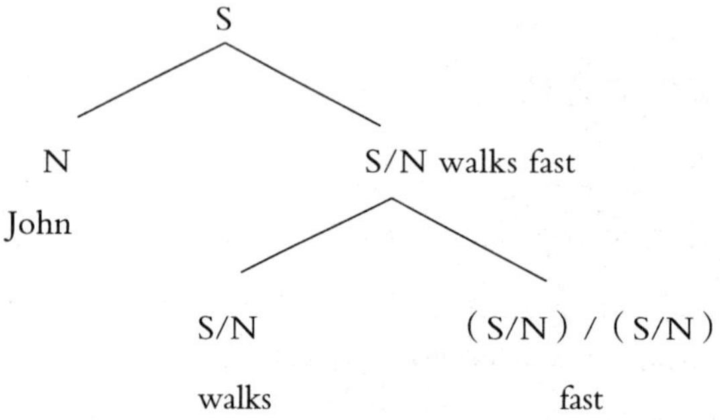

汉语中的“散步”与英语中的“walks”一样，都是一个不及物动词，它们的语法范畴都为S/N。如果我们将“快速”与“散步”组合起来，得到的“快速散步”仍然相当于一个不及物动词，它表示输入一个专有名词“张三”，得到一个句子“张三快速散步”，如（3a）所示。如果我们将“walks”与“fast”组合起来，组合后的“walks fast”也是一个不及物动词，它表示输入一个专有名词“John”，得到一个句子“John walks fast”，如（3b）所示。根据（2）所讲的函项与论元的二元组合，副词“快速”与“fast”的语法范畴就是（S/N）/（S/N），它表示输入一个不及物动词“散步”，得到一个短语“快速散步”或者输入一个不及物动词“walks”，得到一个短语“walks fast”。通过英汉的对比，我们可以进一步发现前面所说的函项与论元位置的灵活性，即函项与论元在不同语言中可以有不同的位置。

既然知道了不及物动词或一元谓词的语法范畴（S/N），及物动词或二元谓词甚至三元谓词的语法范畴也就很容易知道了，它们也是在范畴N、S的基础上进一步派生而来的。例如：

(4) 张三偷偷地喜欢赵英。

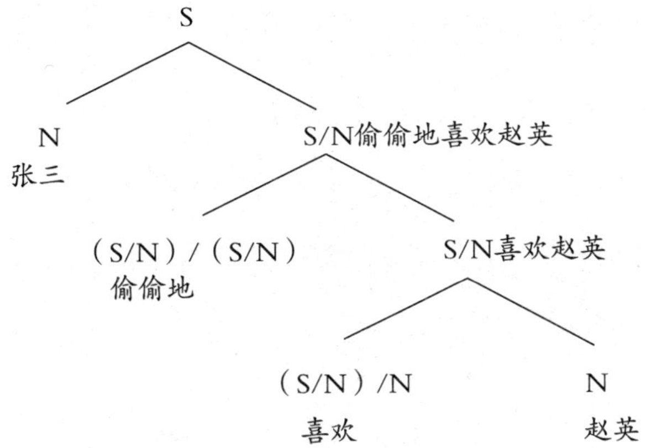

对于(4)来说,“喜欢”与“赵英”先组合形成“喜欢赵英”,“喜欢赵英”与“跑步”一样需要一个N才可以组成句子,因此它依然相当于一个不及物动词。不及物动词的语法范畴为S/N,那么及物动词“喜欢”的语法范畴就为(S/N)/N,它表示输入一个N“赵英”,得到一个相当于不及物动词范畴S/N的“喜欢赵英”。

用同样的方法也可以分析出三元谓词的语法范畴,这里以“送(给)”为例。与一元谓词、二元谓词不同的是,句法和语义的二分组合要求三元谓词的结构图如(5a)所示:

(5) a.张三送了赵英那束花。

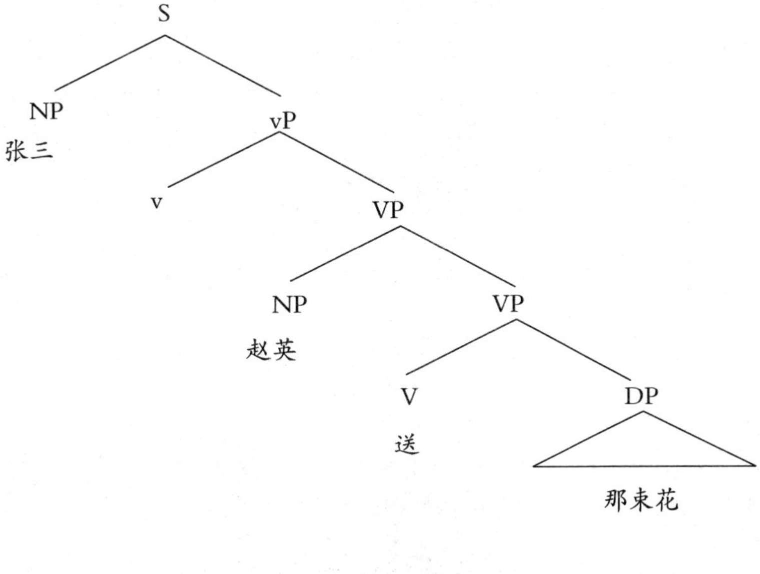

b.

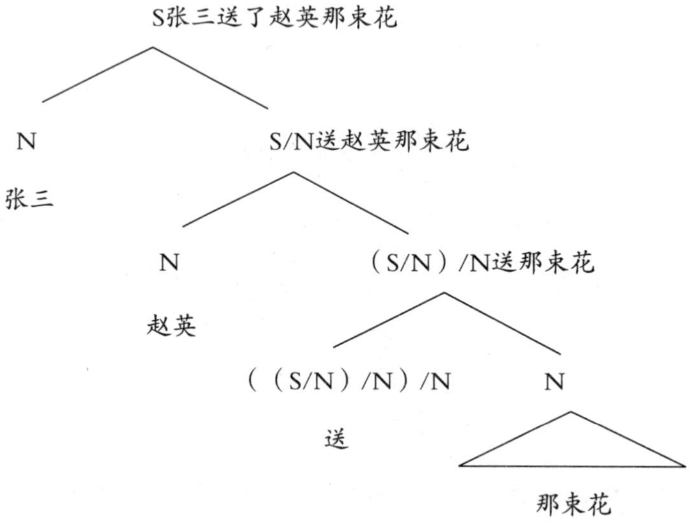

（5a）是简化的深层结构，该树形图的语序并不是句子的最终语序，该句的最终语序是通过将动词“送”移到 vP 的中心语实现的。但对我们而言，（5a）的简化结构就足以作为该句的语义结构。如（5b）所示，三元谓词“送”与“那束花”先组合形成一个二元谓词，然后与“赵英”组合形成一个一元谓词，最后再与“张三”组合形成一个句子。根据（2）所示的函项与论元的组合方式，三元谓词“送”的语法范畴就是（（S/N）/N）/N。这里我们将“了”作为可以删除的纯句法表达，没有逻辑语义内容。

除了上述讨论的修饰动词的副词（如“快”“快速”）外，还有修饰句子的副词，如汉语中的“可能”“必然”、英语中的“necessarily”“possibly”等模态算子（Modal operators）。这类副词与上面所讲的“快”类副词不一样，它表示输入一个句子，产生一个句子，语法范畴为S/S。如：

（6）

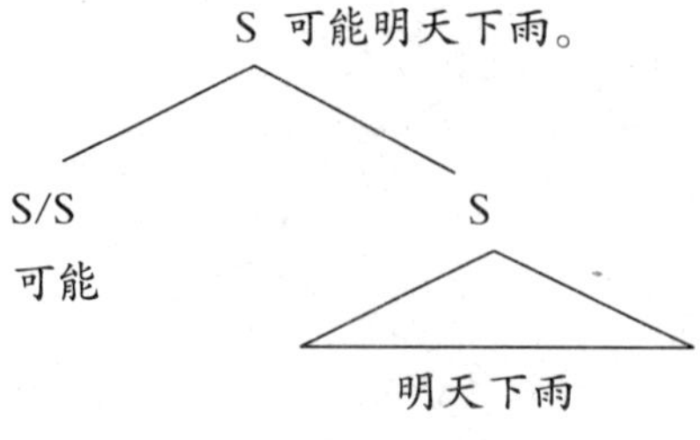

除了范畴 S/S 以外，还有范畴 S/SS，典型的代表是“或者”“并且”。与前面讨论不同的是，它存在两种分析方法。例如：

（7）张三跳舞或者赵英唱歌。

a.

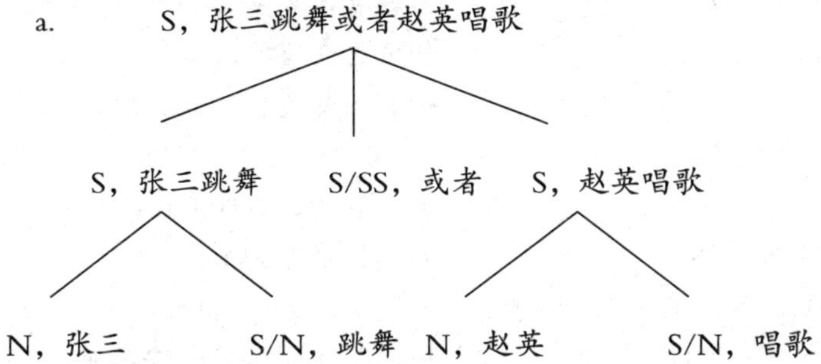

b.

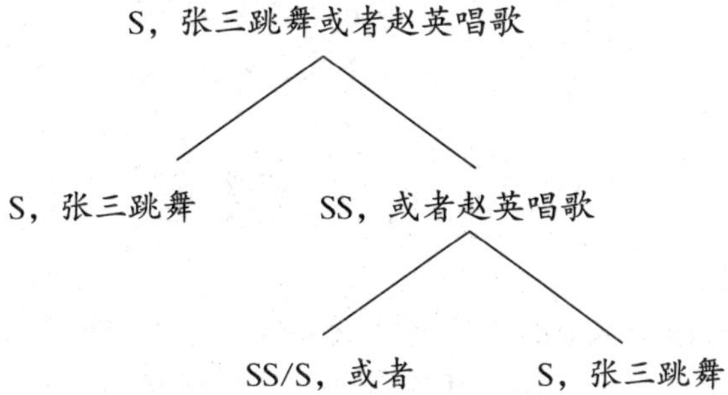

（7a）是传统的三分法，表示输入两个句子得到一个句子。（7b）是二分法，表示输入一个句子，得到两个句子。

逻辑语义学把普通名词看作谓词，专有名词看作个体词项。量化名词与普通名词、专有名词又不一样，如何表达“每个人/所有人（evcryone）”“有人（someone）”等量化名词的语法范畴呢？我们以“有人跑步”为例。“跑步”的语法范畴为 S/N，那么“有人（someone）”的语法范畴就为 S/（S/N），它表示输入一个不及物动词，得到一个句子，如（8）所示：

（8）有人跑步。

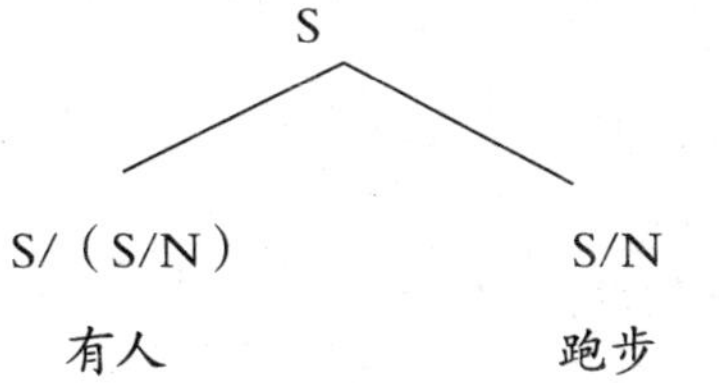

综上所述，从基本语法范畴 S 和 N 可以派生出其他语法范畴，这样我们就可以列出一个类似词典的、完整的语法范畴表达。

(9) 一个简单的范畴语法学

基本范畴	词典表达式
S	什么也没有（none）
N	张三、赵英、John、Mary
派生的范畴	
S/N	跑、散步、离开、run
(S/N) /N	喜欢、爱、seek、eat
((S/N) /N) /N	送、给、introduce、give
(S/N) / (S/N)	快、非常、很、小心翼翼、fast
S/S	显然、可能、necessarily、possibly
S/SS	并且、或者、and、or、if...then
S/ (S/N)	每个人、有人、everyone、someone

15.3 内涵语义学

范畴语法中有两个基本的语法范畴 S 和 N，弗莱格原理不仅要适用于语法学，还要适用于语义学，同时还要保证句法和语义的同构。实际上，语法范畴与语义类型具有一一对应的关系，与基本的语法范畴相对，我们也有两个基本的语义类型：类型 e（entity）和类型 t（truth），前者表示个体，后者表示真值，其他的语义类型也是在这两个基本类型的基础上派生而来的。

相比之下，语义的表达要复杂一些，由于它涉及了外延与内涵之间的差异，因此有必要从外延类型和内涵类型两方面来说明语义的形式组合。

15.3.1 外延类型

就外延类型来说，有两个基本的语义类型：个体 e 和真值 t。我们以“张三快速散步”为例：

(1) a.

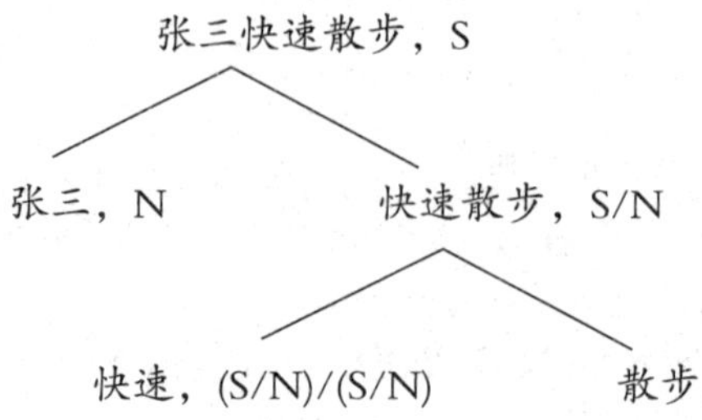

b.

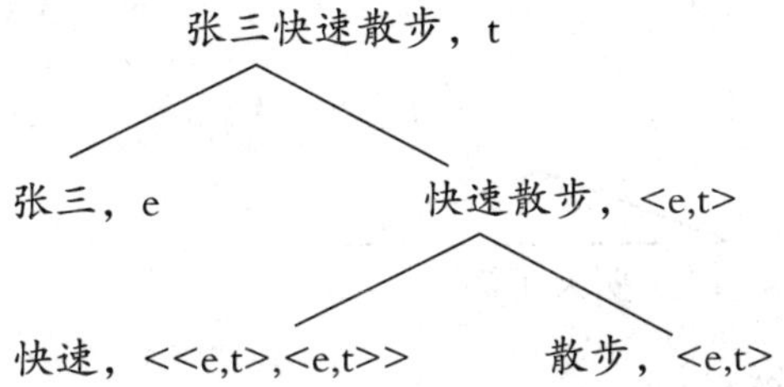

（1a）是范畴语法的句法表达，（1b）是外延类型的语义表达。在（1b）中，“张三”的外延是类型 e，“张三快速散步”的外延是类型 t。“散步”表示从个体到真值的函项，语义类型是＜e，t＞。“快速”是一个副词函项，它表示输入一个不及物动词“散步”，得到一个不及物动词“快速散步”，语义类型是＜＜e，t＞，＜e，t＞＞。（1a）和（1b）的对比体现了范畴语法和语义类型的对称性，在这一点上，我们达到了句法和语义的同构。

如前所述，“散步”是一个不及物动词或者一元谓词，对于及物动词（如“喜欢”）甚至带三个论元的谓词（如“送”）来说，它们的语义类型也是从基本的语义类型派生而来的。如：

（2）a.

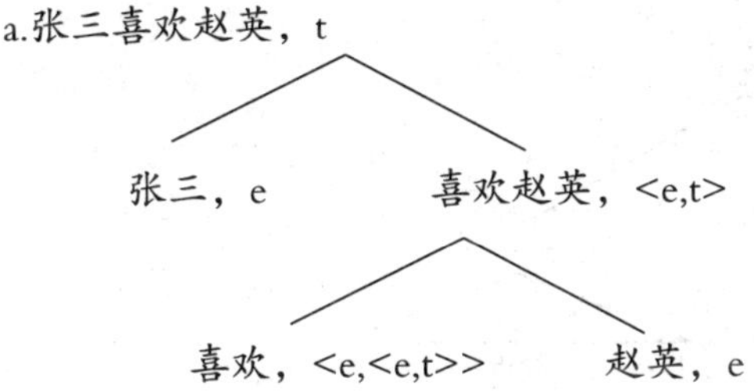

b.

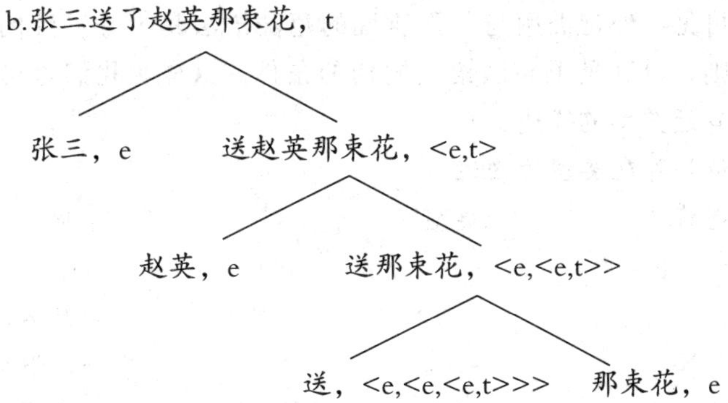

同样，一元句子副词、二元句子副词和量化词的外延类型也是由基本的

语义类型派生而来的。如：

（3）a. 可能明天下雨，t

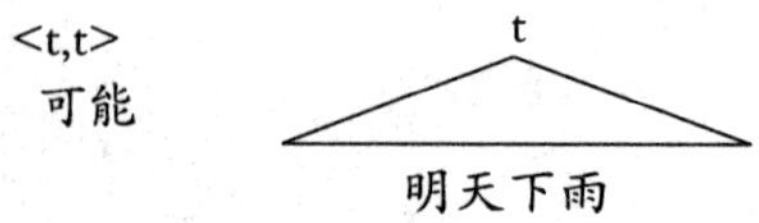

（4）a. 张三跳舞或者赵英唱歌，t

b. 张三跳舞或者赵英唱歌，t

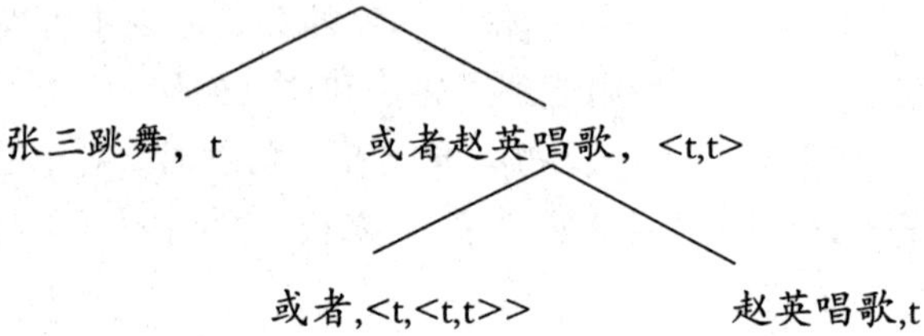

（5）a. 有人散步，t

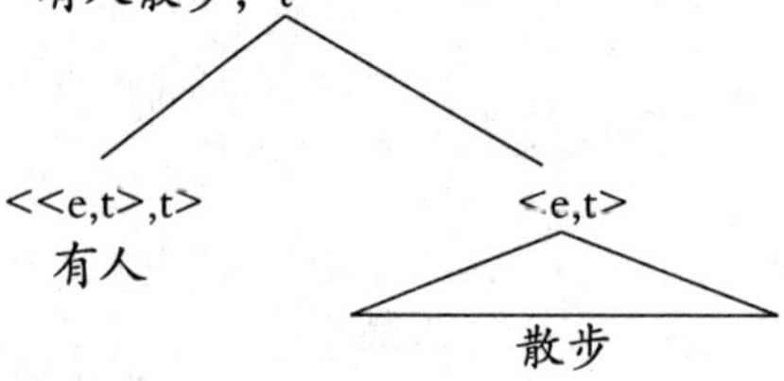

由此可见，外延类型与前面所说的范畴语法是十分一致的，它既体现了弗莱格原则，也满足了句法语义同构的条件。这样，我们也可以罗列一个关于语义的外延类型的描述。

（6）纯粹外延类型的描述：

范畴	类型	名称
S	<t>	句子
N	<e>	专有名词
S/N	<e，t>	一元谓词/不及物动词
(S/N) /N	<e，<e，t>>	二元谓词/及物动词
((S/N) /N) /N	<e，<e，<e，t>>>	三元谓词

(S/N) / (S/N)	＜＜e，t＞，＜e，t＞＞	动词组副词
S/S	＜t，t＞	一元句子副词
S/SS	＜＜t，t＞，t＞	二元句子副词
S/ (S/N)	＜＜e，t＞，t＞	量化词

根据外延类型来描述语义无疑是简单的，但是正如厄勒克特拉悖论所展示的那样，仅考虑外延是没办法解释这一悖论的。因此，我们需要将语义类型整体向上提升一级以囊括内涵的情况。

15.3.2　内涵类型

根据弗莱格原理，一个复合表达式的外延应当可以从它的各个部分的外延派生出来，但这一情况在“想象”“崇拜”“寻找”等词语中是不适用的。试比较以下两个例子：

(7) a. 张三正在想他未来的妻子。

b. 张三正在亲吻他未来的妻子。

(7a) 有两种解读，一种是现实世界中，张三确实有一个未婚妻叫赵英，张三正在想赵英，在这一解读下，“他未来的妻子”指的是现实世界中张三未婚妻的外延——赵英；另一种解读是现实世界中没有一个真实个体可以与张三的未婚妻相匹配，如张三还未娶妻就意外去世了，或者张三只是在想他未来妻子的样子，在这一解读下，“他未来的妻子”在现实世界中并没有外延，因为他想的可能只是他理想中的未来妻子。不同的是，(7b) 只有一种解读，要使它为真，现实世界中张三的妻子必须存在，即“他未来的妻子”在现实世界中必须有外延。

上述对比实际上就是外延和内涵的对比。(7a) 的第二种解读并不需要“张三未来的妻子”在现实世界中有外延，如何解决这一问题呢？弗莱格进一步提出有些语言表达式并没有通常情况下那种以外延作为解读的情境，代替它的是以内涵作为其解读的情境。据此，我们可以说 (7a) 的第二种解读为我们提供了一个内涵语境，(7a) 的第一种解读与 (7b) 为我们提供了一个外延语境。

类似的情况在表示模态意义的语句副词（如“可能”“必然”“可以”“必须”）中也存在。

(8) a. 明天必然下雨。

b. 明天可能下雨。

在模态逻辑中，“必然”表示在每一个可能世界中都为真，“可能”表示在某些可能世界中是真的，所以“必然”“可能”并不作用于其后语言成分的外延（现实世界的真值），而是作用于其后语言成分的内涵（它所表示的命题概念）。这样，表示模态意义的语句副词与“想象”等词一样，都是以内涵作为其解读。

为了解决内涵语境所带来的问题，也为了遵循弗莱格原理，就需要使所有表达式的语义复杂起来。具体的做法是：在所有语境中，使专有名词和句子分别以个体概念和命题概念（即内涵）作为其解读。基于此，我们用＜s，e＞表示专有名词的内涵，它表示从可能世界到个体的函项，用＜s，t＞表示句子的内涵，它表示从可能世界到真值的函项。派生的语义类型就是在原来外延类型的基础上加上“s（sense）”来表示这个表达式的内涵，如不及物动词的外延类型为＜e，t＞，将它转变为内涵则是＜s，＜e，t＞＞。这样就能将以上用外延类型描述的表达式用内涵类型来描述，同时还遵循了弗莱格原理。

（9）
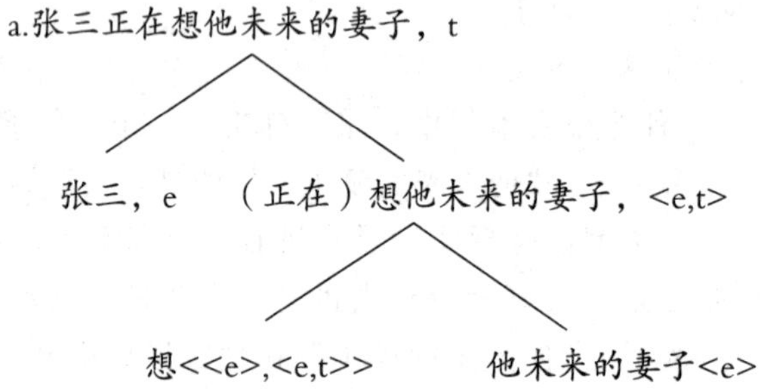

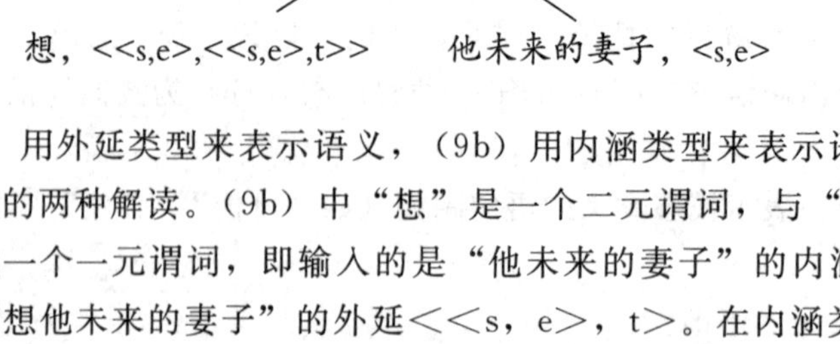

（9a）用外延类型来表示语义，（9b）用内涵类型来表示语义，分别体现了（7a）的两种解读。（9b）中“想”是一个二元谓词，与“他未来的妻子”结合形成一个一元谓词，即输入的是“他未来的妻子”的内涵＜s，e＞，得到的是“想他未来的妻子”的外延＜＜s，e＞，t＞。在内涵类型中，语言表达式并没有通常那种以外延作为其解读的情况，代替它的是以内涵作为其解读的情况。

在此基础上，我们可以罗列一个关于语义的内涵类型的描述。

(10) 内涵类型的描述：

基本内涵类型	基本外延类型	名称和范畴
<s，t>	<t>	句子 S
<s，e>	<e>	专有名词 N

派生的内涵类型	派生的外延类型	
<s，<<s，e>，t>>	<<s，e>，t>	一元谓词 S/N
<s，<<s，e>，<<s，e>，t>>>	<<s，e>，<<s，e>，t>>	二元谓词 (S/N) /N
<s，<<s，e>，<<s，e>，<<s，e>，t>>>>	<<s，e>，<<s，e>，<<s，e>，t>>>	三元谓词 ((S/N) /N) /N
<s，<<s，<s，e>，t>>，<<s，e>，t>>>	<<s，<s，e>，t>>，<<s，e>，t>>	动词组副词 (S/N) / (S/N)
<s，<<s，t>，t>>	<<s，t>，t>	句子副词 S/S
<s，<<s，t>，<s，t>>，t>>	<<s，t>，<s，t>>，t>	句子连接词 S/SS
<s，<<s，<<s，e>，t>>，t>>	<<s，<<s，e>，t>>，t>	量化词 S/ (S/N)

最后，我们还需注意的一点是，内涵类型虽然是对外延类型的进一步提升，但二者没有绝对的孰优孰劣，具体情况需要具体分析，如上文说到的"想象"既可以用内涵来理解，也可以用外延来理解，而"吻"则只能用外延来理解，不能用内涵来理解。

15.4 预设和有定摹状词

前面章节讨论的都是某可能世界中的语义，它们对纯语义逻辑分析来说是必要的，但对自然语言来说却是不够的。这一节我们来简单了解一下与语义逻辑相关的预设和有定摹状词，它们在描述自然语言的各种范畴上是十分有用的。

15.4.1 预设

一般假定逻辑中所有的语句都具有真值（或真或假），但自然语言中的语句并非非真即假。试观察下面这个例子：

（1）你弟弟结婚了吗？

a. 是的，我弟弟结婚了。

b. 不，我弟弟还没结婚。

（1b）是对（1a）的否定，如果（1a）是假的，那么（1b）应该是真的。但是对一个没有弟弟的人来说，他既不能回答（1a），也不能回答（1b），因为这两个回答都得承认他有弟弟。在这种情况下，我们可以说（1a）和（1b）既不真也不假，或者说它们根本不具有真值。由此推出，要使（1a）和（1b）具有真值就必须有一个条件，即答话人必须有一个弟弟。这一条件就叫作逻辑的预设。

我们可以看出，自然语言中的语句除了有“真”“假”之值外，还有第三个值——“零”。如果一个语句不满足相应的预设，那么这个语句就没有真值，或者说真值为“零”。

在此基础上，我们可以将自然语言中的预设分为3类：存在预设、事实预设和种类预设。在日常交际中，存在预设最为常见。存在预设即我们在述说某个个体具有某种属性时，通常都预设这个个体的存在。例如：

（2）张三的手机是黑色的。

预设：张三有一部手机。

事实预设出现在含有事实性谓词的语句中，如“吃惊的是”“奇怪的是”“遗憾的是”等。如果预设的事实不存在，那么所表述的语句将是毫无意义的。例如：

（3）老板对张三的强词夺理感到吃惊。

预设：张三强词夺理。

种类预设是指语句所讨论的对象或事实所属范畴的预设。例如：

（4）a. 张三能言善辩。

b. 故宫能言善辩。

由于谓词是“能言善辩”，它预设主语是具有说话能力的、有生命力的事物，而“故宫”显然不满足这一要求。（4a）在种类预设满足的前提下，如果“张三”在谓词“能言善辩”的外延中，那么这句话为真，否则为假。

既然预设存在于自然语言中，那么如何判定句子的预设呢？常用的手段是“否定”。如：

（5）a. 我弟弟结婚了。

b. 我弟弟没有结婚。

不管是肯定句（5a），还是否定句（5b），它们都预设“我有一个弟弟”。

在此基础上，才能够进一步判断这句话的真假。因此，我们说预设存活于否定之中。

15.4.2 有定摹状词

预设跟有定摹状词（Definite description）是紧密相关的。有定摹状词是一个表达式，它通过对个体对象某一方面特征的描述来将一个确定的个体对象选择出来。如：

（6）a. 这个研究生很努力。

b. $Q(\iota x(P(x)))$

c. $\exists x(P(x)\ \&\ Q(x)\ \&\ \sim\exists y(P(y)\ \&\ x\neq y))$

要想判断这个句子的真值，首先得预设有定摹状词“这个研究生”存在且是唯一的。在一般谓词逻辑中，（6a）的语义可以通过引入一个艾欧塔算子（Iota-operator，简称 ι 算子）来表示，（6b）表示“这个具有 P 属性的 x，具有 Q 属性”（P 表示“研究生”，Q 表示“努力”）。罗素则主张一个包含有定摹状词的语句可以写为（6c），它表示“存在一个 x，x 具有 P 的属性且具有 Q 的属性，并且不存在一个 y，y 具有 P 的属性，且 y 不等于 x”，简单来说，即“有且只有一个 x，x 具有 P 的属性且具有 Q 的属性”，这就表达了有定摹状词的“存在性”和“唯一性”。

综上所述，预设在自然语言的逻辑分析中是十分必要的。要想判断一个语句的真假，首先要满足相应的预设，否则该句的真值是无法判定的，即既不真也不假。此外，有定摹状词的属性也进一步说明了预设的存在。

15.5 范畴语法与内涵逻辑的二语习得研究

用逻辑分析法研究语言凸显了逻辑思维形式与语法组织结构密不可分的关系。二语习得是学习者在大脑固有的母语知识体系的基础上再习得另外一种语言的知识体系。汉语是汉藏语系，没有典型的形态变化；英语是印欧语系，有明显的形态变化。两种语言有着各自不同的特点，这决定了英语母语者学习汉语时必须掌握汉语的词法、句法规则，这些都和语言内在的逻辑基础密不可分。

语义和逻辑的研究主要是对英语的研究，因此如何将形式语义学完全应用于汉语仍是一个需要深入探讨的问题。在将语义和逻辑研究应用于汉语时，我们就能发现诸多的英汉差异。前几节所举的例子都比较简单，汉语与英语基本上是一一对应的，但二者实际上存在许多差异。适用于英语的逻辑分析不一定完全适用于汉语，如第十章讨论的英汉量化词的语义差异。此外，英汉内涵动词和外延动词、认识情态、道义情态等的语义和句法（比如提升情态词和控制情态词）差异也值得我们研究。

总的来说，形式语义学致力于用形式符号来描写语言以达到句法和语义的同构，它能够帮助我们从另一个角度来认识语言，加深对语言的认识。因此，语义和逻辑的学习不仅仅是概念知识的学习，更是语言内在机制的学习。语义研究能够帮助我们进一步解释跨语言差异，从而对留学生的二语习得现象进行更为深入的研究。

推荐阅读

Allwood J，Andersson L，Dahl O，*Logic in Linguistics*，1977 年

练　习

1. 除了文章中讨论的外延谓词“吻”、内涵谓词“想象”等，你能否找出其他的内涵谓词和外延谓词。

2. 用范畴语法分析以下句子。

(1) 张三唱而李四跳。

(2) 张三在周末散步。

3. 用内涵语义学分析以下句子。

张三找女朋友。

练习参考答案

第 1 章

1. 实验性方法与非实验性方法、量化和质化的方法。

2. 1972 年，Selinker 提出学习者的语言，或者说“中介语”的观点。中介语指的是在第二语言习得过程中，学习者通过一定的学习策略，在目的语输入的基础上所形成的一种既不同于其第一语言也不同于目的语，随着学习的进展向目的语逐渐过渡的动态的语言系统。中介语包含两个基本概念：通过学习者产生的语言本身就是一个系统；它是一个动态的系统，随时间不断变化。

3. 存在 4 个方面的不同：一是量化的研究工作是演绎性的，而质化的研究工作是归纳性的。二是在量化的研究工作中，研究者要进行干预以控制研究中的变量，而质化的研究者观察自然发生的行为。三是进行量化的研究者预选了要在研究中测试的变量，而质化的研究者试图尽可能全面地描述正在被观察的东西。四是量化的结果是可类推的，而质化的研究工作的结果不能（常常是不需要）类推。

4. 普遍语法理论认为世界上所有的语言都有着某些共同的语言原则，而这些共同的语言原则同时也是婴儿在开始学习第一语言之前所处的“最初语言状态”，这些原则是天生的，是人的头脑中固有的。除了这些恒定不变的语言原则以外，成人的“最终语言状态”还包含一些语言参数。各种语言之间句法部分的变化主要体现在参数值的变化上。语言参数的值是通过人们对语言的接触来确定的。一个成年人的母语语言知识包括各种语言共有的语言原则以及各种语言不同的参数值。

第 2 章

1. 语句搜索提取、篇章手动提取。语料来源、研究方法不足等方面作答，具体在 2.4 节。

2. 不可以。正确使用相对频率法。详见 2.6.4 节。

3. 可以掌握学习者习得的真实情况；避免夸大偏误，夸大难度，造成学习者畏难心理，详见 2.6.1 节。

4. 学习者采取了回避策略。详见 2.7 节。

第 3 章

1. 采用了“回避”策略或者有“回避”偏误。

2. ①明确研究目的、研究要点；②每出一题，都要考虑设置该题目的目的是什么；③避免推断性和引导性的问题；④注意措辞，要通俗易懂。详见 3.3 节。

3. 常用到的是真值判断和诱导产出。详见 3.4 节。

4. 考察对象的标准、实施方式、被调查者的态度、问卷调查地点周围环境、回收率和问卷质量。详见 3.5 节。

第 4 章

1. 实施过程可参考本书 4.2 节，要点如下：

(1) 访谈前的准备：主要包括①访谈设计（如明确访谈问题、确定访谈对象、约定访谈时间和地点、设计访谈提纲等）。②访谈实施（如访谈初的接洽、访谈中的沟通等）。

(2) 访谈后的分析：主要分析对该研究现象进行访谈的目的、教育理论依据、教育意义等。

(3) 访谈后的评议：主要包括研究者的自评或专家点评、改进意见等。略

2. 实施过程可参考本书 4.3 节，要点如下：

(1) 案例事件的记述：包括时间、地点、人物、事件发生过程、结果等的详细记录。

(2) 案例理论的分析：包括分析该个案研究的目的、教育理论依据、教育意义等。

(3) 案例最终的评议：包括研究者对该案例的自评或专家点评、改进意见等。

第 5 章

1. 图略

2. 均值：4.13；中位数：4；众数：4

均值：$\frac{1\times5+2\times18+3\times17+\cdots+17\times0}{100}=\frac{413}{100}=4.13$

3. 均值：4.13；标准差：1.88

均值：$\frac{1\times5+2\times18+3\times17+\cdots+17\times0}{100}=\frac{413}{100}=4.13$

标准差：$\sqrt{\frac{(1-4.13)^2\times5+(2-4.13)^2\times18+\cdots+(17-4.13)^2\times0}{100-1}}\approx1.88$

4. (1) P：1.00；Q：0.33；R：1.47；S：－3.25；T：－1.67；U：－0.60。按降序排列：R＞P＞Q＞U＞T＞S。

$$P=\frac{132-120}{12}=1.00$$

$$Q=\frac{124-120}{12}=0.33$$

$$R=\frac{122-100}{15}\approx1.47$$

$$S=\frac{81-120}{12}\approx-3.25$$

$$T=\frac{75-100}{15}\approx-1.67$$

$$U=\frac{91-100}{15}=-0.60$$

(2) R在D班，T在F班，U在E班。

$$\frac{140-120}{12}\approx1.67$$

$$\frac{120-120}{12}=0$$

$$\frac{105-120}{12}=-1.25$$

标准化分数≥1.67在C班，0到1.67在D班，－1.25到0在E班，其他在F班。所以R在D班，T在F班，U在E班。

5. 图略。

$$P(Y>23)=\frac{7}{10}\times0.031+0.061+0.154+0.202+$$

$$0.230+0.161+0.071+0.055=0.9557\approx0.956$$

$$P\ (50\leqslant Y\leqslant60)\ =0.202+0.230=0.432$$

$$P\ (14\leqslant Y\leqslant92)\ =\ (6/20\times0.035)\ +0.031+$$

$$\cdots\ (12/20\times0.055)\ =0.9535\approx0.954$$

$$P\ (91\leqslant Y\leqslant96)\ =5/20\times0.055=0.01375\approx0.014$$

6. （1）残差：实际观察值与估计值之间的差。

2.8；−2.55；3.84；1.53；−0.31；0.27；2.49；1.91

（2）标准差：2.035

（3）残差的标准差：2.035，所以说残差标准差和原来标准差一样。

（4）略

（5）根据结果可知修正值标准差为1，修正值实为将数据按标准差归一化。

7. （1）0.1587；（2）0.1587；（3）0.6915；（4）0.7734；（5）0.5328；（6）0.1598；（7）152.9

$Z=\ (Y-120)\ /20$

（1）$P\ (Y<100)\ =P\ (Z<-1)\ =0.1587$

（2）$P\ (Y>140)\ =P\ (Z>1)\ =1-P\ (Z<1)\ =1-0.8413=0.1587$

（3）$P\ (Y<130)\ =P\ (Z<0.5)\ =0.6915$

（4）$P\ (Y>105)\ =P\ (Z>-0.75)\ =1-P\ (Z<-0.75)\ =1-0.2266=0.7734$

（5）$P\ (100<Y<130)\ =P\ (-1<Z<0.5)\ =P\ (Z<0.5)\ -P\ (Z<-1)\ =0.6915-0.1587=0.5328$

（f）$P\ (135<Y<150)\ =P\ (0.75<Z<1.5)\ =P\ (Z<1.5)\ -P\ (Z<0.75)$

$=0.9332-0.7734=0.1598$

（6）查标准正态分布表（B），$p=10$ 时，$z=1.6449$。所以，$(X-120)\ /20=1.6449$，$X=152.9$

8. （1）$\overline{X}=4.13$，$s=1.869$，均值 μ 的95%的置信区间为 $4.13\pm1.96\times(1.869\div10)$，即（3.76，4.50）。

（2）均值 μ 的99%的置信区间为 $4.13\pm2.6\times\ (1.869\div10)$，即（3.64，4.62）。99%的置信区间比95%的置信区间更大。

9. 均值=57.7；标准差=13.1；置信区间为48.34至67.06。

第 6 章

1. 建立零假设。H_0：该校考生的成绩与全国统考的成绩无显著差异。

根据已知数据求得平均数 $\overline{X}=65.4667$。

求得标准差 $s=7.2098$。

再根据 t 公式求得 t 值：

$$t=\frac{\overline{X}-\mu}{s/\sqrt{n}}=1.594$$

当 $df=14$，显著水平为 0.05 时，查 t 值表，临界值为 2.13（双侧检验）。因为 $t=1.594<2.13$，所以接受零假设，即认为该校考生的成绩与全国统考的成绩无显著差异。

2. 此题用独立样本 t 检验。

建立零假设。H_0：男女两组被试的英语语言水平没有显著差异。

由题意知 $n_1=23$，$\overline{X}_1=231.76$，$s_1=21.92$；$n_2=23$，$\overline{X}_2=236.43$，$s_2=23.68$

两总体的共同方差估计值：

$$s=\sqrt{\frac{(n_1-1)\ {s_1}^2+\ (n_2-1)\ {s_2}^2}{n_1+n_2-2}}=520.615$$

检验统计值 t：

$$t=\frac{\overline{x}_1-\overline{x}_2}{\sqrt{\frac{s^2}{n_1}+\frac{s^2}{n_2}}}=-0.69$$

当自由度 $df=n_1+n_2-2=44$，显著水平为 0.05 时，我们查表，可得临界值为 2.021。$-0.69<2.021$，所以接受零假设。说明男女两组被试的英语语言水平没有显著差异。

3. 由题意知：$n=16$ 时，用 t 检验。

$$t=\frac{\overline{X}-\mu}{s/\sqrt{n}}=1.15$$

当 $n=16$ 时，自由度为 15，查表得临界值为 1.75，$1.15<1.75$，在 5% 显著水平接受零假设 H_0：$\mu=80$，而拒绝备择假设 H_1：$\mu\neq80$。

$n=250$ 时，用标准正态分布：

$$Z=\frac{|\overline{X}-\mu|}{\sigma/\sqrt{n}}=4.55$$

查表得临界值为 1.6449，4.55＞1.6449，在 5%显著水平拒绝零假设 H_0：$\mu=80$，而接受备择假设 H_1：$\mu\neq80$。

$$t=\frac{\overline{X}-\mu}{s/\sqrt{n}}=\frac{84.2-80}{14.6/\sqrt{n}}=\frac{4.2}{14.6}\times\sqrt{n}$$

在 5%显著水平上拒绝 H_0，那么要找 10%对应的 $t=1.64$，$t=\frac{\overline{X}-\mu}{s/\sqrt{n}}=\frac{84.2-80}{14.6/\sqrt{n}}=\frac{4.2}{14.6}\times\sqrt{n}>1.64$，$n>32.5$，所以，$n$ 最小等于 33。

在 1%显著水平上拒绝 H_0，那么要找 2%对应的 $t=2.33$，$t=\frac{\overline{X}-\mu}{s/\sqrt{n}}=\frac{84.2-80}{14.6/\sqrt{n}}=\frac{4.2}{14.6}\times\sqrt{n}>2.33$，$n>65.6$，所以，$n$ 最小等于 66。

4. 建立零假设。H_0：两次考试的平均成绩之间是没有显著差异。

先计算每一对成绩之差 d，再计算所有差的平均数 $\overline{d}$ 及标准差 s_d：

$$n=20,\ \overline{d}=-3.8,\ s_d=8.12$$

将有关数据代入公式：

$$t=\frac{d}{\frac{s}{\sqrt{n}}}=-2.093$$

当自由度为 19，显著水平为 0.05 时，双侧检验，查表可得临界值为 2.093。检验统计值 t 与临界值相等，那么两次考试的平均成绩之间是有显著差异的。如果显著水平为 0.01，临界值为 2.861，t<临界值，那么支持零假设，两次考试的平均成绩之间没有显著差异。

5. 建立零假设。H_0：两次考试的平均成绩来自方差相同的总体。

$$s_1{}^2=205.95,\ s_2{}^2=69.59$$

$F=205.95\div69.59=2.96$，根据 F 表可推测，在 1%显著水平上否定零假设，即两次考试的平均成绩不来自方差相同的总体。

6. 建立零假设。H_0：两种格式下平均错误个数是相同。

两种格式错误个数分级：

值	1	2	3	4	5	6	6	7	8	8	8	9	11	14
源	B	A	A	A	B	A	B	B	A	B	B	B	A	B
等级	1	2	3	4	5	6.5	6.5	8	10	10	10	12	13	14

$T=2+3+4+6.5+10+13=38.5$

$m=6$

$n=8$

$U_1=mn+m(m+1)/2-T=30.5$

$U_2=mn-U_1=17.5$

查 U 检验分布表，将较小的 U_2 值与临界值比较，临界值是 8（横向是指大样本的容量，纵向是指小样本的容量），17.5＞8，所以支持零假设，即在5％显著水平上认为两种格式平均错误个数相同。

第 7 章

1. 简单来讲，方差分析是 t 检验的一种特殊情况。t 检验仅适用于检验两个样本平均数之间的差异是否显著。但是，在语言研究中，我们有时需要同时检验两个以上的样本平均数的差异，比如某次大规模考试中来自几个不同院校的考生的平均成绩是否有显著差异。这时，虽然我们仍可用 t 检验，但是会带来一定的问题。一是计算量大，费时力。假如我们有 n 个样本或 n 组数据，就有 $n(n-1)/2$ 对，因此就要进行 $n(n-1)/2$ 次 t 检验。二是当我们做许多 t 检验时，犯 α 型错误的概率就会增大。换句话说，差异的显著性会被夸大，这样一来，在总体平均数并不存在差异的情况下，检验却可能会有意义。比如，如果有 5 组数据，就要作 10 次 t 检验；在所有总体平均数都相等的情况下，10 个显著水平中至少有一个小于 0.05 的可能性为 29％。而方差分析就可以克服这些问题。运用方差分析，就可以把几个样本平均数同时加以比较，看看它们有没有显著差异，因此方差分析是语言研究中非常常用、非常重要的一个统计分析手段。

方差分析是一个参数检验，必须满足下列条件：（1）样本为独立样本；（2）总体分布为正态；（3）总体方差相等。

2. 方差分析就是利用 F 分布来决定几个平均数之间是否有显著差异。

3. $SS_t=3316.06$；$SS_b=1144.23$；$SS_w=2171.83$；$MS_b=572.12$；MS_w

$=27.84$；$F=20.55$，查 F 分布表，按最接近的自由度查表得临界值为 3.11。检验统计值大于临界值，所以检验有显著意义。这说明 3 个班的考试成绩的平均值之间存在显著差异。

4. 全体观测值总和 $Y\cdots=1833$；$CF=44798.52$；$SS_t=11192.48$；$SS_b=9615.68$；$SS_w=1576.8$；$MS_b=4807.84$；$MS_w=21.9$；$F=219.54$，数值较大，所以零假设：各均值间不存在差异这一假设不成立。

5. (1) 方差分析的规模及数据量：

$p=2q=2$（该方差分析为 2×2 双向方差分析）

$n=9N=36$

(2) 整理数据归纳表：

521(57.89) *	504(56.00)	$B_1=1025(56.94)$
509(56.56)	496(55.11)	$B_2=1005(55.83)$
$A_1=1030(57.22)$	$A_2=1000(55.56)$	$\sum X=2030$

* 括号前的数字为该格内观测值的总和，括号中的数字为该格内观测值的平均数

(3) 计算各中介项：

$$\sum X^2=116318 \quad CF=114469.44 \quad \frac{\sum A^2}{nq}=114494.44 \quad \frac{\sum B^2}{np}=114480.56$$

$$\frac{\sum (AB)^2}{n}=114506$$

(4) 计算各平方和及其相应自由度：

$$SS_t=1848.56 \quad SS_A=25 \quad SS_B=11.12 \quad SS_{A\times B}=0.44 \quad SS_W=1812$$

(5) 求均方 MS：

$$MS_A=25 \quad MS_B=11.12 \quad MS_{A\times B}=0.44 \quad MS_W=56.63$$

(6) 求检验统计值 F：

$$F_A=0.44 \quad F_B=0.20 \quad F_{A\times B}=0.01$$

(7) F 检验：

$\alpha=0.01$，单侧检验，对应于 F_A，F_B 和 $F_{A\times B}$ 的临界值均为 7.56。由于检验统计值均小于临界值，所以都没有显著意义，说明“场独立性 / 依赖性”这

一认知方式及“性别”两个变量对英语学习水平没有显著影响，两变量对英语学习水平也没有显著的交互作用。

第 8 章

1.（1）数据必须是频数。这是卡方检验的最基本条件；（2）数据必须独立；（3）每个类别的期望频数≥5。

2. 建立假设检验。H_0：颜色名词的选择跟说日语无关。

观察频数				
	蓝	绿	灰	行合计
汉语	28	41	16	85
日语	40	38	29	107
列合计	68	79	45	192

计算各部分的期望频数：

预期频数				
	蓝	绿	灰	行合计
汉语	30.104	34.974	19.922	85
日语	37.896	44.026	25.078	107
列合计	68	79	45	192

根据公式求出异常值：3.512

	蓝	绿	灰
汉语	0.147	1.038	0.772
日语	0.117	0.825	0.613

求自由度：（行数－1）×（列数－1）＝2

找出自由度为 2 时 5%的临界值，临界值为 5.99。5.99＞3.512，所以支持零假设，认为这两种情况的抽样来自同一个正态分布，也就是认为是否说日语与颜色名词的选择无关。

3. 建立零假设。H_0：外向性格对男女的汉语口语能力没有关系。

女性观察频数：

女性		高	中	低	行合计
外向型	高	2	6	4	12
	中	1	3	3	7
	低	2	1	2	5
	列合计	5	10	9	24

女性期望频数：

女性		高	中	低	行合计
外向型	高	2.5	5	4.5	12
	中	1.458	2.917	2.625	7
	低	1.042	2.083	1.875	5
	列合计	5	10	9	24

女性异常值：

女性		高	中	低
外向型	高	0.100	0.200	0.056
	中	0.144	0.002	0.054
	低	0.881	0.563	0.008

总异常值＝2.008

男性观察频数

男性		高	中	低	行合计
外向型	高	2	0	0	2
	中	2	7	0	9
	低	3	1	2	6
	列合计	7	8	2	17

男性期望频数：

男性		高	中	低	行合计
外向型	高	0.824	0.941	0.235	2
	中	3.706	4.235	1.059	9
	低	2.47	2.824	0.706	6
	列合计	7	8	2	17

男性异常值：

男性		高	中	低
外向型	高	1.678	0.941	0.235
	中	0.785	1.805	1.059
	低	0.114	1.178	2.372

总异常值：10.168

自由度：（行数−1）×（列数−1）＝2×2＝4

自由度为4时，5％的临界值为9.49。女性异常值没有超过这一值，男性异常值超过这一数值。似乎可以认为对于女性来说性格对汉语口语能力并无显著关系，对于男性来说两者有一定关系。结论并不具有显著意义，要想得到进一步明确的结果应增大抽样频率重新统计对比。

4. 建立假设。H_0：两种错误的拒绝率无显著差异。

观察频数：

	拒绝	接受	行合计
仅含一种错误	19.8	40.2	60
含有一个相关错误	7.8	52.2	60
列合计	27.6	92.4	120

期望频数：

	拒绝	接受	行合计
仅含一种错误	13.8	46.2	60
含有一个相关错误	13.8	46.2	60
列合计	27.6	92.4	120

2×2列联表异常值：

$$x^2=\sum\frac{(|O-E|-0.5)^2}{E}$$

	拒绝	接受
仅含一种错误	2.192	0.655
含有一个相关错误	2.192	0.655

总异常值：5.694

自由度为1，5%显著水平的临界值为3.84. 异常值的总数5.694超过了这一值，所以认为这两种错误有显著差异，仅含一种错误的拒绝率较高。

第9章

1. 变量之间往往存在一定程度的联系或关联，比如变量 X 的值可能随变量 Y 的值的增大而增大，或随变量 Y 值的增大而减小等。变量之间这种规律性的或系统性的关系就是相关。相关实质上就是变量之间的协变或共变，即一个变量随另一个变量的变化而变化。既然相关的变量之间存在规律性的关系，那么有了一个变量的值就可以在一定程度上预测另一个变量的值，预测的准确性显然取决于变量之间相关程度的高低，如果两变量完全相关（这种情况非常少见），那么预测的准确性就可以达到百分之百。

2. 不可以；相关并不意味着因果关系，两变量相关并不表明两者之间存在因果关系。举一个很极端的例子，某年的降雨量与出生率之间有很高的正相关，但是不能因此说高降雨量导致了高出生率，或高出生率导致了高降雨量；相关系数仅仅表示两变量之间的数学关系。同时，即使两者存在因果关系，也要十分谨慎，因为一个现象往往是由多种因素引起的。

3. $\sum x = 350.5$； $\sum y = 1564$； $\sum xy = 27910$； $\sum x^2 = 6562.75$； $\sum y^2 = 123508$；$r = 0.70$；$N = 20$，$\alpha = 0.01$，双侧检验，查表得临界值0.561。由于 r 值(检验统计值)大于临界值，所以检验有显著意义，说明两组成绩之间存在显著相关。

4. 先计算等级之差 d 和 d^2；$\sum d^2 = 64$；$r_s = 0.89$。$N = 15$，$\alpha = 0.01$，双侧检验，查表得临界值0.657。由于 r_s 值(检验统计值)大于临界值，所以检验有显著意义，说明两名教师评定的等级之间存在显著相关，也就是说对这15名学生的口语能力的看法非常一致。

第10章

1. (1) 行为主义学习理论的语言习得观：行为主义认为语言行为与人类其他活动行为一样，需要刺激物来引发，通过反复的刺激—反应等过程，儿童言语行为得到巩固和加强，慢慢形成了一定的语言习惯，于是逐渐习得母语。同样，第二语言的习得也是通过刺激—反应—强化等过程后形成习惯的结果，但与第一语言（通常是母语）习得不同的是，学习者在习得第二语言时，由于已经形成了第一语言的相关习惯，因此习得第二语言时需要克服旧的习惯而形成新的习惯。(2) 生成语言学的语言习得观："普遍语法"理论认为人类天生就具备学习某些语言的能力，即人类的大脑先天就有一个语言习得装置，这个语言习得装置配备一系列普遍语法。Chomsky假设人的语法知识包含两部分：一部分是人类通过生物进化和遗传先天获得的，是全人类语言所共有的，体现为一系列普遍原则，这部分知识是不需要学习的；另外一部分则是各民族语言所特有的，称为个别语法，体现为一系列参数，这部分知识是人出生以后在一定的环境下通过后天学习所掌握的。也就是说，人类以大脑中天生就有的普遍语法为内因基础，以所处的语言环境为外因条件，最终获得完整的语法知识。“普遍语法”理论也广泛用于解释第二语言习得，且围绕第二语言习得是否受“普遍语法”影响形成了3种观点：①“普遍语法”在二语习得过程中直接或完全可及；②“普遍语法”在二语习得过程中部分可及；③“普遍语法”在二语习得过程中不可及。从目前研究来看，持第一种观点的居多，即“普遍语法”对于二语习得的作用与它对母语习得的作用相同，二语学习者直接完整地利用“普遍语法”，按照“普遍语法”所允准的值重新设置参数。(3) 认知语言学的语言习得观：基于认知语言学的构式语法理论认为语言的基本单位是构式，语言则是由构式组成的系统。因此，无论是第一语言习得（通常是母语），还是第二语言习得，构式语法理论认为语言习得都是从具体的构式开始学起，然后从这些构式中概括出抽象的构造规则，从而逐渐发展起语言能力。

2. (1) 目前的“普遍语法”理论并非十分完善，因为“普遍语法”理论在很大程度上是以印欧系语言为基础的，它对于印欧语言的解释很完美，但在解释汉语或与印欧语系相差甚远的其他语系的语言时常常会碰壁，显现出解释力的不足。比如，约束三原则中的约束原则A“照应词（Anaphor）必须在管辖语域内受约束”就无法解释汉语反身代词“自己”的长距离回指现象。(2)“普遍语法”理论目前只涉及人类获得语言的内因和外因，即语言官能和外在语言环境，对于影响语言获得的第3种因素（如数据分析原则、运算效率原则等）还有待探讨。

3. 对于任何语言结构来说，只要它的形式或意义的某个方面不能从它的组成部分或其他已存在的结构中推知，那么就可以被认为是一个构式。简言之，构式的形式或意义具有不可推导性。英语中的构式：“white lie”（善意的谎言）、“blue collar”（体力劳动者）、“the more...the more...”（越……越……）等；汉语中的构式：“哪壶不开提哪壶”、“把”字句、“有＋____”（有经验/年头）、“谁知道____”等。

4. (1) 二语习得解释理论：①界面假说；②特征重组假说；③语言复杂性假说；④语言迁移理论；⑤复杂适应系统原则理论；⑥多系统模型理

论。（2）看法：对于这些已经提出来的第二语言习得解释理论来说，它们当然具有一定的合理性以及存在的价值，因为它们在一定程度上反映了第二语言习得的客观规律，符合第二语言习得过程中的一些事实。但考虑到语言习得本身的复杂性、二语习得研究者的主观性以及随着人类对语言习得本质认识的不断深化，这些理论解释也可能会被日后的一些二语习得实证研究推翻。总体而言，我们应该意识到，鉴于语言学习本身是一个非常复杂的过程，涉及的因素多且杂，要想找到一种理论可以圆满地解释全部复杂多样的语言习得现象是非常困难的。每一种二语习得理论或假说都体现了人们对语言学习本质的不断探究，对语言习得解释的不断尝试，同时也标志着人类关于语言学习过程研究的巨大进步。（也可谈谈自己的看法，言之有理即可）

第 11 章

1.

	PRO	NP 语迹	wh 语迹
由哪部分产生	基础	转换	转换
是否独立题元	是	否	否
是否受到管辖	否	是	是
是否受到约束	自由	主目约束	非主目约束

2. 范畴（Category），也可称为语类，如动词，动词还可以再细分为不及物动词和及物动词，这个就是次范畴（Subcategory）或子语类。范畴规则或语类规则，如 S 改写为 NP VP，NP 改写为 D N，VP 改写为 V NP，根据这 3 条规则，可以生成 the man hit the ball，但是同时也会生成 the man run the ball，这句话显然是不合语法的：因为 hit 是一个及物动词，后面可以跟宾语；run 是不及物动词，后面不能跟宾语。范畴规则可以保证生成许多句子，但也会生成像 the man run the ball 这样不合法的句子，因此需要次范畴规则或子语类规则来做进一步的限制，以保证生成的是合法的句子。

3. 空范畴是指具有某些特征但没有实际语音的的范畴。空范畴包括基础生成的 PRO 和移位造成的语迹。

4. a. 约束第一原则（Binding Principle A）：照应词在管辖语域内受约束；

b. 约束第二原则（Binding Principle B）：代名词在管辖语域内是自由的；

c. 约束第三原则（Binding Principle C）：指称词总是自由的。

第 12 章

1. （1）Mary didn't ask many questions.

否定词 not 与量化词 many 存在辖域歧义。一种辖域关系是 not 取宽域，many 取窄域，语义解读为“Mary 没有提多少问题”；一种辖域关系是 many 取宽域，not 取窄域，语义解读为“有好些问题 Mary 没有提”。

（2）John didn't solve all of the problems.

否定词 not 与量化词 all 存在辖域歧义。一种辖域关系是 not 取宽域，all 取窄域，语义解读为“John 没有解决所有的问题”；一种辖域关系是 all 取宽域，not 取窄域，语义解读为“所有的问题 John 都没有解决”。

2. （1）who killed the president.

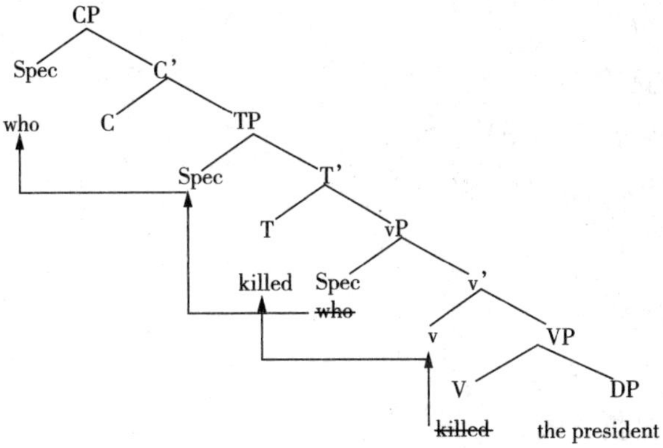

3. 汉语的提升动词“可能”“应该”“可以”：

a. 我应该/可能/可以/会（可能性解读）唱一首小曲。

b. 这首小曲应该/可能/可以/会长一点。

汉语的控制动词“敢”“肯”“能”：

a. 我敢/肯/能/会（能力解读）唱一首小曲。

b. * 这首小曲敢/肯/能/会长一点。

第 13 章

1. (a) $b \in C$；(b) $C \subset D$；(c) $A \cup C$ ；(d) $\{d, e, g\}$；(e) $d \notin A \cap B$；(f) $\subset A \subset B \cup C$

2. (a) $p \rightarrow q$；(b) $p \& q$；(c) $q \rightarrow p$；(d) $(p \vee q) \& \sim r$；(e) $\sim (p \vee q) \rightarrow r$；(f) $\sim p \rightarrow q$ 或者 $p \vee q$

3. (a) 假；(b) 真；(c) 假；(d) 真；(e) 真；(f) 真

4. (a)，(b) 和 (c) 是重言式。

(a) ～ (p&～p)

p	～p	p&～p	～ (p&～p)
t	f	f	t
f	t	f	t

所以 (a) 是重言式。

(b) (p∨q) →p

p	q	p∨q	(p∨q) →p
t	t	t	t
t	f	t	t
f	t	t	t
f	f	f	t

所以 (b) 是重言式。

(c) ～ (p&q) ≡～p∨～q

p	q	(p&q)	～ (p&q)	～ (p&q) ≡～p	～ (p&q) ≡～p∨～q
t	t	t	f	t	t
t	f	f	t	f	t
f	t	f	t	f	t
f	f	f	t	f	t

所以 (c) 是重言式。

(d) ～ ((p≡q) ≡ (p≡～p))

p	q	p≡q	p≡～p	(p≡q) ≡ (p≡～p)	～ ((p≡q) ≡ (p≡～p))
t	t	t	f	f	t
t	f	f	t	t	f
f	t	f	t	t	f
f	f	t	f	f	t

所以 (d) 不是重言式。

第 14 章

1. (1) H (c)

(2) D (c) & Y (o)

(3) ～∃xL (x, w)

(4) ∀x (S (x) →∃y (B (y) &R (x, y))

(5) $\sim\exists x\forall y\,(S(x)\ \&\ (Q(y)\rightarrow A(x, y)))$

(6) $\forall x\,(S(x)\rightarrow F(x))\rightarrow\sim\exists x\,(S(x)\ \&G(x))$

2. (a) 和 (c)

(b) 和 (f)

(d) 和 (g)

3. 自返性，对称性，传递性

自返性，非对称性，传递性

反自返性，反对称性，反传递性

非自返性，非对称性，非传递性

反自返性，非对称性，非传递性

4. a. $N\ \forall xF(x)$

a. $\forall x\,(N\ \exists y\,(F(x, y)))$

5. $N\,(P\vee\sim P)$

6. $M\forall x\,(S(x)\rightarrow\exists y\,(B(y)\ \&R(x, y)))$

$$\left.\begin{array}{l} M\exists y\forall x \\ \forall xM\exists y \\ \forall x\exists yM \\ \exists y\forall xM \\ \exists yM\forall x \end{array}\right\}(S(x)\rightarrow(B(y)\ \&\ R(x, y)))$$

7. 严格蕴涵：如果我的银行卡里有 2000 元，那么我的银行卡里一定有 1000 元。

8. 反事实条件句：他如果是外星人，我就相信他所说的话。

9.

(a) $(p\rightarrow q)\ \&\ (q\rightarrow r)$	假定
(b) $p\rightarrow q$	根据合取消去规则由(a)得出
(c) $q\rightarrow r$	根据合取消去规则由(a)得出
(d) p	假定
(e) q	根据肯定前件式由(b)(d)得出
(f) r	根据肯定前件式由(c)(e)得出
(g) $p\rightarrow r$	根据条件化规则由(d)(f)得出

第 15 章

1. 内涵谓词：崇拜、寻找；外延谓词：吃、喝。

2.　（1）

张三唱而李四跳，S

张三唱，S　　而S/SS，　　李四跳，S

张三，N　　唱，S/N　　李四，N　　跳，S/N

（2）

张三在周末散步，S

张三，N　　在周末散步，S/N

在周末，（S/N）/（S/N）散步，S/N

在，（S/N）/（S/N）/N　周末，N

张三找女朋友，<t>

张三，<s,e>　　找女朋友，<<s,e>,t>

3. 找，<<s,e>，<<s,e>,t>>　　女朋友，<s,e>

参考文献

[1] Allwood J, Andersson L, Dahl O. Logic in Linguistics [M]. Cambridge: Cambridge University Press, 1977.

[2] Chomsky N, Lasnik H. Filters and Control [J] . Linguistic Inquiry. 1977 (8): 425—504.

[3] Chomsky N. Aspects of the Theory of Syntax [M] . Cambridge: MIT Press, 1965.

[4] Chomsky N. Derivation by Phase [C] // Kenstowicz M, (ed.). Ken Hale: A Life in Language, Cambridge: MIT Press, 2001.

[5] Chomsky N. Lectures on Government and Binding [M]. Dordrecht: Foris, 1981.

[6] Chomsky N. Minimalist Inquiries: the Framework [C] // Martin R, et al. Step by Step: Essays on Minimalist Syntax in Honor of Howard Lasnik, Cambridge, MA: MIT Press, 2000.

[7] Chomsky N. On Phases [C] // Otero C, et al. Foundational Issues in Linguistic Theory, Cambridge: MIT Press, 2008.

[8] Chomsky N. Syntactic Structures [M] . The Hague: Mouton, 1957.

[9] Chomsky N. The Logical Structure of Linguistic Theory [M]. New York: Plenum Press, 1975.

[10] Chomsky N. The Minimalist Program [M] . Cambridge: MIT Press, 1995.

[11] Chomsky N. Three factors in Language Design [J] . Linguistic Inquiry, 2005 (1): 1—22.

[12] Cook V. Linguistics and Second Language Acquisition [M]. London: Macmillan Press, 1993.

[13] Corder S P. Error Analysis and Interlanguage [M] . Oxford: Oxford University Press, 1981.

[14] Dulay H C, Burt M K. Natural Sequences in Child Second Language

Acquisition [J] . Language Learning，1974 (1)：37—53.

[15] Dulay H C，Burt M K. Should We Teach Children Syntax? [J] . Language Learning，1973 (2)：245—258.

[16] Ellis R. The Study of Second Language Acquisition [M] . Oxford：Oxford University Press，1994.

[17] Huang C T J. Logical Relations in Chinese and the Theory of Grammar [D] . Cambridge，MA：MIT，1982.

[18] Kayne R. The Antisymmetry of Syntax [M] . Cambridge：MIT Press，1994.

[19] Krashen S D. Principles and Practice in Second Language Acquisition [M] . Oxford：Pergamon Press，1982.

[20] Krashen S D. Second Language Acquisition and Second Language Learning [M] . Oxford：Pergamon Press，1981.

[21] Lado R. Linguistics Across Culture：Applied Linguistics for Language Teachers [M] . Ann Arbor：University of Michigan Press，1957.

[22] Lee S Y. Interpreting Scope Ambiguity in First and Second Language Processing：Universal Quantifiers and Negation [D] . Manoa：University of Hawaii，2009.

[23] Lewis D. Counterfactuals and Comparative Possibility [J] . Journal of Philosophical Logic，1973 (2)：418 - 446.

[24] Li Y. The Negation-numerical NP Interaction in Non-native Chinese：UG，POS problem，and Syntactic Analysis [D] . Los Angeles：University of Southern California，2008.

[25] Mackey A，Gass S M. Second Language Research：Methodology and Design [M] . New Jersey：Lawrence Erlbaum Associates，Inc.，2005.

[26] Mindt D. An Empirical Grammar of the English Verb：Modal Verbs [M] . Berlin：Cornelsen，1995.

[27] Seliger H W，Shohamy E. Second Language Research Methods [M] . Oxford：Oxford University Press，1989.

[28] Selinker L. Interlanguage [J] . International Review of Applied Linguistics in Language Teaching，1972 (10)：209—231.

[29] Vergnaud J—R. French Relative Clauses [D] . Cambridge，MA：MIT，1974.

[30] 鲍贵．二语习得研究中的常用统计方法 [M] ．北京：外语教学与

研究出版社，2011.

[31] 蔡建丰．对外汉语教学语法疑问句系统考察［J］．暨南大学华文学院学报，2009（1）：30—36.

[32] 蔡建丰．以英语为母语者对汉语疑问句的习得研究［D］．福州：福建师范大学，2003.

[33] 曾莉．母语为英语的留学生对汉语反身代词的习得研究［J］．华文教学与研究，2012（3）：1—10，88.

[34] 柴省三．汉语作为第二语言习得的关键期假设研究［J］．外语教学与研究，2013（5）：692—706，799—800.

[35] 常辉．母语为英语的留学生汉语致使结构的习得研究［J］．世界汉语教学，2011（1）：129—140.

[36] 常辉．中国学生英语中的动词提升研究［J］．外语教学与研究，2008（5）：368—375.

[37] 陈昌旭．汉语易混淆重叠式副词及其泰语对应词对比研究［D］．厦门：厦门大学，2018.

[38] 陈晨．留学生汉语体标记习得的实证研究［D］．北京：中央民族大学，2010.

[39] 陈楚芬．面向泰国汉语教学的现代汉语“了”的考察［D］．南京：南京师范大学，2005.

[40] 陈建萍．“行走”类单音节动词构成的非常规结构“V＋N”研究［D］．上海：上海外国语大学，2018.

[41] 陈妹新．认知视阈下的汉泰语形状量词对比研究——兼及泰国汉语学习者偏误考察［D］．济南：山东大学，2016.

[42] 陈默．母语和韵律单元等级对高级水平汉语学习者韵律边界产出的影响［J］．世界汉语教学，2017（2）：270—288.

[43] 陈振宇，姜毅宁．反预期与事实性——以“合理性”语句为例［J］．中国语文，2019（3）：296—310，382—383.

[44] 程工．生成语法对实词的研究：动向与启示［J］．安徽师范大学学报（人文社会科学版），2016（4）：416—419.

[45] 崔萌，张卫国，孙涛．语言距离、母语差异与汉语习得：基于语言经济学的实证研究［J］．世界汉语教学，2018（2）：280—288.

[46] 丁雪欢．汉语作为第二语言学习者疑问句早期习得的个案研究［J］．语言教学与研究，2007（2）：11—20.

[47] 丁雪欢．留学生疑问代词不同句法位的习得顺序考察［J］．汉语学

习，2006（5）：47—53.

[48] 丁雪欢．留学生疑问代词的习得研究［J］．语言教学与研究，2009（6）：48—55.

[49] 何晓炜．语段及语段的句法推导——Chomsky 近期思想述解［J］．外语教学与研究，2007（5）：345—351+400.

[50] 侯建东．特征重组假说视角下中国英语学习者“wh -on-earth”习得研究［J］．外语与外语教学，2019（5）：115—125，151.

[51] 胡怀亮．反事实条件句与因果关系［J］．科学技术哲学研究，2020（6）：52—56.

[52] 胡丽娜，常辉，郑丽娜．母语为英语和日语的学习者对汉语话题——述题结构的习得研究：可加工性理论视角［J］．语言教学与研究，2018（3）：17—28.

[53] 黄静茹．从否定辖域歧义现象透视英汉句法结构差异［J］．外国语文，2018，34（4）：67—72.

[54] 黄明媚．泰国大学生汉语难点句式习得与教学研究［D］．北京：中央民族大学，2016.

[55] 黄正德，李艳慧，李亚非．汉语句法学［M］．张和友，译．北京：世界图书出版公司，2013.

[56] 黄自然．外国学生存现句偏误分析及习得研究［D］．南京：南京师范大学，2008.

[57] 贾光茂．中国英语学习者对否定句中全称量词辖域的解读［J］．现代外语，2018，41（3）：377—388.

[58] 江新．第二语言习得的研究方法［J］．语言文字应用，1999（2）：31—37.

[59] 金道荣．论阿尔泰语法背景下的汉语“把”字句偏误的生成机制与教学对策［D］．北京：北京大学，2010.

[60] 李柏令．第二语言习得通论［M］．上海：上海交通大学出版社，2013.

[61] 李春享．韩国留学生汉语趋向补语习得过程研究［D］．长春：吉林大学，2009.

[62] 李立园．汉语全称量词与否定词之间辖域关系的在线理解［D］．上海：上海外国语大学，2013.

[63] 李绍山．语言研究中的统计学［M］．西安：西安交通大学出版社，2001.

[64] 李文中．语料库、学习者语料库与外语教学［J］．外语界，1999(1)：51－56.

[65] 李燕洲．越南学生汉语介词习得顺序研究［D］．南宁：广西民族大学，2008.

[66] 刘宏帆．“把”字句的习得研究及其教学——基于中介语语料库的研究［C］//第四届全国语言文字应用学术研讨会论文集，2005.

[67] 刘礼进．再谈中心词理论与“的”字结构［J］．现代外语，2009，32（4）：351－359.

[68] 刘颂浩．论“把”字句运用中的回避现象及“把”字句的难点［J］．语言教学与研究，2003（2）：64－71.

[69] 刘桦．英语母语学习者汉语名量词习得研究［D］．南京：南京大学，2013.

[70] 刘夏萱．二语习得中连词“和”的偏误分析——以马来西亚学习者为例［D］．安阳：安阳师范学院，2018.

[71] 刘珣．对外汉语教育学引论［M］．北京：北京语言文化大学出版社，2000.

[72] 刘莹．泰语母语者对汉语排他性语义的习得研究［J］．世界汉语教学，2020（4）：561－576.

[73] 刘玉屏，孙晓明．语言学与第二语言习得理论［M］．北京：中央民族大学出版社，2010.

[74] 刘志成．现代汉语疑问句习得研究［D］．大连：辽宁师范大学，2010.

[75] 鲁健骥．外国人学汉语的语法偏误分析［J］．语言教学与研究，1994（1）：49－64.

[76] 鲁健骥．中介语理论与外国人学习汉语的语音偏误分析［J］．语言教学与研究，1984（3）：44－56.

[77] 马萍．留学生动宾式离合词习得研究：以统计学为视角［J］．汉语学习，2008（5）：108－112.

[78] 毛文伟．二语习得量化研究中两种数据采集方法的对比研究［J］．日语学习与研究，2011（1）：12－18.

[79] 孟国．第二语言习得理论与汉语教学［M］．北京：光明日报出版社，2010.

[80] 彭家法．对外汉语个别实习中的语法教学［J］．皖西学院学报，2009（3）：125－129.

[81] 彭家法．附加语的句法位置［D］．北京：北京语言大学，2007.

[82] 彭家法．中心语“的”的范畴统一性［J］．外语教学，2016，37(1)：33－36.

[83] 彭家法．“的”中心语分析中的括号悖论［J］．外语教学，2012(3)：39－42.

[84] 钱旭菁．词汇量测试研究初探［J］．世界汉语教学，2002（4)：54－62＋3.

[85] 钱旭菁．日本留学生汉语趋向补语的习得顺序［J］．世界汉语教学，1997（1)：95－104.

[86] 沈家煊．词序与辖域——英汉比较［J］．语言教学与研究，1985(1)：98－106.

[87] 盛林．二语习得中词语语体色彩的偏误分析——基于汉语中介语语料库的研究［J］．浙江师范大学学报（社会科学版)，2012（6)：66－70.

[88] 施家炜．国内汉语第二语言习得研究二十年［J］．语言教学与研究，2006（1)：15－26.

[89] 施家炜．外国留学生22类现代汉语句式的习得顺序研究［J］．世界汉语教学，1998（4)：77－98.

[90] 司富珍．汉语的标句词“的”及相关的句法问题［J］．语言教学与研究，2002（2)：35－40.

[91] 司富珍．中心语理论和汉语的DeP［J］．当代语言学，2004（1)：26－34.

[92] 宋扬．韩国留学生关联副词习得考察［D］．武汉：华中师范大学，2014.

[93] 苏丹洁．试析“构式—语块”教学法：以存现句教学实验为例［J］．汉语学习，2010（2)：83－90.

[94] 苏庆辉．实际上可知的反事实条件句［J］．逻辑学研究，2020(4)：72－83.

[95] 孙翠兰．基于语料库的汉英中动结构对比研究［D］．济南：山东大学，2014.

[96] 孙德坤．中介语理论与汉语习得研究［J］．语言文字应用，1993(4)：82－92.

[97] 王跤燕．通过IP外名词性结构看第二语言习得过程中的迁移现象［J］．外语教学，2006（5)：40－44.

[98] 王佳，陈月红．情状体与否定：英语和韩语母语者习得汉语否定标

记研究 [J]. 世界汉语教学，2019 (3)：384—404.

[99] 王建勤. “不”和“没”否定结构的习得过程 [J]. 世界汉语教学，1997 (3)：92—100.

[100] 王建勤. 多视角的汉语第二语言习得研究 [M]. 北京：商务印书馆，2019.

[101] 王敏媛. 汉语作为第二语言的名量词习得研究 [D]. 北京：北京语言大学，2007.

[102] 王琴琴. 对外汉语教学中两类全称量化词研究 [D]. 合肥：安徽大学，2017.

[103] 王帅. 汉语语用教学设计研究——以“请求”为例 [J]. 华文教学与研究，2018 (4)：58—65.

[104] 王晓燕. 中亚留学生汉语动量词习得研究 [D]. 长春：吉林大学，2015.

[105] 王亚茹. 英语母语学习者汉语连词习得过程研究 [J]. 现代语文，2017 (24)：100—103.

[106] 魏梦羽. 连词“而”的习得顺序及教学研究 [D]. 长沙：湖南师范大学，2017.

[107] 温晓虹. 主题突出与汉语存在句的习得 [J]. 世界汉语教学，1995 (2)：52—59.

[108] 吴继峰，王亚琼. 第二语言习得顺序研究工具——蕴含量表评介 [J]. 云南师范大学学报，2014 (1)：40—47.

[109] 伍雅清. 英汉语量词辖域的歧义研究综述 [J]. 当代语言学，2000 (3)：168—182.

[110] [英] A. 伍兹，等. 语言研究中的统计方法 [M]. 北京：北京语言文化大学出版社，2000.

[111] 武宏琛，赵杨. 英语、韩语母语者汉语否定标记习得研究 [J]. 世界汉语教学，2018 (2)：256—269.

[112] 黄自然，肖奚强. 基于中介语语料库的韩国学生“把”字句习得研究 [J]. 汉语学习，2012 (1)：71—79.

[113] 熊文新. 留学生“把”字结构的表现分析 [J]. 世界汉语教学，1996 (1)：81—88.

[114] 熊仲儒. 从生成语法看汉语词类研究 [J]. 安徽师范大学学报 (人文社会科学版)，2016 (4)：428—432.

[115] 熊仲儒. 以“的”为核心的 DP 结构 [J]. 当代语言学，2005

(2)：148－165＋190.

[116] 徐烈炯．管辖与约束理论［J］．国外语言学，1984（2）：1－15，64.

[117] 徐烈炯．生成语法理论 标准理论到最简方案［M］．上海：上海教育出版社，2009.

[118] 徐婷婷，郝瑜鑫，邢红兵．汉语作为第二语言习得研究现状与展望（2007～2016）［J］．云南师范大学学报（对外汉语教学与研究版），2018（1）：7－16.

[119] 杨梅，徐富平．基于复杂适应系统原则的汉语反身代词二语习得研究［J］．世界汉语教学，2019（2）：276－288.

[120] 杨梅．母语迁移与英语复数名词短语的二语理解和产出［J］．外语教学与研究，2014（1）：69－81，159.

[121] 杨朦萌．汉语二语学习者的词汇附带习得研究［D］．上海：华东师范大学，2018.

[122] 杨素英，黄月圆，高立群，等．汉语作为第二语言存现句习得研究［J］．汉语学习，2007（1）：59－70.

[123] 杨延宁．应用语言学研究的质性研究方法［M］．北京：商务印书馆，2014.

[124] 易红．汉英存在句比较研究［D］．武汉：华中师范大学，2014.

[125] 余敏．韩国留学生现代汉语复句习得及选择策略研究［D］．武汉：华中师范大学，2012.

[126] 袁博平．从汉语二语习得中的界面问题看影响成人二语习得成功的因素：以习得汉语 wh-词做不定代词为例［J］．外语教学与研究，2012（6）：856－874，960.

[127] 袁博平．第二语言习得研究的回顾与展望［J］．世界汉语教学，1995（4）：52－62.

[128] 袁博平．计算复杂性与第一语言迁移——以汉语第二语言态度疑问句为例［J］．世界汉语教学，2017（1）：85－104.

[129] 袁芳远．基于课堂的第二语言习得研究［M］．北京：商务印书馆，2016.

[130] 展翼文．选择语义与反事实条件句概率浅析［J］．外国哲学，2019（3）：177－198.

[131] 张宝林．回避与泛化：基于“HSK 动态作文语料库”的“把”字句习得考察［J］．世界汉语教学，2010（2）：263－278.

[132] 张宝林．外国人汉语句式习得研究的方法论思考［J］．华文教学与研究，2011（2）：23—29，45．

[133] 张广勇．汉语水平和母语背景对二语学习者汉语量词习得的影响研究［D］．济南：山东大学，2019．

[134] 张红欣．外国留学生疑问句系统习得顺序的考察［D］．南京：南京师范大学，2007．

[135] 张利蕊．欧美留学生汉语有标复句习得顺序研究［J］．华文教学与研究，2018（3）：78—87，95．

[136] 张利蕊．欧美留学生汉语有标复句习得研究［D］．武汉：华中师范大学，2019．

[137] 张璐璐．外界面对中国学习者使用英语定冠词与指示词的影响［J］．现代外语，2020（2）：226—235．

[138] 赵果．初级阶段美国留学生“吗”字是非问的习得［J］．世界汉语教学，2003（1）：68—74＋4．

[139] 赵金铭．对外汉语教学概论［M］．北京：商务印书馆，2004．

[140] 赵金铭．基于中介语语料库的汉语句法研究［M］．北京：北京大学出版社，2008．

[141] 赵静，王同顺，叶李贝贝．英语母语学习者对汉语心理动词的习得研究［J］．世界汉语教学，2015（4）：551—561．

[142] 赵静，王同顺．从“接口假说”视角看中国学生对英语心理动词的语言表征及加工效率［J］．现代外语，2016（4）：539—548，585．

[143] 赵玮．汉语作为第二语言词汇教学“语素法”适用性研究［J］．世界汉语教学，2016（2）：276—288．

[144] 赵杨．汉语非宾格动词和心理动词的习得研究：兼论“超集—子集”关系与可学习性［J］．世界汉语教学，2009（1）：86—100．

[145] 赵杨．中介语中的题元层级：母语为日语的学习者对汉语心理动词习得研究［J］．云南师范大学学报（对外汉语教学与研究版），2009（6）：1—8．

[146] 郑晶晶．问卷调查法研究综述［J］．理论观察，2014（10）：102—103．

[147] 郑丽娜．英语背景学习者汉语不及物动词带宾语结构习得研究［J］．世界汉语教学，2015（3）：393—404．

[148] 郑紫帆．俄语母语者汉语并列连词学习偏误研究［D］．武汉：武汉大学，2017．

[149] 周国光．对“中心语理论和汉语的DeP”一文的质疑 [illegible]
语言学，2005（2）：139－147＋190.

[150] 周国光．括号悖论和“的X”的语感——“以‘的’为核心的DP结构”疑难求解［J］．当代语言学，2006（1）：71－75＋94.

[151] 周华玲．面向汉语国际教育的动词AABB式重叠研究［D］．合肥：安徽大学，2020.

[152] 周岚钊．基于HSK动态作文语料库的留学生双宾结构偏误研究［D］．北京：北京语言大学，2009.

[153] 朱志平．对理论的应用与互动——论汉语第二语言教学的研究［J］．语言文字应用，2001（4）：3－8.

[154] 邹华丽．外国留学生汉语复合趋向补语引申用法习得研究［D］．上海：华东师范大学，2008.